# 农业信息智能获取技术

岳 峻 傅泽田 高 文 著

科学出版社

北京

# 内 容 简 介

　　本书论述了农业领域信息的专题语义获取技术,共包含四部分内容。第一部分(第1~6章)从技术角度描述如何构建农业信息专用搜索引擎;第二部分(第7、8章)介绍本体理论与知识获取;在此基础上,第三部分(第9~13章)以蔬菜供应链为例,从技术角度提出了实现知识管理和知识语义获取的系统框架;第四部分(第14~18章)以鱼病诊断为例,提出了能够指导基于案例的鱼病诊断的智能案例获取和推理方法。

　　本书可供信息主管、知识主管、企业及政府管理人员、知识管理系统软件设计开发人员参考阅读,也可作为高等院校知识管理、企业管理和计算机软件等专业研究生与本科生的参考教材。

**图书在版编目(CIP)数据**

农业信息智能获取技术/岳峻,傅泽田,高文著.—北京:科学出版社,2011.5
ISBN 978-7-03-030860-3

　Ⅰ.①农⋯　Ⅱ.①岳⋯ ②傅⋯ ③高⋯　Ⅲ.①农业科学—信息获取
Ⅳ.①G252.7

中国版本图书馆 CIP 数据核字(2011)第 078261 号

责任编辑:孙　芳 / 责任校对:郭瑞芝
责任印制:赵　博 / 封面设计:耕者设计工作室

科 学 出 版 社 出版
北京东黄城根北街 16 号
邮政编码:100717
http://www.sciencep.com

丽源印刷厂 印刷
科学出版社发行　各地新华书店经销
*

2011 年 5 月第 一 版　　开本:B5(720×1000)
2011 年 5 月第一次印刷　印张:18 3/4
印数:1—2 000　　　　　字数:360 000

**定价:58.00 元**
(如有印装质量问题,我社负责调换)

# 前　言

　　有效获取和传播农业知识对我国现代农业的发展和新农村建设具有重要的意义。本书着重论述了利用现代信息技术进行农业信息获取的方法。全书共四部分。第一部分重点介绍了农业信息垂直搜索引擎的开发理论和方法。农业信息搜索引擎主要针对当前我国农业发展中所面临的小生产与大市场的矛盾,试图通过利用信息搜索促进农产品电子商务发展来缓解这一矛盾。针对我国农业信息搜索效率低、搜索成本高这一问题,本部分介绍了一种行之有效的服务于农业领域的农业信息垂直搜索引擎的开发理论和方法。与传统的农业信息搜索方法相比,该搜索引擎针对农业领域的特点进行了以下创新:①在分析网页时效性的基础上,提出了一种适用于农业专业领域网页数据采集模型。②在研究农业网页交易信息数据特点的基础上,提出了一种针对具有时空属性的信息表示与抽取模型。③在考虑垂直搜索引擎的索引对象具有领域性问题的前提下,提出了一种面向中文网页特点的高性能双字节倒排索引模型,保证了搜索的时间效率。④在借鉴用户个性化服务技术的基础上,针对当前搜索引擎检索质量存在的一些问题,引入检索结果自动分类与查询自动纠错技术来提高检索精度。第二至四部分别介绍了利用本体理论和智能推理理论来实现农业专业领域信息智能获取的方法。第二部分首先介绍了本体及知识获取的基本理论。第三部分和第四部分分别介绍了知识本体和智能推理理论在构建蔬菜供应链知识获取系统及鱼病诊断案例知识获取中的应用。第三部分从技术角度提出了一套能够实现蔬菜供应链知识获取系统的框架,主要包括蔬菜供应链本体模型、本体模型的形式化表示方法、领域概念获取推理方法、文本获取映射方法、蔬菜供应链知识获取系统的设计与开发。针对鱼病诊断案例的特点,第四部分提出了一套能够指导鱼病诊断案例知识获取系统的框架,主要包括诊断案例知识面向对象表示和向量空间模型、鱼病诊断本体论、鱼病诊断本体的构建与学习、诊断案例知识自动获取模型。这两部分的研究是当前语义网技术及智能推理技术在农业领域的具体应用。农业知识智能获取技术研究是当前信息技术在农业信息领域知识智能获取的探索,对开发专业领域的语义知识获取系统具有一定的借鉴意义。

　　在本书的撰写过程中,北京语言大学的胡亮老师和中国农业大学的李振波副教授提供了不少有价值的研究素材,在此表示衷心的感谢!同时,本书出版获得了国家自然科学基金项目(60875039)的支持,并得到了鲁东大学信息科学与工程学院的大力支持和帮助,在此深表感谢!

　　由于作者水平有限,书中难免存在不妥之处,请同行和读者批评指正。

# 目　　录

# 第二部分　本体论和知识获取

# 第三部分　基于本体论的蔬菜供应链知识获取系统

# 第一部分　农业信息垂直搜索引擎

# 第1章  国内外农业信息搜索引擎现状

以计算机为代表的信息技术在农业领域的商业化应用改变了传统市场的竞争格局,带来了新的机遇与挑战。尽快提高网络经济下的农业市场效率,增强国家农业竞争力,占领世界经济制高点,已经成为各国政府关注的焦点。但与此同时,我国农产品交易市场体系功能落后,传统农产品流通领域中存在的信息不对称问题导致了中介环节多、交易成本高及流通效率低等问题,极大阻碍了国内农产品交易市场的发展。

具体来讲,农业市场交易中的信息不对称问题主要体现在三个方面:①市场形成价格稳定性差。充分竞争的市场环境是有效价格形成的必要条件。我国农产品批发市场大多数规模较小,地域分散,产品和信息隔离,难以形成交易集中、市场透明度高、竞争充分的市场环境,导致农产品价格波动较大,区域价格差异明显。②市场交易方式原始。我国农产品批发市场仍主要采用"一对一"的对手交易方式,交易规模小,次数多,信息搜寻难度大,市场透明度低,形成的价格不能正确反映供求关系。③市场价格信息系统落后。许多批发市场的信息建设基本处于空白,信息的传递效率和共享度低,对信息的搜集、加工、处理、发布能力低下,容易造成信息的扭曲与失真。

加入WTO后,传统的农产品市场交易方式已经无法满足我国农业所面临的持续激烈的市场竞争环境及千差万别的顾客需求,使得中国农业发展所面临的小生产与大市场的矛盾更加突出,成为阻碍我国农业和农村经济健康发展、影响农民增收乃至农村稳定的重要因素(潘明等,2007)。怎样构建新型农产品市场交易模式、降低交易成本、提高交易效益等成为我国农业进一步发展亟待解决的重大现实问题(李晓等,2001)。农业电子商务作为一种运用电子化手段来进行农业商务活动的经济运行方式,能够将农产品交易活动网络化,减少传统方式中的大量中间环节,实现企业-企业、企业-消费者的直接交易,从而最大限度地降低经济活动中的交易成本,提高经济运转的效率和效益(廖咸真等,2005)。但是,传统的农业网上交易方式是商家在自己的网站上发布农产品价格信息,消费者从网站上找到自己感兴趣的农产品,直接与供应商联系购买,这样的模式简单易行,但非常依赖网站的访问量。之后又出现了集中式的农业电子交易中心,即由大量的商家登录自己的商品信息,由网站负责整个站点的宣传工作。尽管这种模式降低了成本,丰富了农产品信息,但消费者的选择范围仍然有限,特别是随着农业电子商务的普及与电子交易市场网站数量的增长,网页规模越来越大,导致用户要从海量信息中查找自己需要的农产品的难度也越来越大,消费者在众多网站中寻找值得信赖的商家、获得最好的价值、最好的服务等问题也成为制约农业电子商务发展的因素,一般除了选择一些影响力较大的农业网站外,大多只能通过那些具有资金优势的网站的宣传来得到农产品信息。因此,在这种背景下,要求出现一种新的交易模式(郭云升,2007),能够从多个方面进行评比,包括网站访问量、顾客服务、商品价格、配送、客户反馈等,使得消费者在几秒钟内获得自己所需农产品的详细信息。

为了充分利用与扩展现有的农业信息资源,农业信息垂直搜索引擎综合服务平台将开发农业信息服务系统汇聚成虚拟数据库作为数据来源基础,从各农产品市场中采集原始的或经过分析处理的有用信息,进行筛选、加工、处理,再将各类信息进行整合、发布,并与其他农产品市场进行信息联网,使用户能从同一平台上获得即时、全面、有价值的信息。另外,平台还能提供各类信息增值服务,如信息的搜索、查询,同类产品销量、价格等的汇总、比较等,帮助用户减少信息搜寻成本,提高信息利用率,满足用户的多样化需求。

将所开发的农业信息垂直搜索引擎平台部署到网络上,通过系统应用为用户提供一个实际可用的农产品交易信息搜索比较平台,可以方便用户查找希望购买的农产品,降低消费者网络购物的时间成本,增强便利性;同时,提供丰富廉价的信息服务,打破了商家与消费者之间信息不对称的局面。平台包含的价格比较功能可以为商家提供最低成本的消费者来源渠道;系统还可以通过记录,分析大规模的消费者查找、比较和购买商品的行为过程,为农业企业提供精确细致的分析报告,借以提高企业的运营能力和销售技巧,从而进一步促进农业经济的全面发展,并为带动全国农产品交易的发展及农业信息化做出应有的贡献。

## 1.1　国内外农业相关的信息搜索引擎

1) 美国农业网络信息中心

美国农业网络信息中心(AgNIC)(http://www.agnic.org)是美国国家农业图书馆与一些大学、研究机构及政府机构自愿组成的联合体,其每个成员都负责农业科学中某一领域的信息工作,各成员单位间互相提供信息服务,每个成员在享受服务的同时,也有为其他成员提供服务的义务,服务方式主要是通过互联网相互提供电子形式的农业信息和检索服务。

(1) 数据库规模和范围。AgNIC 建有多个较为系统和完整的与农业相关的数据库,目前拥有 1100 多个数据库的记录。AgNIC 早先提供的也是数据库检索服务,此后升级为 Web 检索服务。

(2) 信息采集方式。AgNIC 的各个成员单位在其负责的专业领域下不断维护和增加数据资源,并存储在本地服务器上,同时,他们还要将这些新增加的数据资源在 AgNIC 位于 Purdue 大学的中心服务器上反映出来,在其负责维护的 30 个大类下面的某个子类中添加相关信息,做好链接使别的单位可以访问。这种数据采集方式不仅使整个系统拥有的数据资源不断增加,同时将收集数据资源的工作由农业各个领域内处于领先地位的成员单位完成,因而能够确保数据的权威性和完整性。

(3) 检索功能。AgNIC 提供简单检索、高级检索和词表(thesaurus)检索三种界面。简单检索界面支持布尔逻辑检索,默认逻辑关系为逻辑与。高级检索界面比较复杂,有两个检索词输入项,中间有逻辑符号选择项(AND、OR 、NOT)来确定两个检索词的逻辑关系,在下面还有三个选择项:前截断、中截断与完全匹配。高级检索还提供了检索字段选项,用户可以限定从某个字段中进行检索,共有题名、作者、摘要、关键词、主题词、全部字段等 6 个选择,这也为用户提供了更多的检索途径。由于 AgNIC 有自己的主题词表,用以描述它所收录的资源,用户输入自己的检索词后,系统会自动列出该词的相关词、上位词和下位词。例如,用户输入"crops"时,系统会提示"crops"的上位词有"plants",下位词有"field crops"、"horticultural crops"与"specialty crops",相关词有"crop acreages"、"crop losses"、"crop models"、"crop prices"等,这样就可以实现概念检索。

(4) 结果显示形式。AgNIC 检索的显示结果十分专业,在显示符合检索条件的记录总数后,再列出各条记录,每条记录首先给出题名,再给出简介、主题词、关键词,最后列出记录来源,即 URL 地址。

(5) 结果排列规则。AgNIC 检索结果的相关度排列规则是:首先看每条记录简介、主题词、关键词中出现的检索词的总数,然后根据出现频次的多少高低排序,AgNIC 检索认为,检索词出现频次高的记录相关性高,排列在前,检索词出现频次相同的记录再根据记录(网页)创建时间的先后排列。

2) Agriscape

Agriscape 网站(http://www.Agriscape.com)于 1999 年 4 月在美国普林斯顿建立,主要提供农业及相关产业的导航服务,其目标是发展成为农业信息、农业贸易和农业技术的信息中心。

(1) 数据库规模与范围。Agriscape 将所收录的内容划分为观光农业、公司、教育科研、图片、有机农业、拍卖、园艺、期刊、图书馆、政府、组织、导航目录等大类,各大类再进行细分,并提供会议、市场、新闻、天气等方面的服务。

(2) 信息采集方式。与其他搜索引擎直接用 robot 攫取网页并自动加入数据库不同,Agriscape 的信息完全是手工采集的。编辑人员对网站进行访问和获取,准确地描述网站的内容特征,并将其准确地归入不同类目之中。这种分析方法与 robot 从网页内容中提取关键词对网页进行描述的方法相比,确保了所收集网页信息的专指性,提高了搜索引擎的查准率,它还允许用户登记网站,在编辑人员审核后,决定是否加入数据库及加入哪个类目之下。

(3) 检索功能。Agriscape 只提供一种检索界面,检索词间的默认逻辑关系为 AND ,并且不支持其他逻辑运算符(如 OR、NOT 等)。如果用户要限定检索,可以使用双引号,如要查找"印度种业"情况时,可以用"seeds in India",搜索引擎将完全按双引号内的词序进行检索。用户还可以选择检索某一语种(英语、中文、法语、西班牙语)的资源,也可以全部选择。除了进行网站检索外,Agriscape 还可以检索书籍与会议的信息。

(4) 结果显示形式。显示本网站 8 个大类中符合要求的相关目录,再显示符合要求的网站数(或书籍、会议数目)。列出详细的网站信息,在网站名称后的括号内注明该网站的国别,并将该网站所属的目录也列出,便于用户查找相关的网站。每个网站的介绍是由 Agriscape 编辑人员给出的,主要介绍该网站的所属单位、主要内容等,用户使用比较方便。查询结果的排列是根据该网站或书籍、会议被收录的时间进行排列的。

3) Agrisurf

Agrisurf 公司(http://www.agrisurf.com)是美国一家专门从事农业搜索引擎服务的公司,其公司介绍说,该网站是为了使用户更快捷准确地查找农业信息,从综合搜索引擎查找农业信息的劳累中解脱出来而建立的。除了提供搜索引擎服务外,该网站还提供关于农业的新闻组服务、农业政策信息服务。

(1) 数据库规模与范围。Agrisurf 网站自称为世界上最大的农业网站检索站点,它的分类索引分为 34 个大类,每个大类中还分为若干个子类,收录的内容相当丰富,并且规模还在不断增长。

(2) 信息采集方式。Agrisurf 网站的信息收集采用手工收集的方法,这一点与 Agriscape 检索的方法相似。Agrisurf 的编辑人员都是熟悉农业的专门人员,他们能够保证所收集网页的质量,以最符合农业科学分类的方式将他们归入不同的大类中。但比 Agriscape 检索更进一步,Agrisurf 网站有一套 robot 程序,用来定期探测所收录网站的一些基本情况,如该网站是否还存在,内容有无更新,这样就保证了搜索引擎的正确性。用户在使用该搜索引擎时,不会出现点击的链接已经变动或者网站内容已经完全变动等情况。除了网站工作人员收集外,Agrisurf 还鼓励用户提交,经网站人员确认后加入数据库。

(3) 检索功能。Agrisurf 的检索形式灵活,用户可以使用两种检索方式:文本检索与布尔逻辑检索。文本检索是用户输入的检索词之间只存在"OR"的关系,查询结果中只要出现其中的任一词都是符合检索要求的。布尔逻辑检索则要复杂得多,它有 AND、OR 两种限定符号,"?"与"*"两个通配符与一对小括号。

(4) 结果显示。Agrisurf 查询结果的显示页面比较详细,它首先说明查询到符合条件的记录总数,再显示每条信息。显示每条信息时,首先显示一个百分数,说明该条信息与用户检索要求的匹配程度，如 100％就表示完全符合用户的检索要求；其次介绍网站名称和简要介绍，这些网站文字介绍都是网站编辑人员给出的；再次，用各国的国旗表明该网站是属于哪个国家的，最后显示该网页的 URL 地址和日期。如果一条信息被 robot 探测到已经更新后，在题名下会有一个小图标写有 update，表明该网页已经更新。

（5）结果排列规则。Agrisurf 查询结果首先是按照信息与用户要求匹配程度来排列的，匹配程度越高，位置越前，如 100％匹配的一定都是前几条，这样便于用户进行选择。在匹配程度相同时，再按照网页的完成或更新时间排列，这样使显示结果按重要程度和时间排列，一般用户只要看看前面的显示结果就可以找到所需的信息。

4）农业专业搜索引擎

农业专业搜索引擎（http：//www. sdd. net. cn/）是由中国农业科学院"杰出人才工程"项目资助研究的，它的语义检索引擎所使用的 SDD 算法最早是由日本中央农业研究中心农业情报研究部研究的，周国民博士在相关项目支持下，学习并引进了该算法，与日本中央农业研究中心农业情报研究部的研究人员一起研究并改进了这个算法。

（1）多词搜索。输入多个词语搜索（不同字词之间用一个空格隔开）可以获得更精确的搜索结果。例如，想了解转基因食品的相关法规，在搜索框中输入"转基因　食品法规"获得的搜索效果会比输入单个关键词更好。

（2）搜索栏目。农业专业搜索引擎针对不同农业信息需求提供了 4 个栏目，通过栏目选择，可以获得更精确的搜索结果。例如，想了解有关苹果种植的实用技术，在搜索框中输入"苹果种植"，选定"农业实用技术"单选框，点击搜索按钮，即可获得完全是技术信息的搜索结果。

## 1.2　相关农业信息搜索引擎的对比

（1）从数据库规模来说，国外的农业信息搜索引擎比国内的要高一个层次，无论是从资源规模、加工程度及更新时间，还是研发队伍与资金投入来看，国内机构与国外的这些网站有很大差距。

（2）从搜索引擎的数据量与质量来说，国外农业搜索引擎大多由商业公司创建，也有一些组织和政府机构从事该项工作，而国内的农业搜索引擎大多是由独立的研究机构开发。组织机构和政府建立维护的站点质量高于商业站点，这是因为这些政府和组织机构都是农业的相关部门，拥有先天优势，如 AgNIC 拥有的众多专业会员和数据资源是商业公司无法比拟的。

对农产品交易信息进行收集并深加工,最终为农产品交易提供个性化服务的农产品垂直搜索尚未见报道,这正是我们开发农产品垂直搜索的根据与出发点。

## 1.3　面向主题的专用搜索引擎系统核心技术研究

搜索引擎是一种用于帮助互联网用户在其上查询信息的搜索工具,它以一定的策略在互联网中发现、搜集信息,并对搜集的信息进行加工整理和组织存贮,为用户提供检索服务,从而起到信息导航的作用。搜索引擎面向开放的国际互联网,采用超链接方式建立起索引数据库与网上信息的关联,在交互的过程中进行信息浏览和自由词检索。

按照提供的信息服务范围与用途的不同,搜索引擎可分为综合性搜索引擎与专业性搜索引擎。综合性搜索引擎即综合性的信息检索系统,利用它几乎可以检索到任何方面的信息资源,但有时会出现字形相同而实际上互不相关的内容,或检索出的内容太泛。专业性搜索引擎则是专业信息机构根据专业需求,将互联网上的资源进行筛选整理、重新组织而形成的专业性信息检索系统。专业性搜索引擎能针对用户的特定需求来提供信息,特定用户只要登录到相应的搜索引擎即可迅速、准确地找到符合要求的精准信息。因此,高质量专业性搜索引擎是学科专业领域的研究人员获取网上信息资源的重要工具,是互联网搜索引擎研究开发的方向。

专业搜索引擎的主要功能是对获取的页面做分析,通过相应的技术从 Web 数据中抽取出有用的信息,并将这些信息经过一致化处理后存放到数据库中。因此,实现的难点是保证信息提取的正确性与有效性。专业搜索引擎最为关键的核心技术是信息抽取(information extraction, IE)技术。信息抽取是指从无结构文本或半结构文本产生结构化信息的过程,是实现信息规范化的有效途径之一。怎样在搜索引擎中有效地应用信息抽取技术,以便将大量无序的信息及时、准确地进行提取、整理、组织成便于查询检索的形式,是当前垂直搜索引擎领域研究开发的焦点。美国国防高级研究计划局(DARPA)的消息理解会议(MUC)制定了对不同文本信息抽取系统组织统一评估的标准。

## 1.4　服务于电子商务的搜索引擎在专业领域的应用

搜索引擎在经历了第一代以 Yahoo 为代表的网站搜索,第二代以 Google 为代表的网页搜索后,随着国内电子商务的逐渐升温、网络购物时代的来临,搜索引擎也将由大而杂(面向所有互联网用户)的格局逐步细分出更加专业化、商业化(直接面向商业用户)的专用搜索引擎。

第一阶段：电子商务网站各自为政,用户只能通过其提供的站内搜索查找产品,还没有一个第三方平台提供检索服务。

第二阶段：20 世纪 90 年代出现了第一代专门的电子商务网站。1995 年成立的 deja.com 是最早出现的比较购物网站,它类似于针对网上购物的消费者讨论区,广邀消费者介绍、评论网上购物的商品和网站,同时提供比较分析服务。在这个时期运营的比较购物网站的特点是:技术含量不高,仅仅进行信息搜集、发布和简单的分析服务;盈利模式比较单一,大多依靠收取会员费或网页广告维持网站运营;市场规模较小,主要提供网上商品(如书籍、数码产品)的价格比较;信息搜集的范围往往局限于合作企业。

第三阶段：以面向电子商务的垂直搜索引擎为主流模式。随着加入比较购物网站的服务商数量与产品数量的迅速增加,比较购物网站已经与搜索引擎具有类似的特征,即作为用户查询商品信息的工具,为制定购买决策提供支持,因此,一些网站开始逐渐放弃比较购物一词,把搜索引擎的理念引入到网上购物系统中,便形成了专业化的商品搜索引擎。电子商务领域出现了一种新的事物——垂直搜索引擎,其特点是:技术含量高,其功能最独特之处在于商品信息截取和匹配的技术;拥有庞大的商品数据库,覆盖了几乎所有的行业;提供个性化信息服务;盈利模式多样化。

## 1.5　价格搜寻理论

搜寻理论把搜寻分为固定样本搜寻和连续搜寻。假定消费者知道市场上价格的分布,但不知道每一个销售者的报价,可预先选定几个销售者,寻找其中最低的报价,这种搜寻叫做固定样本搜寻。消费者也可连续不断地搜寻,直到找到可以接受的价格(或者放弃搜寻),这样的搜寻称为连续搜寻。

搜寻理论认为,人们对信息的搜寻是有成本的。所谓"信息",Arrow 认为,信息就是指根据条件概率原则有效改变概率的任何观察结果。广义地讲,任一事件或事物都包含或传递信息。搜寻就是决策者将样本空间中的选择对象转变成选择空间中的选择对象的活动。搜寻成本则是指搜寻活动本身所要花费的费用,这种费用有时指搜寻活动所需要的开销,有时也可以指等待下一次机会所付出的代价。

既然存在搜寻成本,那么对搜寻者而言,他所面临的选择就是:"搜寻"或"停止搜寻"。如果搜寻者决定"停止搜寻",就意味着他在已有的机会集合中选择一项行动,搜寻过程结束;如果搜寻者决定"搜寻",就意味着他继续搜寻新的选择对象。

必须指出,随着搜寻次数的增加,搜寻的边际收益总是下降的(韩民春等,2001)。当搜寻活动使搜寻的预期边际收益等于边际成本时,搜寻活动才会停止。这里,搜寻额外价格的预期边际收益是指追加一次搜寻所带来预期最低价格的减少量乘以购买量。搜寻额外价格的边际成本由时间、交通费用、信息费用构成。为什么离退休老人经常可买到物美价廉的商品？主要原因在于离退休老人的时间等机会成本小于其他人员，其搜寻的边际成本较低，这样，离退休老人搜寻的战略地位就优于其他人。假如离退休老人进入市场第一次搜寻时发现价格相差越大，他采取第二次搜寻的可能性也就越大，这意味着从一个给定的搜寻次数中得到的边际收益越大，价格的差距也就越大。

通过搜寻模型，经济学说明了价格离散现象。我们知道，具有相同质量的商品常常以不同的价格出售，并且都有人购买，这种不同价格的序列称为价格离散。造成价格离散的原因，归结起来有三个方面。

第一，市场是变化和分散的。在一个供给和需求条件从来不变的领域里，人们可能会预期出现基本上完全的信息，信息（或知识）从来不会变得过时。因而，目前每一次搜寻都将获得一个恒久的收益。但事实上，信息（知识）正以一定的速度变得陈旧过时，这个速度取决于市场的性质和买者与卖者的一致性。供给和需求条件越不稳定，市场价格就越容易变化。如果单个买者和卖者频繁地进入或离开某个确定的市场，他拥有的平均信息量就比较少，从而使市场原有买卖者的市场知识老化，结果市场价格形成了一定程度的离散。

第二，商品的异质性及其时空特征。具备相同功能的消费品的质量差别往往是市场价格离散的主导因素。事实上，即使是同质商品，由于时间、空间上的差异，市场价格也会出现离散。

第三，商品销售条件的差别和市场规模的变化。厂商对由价格竞争和非价格竞争所产生的成本函数的反应不同，其制定价格的政策就有所不同，这会使市场价格进一步离散。此外，市场规模，如交易量和市场交易人数的变化，也会使价格的离散幅度发生变化。

价格离散具有重要的经济意义。价格离散使市场信息变得不完全，导致了市场代理人之间的信息差别。价格离散还为人们搜集市场信息的行为提供激励。价格离散幅度越大，市场发育则越不成熟。因此，价格离散幅度可作为衡量市场发育状况的一种指示器。

正是由于市场价格离散，或信息分布的离散，信息需求者进行搜寻才有利可图。假如搜寻成本与个人的收入无关，那么，一个人收入的上升会使他更多地搜寻。但是，时间价值一般是搜寻成本的主要组成部分，而一个人的时间总是有限的，其时间价值可以按其收入水平来衡量。这样，我们通常都能预测到，随着个人收入的上升，他搜寻某种给定商品的次数将下降；若收入保持不变，搜寻成本的增加总是要降低搜寻的次数。

搜寻成本的差异还可从用户购买农产品的行为中得到证实。大家稍稍留意一下就能发现，讨价还价最激烈的地方是蔬菜批发市场而不是零售市场。究其原因，首先,买者与卖者对农产品质量与成本的信息不对称程度在蔬菜批发市场远低于零售市场。在蔬菜批发市场,由于有大量的农产品汇聚在一起交易可以互相比较,因此,农产品的质量人们往往一眼就能看出来,其成本大小也有迹可寻;而在零售市场,如超市等,其质量与价格不能简单地判断出来。其次,人们在蔬菜批发市场上的搜寻次数要远远多于在零售市场上的搜寻次数,消费者可以由此积累较多的搜寻经验和谈判技巧,从而消费者在蔬菜批发市场上搜寻的边际成本也就大大低于在零售市场上搜寻的边际成本。搜寻的边际成本大小势必影响搜寻者的战略决策,进而影响他在交易中的谈判地位。这样,蔬菜批发市场上激烈的讨价还价也就不难理解了。

因此,在信息化时代,我们完全通过构建农业信息搜索引擎平台可以充分利用信息来降低搜寻成本。

## 1.6　农业信息搜索引擎开发目标与技术路线

立足于搜索引擎技术,通过分布式可扩展 Spider 节点群从 Internet 上采集 HTML 网页数据,然后利用信息提取处理这些数据,将半结构化的网页数据转换成特定的结构化信息,再建立以双字节倒排索引技术为基础的数据库文件索引,结合基于协同个性化服务的人机交互界面技术,构建一个提供农产品价格及相关交易信息检索的垂直搜索引擎平台。该系统使得消费者不仅可以检索农产品交易信息,而且能够比较来自不同蔬菜批发市场的农产品价格,根据系统提供的用户反馈与蔬菜批发商评级等购买决策支持信息对不同的卖方进行评估,选择最优的交易对象,从而可以做到提高交易效率、降低交易成本,同时也有助于解决网络交易模式中由于农产品价格信息不对称所引起的一些主要问题,促进电子商务在我国农业领域的发展(如图 1.1 所示)。

(1)文献分析。阅读相关论文资料,了解当前垂直搜索引擎及农业电子商务交易模式的研究进展与技术应用现状,为下一步研究工作打下基础。

(2)方案选择。在确定具体研究目标与内容后,选择理论研究与应用开发相结合的模式,立足于不仅在理论上要有所创新,而且要将其转化为实际应用,并通过国家 863 计划等项目推广使用,使之成为一项能创造社会经济价值的科技成果。

(3)理论研究。主要包括分布式网页采集模型(Spider)、特定结构化信息过滤与抽取模型(Filter)、大规模文件索引模型(Indexer)、农产品自动分类模型(Classifier)、搜索聚类与排序算法(Sorter)及个性化服务技术(Searcher)等内容。

(4)系统开发。在理论研究的支持基础上,按可扩展软件组件模式标准开发实现各个模块功能,然后利用软件耦合技术将各组件拼装成整个系统。

| | 文献综述 问题提出 |
|---|---|

| 应用现状的调查 | 搜索引擎技术应用 |
| | 农业电子商务模式 |

| 理论研究 | ·······► | 系统关键组件 |
|---|---|---|
| 分布式网页采集模型 | ·······► | Spider |
| 信息过滤与抽取模型 | ·······► | Filter |
| 大规模文件索引模型 | ·······► | Indexer |
| 农产品自动分类模型 | ·······► | Classifier |
| 搜索聚类与排序算法 | ·······► | Soter |
| 个性化服务技术 | ·······► | Searcher |

| 系统设计 | 功能模块设计 | 体系结构设计 |
|---|---|---|
| | 数据结构设计 | 用户界面设计 |

系统开发

性能指标分析及评估

部署应用

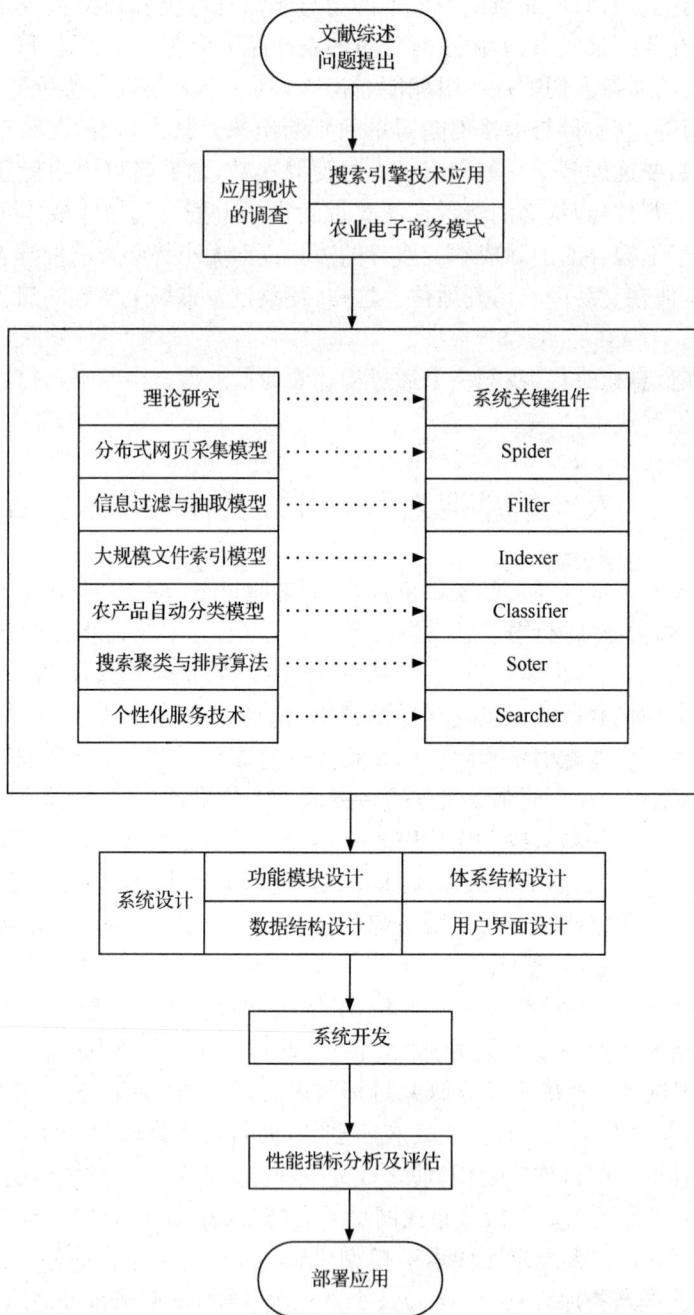

图 1.1　技术路线图

（5）测试评估。首先对各个子系统功能及性能指标进行测试,保证其达到设计要求;然后按垂直搜索引擎的各项指标(覆盖率、准确率、查全率与检索速度等)对系统全面测试,并给出评估报告。

（6）部署应用。将系统部署在实际的 Internet 网络上,提供给普通用户使用,根据用户反馈不断改进与完善系统功能。

## 1.7　本 章 小 结

针对我国当前农业发展中所面临的小生产与大市场的矛盾,本章在总结国内外农业信息专业搜索发展现状的基础上,提出通过开发专业农业信息垂直搜索引擎来降低农业信息获取成本,并论述了构建农业信息垂直搜索引擎的目标与技术上的可行性。

# 第 2 章　垂直搜索引擎的基本原理与技术

随着信息多元化的增长,千篇一律地给所有用户同一个入口显然已经不能满足特定用户更深入的查询需求。同时,这样的通用搜索引擎在目前的硬件条件下,要及时更新以得到互联网上较全面的信息是不太可能的。针对这种情况,我们需要一个分类细致精确、数据全面深入、更新及时的面向主题的垂直搜索引擎。垂直搜索运用了人工分类及特征提取等智能化策略,因此,它比前三代搜索引擎更加有效与准确,我们将这类完善的垂直搜索引擎称为第四代搜索引擎。

由于垂直搜索引擎服务具有其自身的特性,因此,其技术要求特点上与一般互联网搜索引擎(水平搜索)有很多不同之处。下面通过与水平搜索的比较,列举出垂直搜索引擎的四大关键技术。

(1) 聚焦、高速与可管理的网页采集技术。一般,互联网搜索面向全网信息,采集的范围广、数量大,但往往由于更新周期的要求,采集的深度或者说层级比较浅,采集动态网页优先级比较低,因而被称为水平搜索。而垂直搜索带有专业性或行业性的需求和目标,所以,只对局部来源的网页进行采集,采集的网页数量适中,但其要求采集的网页全面,必须达到更深的层级,采集动态网页的优先级也相对较高。在实际应用中,垂直搜索的网页采集技术能够按需控制采集目标和范围、按需支持深度采集及按需支持复杂的动态网页采集,即采集技术要能达到更加聚焦、纵深与可管控的需求,并且网页信息更新周期也更短,获取信息更及时。垂直搜索引擎的 Spider 与通用搜索引擎的 Spider 相比更加专业、可定制化,可定向性地采集和垂直搜索,搜索相关的网页,忽略不相关和不必要的网页,选择内容相关及适合做进一步处理的网页,深度优先采集,对页面有选择地调整更新频率等,采集可通过人工设定网址、与网页分析 URL 方式共同进行。

垂直搜索对信息的更新有着特别的要求,根据这些特点可以从以下几点考虑:信息源的稳定性;抓取的成本问题;对用户体验改善程度。根据以上几点制定一种比较好的策略,要做到恰到好处。策略上,可以评估网站/网页更新的系数、网站/网页的重要系数、用户点击系数、网站稳定系数等,根据这些系数来确定对这些网站/网页更新的频率。再根据新信息和更新了的信息 list 页面或者首页,对网页进行很好的分级,以低成本很好地解决更新问题,系数比较低的网页一个月更新一次,稍微高点的每周更新一次,中等的几天到一天一次,高的几小时到几分钟一次,类似搜索引擎的大库、周库、日库、小时库。

(2) 从非结构化内容到结构化数据的网页解析技术。使用基于视觉网页块分析技术模拟 IE 浏览器的显示方式,对网页进行解析。根据人类视觉原理,把网页解析处理的结果进行分块,再根据需要,对这些块进行处理,如采集定向、介绍抽取和一些必要内容的抽取。对正文抽取水平,搜索引擎仅能对网页的标题和正文进行解析和提取,但不提供其时间、来源、作者及其他元数据的解析和提取。由于垂直搜索引擎服务的特殊性,往往要求按需提供时间、来源、作者及其他元数据解析,包括对网页中特定内容的提取,如在论坛搜索、生活服务、订票服务、求职服务、风险信用、竞争情报、行业供需、产品比较等特定垂直搜索服务中,要求对作者、主题、地区、机构名称、产品名称及特定行业用语进行提取,才能进一步提供更有价值的搜索服务。

结构化信息抽取技术将网页中的非结构化数据按照一定的需求抽取成结构化数据,抽取方式有两种:相对简单的是模板方式,还有一种是对网页不依赖 Web 结构化信息抽取方式。这两种方式可以取长互补,以最简单、最有效的办法满足需求。垂直搜索引擎和通用搜索引擎最大的区别就是对网页信息结构化抽取后再对结构化数据进行深度处理,提供专业的搜索服务。所以,Web 结构化信息抽取的技术水平是决定垂直搜索引擎质量的一个重要技术指标。其实,Web 结构化信息抽取在百度、Google 早已广泛应用,如 MP3、图片搜索、Google 的本地搜索就是从网页库抽取出企业信息,添加到其地图搜索中的。同样的技术应用还在 Qihoo、Sogou 购物、Shopping 等各种应用中体现。

(3) 精、准、全的全文索引与联合检索技术。水平搜索引擎并不能提供精确和完整的检索结果,只是给出预估的数量和排在前面的结果的信息,但响应速度是水平搜索引擎所追求的最重要因素。面向搜索的分词技术,建立与行业相关的词库。在文本索引方面,它也仅针对部分网页中特定位置的文本而不是精确的网页正文全文进行索引,因而其最终检索结果是不完全的。

(4) 精确检索、排序与个性化技术。垂直搜索由于在信息的专业性和使用价值方面有更高的要求,因此,能够支持全文检索和精确检索,并按需提供多种结果排序方式,如按内容相关度排序(与水平检索的 PageRank 不同)或按时间、来源排序。语法分析在搜索引擎中非常重要,可以通过语法分析来改善数据的质量,低成本地获得某类信息,改善排序,寻找需要的内容。另外,一些垂直搜索引擎还要求按需支持结构化和非结构化数据联合检索,如结合作者、内容、分类进行组合检索等。垂直搜索与水平搜索的最大区别是它对网页信息进行了结构化信息抽取加工,也就是将网页的非结构化数据抽取成特定的结构化信息数据,好比网页搜索是以网页为最小单位,基于视觉的网页块分析是以网页块为最小单位,而垂直搜索是以结构化数据为最小单位。基于结构化数据与全文数据的结合,垂直搜索才能为用户提供更加到位、更有价值的服务。整个结构化信息提取贯穿从网页解析到网页加工处理的过程。同时面对上述要求,垂直搜索还能够按需提供智能化处理功能,如自动分类、自动聚类、自动标引、自动排重及文本挖掘等。

## 2.1　垂直搜索引擎系统架构特点

　　通用搜索引擎检索系统的设计围绕检索效率和检索效果这两个指标展开。对一个成功的通用搜索引擎来说,首先必须具有相当高的检索效率,Web上没有用户会去使用一个响应迟缓的应用系统。按一般的习惯,对用户查询的响应时间在秒级以下,这相对于搜索引擎需要处理的海量网页数据而言是一个挑战。而怎样提高搜索引擎检索效果更是人们不断研究的课题。信息检索领域有一种观点(Spink et al.,2001),认为通用搜索引擎的检索技术相对于最新的信息检索研究成果是一种倒退。如果仅从检索效果上看,确实如此,但由于通用搜索引擎面临的效率压力,使得在实现上往往需要在效率与效果之间折中,而不一定采用效果最好的技术。同时,Web搜索环境下,统计表明,用户普遍使用短查询、不做查询优化,这些特点也是通用搜索引擎要提高检索效果面临的主要困难。正因为如此,人们开始倾向于建立面向行业领域的垂直搜索引擎来提高检索质量。

　　为了解通用搜索引擎与垂直搜索引擎的差异,我们给出了两种系统的架构图,如图2.1所示的是一个典型的通用搜索引擎系统,而图2.2所示的是一个垂直搜索引擎系统。从图中可以看出,它们最大的差距就是垂直搜索引擎中引入了信息抽取与主题过滤模块,而这两种技术使得垂直搜索引擎可以有选择地采集网页数据,过滤那些与主题无关的内容,从而实现精确搜索。

　　垂直搜索引擎系统的设计原则有两个:一是追求系统效率与可扩展性;二是力图通过一个集成的框架结构把各种有利于改善检索效果的技术集成在一起。我们从功能层与技术层对比了通用搜索引擎与面向农业电子商务领域的垂直搜索引擎(如表2.1所示)。

**表 2.1　通用搜索引擎与垂直搜索引擎对比**

| | 通用搜索引擎 | 面向农业电子商务领域的垂直搜索引擎 |
|---|---|---|
| 功能层 | | |
| 能否准确地检索到商品信息 | 可以,但检索结果比较多,很难快速找到所要的商品,用户可能在打开数页之后才能获得一些有价值意义的商品信息 | 可以,检索结果少而且准确 |
| 能否检索到商品价格 | 可以,但一般需要一定检索技巧才能找到最新的价格 | 可以,同时为用户提供不同电子批发市场网站的商品价格对比 |

续表

| | 通用搜索引擎 | 面向农业电子商务领域的垂直搜索引擎 |
|---|---|---|
| 功能层 | | |
| 是否提供购物接口 | 否 | 是,检索结果中包含对应的电子批发市场网站的链接 |
| 是否为购物决策提供支持 | 否 | 是,通过反馈机制、用户评级等方式为用户购买行为提供参考信息 |
| 技术层 | | |
| Spider 技术 | 通用搜索引擎 Spider 采集网页数据没有针对性,对半结构化的商品网页不作技术处理 | 与传统 Spider 不同的是,农业信息垂直搜索引擎 Spider 利用特殊的网页内容抽取算法,只收录与商品相关的信息 |
| 检索结果排序 | 通用搜索引擎通过特定算法计算网页相关度决定其排序 | 农业信息垂直搜索引擎是根据农产品的价格、时间及批发商可信度等排序 |
| 信息分类方式 | 通用搜索引擎一般都由人工建好分类目录,不同网站按其所属行业收录 | 农业信息垂直搜索引擎一般通过能进化的学习算法自动提取农产品分类 |

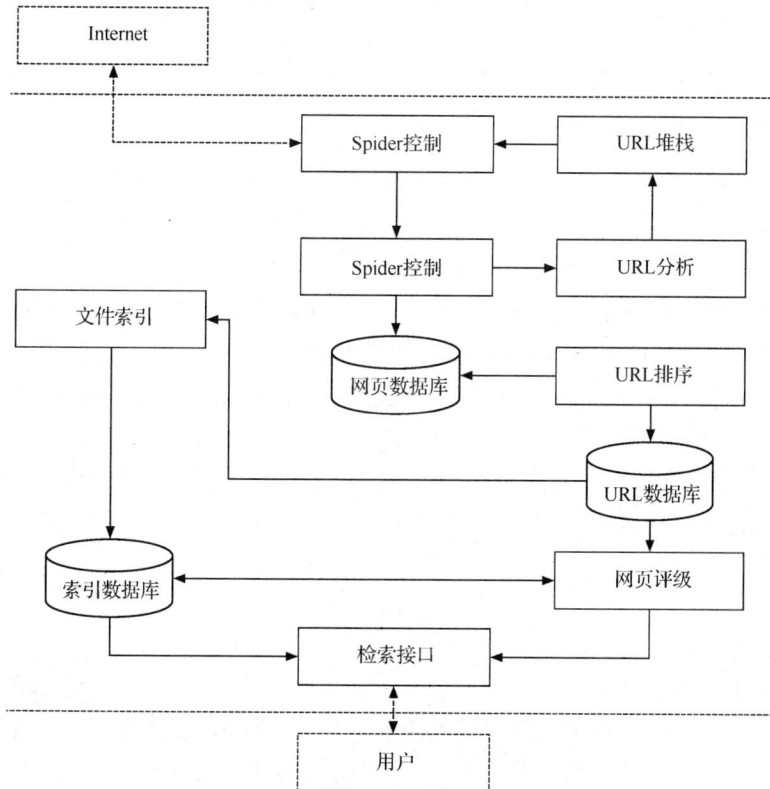

图 2.1　通用搜索引擎系统架构

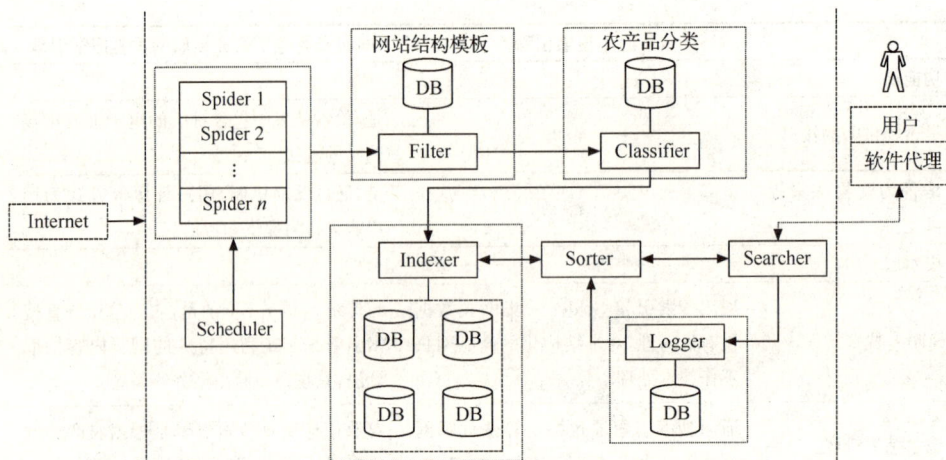

图 2.2　垂直搜索引擎系统架构

# 2.2　垂直搜索引擎开发关键技术

## 2.2.1　主题型网页数据采集技术

　　搜索引擎一直专注于提升用户的体验度,其用户体验度则反映在三个方面:准、全、快。用专业术语描述:查准率、查全率与搜索速度。其中,最易达到的是搜索速度,因为对于搜索在 1 秒以下的系统来说,访问者很难辨别其快慢,而且还有网络速度的影响。因此,对搜索引擎的评价就集中在了前两者:准、全。中文搜索引擎的"准",需要保证搜索的前几十条结果都与检索词比较相关,这由"分词技术"与"排序技术"来决定;中文搜索引擎的"全"则需保证不漏某些重要的结果,而且能找到最新的网页,这需要搜索引擎有一个强大的数据采集模块,一般称为"网络蜘蛛",也称"网页机器人"。

　　研究搜索引擎技术的文章不少,但大部分讨论的是怎样评价网页的重要性,对于数据采集的网络蜘蛛研究的文章不多。网络蜘蛛技术并不是一项十分高深的技术,但要做一个强大的网络蜘蛛却非易事。在目前磁盘容量已经不是瓶颈的时候,搜索引擎一直在扩大自己的网页数量。最大的搜索引擎 Google 从 2002 年的 10亿网页增加到现在的近 40 亿网页;最近,Yahoo 搜索引擎宣布收录了 45 亿个网页;国内的中文搜索引擎——百度的中文页面从两年前的 7000 万页增加到了现在的 2 亿多页。据估计,整个互联网的网页规模达到 100 多亿,而且每年还在快速增长。因此,一个优秀的搜索引擎需要不断地优化网络蜘蛛的算法,提升其性能。

### 1. 网络蜘蛛基本原理

网络蜘蛛是一个很形象的名字。把互联网比喻成一个蜘蛛网,那么,Spider 就是在网上爬来爬去的蜘蛛。网络蜘蛛是通过网页的链接地址来寻找网页,从网站某一个页面(通常是首页)开始,读取网页的内容,找到网页中的其他链接地址,然后通过这些链接地址寻找下一个网页,这样一直循环下去,直到把这个网站所有的网页都抓取完为止。如果把整个互联网当成一个网站,那么,网络蜘蛛就可以用这个原理把互联网上所有的网页都抓取下来。

对于搜索引擎来说,要抓取互联网上所有的网页几乎是不可能的,从目前公布的数据来看,容量最大的搜索引擎也不过是抓取了整个网页数量的百分之四十左右。这其中的原因,一方面是抓取技术的瓶颈,无法遍历所有的网页,有许多网页无法从其他网页的链接中找到;另一个原因是存储技术和处理技术的问题,如果按照每个页面平均大小为 20K 计算(包含图片),100 亿网页的容量是 $100 \times 2000G$ 字节,即使能够存储,下载也存在问题(按一台机器每秒下载 20K 计算,需要 340 台机器不停地下载一年时间,才能把所有网页下载完)。同时,由于数据量太大,在提供搜索时也会影响到效率。因此,许多搜索引擎的网络蜘蛛只是抓取那些重要的网页,而在抓取的时候,评价重要性的主要依据是网页的链接深度。

在抓取网页的时候,网络蜘蛛一般有两种策略:广度优先与深度优先(如图 2.3 所示)。广度优先是指网络蜘蛛会先抓取起始网页中链接的所有网页,然后再选择其中的一个链接网页,继续抓取在此网页中链接的所有网页,这是最常用的方式,因为这个方法可以让网络蜘蛛并行处理,提高其抓取速度。深度优先是指网络蜘蛛会从起始页开始,一个链接、一个链接地跟踪下去,处理完这条线路之后再转入下一个起始页,继续跟踪链接,该方法的优点是网络蜘蛛在设计的时候比较容易。两种策略的区别详见图 2.3 的说明。

由于不可能抓取所有的网页,有些网络蜘蛛对一些不太重要的网站设置了访问的层数。例如,图 2.3 中,$A$ 为起始网页,属于 0 层,$B$、$C$、$D$、$E$、$F$ 属于第 1 层,$G$、$H$ 属于第 2 层,$I$ 属于第 3 层。如果网络蜘蛛设置的访问层数为 2 的话,网页 $I$ 是不会被访问到的,这使有些网站上的部分网页能够在搜索引擎上搜索到,另外一部分不能被搜索到。对于网站设计者来说,扁平化的网站结构设计有助于搜索引擎抓取其更多的网页。

网络蜘蛛在访问网站网页的时候,经常会遇到加密数据和网页权限的问题,有些网页是需要会员权限才能访问的。当然,网站的所有者可以通过协议让网络蜘蛛不去抓取(详细介绍见下文),但对于一些出售报告的网站,他们希望搜索引擎能搜索到他们的报告,但又不能完全免费地让搜索者查看,这样,就需要给网络蜘蛛提供相应的用户名和密码。网络蜘蛛可以通过所给的权限对这些网页进行网页抓

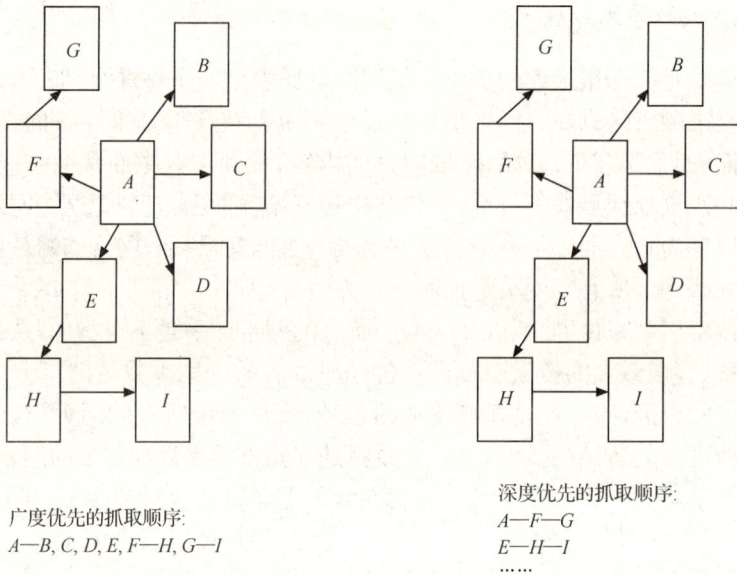

广度优先的抓取顺序:
A—B,C,D,E,F—H,G—I

深度优先的抓取顺序:
A—F—G
E—H—I
……

图 2.3　广度优先与深度优先策略

取,从而提供搜索;而当搜索者点击查看该网页的时候,同样需要搜索者提供相应的权限验证。

### 2. 网站与网络蜘蛛

网络蜘蛛需要抓取网页,不同于一般的访问,有多种方法可以让网站和网络蜘蛛进行交流。一方面让网站管理员了解网络蜘蛛都来自哪儿,做了些什么,另一方面也告诉网络蜘蛛哪些网页不应该抓取,哪些网页应该更新。

每个网络蜘蛛都有自己的名字,在抓取网页的时候,都会向网站标明自己的身份。网络蜘蛛在抓取网页的时候会发送一个请求,这个请求中就有一个字段为 User-agent,用于标识此网络蜘蛛的身份。例如,Google 网络蜘蛛的标识为 GoogleBot,百度网络蜘蛛的标识为 BaiDuSpider,Yahoo 网络蜘蛛的标识为 Inktomi Slurp。如果在网站上有访问日志记录,网站管理员就能知道,哪些搜索引擎的网络蜘蛛来过,什么时候来过的,以及读了多少数据等。如果网站管理员发现某个蜘蛛有问题,就通过其标识来与其所有者联系。

网络蜘蛛进入一个网站,一般会访问一个特殊的文本文件 robots. txt,这个文件一般放在网站服务器的根目录下,如 http://www. blogchina. com/robots. txt。网站管理员可以通过 robots. txt 来定义哪些目录网络蜘蛛不能访问,或者哪些目录对于某些特定的网络蜘蛛不能访问。例如,有些网站的可执行文件目录和临时文件目录不希望被搜索引擎搜索到,那么,网站管理员就可以把这些目录定义为拒绝访问目录。robots. txt 语法很简单,例如,如果对目录没有什么限制,可以用以下方式来描述:User-agent:*Disallow。

当然,robots. txt 只是一个协议,如果网络蜘蛛的设计者不遵循这个协议,网站管理员也无法阻止网络蜘蛛对于某些页面的访问,但一般的网络蜘蛛都会遵循这些协议,而且网站管理员还可以通过其他方式来拒绝网络蜘蛛对某些网页的抓取。

网络蜘蛛在下载网页的时候,会去识别网页的 HTML 代码,在其代码的部分,会有 META 标识,通过这些标识,可以告诉网络蜘蛛本网页是否需要被抓取,还可以告诉网络蜘蛛本网页中的链接是否需要被继续跟踪。例如,表示本网页不需要被抓取,但网页内的链接需要被跟踪。

现在,一般的网站都希望搜索引擎能更全面地抓取自己网站的网页,因为这样可以让更多的访问者能通过搜索引擎找到此网站。为了让本网站的网页更全面地被抓取到,网站管理员可以建立一个网站地图,即 Site Map。许多网络蜘蛛会把 sitemap. htm 文件作为一个网站网页的入口,网站管理员可以把网站内部所有网页的链接放在这个文件里面,那么,网络蜘蛛可以很方便地把整个网站抓取下来。

3. 内容提取

搜索引擎建立网页索引,处理的对象是文本文件。对于网络蜘蛛来说,抓取下来的网页具有多种格式,包括 html、图片、doc、pdf、多媒体、动态网页及其他格式等,这些文件抓取下来后,需要把这些文件中的文本信息提取出来。准确提取这些文档的信息,一方面对搜索引擎的搜索准确性有重要作用,另一方面对于网络蜘蛛正确跟踪其他链接有一定影响。

对于 doc、pdf 等文档,这种由专业厂商提供的软件生成的文档,厂商都会提供相应的文本提取接口。网络蜘蛛只需要调用这些插件的接口,就可以轻松地提取文档中的文本信息和文件其他相关的信息。

HTML 与文档不一样,其有一套自己的语法,通过不同的命令标识符来表示不同的字体、颜色、位置等版式,提取文本信息时,需要把这些标识符都过滤掉。过滤标识符并非难事,因为这些标识符都有一定的规则,只要按照不同的标识符取得相应的信息即可。但在识别这些信息的时候,需要同步记录许多版式信息,如文字的字体大小、是否为标题、是否为加粗显示、是否为页面的关键词等,这些信息有助于计算单词在网页中的重要程度。同时,对于 HTML 网页来说,除了标题和正文以外,会有许多广告链接及公共的频道链接,这些链接和文本正文一点关系也没有,在提取网页内容的时候,也需要过滤这些无用的链接。例如,某个网站有“产品介绍”频道,因为导航条在网站内每个网页都有,若不过滤导航条链接,在搜索“产品介绍”的时候,则网站内每个网页都会搜索到,无疑会带来大量的垃圾信息。过滤这些无效链接需要统计大量的网页结构规律,抽取一些共性,统一过滤;对于一些重要而结果特殊的网站,还需要个别处理,这就需要对网络蜘蛛的设计有一定的扩展性。

对于多媒体、图片等文件,一般是通过链接的锚文本(即链接文本)与相关的文件注释来判断这些文件的内容。例如,有一个链接文字为"张×照片",其链接指向一张 bmp 格式的图片,那么,网络蜘蛛就知道这张图片的内容是"张×的照片"。这样,在搜索"张×"和"照片"的时候都能让搜索引擎找到这张图片。另外,许多多媒体文件中有文件属性,考虑这些属性也可以更好地了解文件的内容。

动态网页一直是网络蜘蛛面临的难题。所谓动态网页,是相对于静态网页而言,是由程序自动生成的页面,这样的好处是可以快速统一更改网页风格,也可以减少网页所占服务器的空间,但同样给网络蜘蛛的抓取带来一些问题。由于开发语言不断增多,动态网页的类型也越来越多,如 asp、jsp、php 等。这些类型的网页对于网络蜘蛛来说,可能还稍微容易一些。网络蜘蛛比较难于处理的是一些脚本语言(如 VBScript 与 JavaScript)生成的网页,如果要完善地处理好这些网页,网络蜘蛛需要有自己的脚本解释程序。对于许多数据是放在数据库的网站,需要通过本网站的数据库搜索才能获得信息,这些给网络蜘蛛的抓取带来很大困难。对于这类网站,如果网站设计者希望这些数据能被搜索引擎搜索,则需要提供一种可以遍历整个数据库内容的方法。

对网页内容的提取一直是网络蜘蛛中重要的技术。整个系统一般采用插件的形式,通过一个插件管理服务程序,遇到不同格式的网页,采用不同的插件处理,这种方式的好处在于扩充性好,以后每发现一种新的类型,就可以把其处理方式做成一个插件补充到插件管理服务程序之中。

### 4. 更新周期

由于网站的内容经常在变化,因此,网络蜘蛛也需不断地更新其抓取网页的内容,这就需要网络蜘蛛按照一定的周期去扫描网站,查看哪些页面是需要更新的页面,哪些页面是新增页面,哪些页面是已经过期的错误链接。

搜索引擎的更新周期对搜索引擎搜索的查全率有很大影响。如果更新周期太长,则总会有一部分新生成的网页搜索不到;周期过短,技术实现会有一定难度,而且会对带宽、服务器的资源都有浪费。搜索引擎的网络蜘蛛并不是所有的网站都采用同一个周期进行更新,对于一些重要的、更新量大的网站,其更新的周期短,如有些新闻网站,几个小时就更新一次;相反,对于一些不重要的网站,其更新的周期就长,可能一两个月才更新一次。

一般来说,网络蜘蛛在更新网站内容的时候,不用把网站网页重新抓取一遍,对于大部分的网页,只需要判断网页的属性(主要是日期),把得到的属性与上次抓取的属性相比较,如果一样则不用更新。

## 2.2.2　专业领域信息抽取技术

关于信息抽取的概念有多种描述方式。1997 年,Proteus 工程的创建者 Grishman 描述信息抽取的概念为:"信息抽取涉及为从文本中选择出的信息创建一个结构化的表示形式。"微软亚洲研究院 2005 年信息抽取技术暑期研讨班将信息抽取的概念描述为:"信息抽取是抽取和链接基于用户详细说明的相关信息的过程。"将信息抽取的概念界定为:信息抽取是指从一段文本中抽取指定的一类信息,并将其形成结构化的表示形式(如数据库等)供用户查询使用的过程。其基本原理是:把文本里包含的信息进行结构化处理,变成表格一样的组织形式;输入信息抽取系统的是原始文本,输出的是固定格式的信息点;信息点被从各种各样的文档中抽取出来,然后以统一的形式集成在一起,这就是信息抽取的主要任务。

信息抽取处理的文本可分为三种:无结构文本、半结构化文本与结构化文本。无结构文本有较强的语法,如新闻报道等内容。结构化文本则有较强的结构性,往往由程序控制自动产生,信息抽取的对象一般为某些字段所对应的内容。半结构化文本指信息内容是不合语法的,有一定的格式但没有严格的格式限制,如房屋租赁广告的 Web 页面等。一般可认为,半结构化文本与结构化文本主要通过互联网产生,其抽取技术也有很多的相似之处,通常将这两种文本称为在线文本。

无结构文本的抽取技术可分为三类:基于自然语言处理的方式、基于规则的方式与基于统计学习的方式。基于自然语言处理的方式一般效率较低,现已较少使用。基于规则的方式是一种知识工程的方法,一般以手工的方式设置抽取规则,随着大量语料库的涌现,为规则的自动学习与获取提供了可能,这使得机器学习的方法在规则的半自动获取中得到广泛应用。基于统计学习的方式主要有基于隐马尔可夫模型(HMM)的方法等。

(1) 基于自然语言处理的方式。自然语言的处理过程一般可归为语音、词、词形、语法、语义、篇章、语用等 7 个不同的抽象级别。自然语言理解所需的知识量是惊人的,Soderland 对耶鲁大学研制的 BORIS 系统进行深入的分析,表明自然语言理解方法不完全适合于进行广泛的信息抽取。随后的相关研究继续证实了这一观点,如在 MUC23 的信息抽取中,TACITUS 作为一个文本理解系统,取得了最高的准确率,但速度特别慢。在 100 条信息的抽取中,TACITUS 用了 36 个小时。综上,基于自然语言处理的方式不适于信息抽取的主要原因在于:信息抽取与文本理解之间存在较大的差别,信息抽取只关心相关的内容,而文本理解则要联系上下文理解语句的含义。

(2) 基于规则的方式。基于规则的信息抽取是一个学习与应用的两阶段过程:规则的学习与应用规则获取信息。信息抽取的规则主要用于指明构成目标信息的上下文约束环境,如 CIRCUS 系统的抽取规则为概念节点,每个概念节点指明此规则的触发词、激活条件、硬性约束、软性约束与标信息的位置。其中,触发词用于指示信息上下文中必须含有的关键词,激活条件指定必须满足的语言模式,硬性约束则是强制性的语义约束,软性约束也是一种语义限制,这个概念节点成为后来的 AutoSlog、CRYSTAL、AutoSlog-TS 等的通用规则。

根据手工参与程度的不同,规则的构建分为三种类型:知识的手工编制、知识的半自动获取及知识的自动获取。

① 知识的手工编制。一般来说,手工编制领域知识只有具有专门知识(应用领域知识、知识描述语言知识等)的人员才能胜任这种工作,编制过程枯燥、费时、容易出错与产生疏漏,费用较高。另外,人工编制的知识库较难达到很高的语言覆盖面。当信息抽取的任务发生改变时,要组织人员重新编制规则,而此时原来的开发人力资源往往很难得到。因此,手工知识获取问题已经成为制约信息抽取技术广泛应用的一个主要缺点。

② 知识的半自动获取。知识的半自动获取是通过手工标记的数据或通过与用户的交互过程,利用加工过的语料,学习语言的模式规则,是一种典型的机器辅助式知识获取。规则的学习有两种方式:一是由概括性规则开始,通过实例的学习获取规则,是从一般到特殊的过程,如 AutoSlog;二是由具体性的规则开始,通过合并获取规则,是从特殊到一般的过程,如 CRYSTAL。介于两者之间的系统(PALKA)既有从特殊到一般的泛化过程,又有从一般到特殊的具体化过程。

③ 知识的自动获取。知识的自动获取是从未标注的文本或生文本(raw text)学习规则知识。AutoSlog-TS 就是这样一个系统,用于训练的文本无需手工标记出目标信息,仅需指出文本是否与领域相关即可,这种方法利用的是一般人都具有的较粗糙的领域知识。由于标记学习样本与目标领域是否相关无需专业的领域知识,且已较少依赖于手工参与,所以,它是一种知识自动获取方式。

(3) 基于统计学习的方式。基于统计的信息抽取主要有基于 HMM 与基于 PCFG(概率上下文无关文法)等方法。基于 HMM 的方法因其简洁性和参数可通过未标注的训练集获取而成为研究的重点。HMM 的优势在于具有较强的统计理论基础,已形成健全的训练算法,能健壮地处理新数据,适于处理自然语言的任务;弱点是需预先提供 HMM 的拓扑结构,并要有大量的训练数据。

## 2.2.3　大规模文件索引技术

索引模块负责创建网页的索引文件。对于搜索引擎来说,索引模块能够极大地提高检索速度。索引技术通过将用户查询与文档资源分解成独立的信息单元关键字,将信息检索问题简化为以关键字为信息单位进行检索,同时,在数据的组织与管理上对文档按照分解后的关键字建立索引,可以加快查询访问的速度。

倒排文件索引模块包含许多重要的方面,如倒排文件的建立、索引词的选择等。倒排文件的建立是索引模块的一个重要环节。倒排文件是一种简单、高效的文档数据索引方式,被普遍采用,是搜索引擎实现的一项基础技术。人们在倒排文件索引技术上做了大量研究。Anh、Moffat 等(1996)系统地研究了倒排索引的几种常见级别与索引的压缩技术,其中,词级的倒排索引记录索引词在文档中出现的每个位置信息,检索时通过这些位置信息来执行短语或邻近关系的检查。词级索引是倒排文件实现短语或邻近查询的一般组织方式。邻近查询的通用算法给出了最短邻近距离定义下的最优解算法,不过,这个算法开销太大,在实际系统中并不实用(Sadakane et al.,2001)。Brin 等(1998)给出了邻近查询的另一种近似实现方法,具有更好的检索效率。Williams 与 Bahle 分别提出了一种新的短语索引技术,对倒排索引词典里每个索引词,按其后续词组织倒排数据项,即为每个索引词与其后续索引词建立辅助倒排索引,这一方法可以提高短语查询的效率,同时,它的缺点是基本索引词典和后继词词典分开存储,在查询过程中需要增加一次对后继词的词典数据读取,一定程度上抵消了对短语查询效率的提高。

索引词的选择是索引模块的另一个重要环节。搜索引擎普遍使用全文索引技术,即网页文档中所有词都参与索引。理想的索引词应该是表达文档内容的语义单位,即语言学里的词汇词,是那些专指义,而实际意义无法由组合成分相加得到最小语言单位。但实际系统中,中文文本必须通过自动分词程序的处理分割成为独立的分词单位,再从分词结果中选择索引词。中文自动分词的成熟技术都是基于分词词典的机械型分词方法,这一方法的主要难点在于分词歧义处理和未登录词识别,同时,词典规模是制约分词精度的重要因素(彭波等,2005)。Agri-Topic 搜索引擎使用北京大学计算语言学研究所分词基本词典,规模为 6 万词,另外,利用用户检索日志构建了一个扩展词典。在索引创建过程中,使用两趟分词,先后根据基本词典的分词结果和使用扩展词典的分词结果建立混合索引。例如,基本词典有"农大"和"甜玉米"两个词条,无"农大甜玉米"词条;扩展词典中有"农大甜玉米",那么,对文档中的"…农大甜玉米…"字串,基本分词分为"农大"和"甜玉米",扩展分词再切分为"农大甜玉米",索引按"农大"、"甜玉米"与"农大甜玉米"这样三个单位建立。这种模式是索引文件空间大小与检索效率间的一种平衡方案,文档中的词被重复索引导致索引文件增大,同时,因为更多可能成词或短语的字串被索引,可以大大提高对它们的检索效率。在现有的硬件环境下,存储空间相对于检索效率并不重要,所以,该模式是一种可行技术。

## 2.2.4　检索个性化服务技术

随着 Web 规模与内容的不断丰富,用户越发需要搜索引擎这一信息服务形式的帮助,从而快速、准确地在信息的海洋中找到自己需要的内容。一个典型的使用场景是:用户将自己的检索意图组织成若干个查询词作为输入送给搜索引擎;搜索引擎根据查询词进行检索,将检索结果返回给用户;用户浏览这些结果并点击查看自己想要的结果页面。然而,一个突出的问题是:查询结果集中往往包含了成千上万参差不齐、内容各异的结果,这些结果有些符合用户检索意图,但大部分都是不相关文档,查询结果集的精度比较低。TREC 的评测结果也说明了通用搜索引擎的这一问题,而"查询词的内容含糊"是导致这种情况的主要原因之一。

由于检索意图不明确或对检索环境不熟悉(Spink et al.,2001)等因素,研究表明,大多数用户无法将自己的检索意图组织成高质量的查询词。经验丰富的用户能够构造出"好"的查询词。所谓"好"的查询词,是指查询中包含大量区分度高的词(在少量文档中大量出现的词)。但是,大多数用户并不能清楚地描述他的需求,最终得到的检索结果也往往难以令人满意。因此,搜索引擎需要一些额外的技术来辅助挖掘用户的查询意图,改进检索结果。

另一方面,在通用搜索引擎中,当不同的用户输入同一个检索词时,搜索引擎将不做区分地返回同样的检索结果。然而实践证明,用户的检索目的是多种多样的。即使是同样的检索词,不同用户所期待的检索结果也是各不相同的。此时,需要一些更加贴近用户的手段来改变这种检索方式,使用户能够得到真正自己关心的信息,这也就是"个性化检索"所试图解决的问题。

相关反馈技术(relevance feedback)是在个性化检索方面最重要的方法之一(传统的相关反馈技术主要用于查询扩展,然而,近些年相关反馈技术已经广泛应用于各种个性化检索系统中,这一点将会在后面的章节中说明)。经典的信息检索模型通常由 4 个要素组成 $\{D,Q,F,R(q_i,d_j)\}$,其中,$D$ 是对一个大文档集合的逻辑表示;$Q$ 是对用户信息需求的逻辑表示;$F$ 为模型的背景描述;$R(q_i,d_j)$ 是一个排序算法,对任意一个用户信息需求 $q_i \in Q$(用户检索词),该算法计算得到每个文档 $d_j \in D$ 的相关度权值。

相关反馈技术最主要的作用是提供一个新的排序算法 $R'(q_i,d_j,D_r)$,在增加了一个已知条件 $D_r$($D_r$ 为用户的反馈信息集合)的情况下,重新计算对于查询 $q_i \in Q$,文档 $d_j \in D$ 的相关度权值,从而改变原来的排序结果,进而改进检索质量。需要注意的是,对于 $\forall d_k \in D_r$,$d_k$ 描述的可以是用户的正反馈信息($d_k$ 为用户的相关文档),也可以是负反馈信息($d_k$ 为用户的不相关文档)。

在一个相关反馈系统中,实际的流程如下:用户对检索出的文档显式或隐式地进行相关性判定,系统根据这些判定生成新的查询,对检索结果进行重排序,这一过程可以不断地迭代进行,直到用户找到满意的相关文档集合。许多实验结果都证明了这一方法能够有效地改进查询结果的质量,这种改进主要得益于查询扩展及对查询词权重的重新计算。

相关反馈相对于其他查询处理方法而言,具有如下优点:

(1) 用户只需对文档做出相关性判断,而不需要了解查询处理的技术细节。

(2) 用户反馈技术将整个检索过程分成三个用户容易理解的部分:提交查询、进行相关性判断、对查询结果的重排序。

(3) 它提供了一种可控的方法来突出某些查询词或是削弱某些查询词。

由此可见,相关反馈技术是理解用户检索意图、实现个性化排序、改进搜索引擎排序结果、提高用户对搜索引擎结果满意度的重要工具。因此,需要对基于用户反馈的个性化检索技术这一具有重要理论意义与广阔应用前景的课题进行研究与探索。

## 2.3　检索质量评估标准

公开有效的垂直搜索引擎质量评估对指导用户选择搜索服务,对垂直搜索引擎服务提供者与研究人员不断尝试新技术、提高服务质量十分重要。商业垂直搜索引擎内部通常会有质量评估,但其方法、过程、结果属于商业机密,一般不会公开。这一方向的工作与研究主要由信息检索领域的研究人员推动。

信息检索是指这样的过程与方法:一个需要信息的用户可以通过信息检索把他的信息需求转换,得到数据集中若干文档的引用,从而找到有用的信息。评估从这个研究方向创立开始就一直为人们关注。根据评估对象的不同,可以分为 6 个级别。工程级关注系统的效率,本书集中在工程级的系统效率研究上,评估的指标与方法包括输入级关注输入数据的覆盖率;处理级评估数据处理过程中的算法、技术与方法的效果;输出级评估结果输出后的交互、反馈等;应用级与社会级评估系统的应用与对生产率的影响。其中,前三个级别的评估以系统为中心,后三个以用户为中心。进行评估有如下几个前提要求:①被评估的系统,包括算法和数据;②评估准则,如信息检索中的相关性;③评估指标,如信息检索中的检索精度与召回率;④评估指标的获取,如信息检索中的相关性判别;⑤评估方法,包括整个过程的设计与组织。

信息检索领域最重要的评估工作由 TREC 组织推动。TREC 主要在处理级进行检索效果评估,把相关性作为评估准则。相关性是一种复杂的感知与社会现象,它不是简单二元的是否判别,而与环境、上下文有密切联系。相关性判别通过专门的评估人员人工判断,在大规模数据集上进行检索系统评估时,这种人工的工作成为最大的开销,并且使得对整个数据集进行完全的相关性判别成为不可能。为使评估实验可重复,TREC 建立了大规模的评估数据集,包括数据集、查询集和相关结果集。其中,相关结果集通过一种称为 pooling 的方法构造,对每个评估用的查询,从所有参加评估的结果序列中挑选出前一部分,人工判断其相关性,其他文档作不相关处理。在 TREC 的推动下,评估方法的研究得到了很大发展。研究表明,pooling 方法下对系统相对性能评估具有稳定性,但同时召回率被估计过高。Voorhees 与 Buckley 通过统计实验错误率研究了查询集大小对评估的影响,指出小的查询集会使评估结果具有高错误率。Buckley 与 Voorhees 研究了查询集大小、评估指标对评估结果稳定性的影响,指出对于 Web 环境,适合使用 TOP@10(前 10 个结果的精度)或 TOP@20 作评估指标,同时需要较多查询以减少错误率,100 个查询对 TOP@20 较合适。Voorhees 研究了多级相关性判别对评估的影响,指出 Web 环境下对高度相关的评估与一般相关的评估结果不一致,相比更不稳定。Cormack 研究了大规模评估数据集构建的技术,提出了改进的 pooling 方法。

　　垂直搜索引擎与传统信息检索系统有许多不同的特点,这些给传统的信息检索评估也带来了新的挑战。垂直搜索引擎处理的数据是整个 Web,即使采用 pooling 方法,TREC 建立静态评估测试数据集的方法也很难扩展到这样的数据规模。同时,Web 数据还在不断动态变化,对搜索引擎的评估很难建立在同样一个静态的数据集上,怎样评估不同数据集上检索系统的质量也是一个新的研究内容。Hawking 研究了 TREC 的信息检索方法在 Web 环境下是否有效,不过,实验建立在 TREC 的大规模数据集上,具有一定的偏向性。另外,Hawking 等(2001)又对 11 个搜索引擎进行了评估,指出不同搜索引擎的显著性差异,不同评估指标间高度相关,特别提出了对未来 Web 搜索质量评估需要针对不同用户的信息需求类型采用不同的评估技术。Singhal 和 Kaszkiel(2001)详细分析了 TREC Web Track 评估方法在 Web 环境下的不足,包括查询类型、相关性判别是按文档为基础,还是以用户为中心、按站点为基础,不同数据集上的评估结果是否可以比较等问题。Craswell 的 TREC Web Track 报告将其分为主题提取类型和导航类型两种任务模式。主题提取类型以 TOP@$N$(前 $N$ 个结果的精度)为评估指标,返回结果以站点为单位,以主题相关性与内容质量为评估准则。导航类型以 MRR(第一个正确答案的平均序号倒数)与 S@10(答案出现在前 10 个结果的查询比例)为评估指标。

## 2.4　本章小结

　　本章论述了垂直搜索的基本原理及其实现的关键技术,这些关键技术包括主题型网页数据采集技术、专业领域信息抽取技术、大规模文件索引技术、检索个性化服务技术。作为新一代搜索引擎,垂直搜索运用了人工分类及特征提取等智能化策略,因此,它比前三代搜索引擎更加有效与准确。本章内容是开发农业信息垂直搜索引擎的理论基础。

# 第3章　农业信息主题网页采集技术

## 3.1　农业信息主题网页的特点分析

　　将网络中大量存在的、为促成农产品交易而发布的、供买卖双方使用的农产品相关交易信息作为研究对象,这些信息是为农产品网上交易而服务的,所以,有必要先搞清楚这些信息从哪里来,有些什么样的信息,农产品电子交易是个什么现状,又存在哪些问题,哪些问题是通过我们的研究可以解决的。搞清这些问题,研究才会目标明确,有针对性。

### 3.1.1　农业交易信息来源

　　网上农产品信息最主要的来源是农业相关网站,其次是提供各类信息发布的平台。首先,从农业网站的拥有者来看,农业公司是最大的信息提供者。据估计,现在全国有农业网站1万多个,总网页150万～200万,其中,政府网站约占18%,科研机构与大学等部门约占20%,剩余约56%都是各类农业公司网站,如图3.1所示。大部分政府农业网站都会提供一个农产品供求信息发布的区块;科研机构和大学的网站农产品供求信息很少;农产品供求信息主要来源于企业网站,特别是专门提供此类信息发布的交易平台,更是农产品交易的信息密集区。

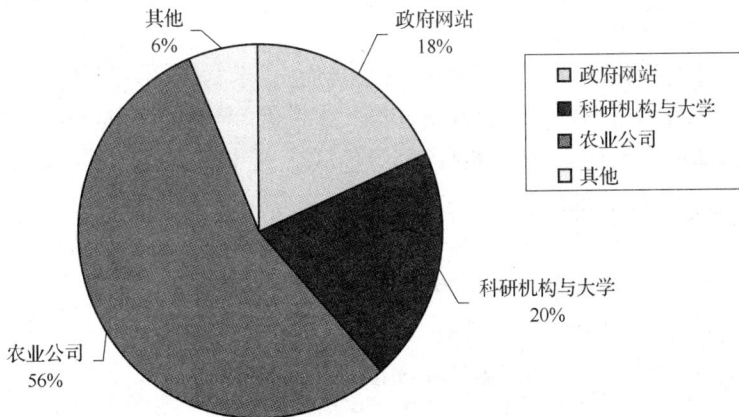

图 3.1　农业网站机构对比

其次,从农业网站所属的省份来看,网站地域分布不均衡,如图 3.2 所示。山东、北京、浙江、江苏、广东等 5 省市的网站总数已占全国总数的 50% 以上。北京集中了大量的政府部门、农业科研院所、大专院校,同时集中了大量的综合信息网站,形成地域上、数量上的总体优势;西部地区农业网站数量偏少。网站分布与东西中部地域显著相关,但与各地域的农业生产不显示明显的地域相关,有些农业大省反而没有多少农业网站。

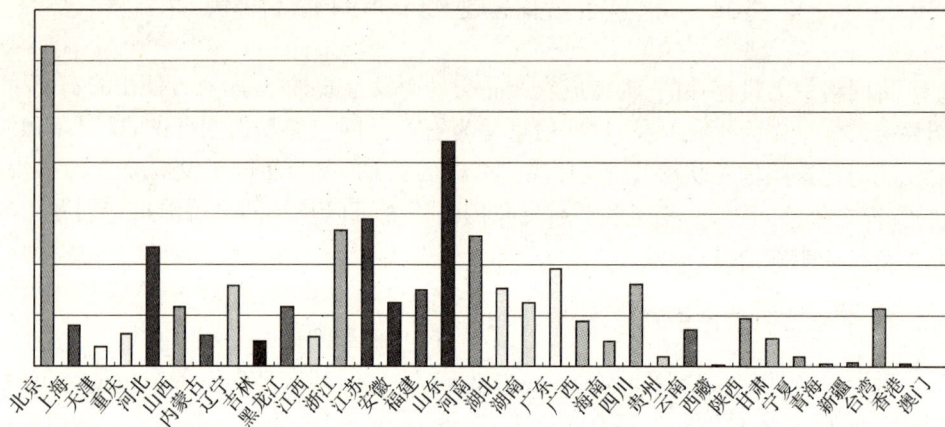

图 3.2　各地区农业网站数量对比

### 3.1.2　农业交易信息分类

网上农产品信息没有统一的格式,不同的企业,不同的平台,风格各异,有的以表格形式发布,有的以整齐的形式发布,有的干脆就是一段描述文字,这些信息可以简单划分为以下几个方面:

(1) 销地价格信息,如品名、价格、交易场所、供求状况、价格行情等。

(2) 产地价格信息,如品名、价格、产地、生产者、产量、上市时间等。

(3) 品质或质量信息,如质量保证、绿色认证、有机产品、优良品种等。

(4) 支付方式,如邮局汇款、银行汇款、第三方支付、网上支付等。

(5) 供货方式,如卖方送货、买方自取、邮寄、物流或配送中心送货等。

(6) 包装与规格,如散装或箱装、原菜与净菜、鲜菜或干菜等。

(7) 交易方式,如现货交易、期货交易等。

(8) 定价方式,如一口价、博弈价、拍卖价、批量优惠等。

### 3.1.3　农产品电子交易信息搜寻成本

显而易见,农产品电子交易还相当滞后。除了农业本身发展相对其他产业落

后外,信息化水平等因素制约了农产品电子交易的发展,主要包括以下几个方面(王敏等,2005):

(1)农产品电子交易缺乏相应的外部服务支持。交易不只是买卖双方的事情,它是一个社会范围内的完整系统。在没有完善的物流体系、产品质量检验服务、安全的网上支付、配套的售后保障等一些外部支持时,很难使交易双方有足够的信心来通过网络完成交易。

(2)农产品易腐而保质期短。在没有快速完善的物流体系支持的情况下,一些品质能长期保持稳定的商品(也包括部分农产品)可以通过邮购来实现交易,但对于新鲜易腐的农产品,这是不现实的。可以作为例证的是,在一些大城市,基于发达的物流配送体系,鲜花也能网上交易。

(3)农产品的品质难以鉴别。对于书、光碟、玩具等网上交易活跃的商品,有三个显著特点:一是品质稳定,容易鉴别;二是即使产品品质稍差,一般也不会对使用者造成严重伤害;三是退换货容易,一般不会引起商品价值的降低。而农产品,特别是用作食物的农产品,品质(如农药残留)很难鉴别,用仪器鉴别成本很高,而且农产品一旦出现质量问题,可能会引起食物安全问题;更甚者,一旦出现了退换货,交易中的农产品可能要降级使用甚至要销毁,商品价值损失严重。所以说,这些因素决定了农产品电子交易的风险很大。

(4)农产品大多属于低附加值商品,相对信息搜索成本高。网上的交易信息虽然丰富,但搜索信息是需要成本的,搜寻的成本包括耗费的时间、交通成本、其他查寻费用及机会成本,即在搜寻上花费的时间越多,做其他事情的时间就越少(张龙斌等,2007)。

由于成本因素的制约,信息搜寻的规模必须控制在一定的限度内,即应当是成本收益合理的。当交易涉及的预期收益或风险损失较小时,行为者通常不会在信息搜寻方面作太多的努力;而当不确定性所涉及的经济利益较大时,则必须进行信息搜寻,以降低风险,减少损失(刘杰等,2007)。

农产品大多属于低附加值商品,相对信息搜索成本很高(屈小博等,2007)。生活经验告诉我们,当我们准备买一辆汽车或一套房子时,必然会多方搜寻相关信息,反复对比,才会最后做出购买决策;而当我们准备买些晚餐用的菜蔬时,常常是买了就走,不会过多考虑,最多不过是货比三家而已,这就是信息搜索成本与所购商品价值所得的相对信息搜索成本不同的缘故。

农产品交易信息垂直搜索引擎正是针对农产品相对信息搜索成本高的问题而来的。

# 3.2　数据采集与更新模型

在 Agri-Topic 搜索引擎数据采集更新模型中,主要考虑以下几个关键因素:数据采集更新频率(data update frequency,DUF)、队列排序(queue order,QO)与区域责任机制。数据采集更新频率是指整个索引数据更新一次所需要的时间;队列排序是指在一次数据采集更新中网页站点队列,在模型中,这是一个 FIFO 队列,然后根据这个队列决定采集对象的顺序,从而减少服务端负载压力,提高数据采集更新频率。

## 3.2.1　网页时效性问题

传统的搜索引擎采用静态 Spider 搜集网页资源,这种方式最主要的一个缺点就是存在信息时效性问题。用户在使用搜索引擎检索文件时,经常会遇到搜索结果中的网页地址不能访问,这是由于某些网站信息具有比较大的随意性,可能只是临时提供网页浏览。由于网页资源的地理分布极广,网页资源之间、网页资源与客户端及客户端之间往往通过广域网连接,网页资源类型与数量巨大,而且网页资源是动态变化的,所以,传统的搜索引擎不能很好地与网页资源更新及网站的服务状态(关闭、开通)同步。同时,由于大部分的小型网站是个人性质的,随意性比较大,而且 IP 也经常变动,因此,不能与商业性质的站点一样提供稳定的服务。

对于这种个人网页站点,由于搜索引擎索引数据库更新一次后,其站点的 IP 已经变动或不提供服务了,基本上属于无效的链接,因此,用户往往在检索文件时会得到大量的无效链接地址,即使是国内搜索引擎做得比较好的天网、百度与 Google 也存在这个问题(虽然可以检索到所需的文件,但提供网页资源的站点基本上已经关闭了)。

大多相关研究认为,在这个时效性问题中,数据采集更新策略是提高搜索引擎检索结果可访问性的关键性影响因素。

更新策略通常包括两个方面:针对 URL 的调度算法和针对网页变化频率的计算方法,通常是这两个方面协同工作,以保证互联网中新网页的时效性。

现有研究将网页变化视为泊松过程的论文发表相对较多。在网页变化规律的研究中,Cho 等(2000)等通过对某一个集合的网页进行连续观察后,得出结论:网页变化符合泊松过程。在 Brewington 的进一步研究中发现,美国的网页变化频率在工作日比晚上与公休日要快。评价基于这一理论开发出的系统或模型通常有两个参数很常用:网页刷新频率(page update frequency,PUF)与网页有效年龄(page valid time,PVT)。网页刷新频率指 Spider 访问一个网页的频率;而网页有效年龄指网页从最后一次变化以来的时间。他们关心的通常是网页刷新频率、顺序及怎样调节频率与顺序。Cho 经过实验与计算后认为对网页按统一的变化频率刷新效果比较好。IBM Almaden 研究中心开发的 Web Fountain Crawler 采用了一种简单的方法:将网页按照它们的变化频率分为若干组,并将搜集的过程分成一个个搜集周期,不同的搜集周期可以分配不同的搜集任务,搜集的总目标是使每个周期中的旧网页、该周期内新出现的网页中未及时搜集部分的总过期时间尽可能小(即时新性尽可能高)。Knut 增量系统对时间预测的实现非常简单:对新 URL 赋予一个初始的变化值,在该时间点变化时,则把它的下次访问间隔改为这次的一半,否则,把间隔改为这次的一倍;其调度与 Web Fountain Crawler 的实现类似,把网页按刷新频率分类。

　　我们对比当前互联网上比较有影响力的搜索引擎的网页时效性,如图 3.3 所示,X 轴为搜索引擎,Y 轴表示检索结果中平均有效链接比率。根据人工统计测试结果来看,现有的多数搜索引擎的数据采集更新策略在性能上存在很大差异。垂直搜索引擎的检索结果中,平均有效链接比率高于通用搜索引擎,这表明垂直搜索引擎在检索结果可访问性方面要优于通用搜索引擎。但与此同时,我们也看出所有的搜索引擎的平均有效链接比率都比较低,没有达到 50%,究其根本原因在于策略模型与算法效率设计。因此,为了进一步提高垂直搜索引擎的可访问性,提出一种适用于农业交易信息领域的数据采集更新模型,通过优化更新频率与队列排序等关键影响因子提高数据采集速度与准确率。实验结果也表明,该模型具有相当好的性能,在检索农业交易信息方面,平均有效链接比率超过了现有的垂直搜索引擎。

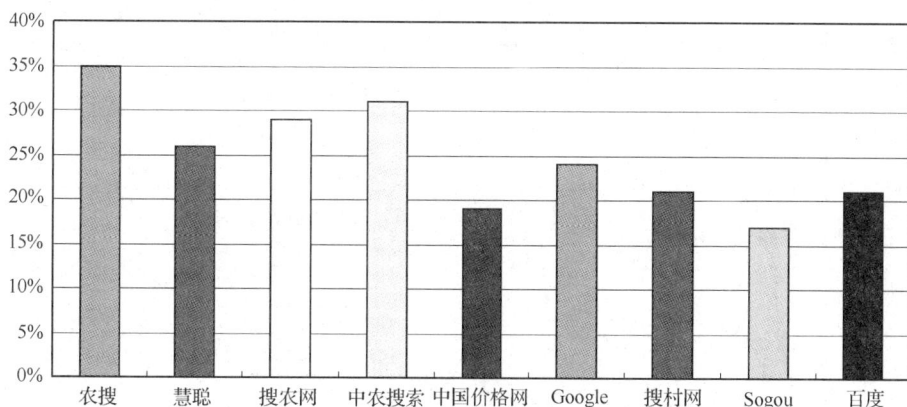

图 3.3　检索结果中平均有效链接比率对比

## 3.2.2　数据更新频率

　　现在讨论数据更新频率的问题。根据 Agri-Topic 搜索引擎采集的网页特点分析数据更新策略。首先,对比一下 Web Spider 与 Topic Spider。从基本原理上讲,Web Spider 与 Topic Spider 有很多共同点,它们都具有自动化数据采集功能、智能化任务调度、高性能多线程设计及可扩展性等。但是,这两种 Spider 又有各自的特点。Web Spider 采集的数据对象包括所有网页及其他文件,而 Topic Spider 采集的数据对象是包含农产品交易信息的特定主题网页,所采集的数据规模相对少几个数量级。因此,在设计上,Topic Spider 的数据采集更新频率是可以比 Web Spider 高的。

为了研究数据采集更新频率与平均有效链接比率的关系,我们设计了一个集中式 Topic Spider,通过改变数据采集更新频率得到不同的索引文件,然后用相同的关键词集对这些索引文件进行检索,统计每次检索结果中有效浏览网页链接数量占该次检索结果网页总数量的平均比率。例如,有两个数据采集更新频率 $T1$ 与 $T2$,分别采集得到两个索引文件 IndexFile1 与 IndexFile2,然后用关键词"白菜"检索,返回检索结果链接集 LinkOfSearchResult1 与 LinkOfSearchResult2,统计两个检索结果链接集中能够浏览包含"白菜"交易信息的有效链接数量 NumberOfAvailableLink1 与 NumberOfAvailableLink2,然后计算出平均有效链接比率 RatioOfAvailableLink1 与 RatioOfAvailableLink2,其计算公式如下:

$$RatioOfAvailableLink = \frac{NumberOfAvailableLink}{LinkOfSearchResult} \qquad (3.1)$$

在测试评估中,我们对比各种不同的数据采集更新频率,如图 3.4 所示,其中,$X$ 轴表示数据采集更新频率,$Y$ 轴表示平均有效链接比率。

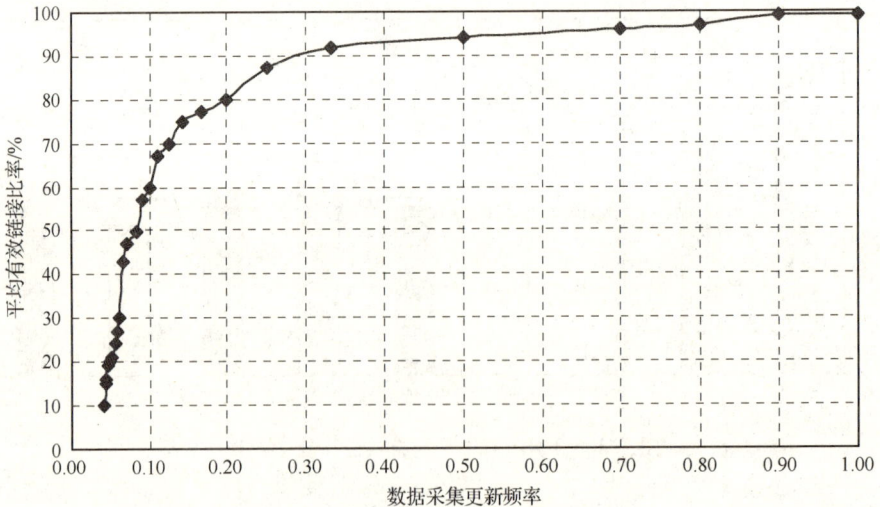

图 3.4　数据采集更新频率与平均有效链接比率的关系

从图 3.4 可以看出,数据采集更新频率与平均有效链接比率成正比关系,数据采集更新频率越高,平均有效链接比率也越高,但随着数据采集更新频率增长,平均有效链接比率接近一个临界值。在实际运行中,数据采集更新频率并非越高越好,因为这会极大影响服务器的负载性能,所以,一般取一个比较适中的频率值,在我们的实际测试对比中,这个频率值在 0.2~0.4 可以很好地满足系统的性能与负载压力平衡的要求。

### 3.2.3　队列排序

为了研究在一次数据采集更新中网页站点队列,以方便根据这个队列决定采集对象的顺序,我们给出了一些数学定义来描述模型的相关概念。

**定义 3.1　位熵**　一个比特所表示的信息量。比特 $b$ 具有 0、1 两种可能性,设其概率分别为 $p_0$、$p_1$,则位熵 $H(b)$ 定义为

$$H(b) = -(p_0\log_2 p_0 + p_1\log_2 p_1) \tag{3.2}$$

**定理 3.1　最大位熵定理**　如果比特 $b$ 中 0、1 事件以等概率出现,即当 $p_0 = p_1 = 0.5$,其熵最大,则最大位熵 $H_{\max}(b) = -(0.5\times\log_2 1/2 + 0.5\times\log_2 1/2) = 1$,即位熵最大值为 1。

**定义 3.2　比特随机测度**　定义实际位熵 $H(b)$ 与最大位熵 $H_{\max}(b)$ 的比值,即 $E = H(b)/H_{\max}(b) = H(b)$。由于最大位熵为 1,因此,比特随机测度值就等于位熵的值。由定义可知,$0 \leqslant E \leqslant 1$,$E$ 表示随机程度,$E$ 越接近 1,表示信息越随机,位熵越大;$E$ 越接近 0,表示确定性信息越大,位熵越小。

**定义 3.3　比特确定测度**　定义 $R$ 表示比特信息确定性的程度。因为确定性是不含有信息量的,所以,比特确定测度值 $R$ 定义为

$$R = 1 - E = 1 - H(b)/H_{\max}(b) = 1 - H(b) \tag{3.3}$$

**定义 3.4　主机状态时间序列**　事物的发展通常都具有一定的惯性,这种惯性用统计的语言来描述就是序列值之间存在着一定的相关关系,这种相关关系通常具有某种统计规律。设 $T$ 为一个时间集,对 $t \in T$,令 $X_t$ 为随机变量,对于集合 $\{X_t, t \in T\}$,若 $T = \{1, 2, \cdots\}$,则称 $\{X_t\}$ 为随机序列。按照时间顺序把随机事件变化发展的过程记录下来就构成了一个时间序列 $(X, Y)$,其中,随机序列 $X = (\cdots, X_1, X_2, \cdots, X_t, \cdots)$ 表示按时间顺序排列的一组随机变量,观察值序列 $Y = (\cdots, Y_1, Y_2, \cdots, Y_t, \cdots)$ 是对应 $X$ 的有序观察值。

设搜索网络包含 $N$ 台主机,模型数据更新时间为 $t$,$S_j$ 表示第 $j$ 台主机,其中,$j \in [1, N]$,$T_j$ 表示 Topic Spider 系统的 $M$ 次数据采集中第 $j$ 台主机的在线状态集合,它是一个由 1 与 0 组成的状态序列,即

$$T_j = (T_{j1}, T_{j2}, \cdots, T_{jk}, T_{j(k+1)}, \cdots, T_{jn}), n \in (1, 2, \cdots, M) \tag{3.4}$$

式中,$T_{jk}$ 表示 Topic Spider 系统第 $k$ 次数据采集中第 $j$ 台主机的在线状态,即

$$T_{jk} = \begin{cases} 1, & \text{在线} \\ 0, & \text{离线} \end{cases}$$

设 $T_j$ 为第 $j$ 台主机的状态序列，$M$ 为序列的长度，在序列中，1 的次数为 $k(0 \leqslant k \leqslant M)$，则称 $k$ 为序列 $T_j$ 的在线频数，$P(T_j)$ 为在线频率，有

$$P(T_j) = k/M = \frac{\sum T_{jn}}{M} \tag{3.5}$$

由此，我们可以根据主机的特点将其分为以下几类：

(1) 基本上总在线。这类主机一般隶属于政府、企业或学校等机构，用 S1 表示，状态序列中，1 比较多，只有极少数为 0，用数学公式描述为

$$P(T_j) > u \tag{3.6}$$

式中，$0 \leqslant u \leqslant 1$。如果在线频率大于 $u$ 值，就可以划为第一类主机。$u$ 值与 Topic Spider 的数据更新周期 $T$ 有关系，$u$ 的初值一般按经验可以设为 0.715。

(2) 具有比较严格的周期性。这类主机一般有固定的开机时间，用 S2 表示，状态序列包含周期性的数据。

(3) 概率分布。用 S3 表示，这类主机虽然状态序列无周期规律，但在线次数统计却具有一定的规律性，如有些主机每个时间段的在线次数满足参数为 $\lambda$ 的泊松分布。

(4) 无规律性。用 S4 表示，这类主机在线状态具有临时性，采集的数据即使能检索，一般也不能下载，所以，这些数据对搜索引擎及用户来说没有什么价值。

根据以上定义的队列规则，我们可以对不同类型的网站采取不同的采集策略，S1 类型的网站具有队列的最高优先级，而 S4 类型的网站可以在系统空闲时采集数据。为了更清楚地说明队列排序策略对系统采集数据性能的影响，我们对比了改进前与改进后的系统平均有效链接比率，结果如图 3.5 所示。

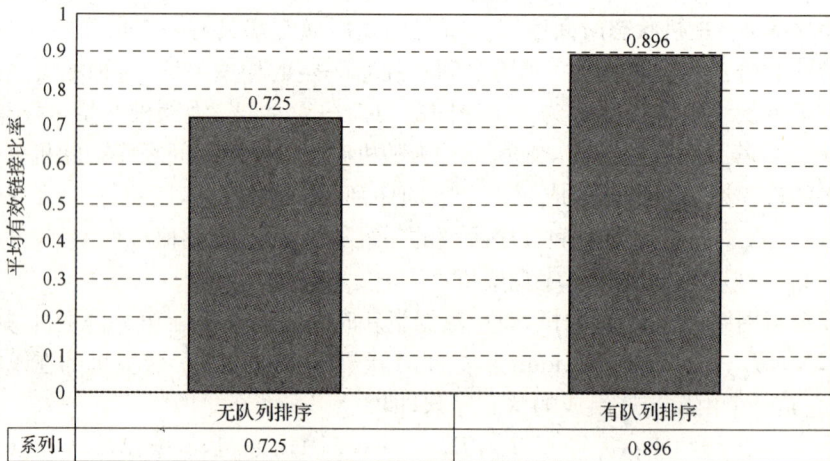

| 系列1 | 0.725 | 0.896 |
| --- | --- | --- |

图 3.5　队列排序对平均有效链接比率的影响

从图 3.5 可以看出,没有应用队列排序策略的平均有效链接比率为 72.5%,而应用队列排序策略的平均有效链接比率为 89.6%,增加了 17.1% 了,这表明该策略是可以有效提高检索结果的平均有效链接比率的。

### 3.2.4　区域负责机制

为了解决互联网内大量个人性质站点的动态变化与检索时效性问题,提出了一种高效的动态网页资源采集策略。在这个区域负责机制设计中,整个系统呈金字塔状,每层只直接对相邻上一层负责。每层的每个节点都相当于一个微型数据采集器,分别负责收集自己区域内的网页资源,并建立各自的索引数据库,同时,采用数据同步技术使自己收集的索引数据与上一级索引数据库保持一致。

#### 1. 区域责任分层结构

为使模型具有较好的扩展性与可用性,我们将其分为三层结构:应用层、虚拟层与资源层,结构如图 3.6 所示。

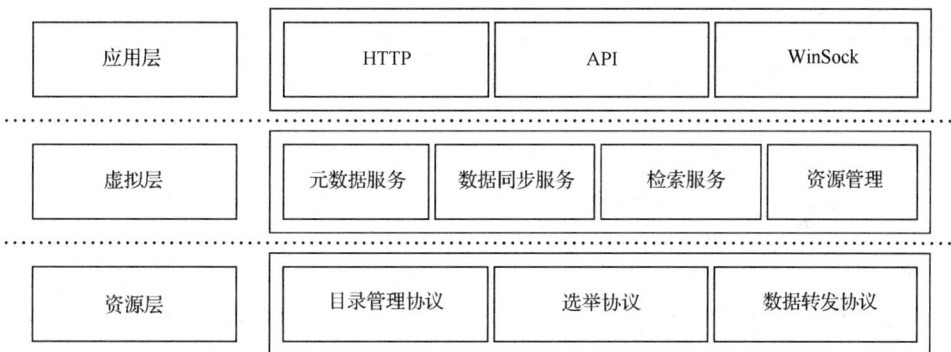

图 3.6　区域责任分层结构图

（1）应用层负责提供用户访问接口,主要有 HTTP、API 与 WinSock 方式等。用户可以直接通过 HTTP 方式访问,也可以通过 API 或 WinSock 方式编写应用。

（2）虚拟层负责提供元数据服务、数据同步服务、检索服务与资源管理等,该层接收应用层传递的虚拟数据属性描述,由元数据服务根据属性检索元数据目录返回虚拟数据的全局地址。数据同步服务可以在区域内对虚拟数据进行复制。

（3）资源层负责定义各个搜索节点之间的通信协议,包括目录管理协议、选举协议、数据转发协议等,这些协议都在 TCP/IP 协议层上实现,采用 XML 标准。

#### 2. 区域网络节点空间

为对区域网络空间中节点功能进行定义,将系统中的节点按功能划分为 4 层,每一层负责一个搜索子空间,如图 3.7 所示。

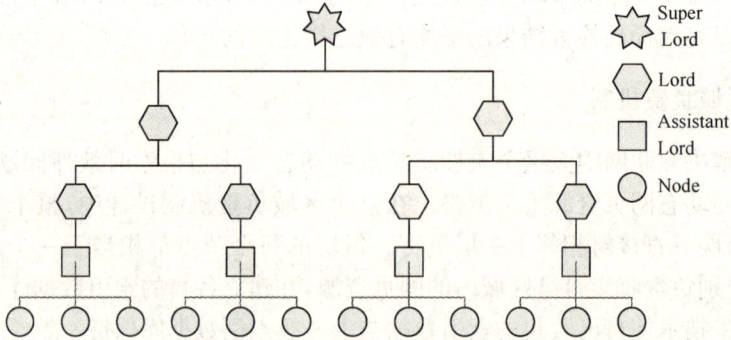

图 3.7　节点空间示意图

(1) Super Lord。位于模型的最高层,负责存储整个系统的全局信息,如 Lord 的 IP 地址列表、索引数据库的规模等,同时为用户提供访问入口。

(2) Lord。位于模型的第二层,负责存储自己管辖区域内的相关信息,如本区域内的网站资源索引数据库、Super Lord 与 Assistant Lord 的 IP 地址等,直接向 Super Lord 负责,接受来自上一级的检索请求,返回检索结果。

(3) Assistant Lord。位于模型的第三层,负责运行 Spider 程序收集资源,建立索引数据库,并与 Lord 进行数据库同步。

(4) Node。位于模型的最底层,一般为提供网页的站点,其数量不固定,可以从几台到数百台,而且站点服务状态动态变化。

**3. 层次结构的数据采集策略**

我们模仿"Lord"的概念,将互联网以 100～500 台主机为区域子网划分为不同的管辖区域,每个区域内有一名 Lord 与 Assistant Lord 负责本区域内网页资源的索引数据库的建立。考虑到运行的稳定性,Lord 一般是本区域网上稳定性比较高的主机,这样,可以保持整个系统的全局连续性。由于 Lord 关系到整个子网的服务质量,因此,Lord 不运行 Spider 程序收集资源数据。Spider 的工作由 Assistant Lord 负责,然后,Assistant Lord 在网络空闲时与 Lord 进行索引数据库同步,这样,既减低了 Lord 的负载,提高了 Lord 的工作效率,又保证了数据库的冗余性。

每个区域内的 Lord 负责一个搜索子空间,所有 Lord 所在的搜索子空间组成了整个系统的搜索空间。检索请求从最高层以指数级速度逐层转发到各个搜索子空间,然后,Lord 将请求在自己的搜索子空间的索引数据库中检索,将结果返回给 Super Lord,Super Lord 对检索结果作相关度的处理后返回给用户。

由于 Assistant Lord 担任了 Spider 的工作,因此,对 Assistant Lord 的性能要求比较高,采用选举算法进行投票。

(1) 当区域子网加入新的主机时,Lord 在全局网络中广播开始进行投票。

(2) 全局网络的各个 Node 接受到投票的请求后,计算本机的选举度 $S$,如下:

$$S = w_1 \times cpu + w_2 \times ram + w_3 \times thread \tag{3.7}$$

式中,$w_j$ 为权值;cpu 为 CPU 的主频及空闲度;ram 为内存容量及未使用率;thread 为线程的数量。

(3) Lord 收集各个 Node 的选举度进行排序,选取选举度最大的 Node 担任 Assistant Lord,如下:

$$S_{max} = Max(S_j), j = 0, 1, \cdots \tag{3.8}$$

式中,$S_j$ 为第 $j$ 个 Node 的选举度。

## 3.3　性能测试与评估

### 3.3.1　测试环境

为对模型的性能作一个评估,我们建立一个测试环境用于性能分析,如图 3.8 所示。

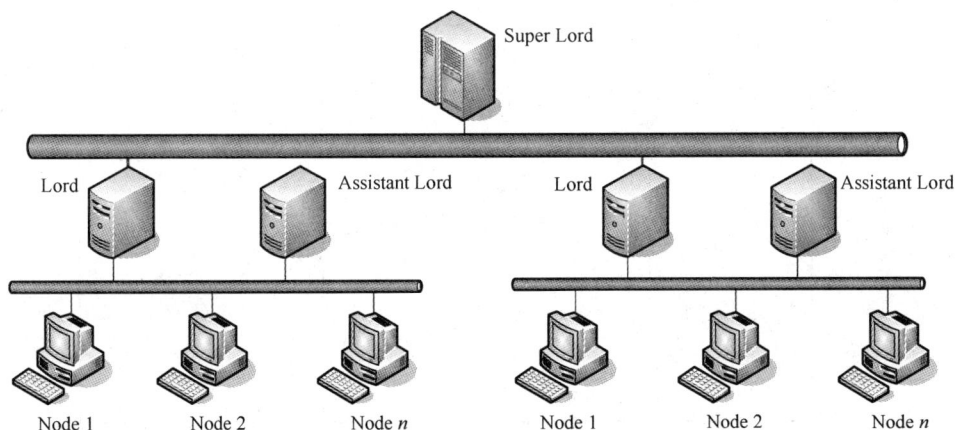

图 3.8　测试环境网络连接图

一台 Super Lord 采用 2.4GHz 主频的 CPU、1G 内存的联想 T200,IP 设为 10.2.1.200;两台 Lord(IP 分别为 10.2.2.1 和 10.2.3.1)与两台 Assistant Lord (IP 分别为 10.2.2.100 和 10.2.3.100)采用联想 T100,其中,Lord 与 Assistant Lord 为一组与 15 台普通 PC 组成局域网,如表 3.1 所示。

**表 3.1   测试环境配置**

| 层次 | IP | CPU | RAM | Disk | OS |
|---|---|---|---|---|---|
| Super Lord | 10.2.1.200 | Intel 2.4GHz | 1GB | 160GB | Red Hat Linux 6.0 |
| Lord | 10.2.2.1、10.2.3.1 | Intel 900MHz | 512MB | 36GB | Red Hat Linux 6.0 |
| Assistant Lord | 10.2.2.100、10.2.3.100 | Intel 500MHz | 128MB | 18GB | Red Hat Linux 6.0 |
| Node | 10.2.2.2~10.2.2.10<br>10.2.3.2~10.2.3.7 | Intel 1.2GHz | 256MB | 80GB | Windows 2000/XP |

在 15 台普通 PC 上安装 Apache 软件,用于提供 WWW 服务,部署了一个采用 PHP 开发的模拟电子批发市场网站,通过计划任务机制使得各 PC 上的 Apache 服务运行具有随意性。在 Lord 与 Assistant Lord 上运行 Spider 代理,用 GNU C/C++语言开发。

### 3.3.2   实验结果

(1) 时效性。在测试中,我们构造特定的关键词进行检索,比较区域子网索引数据库更新时间与检索结果中有效链接百分比的关系,如图 3.9 所示。虽然设置较小的索引数据库更新时间可以提高检索结果中有效链接百分比,但考虑到系统的负载,设定索引数据库更新时间值为 3~5。

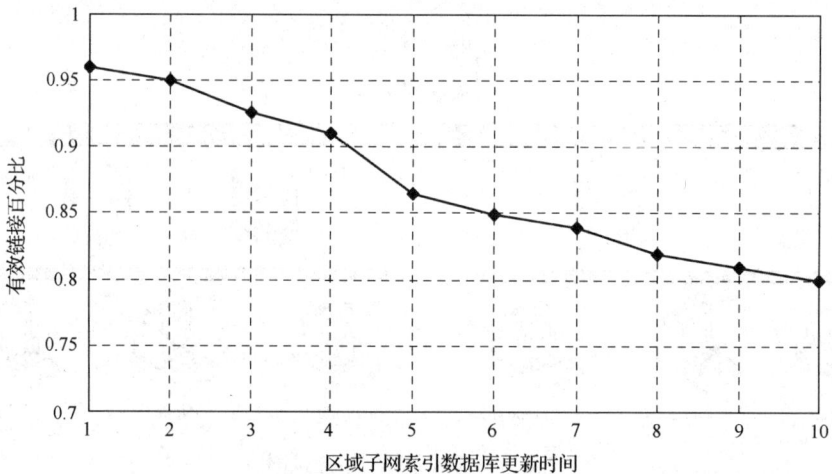

图 3.9   区域子网索引数据库更新时间与检索结果中有效链接百分比的关系

(2) 响应时间。我们选择了任意 10 组关键词进行检索,结果如表 3.2 所示,系统平均检索时间为 332.7ms,比改进前检索的平均时间 473ms 要高 30%左右,达到了系统的设计要求,性能是令人满意的。

**表 3.2　模型检索性能**

| 检索词 | 改进后平均检索时间/ms | 改进前平均检索时间/ms |
|---|---|---|
| 白菜 | 360 | 600 |
| 大蒜 | 296 | 450 |
| 辣椒 | 383 | 500 |
| 玉米 | 492 | 500 |
| 小麦 | 334 | 462 |
| 地瓜 | 351 | 756 |
| 大米 | 274 | 437 |
| 苹果 | 293 | 331 |
| 棉花 | 282 | 336 |
| 菠萝 | 262 | 358 |

注：测试索引网页数据共有 24652720 条记录。

（3）负载平衡性。为使系统负载平衡,采用 Hash 函数动态分配 URL 给每个 Lord Spider 进行搜集,负载平衡的效果可以通过分析每个 Lord Spider 每小时采集的网页数获得,在运行环境相同的条件下,如果每个 Lord Spider 在相同时间间隔内采集的网页数大致相等,则证明系统是负载平衡的。因为方差可以反映数据分散程度,方差越小,说明工作负载越平均,所以,我们可用方差来描述系统的负载平衡性。如果每个 Lord Spider 的每小时采集网页数方差都小于我们给定的参考方差,则可以认为系统负载平衡性达到要求。例如,当系统包含两个 Lord Spider 时,每小时采集的网页数为 $x_1$ 与 $x_2$,如果将 $X$ 称为离散型随机变量(有限个或可数个值随机变量),分布律为 $P\{X = x_i\} = p_i$,$X_j$ 取相应各种值的概率是 $P_j$,$E(X)$ 称为 $X$ 的均值,$D(X)$ 称为 $X$ 的方差,则方差公式如下：

$$E(X) = \sum x_k \times p_k$$
$$D(X) = \sum [x_k - E(X)]^2 \times p_k \tag{3.9}$$

为使实验结果有可比较性,要对实验数据规整化,公式如下：

$$x'_k = \frac{x_k}{\sum\limits_{j=1}^{\infty} x_j} \tag{3.10}$$

根据以上评估标准,我们进行了实验测试,结果如图 3.10 所示。从图中可以看出,在 Lord Spider 数量取 2、4、8、16 时,方差值都比较小,没有超过预设的参考方差,这说明每个 Lord Spider 节点负责采集的网页数量基本相等,也就是说,系统具有较好的负载平衡性。

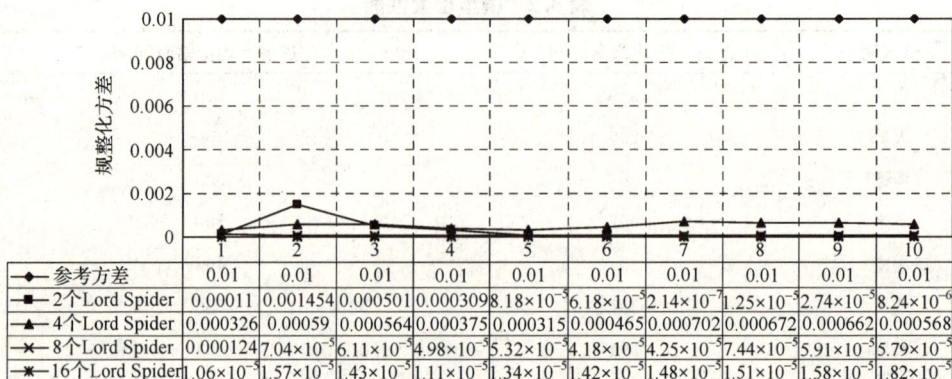

图 3.10　系统负载平衡性分析

| | 1 | 2 | 3 | 4 | 5 | 6 | 7 | 8 | 9 | 10 |
|---|---|---|---|---|---|---|---|---|---|---|
| ◆ 参考方差 | 0.01 | 0.01 | 0.01 | 0.01 | 0.01 | 0.01 | 0.01 | 0.01 | 0.01 | 0.01 |
| ■ 2个Lord Spider | 0.00011 | 0.001454 | 0.000501 | 0.000309 | $8.18\times10^{-5}$ | $6.18\times10^{-5}$ | $2.14\times10^{-7}$ | $1.25\times10^{-5}$ | $2.74\times10^{-5}$ | $8.24\times10^{-6}$ |
| ▲ 4个Lord Spider | 0.000326 | 0.00059 | 0.000564 | 0.000375 | 0.000315 | 0.000465 | 0.000702 | 0.000672 | 0.000662 | 0.000568 |
| ✕ 8个Lord Spider | 0.000124 | $7.04\times10^{-5}$ | $6.11\times10^{-5}$ | $4.98\times10^{-5}$ | $5.32\times10^{-5}$ | $4.18\times10^{-5}$ | $4.25\times10^{-5}$ | $7.44\times10^{-5}$ | $5.91\times10^{-5}$ | $5.79\times10^{-5}$ |
| ✳ 16个Lord Spider | $1.06\times10^{-5}$ | $1.57\times10^{-5}$ | $1.43\times10^{-5}$ | $1.11\times10^{-5}$ | $1.34\times10^{-5}$ | $1.42\times10^{-5}$ | $1.48\times10^{-5}$ | $1.51\times10^{-5}$ | $1.58\times10^{-5}$ | $1.82\times10^{-5}$ |

（4）可扩展性。由于采用了分层的节点空间结构,每一层只对上一级负责,将通信量限制在每层之间,使得系统具有较好的可扩展性。在图 3.11 中,$X$ 轴表示运行 Spider 的主机数量,$Y$ 轴表示采集的网页数量。测试结果表明,随着 Spider 主机数量的增加,分层结构的数据采集策略要远优于集中式的数据采集策略。

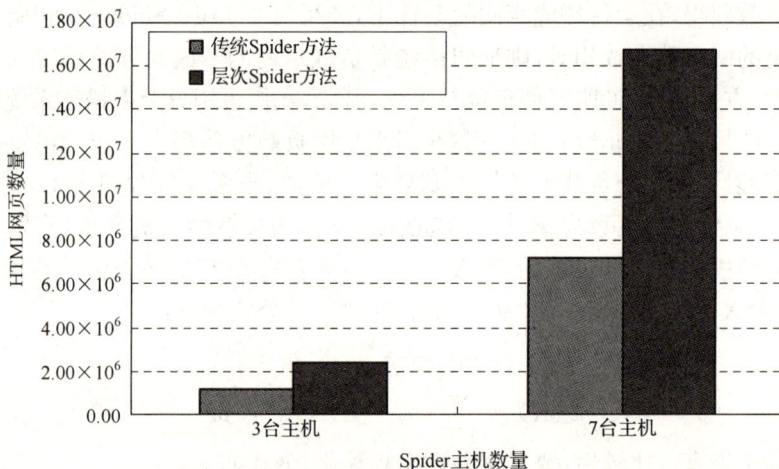

图 3.11　数据采集性能对比

在图 3.12 中,$X$ 轴表示 Lord 的数量,$Y$ 轴表示 $n$ 个 Lord Spider 采集的网页与单个 Lord Spider 采集的网页的比率(称为加速率,这个指标用于描述系统的可扩展性)。从图中可以看出,当主机不超过一定数量时,系统加速率与 Lord 的数量近似成线性正比关系,这说明系统具有不错的可扩展性。

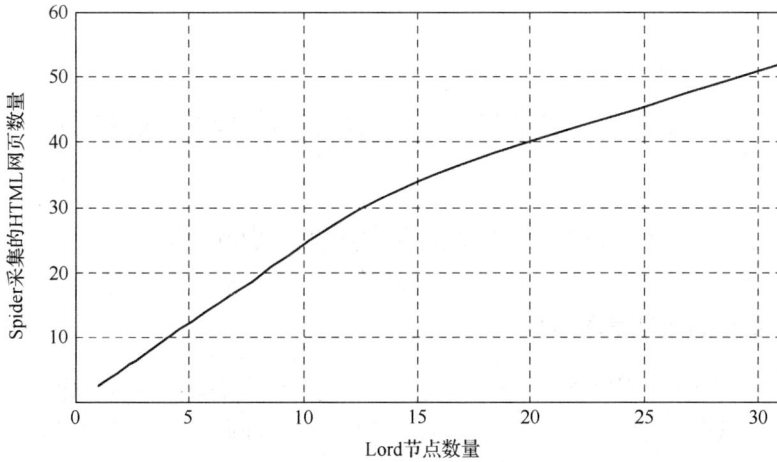

图 3.12　模型可扩展性分析

# 3.4　本 章 小 结

本章分析了网络中存在的与农产品交易相关的农业信息的来源、分类及农产品电子交易信息搜寻成本产生的主要原因。在搜索引擎设计的数据采集更新模型中,重点考虑了数据采集更新频率、队列排序及区域责任机制的设计。另外,本章还介绍了对模型性能评估的实验环境。

# 第4章 时空属性信息过滤与抽取技术

## 4.1 农业信息数据特点分析

### 4.1.1 农产品交易信息网页

网页文本分类,因为存在很多由超文本链接语言结构和超链接形式引起的特点而明显区别于一般的文本分类。同普通文本相比,网页具有以下特点:①网页采用超文本设计,网页内包含 HTML 标签,这使得它比普通文本表现能力更强,可以利用的结构化信息和编辑信息更多;②Web 上的网页之间往往通过超链接相互关联,超链接所蕴含的网页之间的相关关系会给网页分类带来很多启发信息;③网页通常包含大量噪声,如广告、导航条、推荐栏、版权信息等与主题内容无关的信息;④中文网页使用中文表达,不像英语那样使用空白符间隔每个单词,中文网页需要分词处理。正是上面这些原因,使得网页分类比普通文本分类要复杂得多,也更具挑战性。

农产品交易信息网页同样具有以上 4 个特点,此外,它还有自身的其他特点。农产品交易信息网页包括三类:农产品供求信息、农产品价格行情、农产品价格预测三类网页。图 4.1~图 4.3 分别为三类农产品网页的示例。通过大量的比较和概括,发现它们具有以下几个特点:

(1) 信息集中。三类农产品网页满足 20/80 定律,即 80%的网页信息集中分布于不到 20%的大型农业网站或交易平台上。

(2) 结构性更强。与其他网页相似,也是半结构化的文档。但本书所研究的三类网页中的前两类,即农产品供求信息与农产品价格行情网页比一般网页的结构性更强,它们的正文部分本身就是一个表格,即结构化数据,这种结构化数据对于信息抽取和进一步加工大有帮助。对于网页特征向量的选择自然也有帮助。第三类网页,即农产品价格预测网页与普通网页无异,所以,只能采用与普通网页相同的处理方法。

(3) 网页标题内嵌分类信息。对于农产品供求信息网页来说,其标题中蕴涵了丰富的分类信息。例如,一个网页的标题是"求购玉米",仅从这个标题中我们就可以知道,这是求购类信息,农产品种类是玉米,根据分类标准,我们还知道它属于谷物类农产品,这些信息就足以将这个网页进行归类。

🏠 当前位置：首页 > 供求信息－求购玉米 蚕豆 菜粕

**供求详细信息**

**求购玉米 蚕豆 菜粕**

供求类型：　求购
单位：
电话：0711-5053318
手机：
传真：0711-3252008
邮编：436000
联系人：周明树
邮箱：ezhousanfeng@sohu.com
联系地址：湖北省鄂州市鄂城区江碧路114号

**SF**-Grain and Oil & Feed
鄂州市三丰粮油饲料有限公司

✉ 发邮件　💬 我要洽谈　⭐ 我要收藏

**产品所在地：**湖北省鄂州市　**剩余时间：**89天
湖北省鄂州市三丰粮油有限公司，是集国粮收储，粮油经营，饲料加工，牲猪。水产养殖为一体的大型实体企业。公司拥有大型专用粮库，铁路专用线，年产三万头养猪场和十万亩淡水鱼养殖基地。年需各种饲料数万吨，为满足生产加工的需要。鄂州市三丰粮油有限公司长年需求：玉米 小麦 黄豆 菜粕 豆粕 棉粕 蚕豆 豌豆 次粉 麸皮 大豆 高粱 淀粉 鱼粉 各种饲料原料 当天现金结算。销售淡水鱼、种猪、肉猪。真诚邀请各新老客户来人来电洽谈。

**配对供求**

[查看所选配对信息]

| 全选 | 标题 | 联系人 | 电话 | 地区 | 发布日期 |
|---|---|---|---|---|---|
| ☐ | 出售优质玉米 | 吕文涛 | 13513972108 | 河南省驿城区 | 2011-03-16 |
| ☐ | 供应东北玉米 | 吕俊国 | 0482-8720410 | 内蒙古自治区 | 2011-03-16 |
| ☐ | 出售玉米 | 谷海东 | 8622303 | 吉林省吉林市舒兰市 | 2011-03-15 |
| ☐ | 供应地产玉米 小麦 大豆 | 邱民奎 | 15539988883 | 河南省 | 2011-03-15 |
| ☐ | 大量出售干、湿玉米渣 | 刘龙疆 | 13774947126 | 山东省潍坊市 | 2011-03-15 |

图 4.1　农产品供求信息网页

| 日期 | 市场 | 产品 | 价格 | 商铺 |
|---|---|---|---|---|
| 2010年12月01日 | 宁夏吴忠市利通区东郊果蔬批发市场 | 黄瓜 | ¥1.5元/公斤 | 供应 求购 好销路 |
| 2010年12月01日 | 宁夏银川市北环批发市场 | 黄瓜 | ¥2.0元/公斤 | 供应 求购 好销路 |
| 2010年12月01日 | 青海省西宁市海湖路蔬菜瓜果综合批发市场 | 黄瓜 | ¥1.6元/公斤 | 供应 求购 好销路 |
| 2010年12月01日 | 甘肃瀛坻农产品集团 | 黄瓜 | ¥1.5元/公斤 | 供应 求购 好销路 |
| 2010年12月01日 | 新疆石河子西部煤球果蔬菜批发市场 | 黄瓜 | ¥4.0元/公斤 | 供应 求购 好销路 |
| 2010年12月01日 | 甘肃省陇西县首阳镇蔬菜果品批发市场 | 黄瓜 | ¥5.8元/公斤 | 供应 求购 好销路 |
| 2010年12月01日 | 新疆伊犁哈萨克族自治州霍城县界梁子66团农贸市场 | 黄瓜 | ¥5.0元/公斤 | 供应 求购 好销路 |
| 2010年12月01日 | 甘肃酒泉春光农产品市场 | 黄瓜 | ¥2.2元/公斤 | 供应 求购 好销路 |
| 2010年12月01日 | 新疆博乐市农五师三和市场 | 黄瓜 | ¥5.0元/公斤 | 供应 求购 好销路 |
| 2010年12月01日 | 甘肃省武山县洛门蔬菜批发市场 | 黄瓜 | ¥4.8元/公斤 | 供应 求购 好销路 |
| 2010年12月01日 | 新疆乌鲁木齐北园春批发市场 | 黄瓜 | ¥2.4元/公斤 | 供应 求购 好销路 |
| 2010年12月01日 | 新疆乌鲁木齐市麦庆蔬菜果品有限公司 | 黄瓜 | ¥1.8元/公斤 | 供应 求购 好销路 |
| 2010年12月01日 | 四川南充农产品批发市场 | 黄瓜 | ¥1.4元/公斤 | 供应 求购 好销路 |
| 2010年12月01日 | 甘肃靖远县瓜果蔬菜批发市场 | 黄瓜 | ¥1.4元/公斤 | 供应 求购 好销路 |
| 2010年12月01日 | 陕西汉中过街楼蔬菜批发市场 | 黄瓜 | ¥2.8元/公斤 | 供应 求购 好销路 |
| 2010年12月01日 | 四川绵阳市高水蔬菜批发市场 | 黄瓜 | ¥1.8元/公斤 | 供应 求购 好销路 |
| 2010年12月01日 | 陕西泾阳县云阳蔬菜批发市场 | 黄瓜 | ¥2.8元/公斤 | 供应 求购 好销路 |
| 2010年12月01日 | 陕西咸阳市新阳光农副产品批发市场 | 黄瓜 | ¥2.9元/公斤 | 供应 求购 好销路 |
| 2010年12月01日 | 四川省成都市农产品批发中心 | 黄瓜 | ¥1.4元/公斤 | 供应 求购 好销路 |

图 4.2　农产品价格行情网页

第二类网页都是供应类信息，其中包含了丰富的农产品种类。第三类网页描

图 4.3　农产品市场价格预测网页

述了农产品价格的走势,既有供应,也有求购。

（4）网页中涉及的农产品种类较少。全世界拥有农产品种类不下几十万种,我国农产品种类也不在十万以下,这样庞大的数目让人感到工作量惊人。但实际上,我们研究的只是在市场上交易的农产品,特别是在网上交易或展销的农产品。所以,这个数目远小于实际的农产品种类。

以蔬菜为例来说,我国有蔬菜 3000 多种,而全国市场上交易的蔬菜种类也就在 250 种左右,北京市场上经常交易的却不超过 50 种,这些在市场上交易的种类也不会全部出现在网上,有一些只是区域性的,数量较小。所以说,我们没有必要将所有蔬菜品种全部纳入农产品词典,对其他大类农产品,也是如此。

### 4.1.2　交易数据的时间与空间属性

农产品交易信息主要包括农产品价格、供求信息与价格预测数据,这些数据具有时间与空间特征,某种农产品的价格是指在某个时间、某个地点（蔬菜批发市场）的价格,如“2001 年北京蔬菜批发市场大蒜的价格为 2.5 元”。

农产品交易数据被定义为一个三元集 $T$(Data,Time,Spot),其中,Data 属性表示农产品交易的具体数据,如农产品名称、价格等,Time 属性表示农产品交易数据的时间,Spot 属性表示农产品交易数据的批发市场。

$$T = T(\text{Data},\text{Time},\text{Spot})$$

（1）数据时间元。传统的信息抽取模型所处理的数据对象仅仅是体现现实世界中数据的当前状态,只反映了一个对象在某一个时刻的状态,不联系过去与未来,将其定义为快照网页。而农产品交易信息中,价格数据不仅包含了某种农产品的价格,而且包含了某个时间的属性。如图 4.4 与图 4.5 所示的两种常见模式,将其定义为 Time。

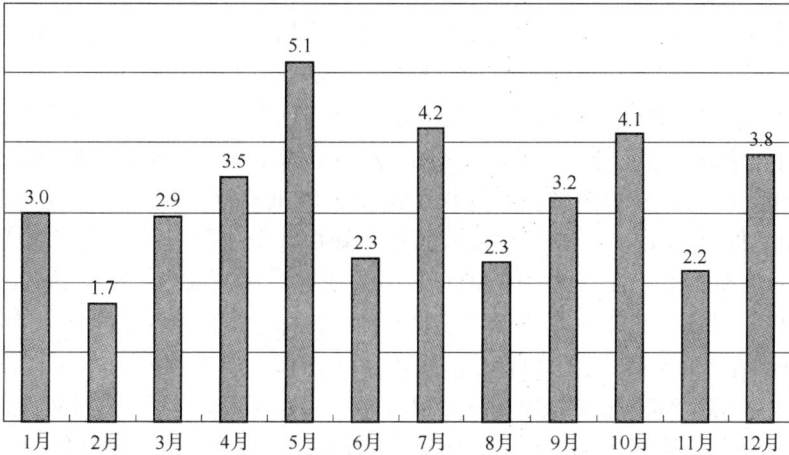

图 4.4　农产品交易数据时间图示例 1

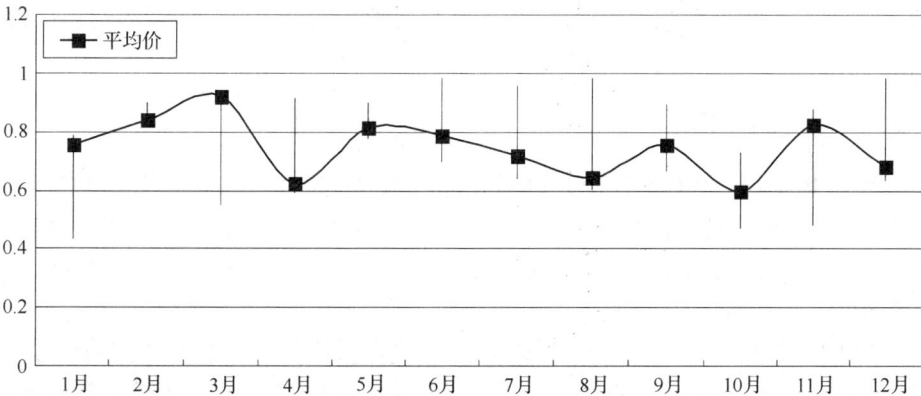

图 4.5　农产品交易数据时间图示例 2

　　(2) 数据空间元。同理,传统信息抽取模型所处理的数据对象没有数据的地理属性,而农产品交易信息中,价格数据不仅包含了某种农产品的价格,而且包含某个地理(如来自某个蔬菜批发市场)的属性,将其定义为 Spot。

## 4.2 特定结构化信息过滤与抽取模型

自动文本信息抽取是文本信息处理的一个重要环节。信息抽取是指从文本中自动抽取相关的或特定类型的信息,该领域中,信息抽取模型主要有三种:基于词典的抽取模型、基于 HMM 的抽取模型和基于规则的抽取模型。

基于词典的抽取模型需要首先构造抽取模式词典,然后使用该模式词典从未标记文本中抽取所需信息。Rolfe 提出了一种从训练示例中学习的方法来自动构建模式词典;Jones 应用多级自举算法生成语义和抽取模式词典。上述基于词典的抽取模型需要大量人工参与与很强的专业知识背景,因此,不适宜海量 Web 文本信息的处理。为了解决这一问题,HMM 被研究应用于信息抽取。Pereira 利用学习到的 HMM 来抽取计算机科学研究论文的标题、作者与摘要等头部信息;Knoblock 结合 HMM 与最大熵原理,提出了一种最大熵 HMM;刘云中利用文本排版格式、分隔符等信息对文本进行分块,在分块的基础上建立 HMM 来进行文本信息抽取。上述基于 HMM 的抽取模型由于要考虑整个文本,因此,不适合含有较多无关标记的 Web 文本的处理,因为大量无关 Token 将造成 HMM 节点过多,使训练开销增大,HMM 建模的有效性降低。基于规则的抽取模型通过构建规则,从各种页面中抽取相关的信息,其优点是规则集易于建立,抽取精度高,因此,适合于含有较多半结构化信息的 Web 页面处理。

### 4.2.1 网页信息表示

采用类似文档对象模型 DOM 的层次树表示 Web 信息。在该层次树中,页节点表示需提取的数据,内部节点表示复合节点,分为一般复合节点与 list 复合节点,记为 $\text{list}(x)$,表示多个 $x$ 节点的集合。例如,一个有关农产品信息的 HTML 文档如图 4.6 所示。

为了归纳学习 Web 信息的提取规则,需提供被标注的样本页,使用者通过人工标注需提取的数据。对 $\text{list}(x)$ 节点,可由标注的样本学习提取各 $x$ 节点的规则,在上一层节点已被正确提取后,可由标注的样本学习父节点中各个子节点提取规则,这样,Web 层次信息可由上至下逐层被正确地提取。

HTML 文档是由标记组成的序列,这些标记包括 HTML 标记、标点符号、分隔字符(空格、"-"等)、数字、小写字符串、大写字符串等。本书用 Num(-)、Punc(-)、SP(-)、SL(-)、SUL(-)、SU(-)分别表示 Web 页中数字标记、标点符号、分隔字符标记、首字母为小写字母的字、仅首字母为大写字母的字、其余字的泛化标记。在以下归纳学习中,各种类型的具体标记都可以泛化为相应的泛化标记,如上例中的具体数字标记"29"、"100"等在归纳学习中都可以泛化为数字的泛化标记

&lt;B&gt;Teatime Chocolate Biscuits&lt;/B&gt;&lt;BR&gt;<br>
&lt;I&gt;9.20&lt;/I&gt;&lt;BR&gt;<br>
&lt;B&gt;Specialty Biscuits, Ltd.&lt;/B&gt;<br>
&lt;B&gt;29 King's Way&lt;/B&gt;<br>
&lt;B&gt;(26)555-4448&lt;/B&gt;&lt;BR&gt;<br>
&lt;LI&gt;&lt;I&gt;100-500&lt;/I&gt;&lt;I&gt;5%<br>
&lt;/I&gt;&lt;BR&gt;&lt;LI&gt;&lt;I&gt;501-&lt;/I&gt;&lt;I&gt;8%&lt;/I&gt;&lt;BR&gt;···

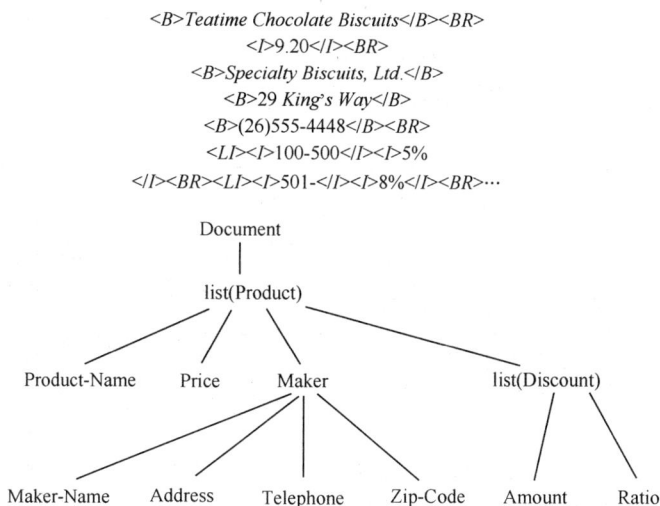

图 4.6　农产品网页层次树示例

Num(-)。从父节点中提取各个子节点,关键是获得子节点在父节点中开始与结束的识别规则。

### 4.2.2　包装器定义

为描述规则学习的过程,给出了一些相关的定义。

**定义 4.1**　模式是由 HTML 的标记、泛化标记、通配标记" $*$ "或直到标记"until($t$)"组成的一个字符串序列,其中,$t$ 为 HTML 的标记或泛化标记,直到标记"until($t$)"只能出现在最后,通配标记" $*$ "表示通配任意标记,直到标记"until($t$)"的语义表示为"直到 $t$ 出现"。

**定义 4.2**　设标记序列 $S = S_1 x S_2$,$x$ 为子节点,若模式 $r$ 的最后一个标记不为直到标记"until($t$)",则模式 $r$ 匹配 $S_1$ 是指模式 $r$ 中的非通配标记在 $S_1$ 中依次出现。若模式 $r$ 的最后一个标记为直到标记"until($t$)",则模式 $r$ 匹配 $S_1$ 是指模式 $r$ 最后一个标记前的非通配标记在 $S_1$ 中依次出现,而 $t$ 在 $x$ 中出现。若模式 $r$ 匹配 $S_1$,则称模式 $r$ 识别 $x$;若模式 $r$ 在 $S$ 中不匹配,则称模式 $r$ 与 $S$ 无关。

**定义 4.3**　以下对标记序列 $A = a_1 a_2 \cdots a_k$,记 $M_A = \{(a_1' a_2' \cdots a_k') \mid a_j' = a_j \vee a_j' = * \vee a_j' = g(a_j), j = 1, 2, \cdots, k\}$,其中,$g(a_j)$ 表示 $a_j$ 泛化标记。设 $m_1 \in M_A$,$m_2 \in M_B$,$m_1 = a_1^1 a_2^1 \cdots a_k^1$,$m_2 = a_1^2 a_2^2 \cdots a_k^2$,则 $m = m_1 + m_2 = \{a_1' a_2' \cdots a_k' \mid a_j' = a_j^1 + a_j^2, j = 1, 2, \cdots, k\}$,其中,$a_j' = a_j^1 + a_j^2$ 表示:若 $a_j^1$ 与 $a_j^2$ 中有一个为 $g(a_j)$,则 $m = g(a_j)$,否则,若有一个为 $a_j$,则 $m = a_j$,若两者都为 $*$,则 $m = *$。

**定义 4.4**　设标记序列 $S = B x A$,$x$ 是需提取的节点,定义 $\Omega = \{(m_1,$

$\text{until}(m_x))\,|\,(m_1 \in M_B) \wedge m_x(M_x)\}$ 为序列 $S$ 中子节点 $x$ 的模式空间。

**定义 4.5** 设标记序列 $S = BxA$ 中的子节点 $x$ 的模式空间为 $\Omega$，$r_1 = (m_1, \text{until}(n_1)) \in \Omega$，$r_2 = (m_2, \text{until}(n_2)) \in \Omega$，其中，$m_1$ 与 $m_2 \in M_x$，则 $r = r_1 + r_2 = ((m_1 + m_2), \text{until}(n_1 + n_2))$。

设标记序列 $S$ 中的子节点 $x$ 的模式空间为 $\Omega$，$r_1, r_2, r_3 \in \Omega$，由模式的定义可得以下性质。

**性质 4.1** ① $r_1 + r_2 = r_2 + r_1$；② $(r_1 + r_2) + r_3 = r_1 + (r_2 + r_3)$；③若 $r_1$ 与序列 $K$ 无关，$r$ 是模式空间 $\Omega$ 中任一模式，则 $r_1 + r$ 也与序列 $K$ 无关。

以下设例子集 $E$ 分为包含子节点 $x$ 的例子集 $E_1$ 与不包含子节点 $x$ 的例子集 $E_2$，即 $E = E_1 \cup E_2$，其中，$E_1 = \{e_1：S_1 = S_{11}xS_{12}, e_2：S_2 = S_{21}xS_{22}, \cdots, e_m：S_m = S_{m1}xS_{m2}\}$。

**定义 4.6** 若模式 $r$ 识别 $E_1$ 的子集 $E_j$ 中每一个子节点 $x$，且 $r$ 与 $E_2 \cup (E_1 - E_j)$ 中的每一个无关，则称模式 $r$ 为例子集 $E$ 中子节点 $x$ 的一致模式对模式集 $R = \{r_1, r_2, \cdots, r_k\}$，其中，$r_i$ 是与例子集 $E$ 一致的模式，令 $r_i$ 从 $r_1$ 到 $r_k$ 循环，每次循环置 $E = E - E_j$，$E_j$ 为例子集 $E$ 中 $r_i$ 能识别的子集，则若循环结束时 $E = E_2$，称模式集 $R$ 为例子集 $E$ 中子节点 $x$ 的一致模式集。

设需从例子集 $E$ 提取 $n$ 个子节点 $x_1, x_2, \cdots, x_n$，若对任一 $x_i(i = 1, 2, \cdots, n)$，存在例子集 $E$ 中的一致模式集 $L_i$，则提取 $n$ 个子节点扫描各个例子标记序列，依次从 $L_1, L_2, \cdots, L_n$ 中查找，若存在 $L_i$ 包含匹配该序列的模式，则匹配的位置是子节点 $x_i$ 的开始位置，$x_i$ 的结束位置可同样得到。因此，提取 Web 信息的关键是得到各个子节点的一致模式集。

**定义 4.7** 设 $L_1, L_2, \cdots, L_n$ 分别为子节点 $x_1, x_2, \cdots, x_n$ 的开始一致模式集，$R_1, R_2, \cdots, R_n$ 分别为子节点 $x_1, x_2, \cdots, x_n$ 的结束一致模式集，则模式类包装器定义为 $\{\langle L_1, R_1 \rangle, \langle L_2, R_2 \rangle, \cdots, \langle L_n, R_n \rangle\}$。

### 4.2.3 K-EA 算法设计

穷举搜索子节点 $x$ 的模式空间可以找到与子节点 $x_i$ 一致的模式，是一个 NP 完全问题。以下采用启发式方法，以 HTML 标记、标点和分隔符、其他标记的顺序为特征顺序，在集合 $E_1\{S_{11}, S_{21}, \cdots, S_{m1}\}$ 中按特征顺序选取最长的序列。按特征顺序的原因是：HTML 标记是决定属性开始和结束的最重要标志，其次为标点和分隔标记。选择最长的原因：能够提供足够多的信息将错误匹配转变为正确匹配或无关。设 $E_1$ 中特征最长序列为 $S_{i1}$，$S_i = S_{i1}xS_{i2} = a_1a_2\cdots a_kxS_{i2}$，设节点 $x$ 的首标记为 $b$，算法分为以下两步。

第一步：选取 $S_i$ 关于 $x$ 的一元模式 $r_1 = (* \cdots * a_k)$ 或 $r_2 = (* \cdots * \text{until}(b))$，用 $r_1$ 或 $r_2$ 去匹配 $S_i$，若两者都提前匹配 $S_i$，则按特征顺序从 $a_{k-1}$ 到 $a_1$

中选取一个标记 $a_j$,改进模式 $r_1$ 与 $r_2$ 为 $r_1 = r_1 + (*\cdots * a_j * \cdots *)$,$r_2 = r_2 + (*\cdots * a_j * \cdots *)$,如此循环直到 $r_1$ 或 $r_2$ 识别 $x_1$,记改进模式 $r_1$ 与 $r_2$ 的过程为_AddSelfRule(),算法流程如下:

```
function _AddSelfRule(S = a₁a₂…aₖxS₂)
{
r₁ = ( * … * a);
r₂ = ( * …until(b));   / * b 为 x 的首标记 * /
    while(r₁ 与 r₂ 都提前匹配 S)
    按特征顺序从 aₖ₋₁到 a₁ 中选取一个元素 aⱼ
r₁ = r₁ + ( * … * aⱼ * … * );
r₂ = r₂ + ( * … * aⱼ * … * );
  if(r₁ 匹配 S)
  {
  return r₁
  }else{
  return r₂
  }
}
```

第二步:用第一步得到的模式 $r$ 去匹配例子集 $E = E_1 \cup E_2$,设 $r$ 对 $E$ 产生错误匹配的子集为 $E'$,对 $E'$ 的每个例子 $S_j$,设匹配的标记序列为 $S'_j$,按特征顺序从 $a_{k-1}$ 到 $a_1$ 中选取一个不在 $S'_j$ 的逆置标记序列中的标记,若不存在这种标记,则例子集 $E$ 不存在子节点 $x_i$ 的一致模式集,否则,设该标记为 $a_j$,则将模式 $r$ 改进为 $r = r + (*\cdots * a_j * \cdots *)$,改进的模式 $r$ 必将对例子 $S_j$ 的匹配后移,直到 $r$ 要么匹配 $S_j$,要么与 $S_j$ 无关,记改进模式 $r$ 的过程为_AddNewRule()。若子节点 $x_i$ 存在一致模式,循环调用_AddNewRule()得到的改进模式 $r$ 对 $E$ 的每一个例子要么匹配,要么无关,即 $r$ 是 $E$ 中 $x_i$ 的一致模式,记产生一致模式的过程为_GenModeRule()。利用_GenModeRule(),由一致模式集的定义可产生 $E$ 中 $x_i$ 的一致模式集,算法记为_GenModeRuleSet(),算法流程如下:

```
function _AddNewRule(r,S = a₁a₂…aₖxS₂) / * 改进的模式 r * /
{
while(r 对 S 产生错误匹配(设匹配的元素序列为 S'))
{
    按特征顺序从 aₖ₋₁到 a₁ 中选取一个 aⱼ;
    if(aⱼ 不在 S' 的逆置元素序列中) r = r + ( * … * aⱼ * … * );
}
return r;
}
```

```
function _GenModeRule(E = E₁ ⋃ E₂ , E₁ {e₁ ∶ S₁ = S₁₁ xS₁₂ , e₂ ∶ S₂ = S₂₁ xS₂₂ ,…, eₘ ∶ Sₘ =
Sₘ₁ xSₘ₂}) / * 产生一致的模式 * /
{
I = 从例子集 E₁ 中选择特征最长序列 Sᵢ₁ ;
R = _AddSelfRule(Sᵢ₁ = a₁ a₂ ⋯aₖ);
/ * 设 Sᵢ = Sᵢ₁ xSᵢ₂ = a₁ a₂ ⋯aₖ xSᵢ₂ * /
for(E = E₁ ⋃ E₂ 的每个例子 Sⱼ = Sⱼ₁ xSⱼ₂ )
{
      If(r 对 Sⱼ 中 x 错误识别) r = _AddNewRule(r,Sⱼ = Sⱼ₁ xSⱼ₂)
}
/ * 改进错误匹配的模式 r 为正确匹配或无关 * /
  while(E 中存在滞后匹配或虚假匹配例子)
{
      Sⱼ = Sⱼ₁ xSⱼ₂ ;
      r = _AddNewRule(r,Sⱼ = Sⱼ₁ xSⱼ₂);
      E = E - {Sⱼ};
}
      return r;
}
function _GenModeRuleSet(E = E₁ ⋃ E₂)
{
/ * 产生一致的模式集 * /
while(E₁ ≠ §)
{
      r = _GenModeRule(E = E₁ ⋃ E₂);
}
/ * 由例子集 E 产生一个与 x 一致的模式 * /
for(E₁ 中每一个例子 eᵢ)
{
      / * 从 E 中删除能由 r 识别的例子 * /
      if(r 识别 eᵢ) E₁ = E₁ - {eᵢ};
      R = R⋃{r}; / * R 初值为空 * /
}
return R;
}
```

# 4.3　性能测试与评估

## 4.3.1　评价指标

信息抽取技术采用召回率 $R$ 与精度 $P$ 作为评价标准,总精确度 GP 用来描述含有多个槽的一个信息源的总体精确度。用 $c$ 表示所有抽取出的正确信息个数，$t$ 表示没有抽取出的正确信息个数，$f$ 表示抽取出的错误信息个数，则定义其计算公式为

$$\text{GP} = \frac{\sum\limits_{\text{solt}} c}{\sum\limits_{\text{slot}} (c+t)} \times 100\% \tag{4.1}$$

$$R = \frac{c}{c+t} \times 100\% , \quad P = \frac{c}{c+f} \times 100\%$$

式中，$P$ 与 $R$ 取值在 0 与 1 之间，通常存在反比关系，即 $P$ 增大时，$R$ 会减小，而 $P$ 减小时，$R$ 会增大。因此，在评价性能时，会同时考虑 $P$ 与 $R$。比较常用的指标为

$$F = \frac{(\beta^2 + 1)PR}{\beta^2 P + R} \tag{4.2}$$

式中，$\beta$ 是一个预设值，决定偏向于 $P$ 还是偏向于 $R$，一般设为 1。

### 4.3.2　试验结果

以 320 个农业网站中 1892 个包含农产品价格信息的网页为数据源，共测试 10 次，每次随机选取 100 个样本网页进行手工标注，然后利用 K-EA 算法进行信息抽取，结果如图 4.7 所示。其中，$X$ 轴表示不同的样本网页环境，$Y$ 轴表示召回率。

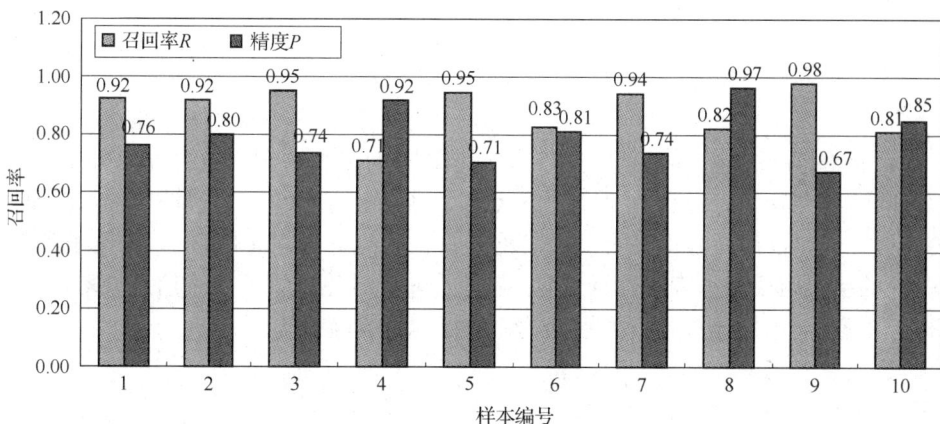

图 4.7　不同样本的召回率测试

从图 4.7 可以看出，K-EA 算法的召回率不错，最高达到 0.98，最低有 0.71，平均值为 0.88。在该算法条件下，样本的选取对 $R$ 值影响比较小。K-EA 算法精度 $P$ 平均值为 0.8，基本上与召回率 $R$ 成反比关系。

为了研究训练样本网页数对 $P$ 与 $R$ 的影响，测试了不同数量训练样本条件下 $P$ 平均值与 $R$ 平均值的数据，如图 4.8 所示。其中，$X$ 轴表示训练样本网页数，$Y$

轴表示 $P$ 与 $R$ 平均值百分比。

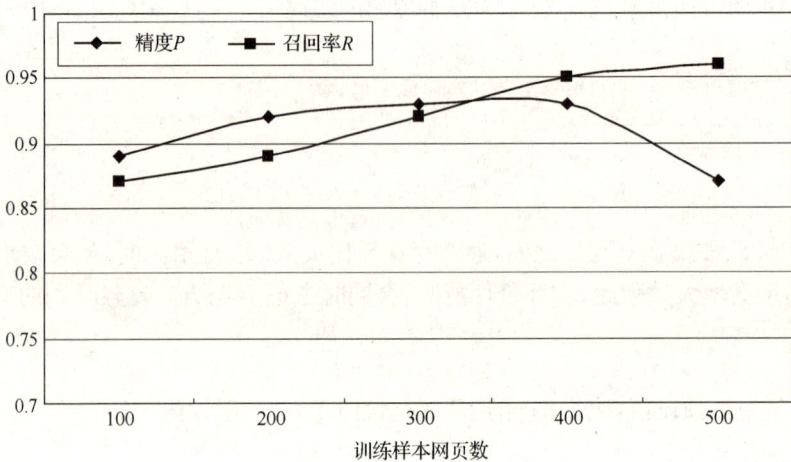

图 4.8　不同数量训练样本的召回率与精度

　　从图 4.8 可以看出,随着样本量的增多,$R$ 值也增加,但 $P$ 值在样本量达到 500 时反而降低,这说明训练样本数量并不是越多越好。虽然召回率有所增加,但精度却会降低。一般,训练样本在 300～400,可以在 $R$ 值与 $P$ 值之间取得比较好的平衡。

# 4.4　本 章 小 结

　　农业信息网站具有信息集中、结构性强、网页标题内嵌分类信息及网页中设计的农产品种类较少等特点,针对这些特点设计了特定结构化信息过滤与抽取模型,实现从文本中自动抽取相关的或特定类型的农业信息。在此模型中,采用了类似 DOM 的层次树模型来表示网页信息,定义了包装器并介绍了用于信息抽取的 K-EA 算法,描述了用于评价搜索性能的评价指标及实验结果。

# 第5章　大规模文件索引技术

第2章提到过索引模块的倒排文件作用于基本结构,在大规模数据处理的系统中,为使应用程序进行高效检索,并改进结果的排序,我们设计了新的倒排文件结构。在系统的开发过程中,这个结构被修改了很多次,每个设计都各有利弊,仍不能达到所有方面都最优。倒排文件的设计遵循以下几个基本的原则:

(1) 文件必须没有二义性,可以正确地还原出数据。例如,当我们保存记录 $\langle doc_1 \rangle \langle pos_1 pos_2 \rangle \langle doc_2 \rangle \langle pos_1' pos_2' \cdots \rangle$,在读取时就无法确定 $\langle doc_2 \rangle$ 处保存的是出现该关键词的新的一个文档号,还是该关键词在 $doc_1$ 中的下一个出现位置。因此,必须多保存一个词频信息,如 $\langle doc_1 \rangle \langle tf_1 \rangle \langle pos_1 pos_2 \rangle \langle doc_2 \rangle \langle tf_2 \rangle \langle pos_1' pos_2' \cdots \rangle$。$tf_1$ 与 $tf_2$ 分别表示词在 $doc_1$ 和 $doc_2$ 中的出现次数,这样才可正确地还原出信息。

(2) 文件的规模尽量小,记录文件中每条记录应该占用尽可能小的空间,以减少读取记录时传输的数据量。方法是进行索引压缩:使用变长的整数编码,用较少的空间保存较小的整数。整数使用差值存放,如把文档号按升序排列,第一个文档号保存实际值,之后的都保存与前一个文档号的差值。关键词在文档中的位置也用类似的保存方法。差值表示法的另一个好处就是可以更方便地求多个文档列表的交集,并且更方便地计算多个关键词在同一文档中的相对位置,后面还会更多地介绍。虽然对索引进行压缩会带来额外的数据解压开销,但相对于它带来的好处,这种开销完全是值得的。

索引压缩减少了读取数据时从磁盘传输的数据量,但在检索时,平均每个查询对磁盘的访问次数更大地影响了检索效率。因此,设计倒排文件时,应当支持程序在最少次数内读取到需要的信息。例如,在第4章中提到的,把文档列表连续地保存。

(3) 倒排文件的设计还必须考虑方便索引模块的建立,以及方便检索模块的操作,因此,结构不应该太复杂。例如,在设计过程中参考了彭波(2006)的倒排文件分块组织技术,把文档根据属性不同分块保存。表面上看,查询时可以先读重要的文档列表,但在实现过程中,却发现对于多个关键词组成的查询来说非常复杂。

## 5.1　全文索引结构

全文索引模型的应用有着广泛的意义,它不仅仅引领了信息检索领域的革命,对数据库、数据挖掘及图像检索等许多方面的研究也都起着推动作用。全文索引模型主要有位图、署名文件、倒排文件与后缀数组。前三种索引模型从实质上讲是同一基本观念的变体，即把文档看成索引项的集合，因此具有同样的弱点，即索引数据必须具有文档索引项结构，且只能实现简单的查询。后缀数组将索引数据看成一组半无限串的叠加，理论上是可以解决这个弱点。国外相关研究比较后得出结论，无论从时间与空间上，倒排文件都明显优于位图与署名文件等其他索引模式，而后缀数组空间需求太大，可以说是倒排文件的一种扩充形式。

### 5.1.1 位图

位图为每个文档存储一个矢量，矢量的每个位对应一个索引项。如果文档中出现某个索引项，该位就置 1，否则置 0。查询包含某索引项的文档时，只需察看哪些文档矢量对应那个索引项的位即可。查询仅仅涉及简单的位操作，因而位图使用简便，查询快捷，尤其适合布尔检索。但是，该方式需要的存储空间比较大，即使使用了一些高效的压缩方法后，位图的空间开销还是很大。一些相关的研究表明，位图的空间开销可能是原文本的几十倍。

### 5.1.2 署名文件

署名文件有时也称散列函数法，它为每个文档设定一个宽度为 $w$ 的矢量，把该文档的每个索引项都按照某个散列函数映射到矢量中的某几位上，并将相应二进制位设为 1，所得结果即为该文档的署名。要检测一个查询项是否在给定的文档中出现，首先要计算此查询项的散列函数值。如果某文档署名中所有的对应二进制位均被设定，则此查询项可能出现在该文档中。散列函数的使用使署名文件的查询结果具有一定的不确定性。为了排除误匹配，必须扫描结果文档以检查查询项是否真正出现。

由于存在误匹配是署名文件的一个主要缺点，所以，一般通过加大文档署名宽度 $w$ 来降低误匹配率，当然，这是以索引空间的膨胀为代价的。但因为总是需要进行误匹配检查，所以，这在相当程度上增加了查询的开销。假定文档中不同索引项个数为 $t$，散列函数将每个索引项映射为 $s$ 位，文档署名宽度为 $w$，则误匹配率可以表示为

$$p(w,s,t) = \left[1 - \left(1 - \frac{1}{w}\right)^s\right]^t \tag{5.1}$$

### 5.1.3 倒排文件

倒排文件是一种多关键字的文件，主数据文件按关键字顺序构成串联文件并建立主关键字索引。利用倒排文件，检索系统可以快速地找到查询词对应的文档

列表。对由多个关键词组成的查询,还可以根据各个词在各个文档中出现的位置来计算查询与文档的相关度。对次关键字也建立索引,该索引称为倒排表。倒排表包括两项:一项是次关键字,另一项是具有同一次关键字的值记录的物理记录号(若数据文件非串联文件,而是索引顺序文件,如 ISAM,则倒排表中存放记录的是主关键字,而不是物理记录号)。倒排表作索引的优点是索引速度快,缺点是维护不方便。在同一索引表中,不同关键字的记录数不同,各倒排表的长度不同,同一倒排表中各项长度也不相等。

倒排文件分两部分:第一部分是由词汇组成的索引,第二部分是记录对应的每个词的所有出现的文档集合,称为记录文件,每个词的对应部分称为记录列表。索引文件的每个数据项是由关键字与指向记录文件的指针组成,记录文件的每个数据项记录与一个词对应出现在文档列表。设 $t_j$ 表示第 $j$ 个单词关键字,$d_i$ 表示第 $i$ 个文档,$t_j$ 在 $d_i$ 的第 1 次出现表示为 $(t_j, d_i, a_1)$,$a_1$ 表示此次出现的属性,它除了包含出现的位置 1,在非纯文本中还可以有其他被赋予的属性,如此次 $t_j$ 出现的权值(可以根据单词出现处字体的大小计算)。一个文档按照单词切分后,相同的单词出现合并在一起,形成 $(t_j, d_i, a_{10}, a_{11}, a_{12}, \cdots, a_{1n-1})$,表示 $t_j$ 在 $d_i$ 的 $n$ 次出现。当所有文档的 $(t_j, d_i, \cdots)$ 按照前面所述两级结构组织成根据单词的索引后,倒排文件就建立起来了,单词 $t_j$ 对应的记录列表是 $\{(d_i, f_i, a^*) + (d_{i+k}, f_{i+k}, a^*) + \cdots\}$,$f_i$ 表示 $t_j$ 在 $d_i$ 的出现次数,也是后面 $a$ 的数量,这是倒排文件的全文本索引形式,它记录了每次出现的位置等信息,要占用较多的存储空间,其简化的形式是 $(t_j, d_i, \text{weight})$,weight 是对 $t_j$ 在 $d_i$ 的所有出现所赋予的权值,它可以设定的权值函数 $f$ 计算:weight $= f(a_{10}, a_{11}, \cdots, a_{1n-1})$,更简单的方法是 weight 等于 $t_j$ 在 $d_i$ 出现的频率 $n$。

### 5.1.4　后缀数组

设原字符串 $S = x_0 x_1 \cdots x_n$,则定义子字符串 $S_i = x_i x_{i+1} \cdots x_n$ 为 $S$ 的后缀。例如,原字符串 $S = abcd$,则后缀可以表示为 $S_0 = abcd, S_1 = bcd, S_2 = cd, S_3 = d$ 等。由于原字符串 $S$ 可以非常长,一般的排序算法不能满足其对性能的需求,因此,排序的研究是比较重要的一个领域。

后缀字符串的排序主要包括两种模式:①基于树结构的排序。这种算法的特点是可以在线性时间内求得后缀数组,但需要的存储空间比较大,所以,实际应用不多。②基于数组结构的排序。这种算法由于采用结构简单的数组存储,因此,算法实现比较容易。在后缀数组排序的众多研究中,快速后缀排序性能最为突出,时间复杂度为 $O(n\log n)$,空间复杂度为 $O(n)$,大约需要 $8n$ 字节的存储空间。

## 5.2　双字节倒排中文索引模型

Web 搜索引擎采用的索引算法是先对网页进行中文分词,然后提取关键词项对网页数据文件建立倒排索引表,网页数据量大的特点限制了全文索引方式的应用。但是,对 Agri-Topic 搜索引擎来说,采集的数据对象是经过主题过滤的农业信息网页,其领域性决定了其与 Web 搜索引擎的数据对象网页相比数据量要少很多,这是因为研究重点放在与农业相关的农产品价格与供求信息方面,而这类信息一般都简练明了,内容长度不超过 255 个字节,包括中文与英文字符(中文字符占大多数,英文字符只有很少一部分)。图 5.1 给出了一个典型的包含农产品价格行情的网页例子。

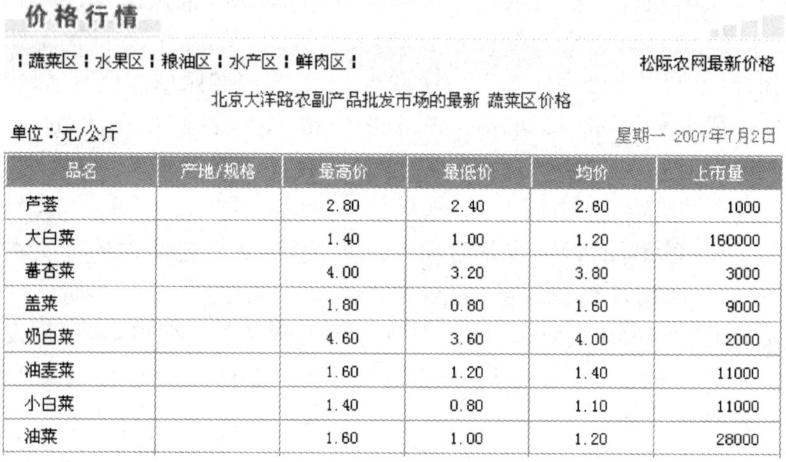

**价格行情**

|蔬菜区|水果区|粮油区|水产区|鲜肉区|　　　　　　　　　松际农网最新价格

北京大洋路农副产品批发市场的最新 蔬菜区 价格

单位:元/公斤　　　　　　　　　　　　　　　　星期一 2007年7月2日

| 品名 | 产地/规格 | 最高价 | 最低价 | 均价 | 上市量 |
|---|---|---|---|---|---|
| 芦荟 | | 2.80 | 2.40 | 2.60 | 1000 |
| 大白菜 | | 1.40 | 1.00 | 1.20 | 160000 |
| 蕃杏菜 | | 4.00 | 3.20 | 3.80 | 3000 |
| 盖菜 | | 1.80 | 0.80 | 1.60 | 9000 |
| 奶白菜 | | 4.60 | 3.60 | 4.00 | 2000 |
| 油麦菜 | | 1.60 | 1.20 | 1.40 | 11000 |
| 小白菜 | | 1.40 | 0.80 | 1.10 | 11000 |
| 油菜 | | 1.60 | 1.00 | 1.20 | 28000 |

图 5.1　包含农产品价格行情信息的网页

我们的另一项相关研究也表明,互联网上网页中包含的农产品价格与供求信息数据长度 12 字节的最多,这类数据量约占 12.5%,平均长度为 16.7 个字节,极少数记录超过 200 个字节,如图 5.2 所示。因此,我们在 Agri-Topic 搜索引擎中不需要考虑复杂的分词模式,可以使用专业词典来扩展词义,而且索引方式也可以采用全文索引结构。

为了优化设计更高效的 Agri-Topic 搜索引擎的索引结构与算法,给定了一个统计前提,那就是认为使用 Agri-Topic 搜索引擎的用户大多查找的信息会集中在某一范围内。为更具体地描述这个命题,我们可以从在线问卷与用户查询日志这两个不同的角度分析。

在用户查询需求问卷方面,我们曾组织一次有 1050 人参加的网络投票,如

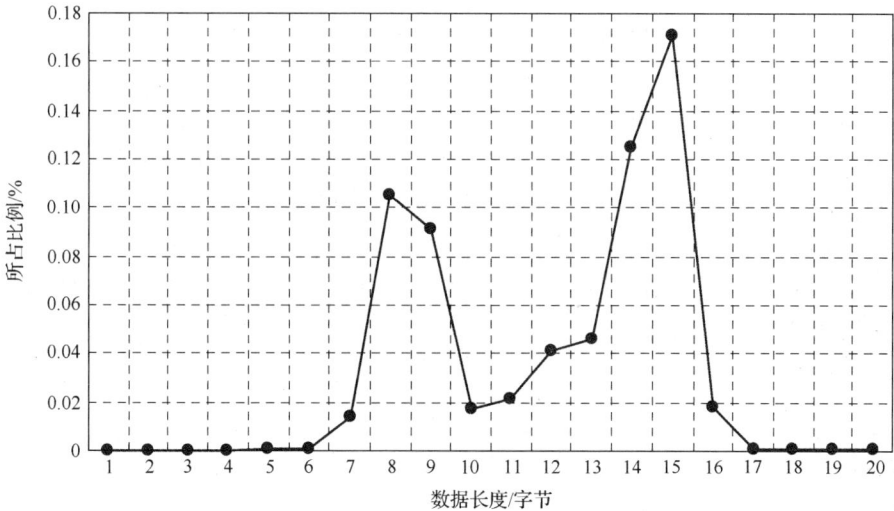

图 5.2　农产品价格与供求信息数据长度统计

注：统计数据来自中文 Web 测试集 CWT100g，根据天网搜索引擎截至 2004 年 2 月 1 日发现的中国范围内提供 Web 服务的 1000614 个主机，从中采样 17683 个站点，在 2004 年 6 月搜集获得 5712710 个网页，包括网页内容和 Web 服务器返回的信息，容量为 90GB。其中，每个网页对应的服务器返回信息中的 MIME 类型都是"text/html"或者"text/plain"。

图 5.3 所示，数据表明，用户的检索需求集中在供求信息、价格行情、政策法规与农业新闻等方面，其中，供求信息与价格行情是农业检索领域最为关注的业务，两者得票数都超过 20%，而相对之下，具有科研意义的农业专家系统与农业统计数据所得票数非常低，所占比例为 3%左右，可见农户对于农业科技的理解与需求还有待进一步开发。从这次投票统计来看，结果支持了上文给出的前提，即用户大多查找的信息会集中在某一范围内。

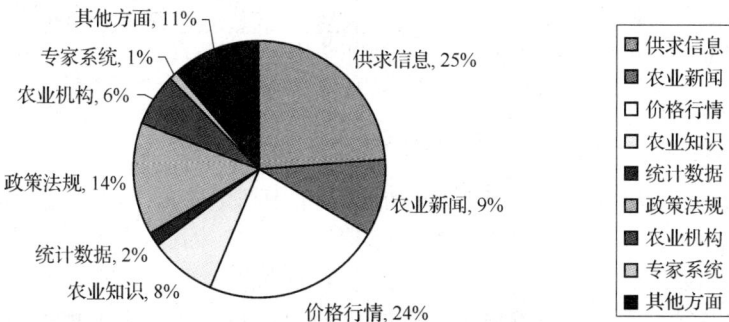

图 5.3　农业信息搜索需求投票统计

在用户查询日志方面,分析结果也很好地支持了这个前提。从 Agri-Topic 搜索引擎用户查询日志中随机提取一个星期的检索纪录 36337 条,其中,包含不同检索词有 12931 个。为了比较不同检索需求类型次数的关系,设检索词集 $Q = \{q_1, q_2, \cdots, q_n\}$,其中,$q_j$ 表示不同的查询关键词,集合 $S = \{S_1, S_2, \cdots, S_n\}$ 中,$S_j$ 表示对应检索词集 $Q$ 中元素 $q_j$ 的查询次数,Agri-Topic 搜索引擎将所有检索需求划分为供求信息、农业新闻、价格行情、农业知识、统计数据、政策法规、农业机构、专家系统与其他方面等 9 种类型,集合 $T = \{T_{供求信息}, T_{农业新闻}, T_{价格行情}, T_{农业知识}, T_{统计数据}, T_{政策法规}, T_{农业机构}, T_{专家系统}, T_{其他方面}\}$ 中,$T_j$ 表示对应检索需求类型的查询频数,则有计算公式如下:

$$T_j = \frac{\sum_{q \in T_j}^{n} S_k}{\sum_{k=1}^{n} S_k} \tag{5.2}$$

根据公式可以计算出每种检索需求类型的查询频数,如图 5.4 所示,从图中可以看出,价格行情、供求信息与农业新闻类是用户查询频率最高的,这同样表明上述前提是正确的,即用户大多查找的信息会集中在某一范围内。

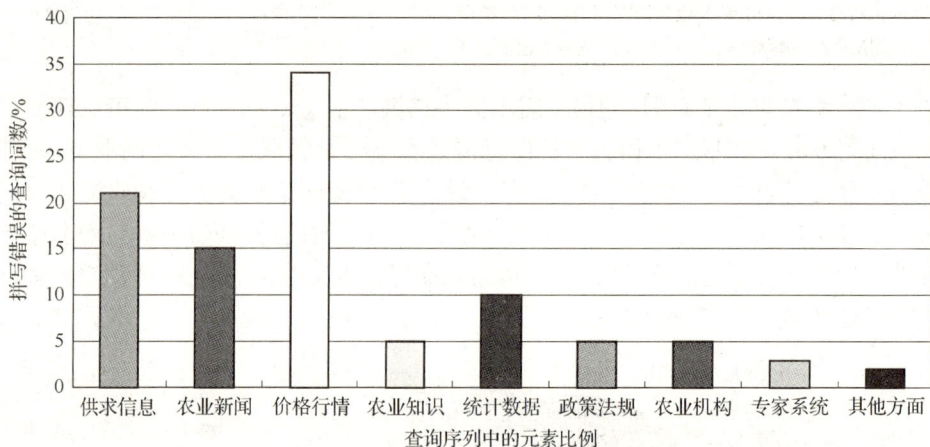

图 5.4　不同类型农业信息查询频数统计

以上分析表明:①用户大多查找的信息会集中在某一范围内;②在 Agri-Topic 搜索引擎中,查询类型主要是价格行情与供求信息等。因此,在考虑这些特点的基础上,我们可以在索引模型中引入一般搜索引擎中很少采用的即时更新与增量索引技术,这两种技术方案能够极大地提高系统性能,减少索引数据规模。

### 5.2.1　双字节倒排

网页索引一般有单字节与双字节两种模式,中文网页既可以采用单字节,也可以采用双字节索引模式,英文网页采用单字节索引模式。但是,由于在不同条件下这两种模式对检索性能的影响有很大差异,因此,在考虑倒排文件的结构前,我们有必要分析一下农业信息主题网页的特点,这有助于研究是采用单字节还是双字节倒排文件。

传统搜索引擎处理的网页数据既包括中文,又包括英文字符,两者的比例一般在 4∶6 左右。但在 Agri-Topic 搜索引擎环境中,由于数据主题比较集中,因此,我们可以猜想采集的网页包含的字符会比较倾向于中文,其中,英文所占比例应该非常低。为了证明这个假设,对大量网页进行统计,如图 5.5 所示。

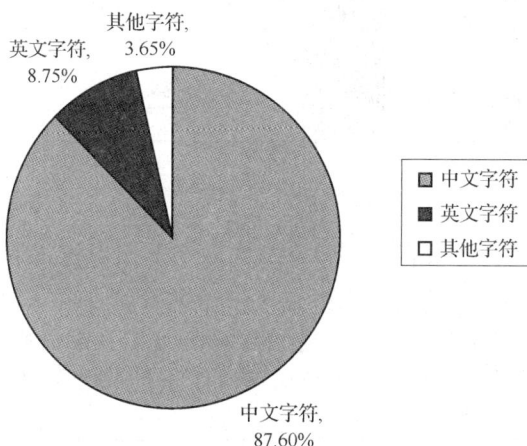

图 5.5　网页所包括的中文与英文字符比例

注:统计数据来自中文 Web 测试集 CWT100g,根据天网搜索引擎截止到 2004 年 2 月 1 日发现的中国范围内提供 Web 服务的 1000614 个主机,从中采样 17683 个站点,在 2004 年 6 月搜集获得 5712710 个网页,包括网页内容和 Web 服务器返回的信息,容量为 90GB。其中,每个网页对应的服务器返回信息中的 MIME 类型都是“text/html”或者“text/plain”。

从图 5.5 可以看出,在农业信息主题网页中,中文所占的比例超过 80%,而英文及其他类型的字符的比例很少,不超过 15%。在统计过程中,我们将农业信息主题网页从字符上分为 4 种类型:纯英文(一定有英文字母,但没有中文字符,可以包含数字与符号)、纯中文(一定有中文字符,但没有英文字母,可以包含数字和符号)、中英文混排(既有英文字母,又有中文字符,可以包含数字和符号)、其他(既没有中文字符,也没有英文字母,只由数字和符号组成)。虽然网络上纯英文网页比其他类型都要多,但带有纯中文及中英文混排网页数量是纯英文命名网页数量的 20 倍左右,而包含农业价格行情与供求信息的网页主要是中文或中英文混排,如

图 5.6 所示。所以说,从这个角度我们应该在设计 Agri-Topic 搜索引擎索引文件结构时考虑对中文作更多的优化。

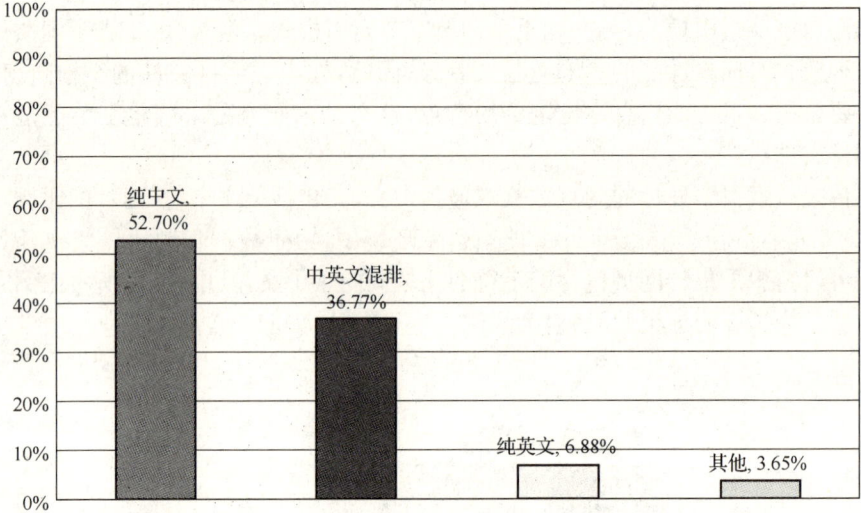

图 5.6 网页字符类型分类

我们再来对比一下中文网页的单字节与双字节索引模式下检索性能的差异,如图 5.7 所示,其中,$X$ 轴表示索引数据文件的规模,$Y$ 轴表示平均检索时间。从图中可以看出,双字节的性能要明显优于单字节,尤其在索引数据量规模接近千万级时,双字节索引模式平均检索速度依然可以保证在 600ms 内。

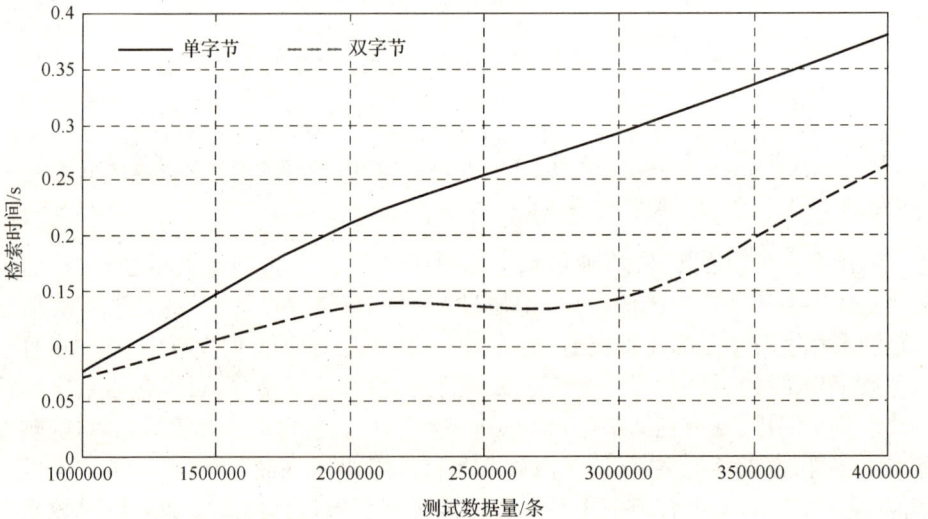

图 5.7 单字节与双字节索引模式检索性能对比

综上所述,由于中文字符集的常用汉字数比英文字母多,因此,两者的编码方式不同,英文是单字节,而中文用两个字节来存储,而且双字节索引比单字节性能要高,因此,在考虑兼容性与性能的基础上,Agri-Topic 搜索引擎采用双字节倒排索引技术,其基本原理是对文件名中每两个字节建立倒排索引表。

### 5.2.2 虚拟内存硬盘缓存

缓存技术的有效性建立在被缓存对象访问序列存在的局部性特征上。与操作系统内存管理、数据库系统和 Web 代理缓存这些领域大量的研究相比,Agri-Topic 搜索引擎的缓存技术,尤其是中文方面的研究相对较少,它们之间有共性,但由于被缓存对象特征和对象访问模式的差异,又各自具有自己的特点。搜索引擎检索系统中,通常被研究的可缓存对象分为三种,包括检索日志、中间结果及倒排文件,具体如下:

(1) 检索日志。O′Hallaron 与 Wang 详细分析了用户查询日志,发现用户查询具有很强的局部性,提出了缓存搜索引擎查询结果的可行性。Markatos(2001)与 Saraiva 进一步研究了缓存替换算法、缓存大小等因素对系统性能的影响。天网搜索引擎在内存数据库中实现了检索结果缓存,有效提高了系统性能。

(2) 中间结果。Chidlovskii 首次提出语义缓存,把布尔查询的中间结果作为缓存对象,并利用查询结果间的语义关系加速后续查询的执行,这种方法可以充分利用不同查询之间的相关性提高缓存命中率,缺点是仅局限于布尔查询,可能影响结果相关性排序。

(3) 倒排文件。这方面比较重要的工作包括 Jonsson 对 IR 背景下用户交互式查询的倒排文件缓存与查询执行结合方法的研究、Saraiva 关于倒排文件缓存对系统效率影响的研究。

由于 Agri-Topic 搜索引擎不但要处理海量的数据,同时,其索引数据规模与用户数量随着互联网的发展不断增长,而且还要满足每天百万次以上的用户查询请求,要求系统响应时间为 500~1000ms,因此,系统的性能是至关重要的。索引缓存技术是提高系统性能的一种重要手段,在计算机各个应用领域都有广泛的应用,而且这方面的研究结论都表明缓存技术能够极大地提高系统的响应时间。

随着大容量内存越来越便宜,现在配置一台大内存的计算机也越来越容易。对信息检索系统而言,已经有条件将索引文件常驻内存,这样,可使系统性能获得很大的改善,如 I/O 操作大量减少、事务的状态转换、CPU 高速缓存的替换大量减少、锁的竞争下降、更有效的内存查找结构与查询处理可以被使用等。利用虚拟内存硬盘技术将所有索引文件读入内存,实现了一个高性能的缓存系统。

在 Agri-Topic 搜索引擎原型系统下作了一个简单的对比,首先对比了一下索引技术对系统检索性能的影响,如图 5.8 所示,其中,$X$ 轴表示索引文件数据量,$Y$

轴表示检索时间。从图可以看出，在 $1 \times 10^6 \sim 4 \times 10^6$ 这些百万级数据的规模测试条件下，建立索引文件可以有效保证系统响应时间在 1s 级单位内，而没有索引的系统检索时间与数据规模成正比关系，在 $4 \times 10^6$ 数据量时，系统检索超过了 200s，这对一个信息检索系统来说是没有价值与意义的。

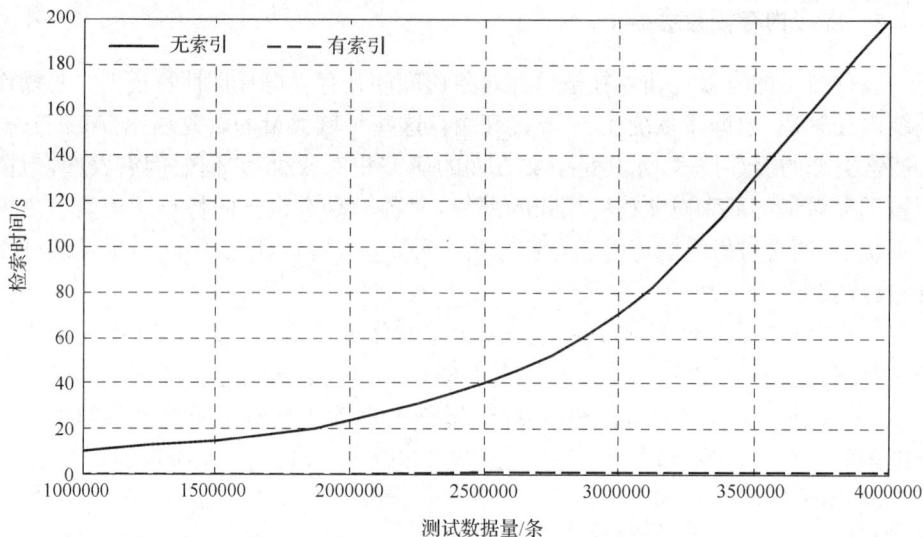

图 5.8　无索引与有索引的系统性能对比

　　然后对比一下虚拟内存硬盘缓存技术对系统检索性能的影响，如图 5.9 所示，其中，$X$ 轴表示索引文件数据量，$Y$ 轴表示检索时间。从图中可以看出，随着索引文件数据量规模达到百万级时，采用虚拟内存硬盘缓存的系统在响应时间这一性能指标上明显优于普通硬盘缓存的系统。由于内存大小是有限制的，而且虚拟内存硬盘缓存的容量对系统性能的影响是存在极限的，所以，我们需要分析虚拟内存硬盘缓存在取什么值的情况下系统能够达到最优，结果如图 5.10 所示。从图 5.10 可以看出，虚拟内存硬盘索引缓存大小与文档命中率近似成正比关系，随着虚拟内存硬盘索引缓存增加，文档命中率也随着提高。从这里分析似乎应该虚拟内存硬盘索引缓存越大越好，但我们另外分析一下虚拟内存硬盘索引缓存与平均查询响应时间的关系，结果如图 5.11 所示。从图 5.11 可以看出，虚拟内存硬盘索引缓存对平均查询响应时间影响不大，而且随着虚拟内存硬盘索引缓存的增加，平均查询响应时间反而变慢了。分析原因，这种情况是索引系统的某些页面被换出引起的。由于文件系统缓存的需要，把用户程序的一些物理内存页面交换到虚拟内存，当这些页面再次需要使用时又被换入，使得磁盘 I/O 开销很大。因此，在实际开发 Argi-Topic 搜索引擎系统时，虚拟内存硬盘缓存应该根据平均查询响应时间调整，一般在 $500 \sim 800M$。

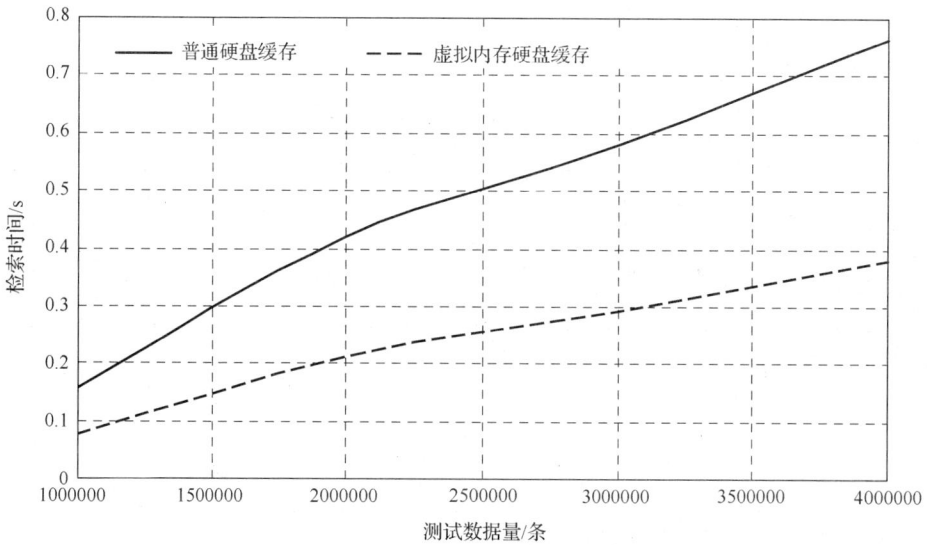

图 5.9　普通硬盘缓存与虚拟内存硬盘缓存的系统性能对比

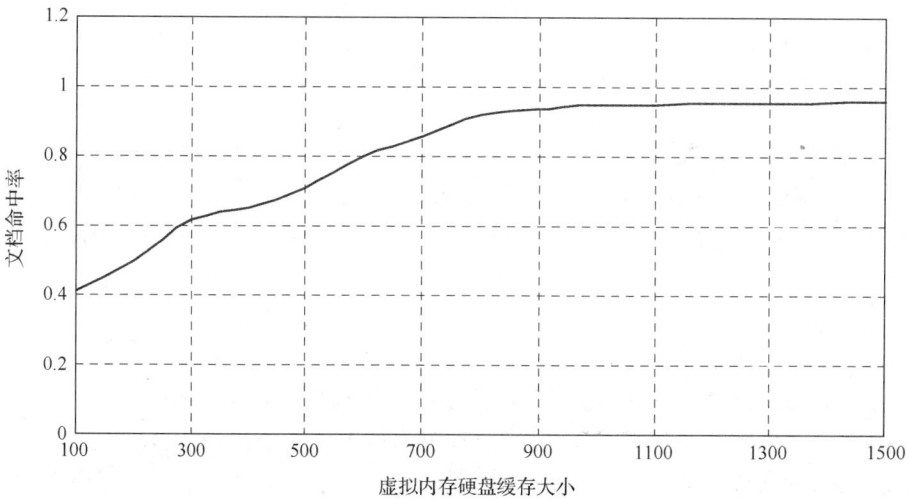

图 5.10　虚拟内存硬盘缓存大小与文档命中率的关系

综上所述,本虚拟内存硬盘索引缓存技术对建立一个实用的 Agri-Topic 搜索引擎来说是一个高效的索引缓存机制,可以有效提高系统的检索性能。

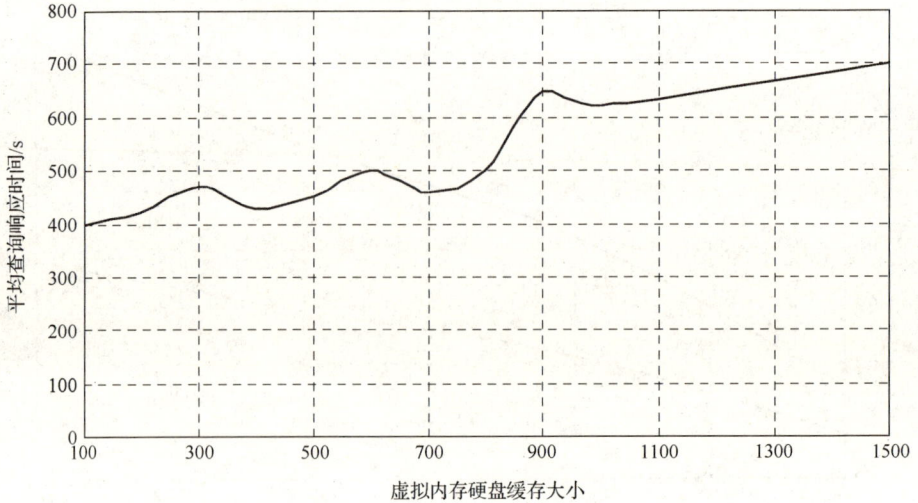

图 5.11　虚拟内存硬盘缓存大小与平均查询响应时间的关系

# 5.3　性能测试与评估

## 5.3.1　评价指标

评价系统检索性能有两个指标:系统吞吐率与平均查询响应时间。系统吞吐率指系统每秒处理的查询数目,反映了检索系统的查询处理能力;平均查询响应时间指从收到查询请求到返回查询结果的平均所需时间,反映了检索系统的处理效率。

## 5.3.2　实验结果

评测实验采用提交虚拟查询请求,对检索系统进行实际测量的方式。实验过程中,在同一局域网的其他机器上,建立多个虚拟客户端线程,真实地运行系统,并发地提交虚拟查询请求,同时记录查询处理日志。实验通过调整虚拟客户端线程的数目,改变检索系统的负载,记录检索系统在不同负载下的表现,并分析各个参数在其中的影响。

(1) 系统吞吐率。为了分析系统负载与系统吞吐率的关系,我们比较了在不同负载条件下系统吞吐率的变化情况,结果如图 5.12 所示,其中,$X$ 轴表示系统负载,即准备就绪的进程队列长度,$Y$ 轴表示 Agri-Topic 搜索引擎系统每秒处理的请求个数。

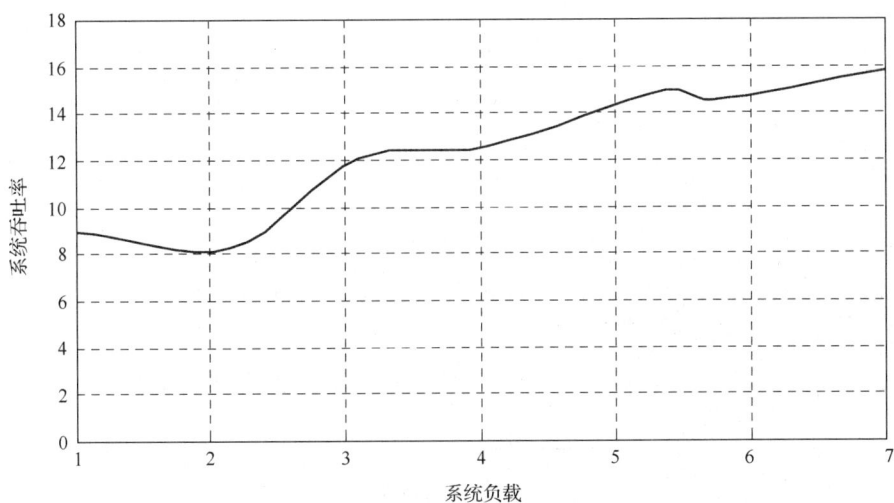

图 5.12　不同负载条件下系统吞吐率对比

从图中可以看出,当负载比较小时,吞吐率也较低,此时未能充分发挥检索系统的能力。当负载慢慢升高,磁盘读写与 CPU 计算重叠,系统吞吐率逐渐升高,当负载接近 6 时,吞吐率达到极值,这时,检索系统的处理能力最大。当仿真实验继续提高并发虚拟客户端的线程数目,部分请求被丢弃,而且受限于线程数的制约,负载不再上升。此时,主机的 CPU 的使用率不到 60%,可以看出,CPU 的计算能力没有得到充分利用,所以说单机系统的主要瓶颈仍在磁盘访问。

(2) 平均查询响应时间。为了分析系统负载与平均查询响应时间的关系,我们比较在不同负载条件下平均查询响应时间的变化情况,结果如图 5.13 所示,其中,$X$ 轴表示系统负载,即准备就绪的进程队列长度,$Y$ 轴表示 Agri-Topic 搜索引擎系统平均查询响应时间。

从图中可以看出,相对于系统吞吐率,平均查询响应时间表现较好。负载在 3~6 时,平均查询响应时间基本上保持在 500~650ms。

## 5.4　本章小结

本章介绍了用于提高检索效率的大规模文件索引技术,包括全文索引结构及双字节倒排中文索引模型。另外,本章还介绍了用于性能评价的两个指标:系统吞吐率与平均查询响应时间。在考虑垂直搜索引擎索引对象具有的领域性问题前提下,提出了一种面向中文网页特点的高性能双字节倒排索引模型,在解决了网页的中英文混合全文索引问题的同时,保证了相当高的检索效率,其双字节倒排与虚拟

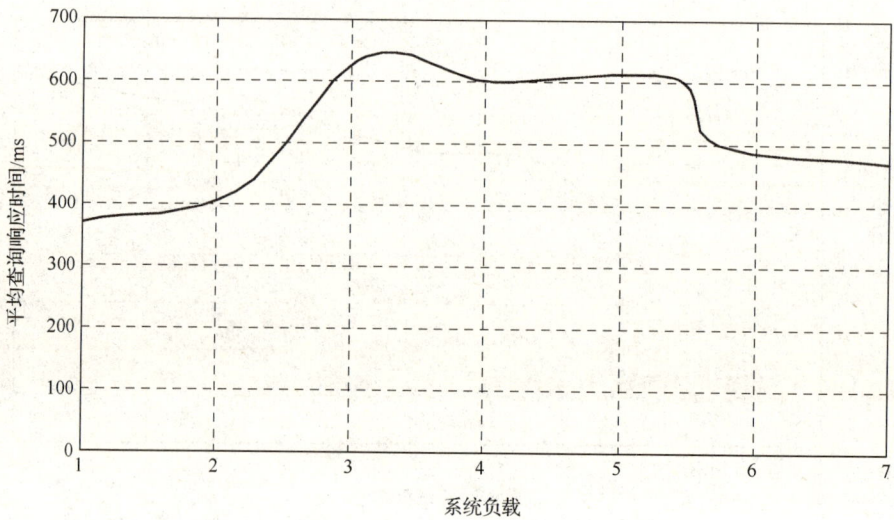

图 5.13　不同负载条件下平均查询响应时间对比

内存硬盘缓存技术充分保证了系统响应时间在毫秒级的指标内,实验结果表明,该模型具有很好的扩展性与稳定性,随着数据规模的增加,系统响应时间仍然可以保持在 1s 以下。

# 第6章　面向垂直搜索引擎的个性化检索服务技术

## 6.1　检索结果自动分类

Agri-Topic搜索引擎应用环境下，大量统计研究表明，用户输入查询长度平均较短，并且很少使用搜索引擎提供的查询操作符。这种情况下，检索结果排序考虑用户输入的查询词之间的短语关系或者位置邻近关系，对提高检索结果的效果十分重要。

传统的搜索引擎一般都是根据用户提交的查询词在索引数据库中查找，然后对检索结果相关度排序。由于结果集通常十分庞大，因而怎样组织结果集展现形式，方便用户快速找到需要的信息就成为一个十分关键的问题。虽然相关度排序能够将比较重要的结果输出给用户，但由于一词多义与多词同义问题的存在及用户职业、兴趣、年龄等各方面的差异，使得检索结果中含有相当多的不同主题，这些数据即使经过相关排序还仍然很难满足不同用户的要求。另外，统计显示，用户在结果集中浏览网页数量一般不超过5。

因此，为了改进检索结果的质量，将查询结果以一定的类别分层次组织，使用户能方便地选择查看类别，可以很好地缩小结果集，从而使用户能更快地查找信息。具体实现过程是：Agri-Topic搜索引擎根据网页内容的农产品交易信息标识，利用 $K$-近邻（$K$-nearest neighbor, $K$-NN）算法对检索结果的网页按主题分类，这样，检索结果可以按门类划分为层次结构，既方便了用户的查找，又提高了效率。为达到这一效果，我们首先来研究一下农产品分类问题。

### 6.1.1　农产品概念与分类问题

农产品网页分类是指在给定的农产品分类体系下，根据农产品网页的内容自动判别网页类别的过程。所以，要研究农产品分类问题，首先要解决农产品网页的分类问题。

农产品分类是一个相当复杂的问题。除了农产品种类繁多、数量惊人的原因外，还有分类标准不统一、现存有诸多不同习惯分法等问题。农产品分类不是我们研究的重点，但也无法回避。下面就来讨论农产品分类中的问题。

农产品是指来源于农业的初级产品，即在农业活动中获得的植物、动物、微生物及其产品。上述定义中有两点需要申明：第一就是农产品是生物产品，即动物、植物、微生物及其产品,这样就排除了矿产品及石材等;第二点就是初级产品。

初级产品举例来说,农民养的猪自然是农产品,由其而来的猪肉、猪肝、猪毛、猪皮等算是初级产品(简单加工:分割),再进一步,由猪肉加工成的火腿、猪肝加工而成的熟食、猪毛加工而成的毛刷、猪皮做成的皮鞋就不能算作农产品,只能算作以农产品为原料的轻工产品。

再举一个植物产品的例子。小麦、小麦秸显然是农产品,由小麦研磨加工而成的麦麸和面粉也是农产品,但由小麦秸加工而成的手工艺品、苫子就不算农产品,而算手工产品。

这里,初级产品的界限就是加工的程度不同,我们的标准是:①农产品只是被简单地物理分类、分级、分割或分离;②没有投入太多的人工劳动,即没有超出其自身价值的附加值;③没有发生化学变化;④没有与其他农产品混合而成新的产品状态。

常用的农产品分类是多层分类的。粮食、蔬菜、水果等类别为第一层次;其中,蔬菜又可以分为根菜类、叶菜、甘蓝类等,这是第二个层次;而其中的根菜又可包括萝卜、胡萝卜等具体蔬菜种类,这是第三个层次;萝卜还可以按品种分为青萝卜、红萝卜、白萝卜等,这是第四个层次,还可以继续分下去。这是由客观世界丰富的层次性决定的。

这种多层分类,对于人类来讲是自然容易理解的。但对于机器而言,就显得过于复杂,且没有必要。因为太复杂的分类方法,必然增加机器计算的复杂度,成倍增加对资源的需求,降低效率;其次,从用户对分类的需求来看,这也是没有必要的。我们的分类标准是能有效区分不同用户的需求。

将农产品分类简化为两层的树状结构。第一层是农产品的大类,如蔬菜、水果、水产品、畜禽产品等,第二层就是各大类所包含的具体农产品种类,如蔬菜中的西红柿、黄瓜等,而不再进一步分为根菜类或叶菜类等,如图 6.1 所示。

### 6.1.2　分类算法选择

常用分类算法有贝叶斯算法、K-近邻算法、类中心分类法和支持向量机(support vector machines,SVM)等几种。下面在分析几种方法特点的基础上,结合农产品网页的特点,选取我们的农产品检索结果分类方法。

#### 1. 贝叶斯算法

贝叶斯算法在机器学习领域被广泛研究,其主要思想是基于贝叶斯假设,即文本中的词汇在确定文本类别的作用上相互独立,它首先计算特征词属于每个类别的先验概率,在新文本到达时,根据特征词的先验概率计算该文本属于每一个类别的后验概率,最后取后验概率最大的类别作为分类结果。

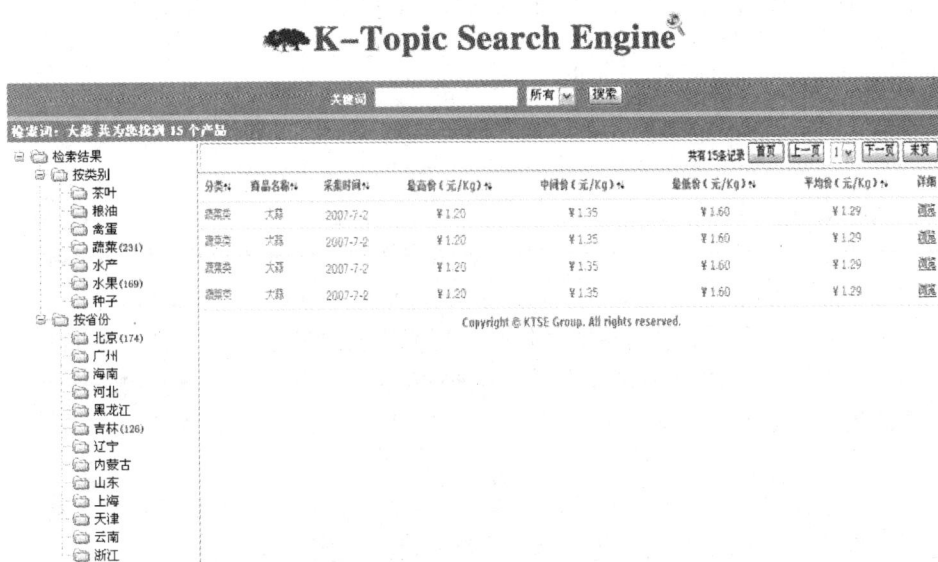

图 6.1　农产品二层分类结构

贝叶斯分类器由 Maron 提出,将文章看作独立的单词集合,通过训练集由贝叶斯理论得到每个单词在不同类中的概率大小,构造出贝叶斯模型。贝叶斯算法假设文本由混合模型产生,每个类别对应混合模型的一个分量。贝叶斯算法需要先计算先验概率 $P$、类的先验概率 $P(C)$、每个独立单词 $W$ 的条件概率。

### 2. $K$-近邻算法

最近邻(nearest neighbor,NN)法是在模式识别中广泛使用的分类方法,是模式识别非参数法中最重要的方法之一。$K$-近邻算法是最近邻法的一个推广,当 $K$ 取 1 时就是最近邻法。最近邻法强调最近点的重要性,而 $K$-近邻算法则从整体考虑,是一种更为普遍的方法,理论认为它的错误率比最近邻法低。

$K$-近邻算法思想很简单:给一篇待识别的文本,系统在训练集中找到最近的 $K$ 个近邻,看这 $K$ 个近邻中多数属于哪一类,就把待识别的文本归为哪一类。$K$-近邻算法分类器在已分类文本中检索与待识别文本的最相似文本,从而获得被测文本的类别。这种方法的优点是:算法简单且精度较高;存在的主要问题是:需要将所有样本存入计算机中,每次决策都要计算待识别文本与全部训练样本之间的距离,并进行比较。因此,分类过程的计算量和存储量都很大,而且两者都与训练集的规模成正比。

训练集中的特征词有两种赋值方法:一种是二项式赋值,即如果特征词在文本中出现就设为1,否则设为0,这样计算比较简单;另一种是计算特征词在文本中出现的频率,以及出现该词的文本频率,然后按照 TF-IDF 公式给文本向量赋权值。待分类文本一般采用词频赋值方法,即用特征词在文本中出现的次数作为它的权重,也可以采用二项式赋值,但没有词频效果好。

### 3. 类中心分类法

类中心分类法的算法思想是:为每一个类别生成一个类中心特征向量 $C_j(W_1, W_2, \cdots, W_n)$,分类时,首先把待分类文本表示成文本特征向量 $d(W_1, W_2, \cdots, W_n)$,然后计算 $d$ 与 $C_j$ 的相似度,取相似度大的类别作为待测文本的所属类别。

相似度通常采用向量间夹角余弦值。文本特征向量的表示方法与 $K$-近邻算法相同。训练过程中,首先统计出所有特征词的词频和文本频率,然后根据特征加权算法把训练集中的文本表示成特征向量 $d_i(W_1, W_2, \cdots, W_n)$,类中心向量一般采用类内文本向量的平均值。

类中心分类法是有监督学习的文本分类算法,它的训练集是已标识的文本,其对训练集规模很敏感,随着训练集规模的增大,分类精度显著提高。

### 4. 支持向量机

支持向量机由 Vapnik 等在 1995 年提出,是一种基于统计学习理论的新型通用学习方法,已经在很多领域得到了应用。支持向量机理论的最大特点是:根据 Vapnik 结构风险最小化原则,有限样本信息在模型的复杂性(对特定训练样本的学习精度)和学习能力(无错误地识别任意样本的能力)之间寻求最佳折中,尽量提高学习机的泛化能力。其基本思想是:首先,通过非线性变换将输入空间映射到一个高维特征空间,然后,在这个新空间中求取最优线性分类面,而这种非线性变换是通过定义适当的内积函数来实现的。支持向量机算法相当于求解一个凸集优化问题,因此,局部最优解就是全局最优解。将其应用于文本分类,相对于其他算法可避免向量维数过高及计算量太大等问题。这是应用较多的一种分类器。但支持向量机也存在一些缺陷:首先,随着样本的增多,支持向量机的复杂性增加,训练时间增长;其次,在实现支持向量机分类器的过程中,惩罚系数与核函数的参数的选取一直没有好的解决方法。

根据前面对农产品网页特点的分析,我们知道,农产品网页有着结构性强的特点,而且搜索引擎中的数据量规模比较大,用户对检索时间要求比较高,因此,在考虑这些特点并比较几种分类算法特点的基础上,选取了 $K$-近邻算法作为检索结果自动分类的算法,表 6.1 对比了这几种算法的优缺点。

表 6.1　分类算法比较

| 算法名称 | 计算类型 | 计算复杂度 | 性能 | 存储空间 |
| --- | --- | --- | --- | --- |
| 贝叶斯算法 | 概率计算 | 高 | 一般 | 一般 |
| K-近邻算法 | 相似度计算 | 一般 | 高 | 一般 |
| 类中心分类法 | 相似度计算 | 一般 | 一般 | 高 |
| 支持向量机 | 统计学习理论 | 高 | 一般 | 高 |

### 6.1.3　K-近邻算法应用与改进

Agri-Topic 搜索引擎采用 K-近邻算法对包含农产品交易信息的网页分类有不同于普通网页自动分类的特点,包含农产品交易信息的网页经过主题过滤后得到的摘要内容是字符数不超过 255 的字符串,所以,不需要分词,只需要将一些无关联的词过滤就可以,而普通网页对象一般都远远超过这个值,所以,Agri-Topic 搜索引擎的 K-近邻算法运算量相对要少很多,因而性能要比 Web 搜索引擎高。K-近邻算法基本原理是:假定所有包含农产品交易信息的字符串对应于 $N$ 维空间 $R_n$ 中的点,坐标点的最近邻是根据计算点之间的关系函数值定义的,这些关系函数值定义主要有标准欧氏距离、数量积、夹角余弦、相关系数等 4 种形式。

**标准欧氏距离**:设坐标点 $x$ 表示为特征向量 $(a_1(x), a_2(x), \cdots, a_n(x))$,其中, $a_j(x)$ 表示 $x$ 的第 $j$ 个属性值,那么,任意两个 $x_i$ 与 $x_j$ 间的距离定义为 $D(x_i, x_j)$,其中,

$$D(x_i, x_j) = \sqrt{\sum_{r=1}^{n} \left[ a_r(x_i) - a_r(x_j) \right]^2} \tag{6.1}$$

**数量积**:设有 $\boldsymbol{X}$、$\boldsymbol{Y}$ 两向量,数量积计算公式为 $\boldsymbol{X}$、$\boldsymbol{Y}$ 的模与它们的夹角余弦相乘。

$$\boldsymbol{X}\boldsymbol{Y} = |\boldsymbol{X}| |\boldsymbol{Y}| \cos(\theta), \theta \text{ 为 } \boldsymbol{X} \text{ 与 } \boldsymbol{Y} \text{ 的夹角}$$

**夹角余弦**:设 $\boldsymbol{X}$ 与 $\boldsymbol{Y}$ 的夹角为 $\theta$,则

$$\cos(\theta) = \frac{\sum x_j y_j}{\sqrt{\sum x_j^2 \sum y_j^2}} \tag{6.2}$$

**相关系数**:相关系数表示两个变量 $(\boldsymbol{X}, \boldsymbol{Y})$ 之间线性关系密切程度的指标,用 $r$ 表示,其值在 -1 至 +1 间。如两者呈正相关,$r$ 呈正值,$r=1$ 时为完全正相关;如两者呈负相关,则 $r$ 呈负值,而 $r=-1$ 时为完全负相关。

$$r = \frac{\sum (x_j - \bar{x})(y_j - \bar{y})}{\sqrt{\sum (x_j - \bar{x})^2 \sum (y_j - \bar{y})^2}} \tag{6.3}$$

由于搜索引擎具有一些不同于普通信息检索系统的特点,因此,设计与优化算

法要从多个角度考虑。在 Agri-Topic 搜索引擎中,因为对于计算速度的要求比准确率高,所以,选择 $K$-近邻算法的关系函数值定义(标准欧氏距离、数量积、夹角余弦、相关系数)时,不能仅仅考虑准确率,应在保证计算速度的前提下,兼顾性能与准确率。针对 4 种不同关系函数值在分类的性能作了一个对比,如图 6.2 所示,其中,$X$ 轴表示网页样本数,$Y$ 轴表示分类时间。

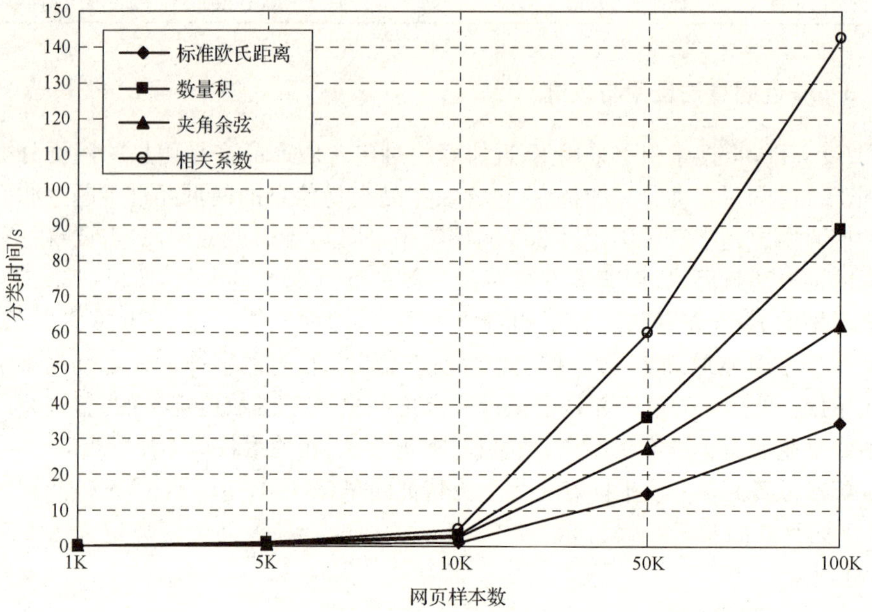

图 6.2　不同样本量下各关系函数值的分类性能对比

从图中可以看出,不同样本量下,这 4 种关系函数值的分类性能的表现有所不同。在小样本的环境下,4 种方法的计算速度相差不大,但随着网页样本数量的增加,当样本达到 10 万级时,这 4 种方法的性能差距就相当大了。其中,标准欧式距离性能增长比较平稳,基本与分类数据量呈近似正比关系。

为了描述分类的效果,我们定义了分类准确率($K$-accuracy rate,$K$-AR),用 NumberOfWebPage 表示网页样本总数,NumberOfAccuracy 表示分类正确的网页数,则有计算公式如下:

$$K\text{-}AR = \frac{\text{NumberOfWebPage}}{\text{NumberOfAccuracy}} \times 100\% \tag{6.4}$$

我们比较一下 4 种不同的关系函数值的分类准确率,如图 6.3 所示,其中,$X$ 轴取值为标准欧氏距离、数量积、夹角余弦、相关系数这 4 种关系函数值,$Y$ 轴表示分类准确率。从图中可以看出,夹角余弦的分类准确率最高,接近 90%,数量积最低,约 70% 左右,标准欧式距离的分类准确率介于数量积与相关系数之间。虽然

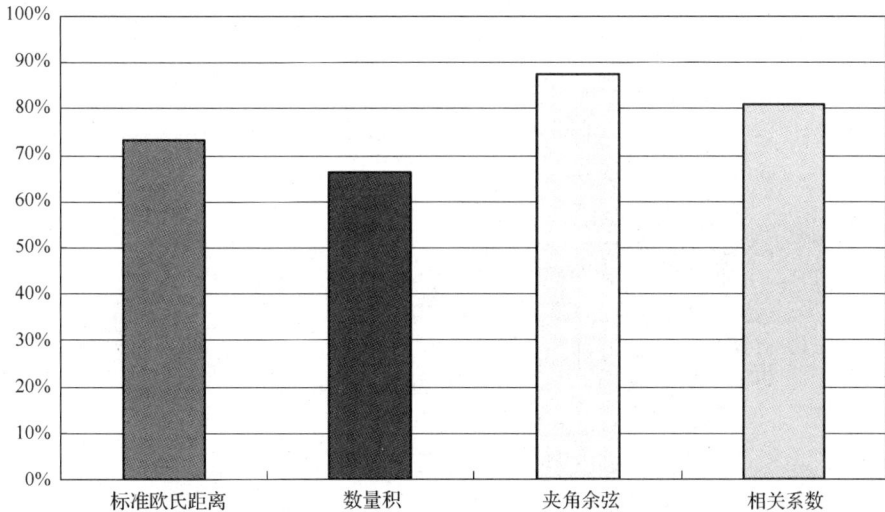

图 6.3　各关系函数值的分类准确率对比

标准欧式距离的分类准确率不是最高的,但结合其分类性能来考虑,标准欧式距离是 K-近邻算法分类器的一个最优选择,因此,采用标准欧式距离来进行分类度量。

在确定 K-近邻算法的关系函数值定义后,我们接下来讨论 K-近邻算法实现的具体步骤。目标函数为离散值的 K-近邻算法的基本思想为:训练时,对于每个训练样例 $(x, f(x))$,将其加入列表(训练样本)中,在对具体的 $x_q$ 进行分类时,从训练样本中选出最靠近 $x_q$ 的 K 个元素,并用 $x_1, x_2, \cdots, x_k$ 表示,设 $f(x_q) \leftarrow \arg\max \delta(v, f(x_i))$,其中,$v \in V$,如果 $a=b$,那么,$\delta(a, b)=1$,否则,$\delta(a, b)=0$,即在训练集中选取在欧氏空间中距离 $x_q$ 最近的 K 个实例,求出 $f(x_q)$ 为对目标函数 $f(x_q)$ 的近似值,它就是最靠近 $x_q$ 的 k 个训练样例中最普遍的 $f(x)$ 值。根据上述算法原理,我们设计了自动分类的体系结构,如图 6.4 所示。

### 6.1.4　性能测试与评估

对检索结果自动分类效果进行测试的详细方法是:首先选择一定数量的测试网页(具体可以根据索引文件规模确定,一般选 10% 左右),删除比较容易分类混淆的干扰项,将这些筛选后的网页摘要字符串数据过滤掉不影响分类主题的虚词与数词,通过词典对其进行语义扩展,建立对应的向量表示模式,作为分类样本集;在分类样本集的基础上,对检索结果采用 K-近邻算法计算每条检索结果与分类样本集的欧氏距离,选取其中最近的 K 条样本确定检索结果对应的分类。采用 Mi-croP、MicroR 作为评价指标,计算公式如下:

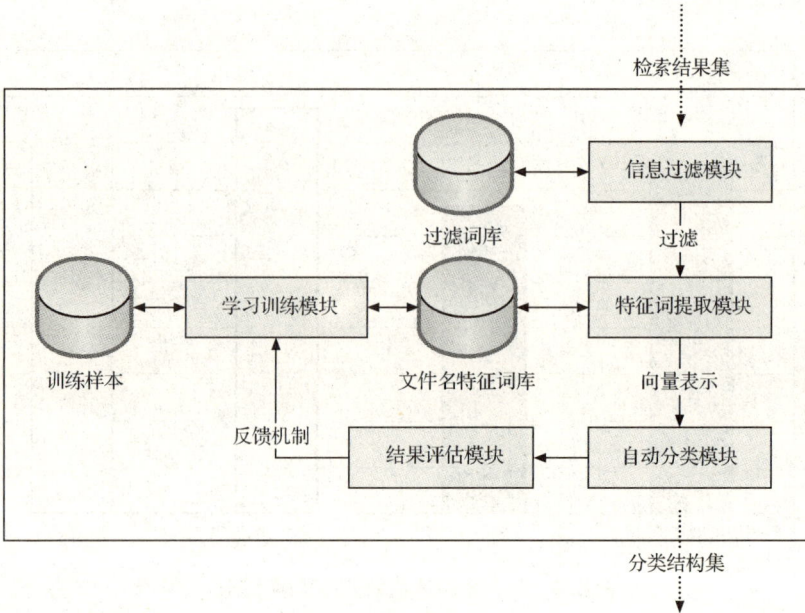

图 6.4　检索结果自动分类的体系结构

$$\mathrm{MicroP} = \sum_{i=1}^{N} A_i \bigg/ \left( \sum_{i=1}^{N} A_i + \sum_{i=1}^{N} B_i \right)$$

$$\mathrm{MicroR} = \sum_{i=1}^{N} A_i \bigg/ \left( \sum_{i=1}^{N} A_i + \sum_{i=1}^{N} C_i \right)$$

(6.5)

式中，MicroP 表示系统的微平均查准率；MicroR 表示系统的微平均查全率；$N$ 表示系统的类别总数；$A_i$ 表示正确分到 $i$ 类中的检索结果网页数；$B_i$ 表示错误分到 $i$ 类中的检索结果网页数；$C_i$ 表示属于但未被分到 $i$ 类中的检索结果网页数。实际分类效果如图 6.5 所示。

　　从图中可以看出，由于在 Agri-Topic 搜索引擎中检索结果是经过信息抽取的结构化数据，所以，使得其比普通网页分类具有更高的平均查准率与平均查全率，平均在 80% 以上。同时，不同样本量下的对比表明，在 Agri-Topic 搜索引擎检索结果分类中，对样本数量的依赖性并没有传统 Web 搜索引擎网页分类系统那么强，这是由于 Agri-Topic 搜索引擎中经过信息抽取处理的检索数据结构相对 Web 搜索引擎未提炼的数据结构来说更固定、语义更完整。

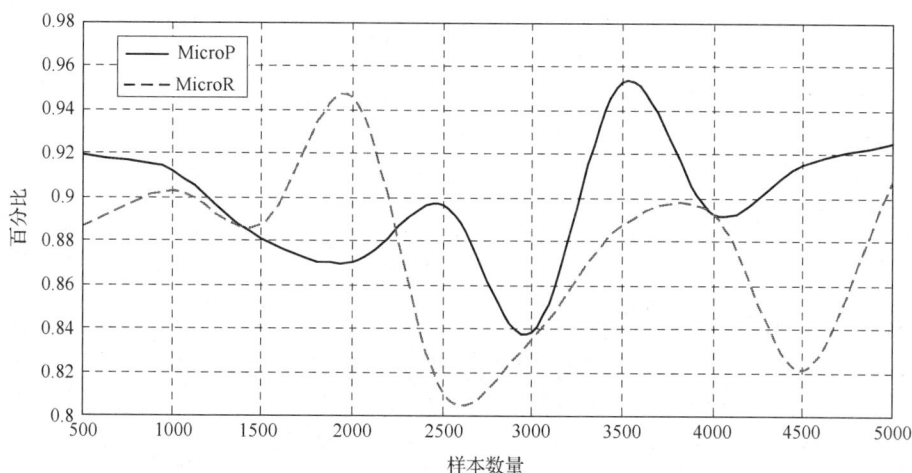

图 6.5　不同样本量下的分类效果

# 6.2　查询自动纠错

## 6.2.1　拼写错误问题

在 Agri-Topic 搜索引擎的使用过程中,一些用户常常难以给出准确的查询词,或者因为笔误而输入错误,主要表现在输入对应英文通常是字母错误,中文通常是同音异字的错误,尤其是英文软件名与中文名字。英文查询词的拼写错误如:查询 eclipse,却写为 eklipse;查询 serv-u,却拼写为 server-u。中文查询词的拼写错误如:查询词"油菜"与"油彩"、"白菜"与"百菜"、"蒜薹"与"蒜苔"等。

## 6.2.2　纠错原理与算法设计

一般来说,采用词典能够纠正常见的拼写错误,但这种方法的缺点就是不能自动添加新词。为了研究这个问题的解决方案,从 Agri-Topic 搜索引擎用户查询日志的角度考虑,设 $q_1, q_2, \cdots, q_n$ 为 $n$ 个不同查询词序列,$S_1, S_2, \cdots, S_n$ 是对应 $q_k$ 的查询次数,其中,$q_1, q_2, \cdots, q_n$ 按对应的 $S_k$ 值降序排列,通过统计拼写错误查询词,$X$ 轴为按百分比选取查询序列 $q$ 中的元素比例,$Y$ 轴为拼写错误的查询词数,如图 6.6所示。从图中可以分析得出,查询次数多的高频词错误率极低,用户的查询词输入很少有拼写错误,大多数拼写错误查询词都集中在查询次数平均不超过 2 次的低频词区,这些错误查询词大多可以在日志里找到相对应的正确查询词,这表明查询次数多的高频检索词是正确的查询词,拼写错误的查询词通常能在高频词里找到与之对应的正确查询词,而且它们之间的字符串相似程度较高,这提示我们可以

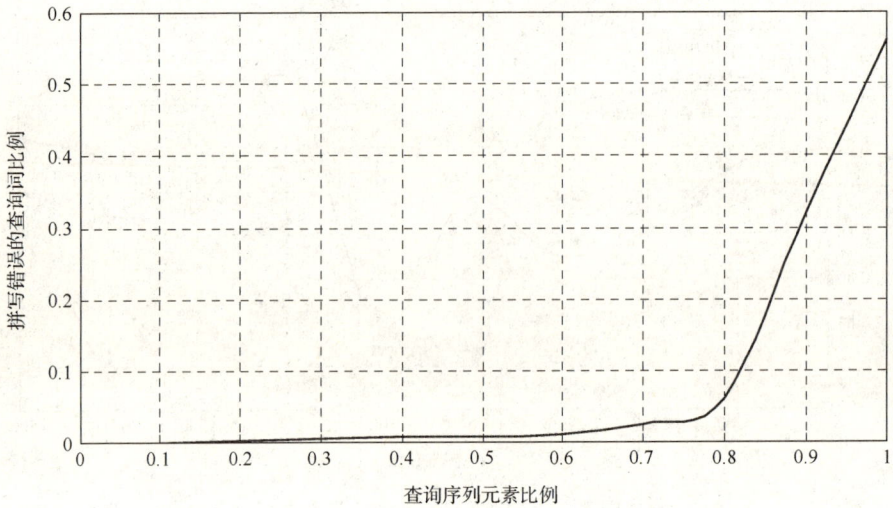

图 6.6　拼写错误查询词频统计

考虑采用某种算法计算用户查询日志里查询词之间的相似度来实现自动纠错。

虽然以上分析表明,可以利用高频词作为纠错词典的数据项,但如果高频词数量太多而且不具备相对稳定性,则会影响到词典的数据量与系统性能,因此,有必要对高频词的规律进行统计。我们将查询词顺序标号作为 $X$ 轴,对应查询词频率 $S_k / \sum_{j=1}^{n} S_j$ 作为 $Y$ 轴,如图 6.7 所示。

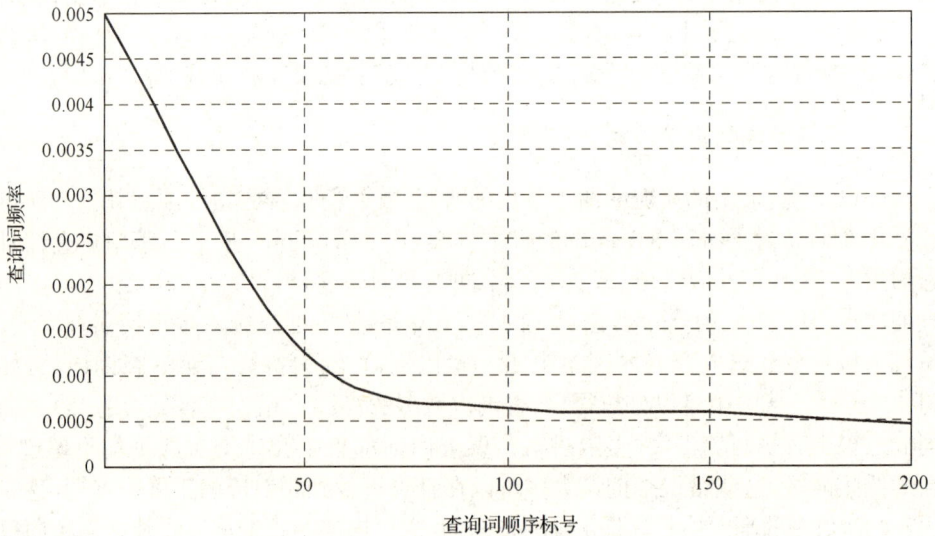

图 6.7　查询词频数排列统计

　　从图中可以看出,高频查询词不到总查询词的 25%,但它们的查询频度却达到了 69.16%,这说明高频查询词虽然查询次数比较多,不过它们数量相对查询词日志来说却不算很多,而其他 75%的查询词频度平均不超过 0.0001%,因此,我们可以在 Agr-Topic 搜索引擎中采用查询日志中的高频正确词作为纠错词典的数据源,不但可以保证词典的数据量稳定性,而且可以解决新词的来源问题。

### 6.2.3　性能测试与评估

　　自动纠错具体实现步骤是:首先根据用户的查询记录建立高频查询词词库,选取最小编辑距离算法来计算高频词的距离,得到高频词的相关性矩阵,然后接受用户查询词,查找高频词库,若未发现完全相同相等的字符串,则计算词库中与其相似度最高的查询词,若两词相似度足够大,则向用户提供该高频词作为候选查询词。同时,将该高频词的相关词汇作为相关查询词,查询自动纠错的实际效果如图 6.8 所示。

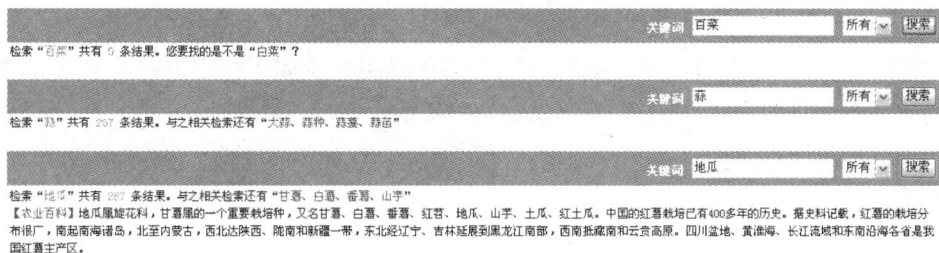

图 6.8　查询自动纠错

　　为研究高频查询词库与纠错正确率的关系,测试了不同数量的词库条件下的纠错正确率,如图 6.9 所示,其中,$X$ 轴表示高频查询词库包含的词汇数量,$Y$ 轴表示纠错正确率。

　　从图 6.9 可以看出,纠错正确率与词库规模基本成正比关系,这表明系统可以通过增加高频查询词库的词汇数量来提高纠错效果,但同时也可以看出,词库规模不是越大越好,两者不是简单的线形关系,在词库规模达到 10000 条以上时,纠错正确率接近一个极限值。

# 6.3　本 章 小 结

　　本章介绍了实现检索结果自动分类的方法及查询自动纠错方法。针对当前搜索引擎检索质量存在的一些问题,引入检索结果自动分类与查询自动纠错技术来提高检索精度,检索结果自动分类算法在学习已分档的样本网页基础上,总结目标

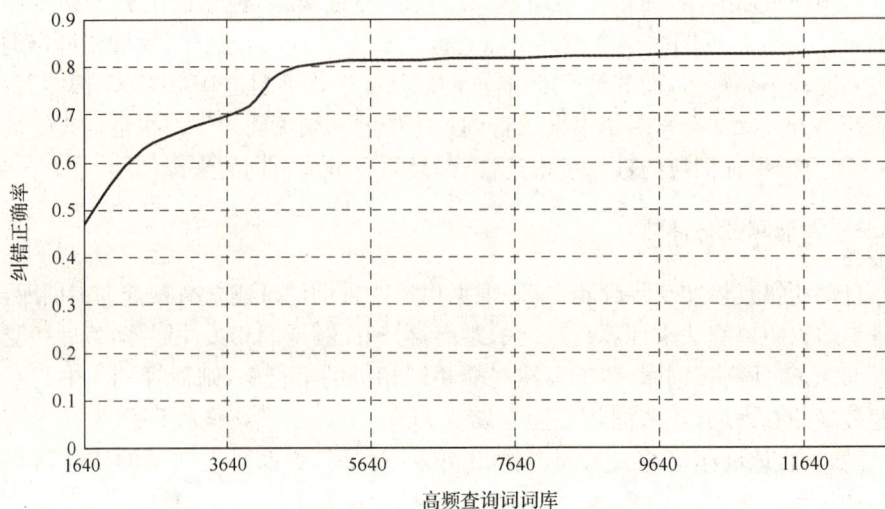

图 6.9　词库规模与纠错正确率的关系

主题的特征,应用于新文件的自动分类过程中,很好地提高了特定主题搜索的准确率。而查询自动纠错,以用户查询日志中的高频查询词为数据源,构建词典实现提示用户拼写错误。用户测试结果表明检索个性化服务技术可以有效提高检索质量。

# 第二部分　本体论和知识获取

# 第7章 本体理论

## 7.1 本体的概念与内涵

### 1. 本体的概念

本体最早是一个哲学上的概念,从哲学的范畴来说,本体是客观存在的一个系统的解释或说明,关心的是客观现实的抽象本质。后来随着人工智能的发展,这一概念被人工智能界给予了新的定义。在人工智能界,最早给出本体定义的是 Neches 等(1991),他们将本体定义为:"给出构成相关领域词汇的基本术语和关系,以及利用这些术语和关系构成的规定这些词汇外延规则的定义。"1993 年,Gruber 给出了本体的一个最为流行的定义,即"本体是概念模型的明确的规范说明"。后来,Borst(1997)在此基础上给出了本体的另外一种定义,即"本体是共享概念模型的形式化规范说明"。Studer 等对上述两个定义进行了深入的研究,认为本体是共享概念模型的明确的形式化规范说明,这包含 4 层含义(Studer et al.,1998):概念模型、明确、形式化和共享。概念模型指通过抽象出客观世界中一些现象的相关概念而得到的模型,其表现的含义独立于具体的环境状态。明确指所使用的概念及使用这些概念的约束都有明确的定义。形式化指本体是计算机可读的(能被计算机处理)。共享指本体中体现的是共同认可的知识,反映的是相关领域中公认的概念集,即本体针对的是团体而非个体的共识。本体的目标是捕获相关领域的知识,提供对该领域知识的共同理解,确定该领域内共同认可的词汇,并从不同层次的形式化模式上给出这些词汇(术语)和词汇间相互关系的明确定义。

### 2. 本体的描述语言

目前,在具体应用中,本体的表示方式主要有 4 类(Uschold,1996a):非形式化语言、半非形式化语言、半形式化语言与形式化语言。可以用自然语言来描述本体,也可以用框架、语义网络或逻辑语言来描述。虽然具体描述本体的方法很多,但目前使用最普遍的方法是 Ontolingua(http://www.ksl.stanford.edu/software/ontolingua/)、CycL(http://www.cyc.com/tech.html♯cycl)、Loom(http://www.isi.edu/isd/LOOM/LOOM-HOME.html)。普遍使用的方法详细描述如表 7.1 所示。

**表 7.1　本体描述语言**

| 名称 | 描述 | 特点 |
|---|---|---|
| Ontolingua | 一种基于 KIF(knowledge interchange format)的提供统一规范格式来构建本体的语言 | · 为构造和维护本体提供了统一的、计算机可读的方式<br>· 由其构造的本体可以方便地转换到各种知识表示和推理系统(Prolog、CORBA 的 IDL、CLIPS、Loom、Epikit、Algernon 和 KIF),从而将本体的维护与使用它的目标系统隔开<br>· 主要用于本体服务器 |
| CycL | Cyc 系统的描述语言,一种体系庞大而非常灵活的知识描述语言 | · 在一阶谓词演算的基础上扩充了等价推理、缺省推理等功能<br>· 具备一些二阶谓词演算的能力<br>· 其语言环境中配有功能很强的可进行推理的推理机 |
| Loom | Ontosaurus 的描述语言,一种基于一阶谓词逻辑的高级编程语言,属于描述逻辑体系。后来发展为 PowrLoom 语言〔采用前后链规则(backward and forward chainer)作为推理机制〕 | · 提供表达能力强、声明性的规范说明语言<br>· 提供强大的演绎推理能力<br>· 提供多种编程风格和知识库服务 |

### 3. 本体类型与已有本体

#### 1) 本体类型

某些学者将本体看作构造知识库的一种途径。根据本体不同的属性,对本体有不同分类方式(钱平等,2006)。

Gruber 根据详细程序和领域依据依赖度将本体分为 4 类:顶级本体、领域本体、任务本体和应用本体。顶级本体表示普通的概念,如空间、时间、内容、物体、事件、行为等,它不依赖于具体的问题和领域,在理论上是被大众公认的概念。领域本体表示普通领域(如医药、汽车等)中的概念及概念之间的关系。任务本体表示普通任务或行为(如诊断、销售等)中的概念及概念之间的关系。应用本体依赖于特定领域和任务的概念及概念之间的关系,这些概念常与特定活动的完成相关。本体之间的关系如图 7.1 所示。

根据领域应用的不同,领域又可分为表示本体(元本体,representation ontology 或 meta-ontology)、上层本体(通用本体或顶级本体,general or upper-ontology)、领域本体和应用本体。

除此之外,还有其他的分类方法。Mizoguchi 等按照本体的内容划分为领域

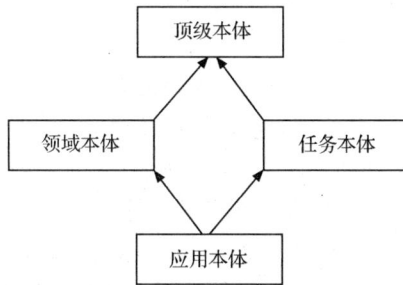

图 7.1　本体之间关系图

本体、通用本体和任务本体。Guarino 提出以描述的详细程度和对某领域的依赖
程度两个方面作为本体的划分基础。详细程度是指描述或刻画建模对象的深度。
详细程度高的称为参考本体,详细程度低的称为共享本体。依据对学科领域的依
赖度,将本体分为顶级本体、领域本体、任务本体和应用本体。如表 7.2 所示。

表 7.2　本体分类

| 维度 | 说明 | 分类级别 |
|---|---|---|
| 详细程度 | 描述或刻画建模对象的程度 | 高的称作参考本体<br>低的称作共享本体 |
| 领域依赖程度 | —— | 顶级本体描述的是最普遍的概念及概念之间的关系,如空间、时间、事件、行为等,与具体的应用无关,其他本体均为其特例<br>领域本体描述的是特定领域中概念和概念之间的关系<br>任务本体描述的是特定任务或行为中的概念及概念之间的关系<br>应用本体描述的是依赖于特定领域和任务的概念和概念之间的关系 |

在基于 Web 的智能信息检索中,本体通常作为领域模型,也可用作文档统一
注释的知识表示语言体系和标准。

2) 常用的本体

目前,广泛使用的本体有如下 5 个:WordNet(http://www.cogsci.princeton.
edu/~wn/)、Framenet(http://www.icsi.berkeley.edu/~framenet/)、GUM(http://
www.darmstadt.gmd.de/publish/komet/gen-um/newUM.html)、SENSUS(http://
www.isi.edu/natural-language/resources/sensus.html)、Mikrokmos(http://crl.
nmsu.edu/Research/Projects/mikro/)。WordNet 是基于心理语言规则的英文词
典,以 synsets(在特定的上下文环境中可互换的同义词的集合)为单位组织信息。

Framenet 为英文词典,采用称为 frame semantics 的描述框架,提供很强的语义分析能力,目前发展为 FramenetII。GUM 采用面向自然语言处理,支持多语种处理,包括基本概念及独立于各种具体语言的概念组织方式。SENSUS 面向自然语言处理,为机器翻译提供概念结构,包括 7 万多概念。Mikrokmos 面向自然语言处理,支持多语种处理,采用一种语言中间的中间语言 TMR 表示知识。

1999 年,Perez 和 Benjamins 在分析和研究了各种本体分类法的基础上,归纳出 10 种本体:知识表示本体、普通本体、顶级本体、元(核心)本体、领域本体、语言本体、任务本体、领域-任务本体、方法本体、应用本体,但它们之间有交叉,层次不够清晰。

# 7.2 本体的构建

### 1. 本体构建元语

Perez 等认为本体可以按分类法来组织(Perez et al. ,1999),他归纳出本体包含 5 个基本的建模元语,这些元语分别为类、关系、函数、公理和实例。通常,把类也称作概念。

概念(类)的含义很广泛,可以指任何事物,如工作描述、功能、行为、策略和推理过程等。关系代表了在领域中概念之间的交互作用,形式上定义为 $n$ 维笛卡儿乘积的子集:$R: C_1 \times C_2 \times \cdots \times C_n$。函数是一类特殊的关系,在这种关系中,前 $n-1$ 个元素可以唯一决定第 $n$ 个元素,形式化的定义如下:$F: C_1 \times C_2 \times \cdots \times C_{n-1} \rightarrow C_n$。公理代表永真断言。实例代表元素。

从语义上分析,实例表示的就是对象,而概念表示的则是对象的集合,关系对应于对象元组的集合。概念的定义一般采用框架结构,包括概念的名称,与其他概念之间关系的集合,以及用自然语言对该概念的描述。本体的关系主要有 4 种:part-of、kind-of、instance-of 和 attribute-of。part-of 表达概念之间部分与整体的关系;kind-of 表达概念之间的继承关系,类似于面向对象中父类和子类之间的关系;instance-of 表达概念的实例和概念之间的关系,类似于面向对象中对象和类之间的关系;attribute-of 表达某个概念是另外一个概念的属性。在实际应用中,不一定要严格地按照上述元语来构造本体。同时,概念之间的关系也不仅限于上面列出的 4 种基本关系,可以根据特定领域的具体情况定义相应的关系,以满足应用的需要。

### 2. 本体构建规则

出于对各个问题域和具体工程的考虑,构造本体的过程也是各不相同的。由于没有一个标准的本体构造方法,出于指导人们构造本体的目的,从实践出发,提出了不少有益于构造本体的标准,其中,最有影响的是 Gruber 于 1995 年提出的 5 条规则:明确性和客观性、完全性、一致性、最大单调可扩展性与最小承诺。明确性和客观性指本体应该用自然语言对所定义的术语给出明确、客观的语义定义;完全性指所给出的定义是完整的,完全能表达所描述的术语的含义;一致性指由术语得出的推论与术语本身的含义是相容的,不会产生矛盾;最大单调可扩展性指向本体中添加通用或专用的术语时,不需要修改已有的内容;最小承诺指对待建模对象给出尽可能少的约束。

目前,大家公认在构造特定领域本体的过程中需要领域专家的参与。

### 3. 本体构建方法

1) 方法列举

随着本体的出现及其在各领域中的应用,出现了多种本体构建方法,几个著名的本体工程及其建模过程中所涉及的方法主要包括骨架法、TOVE 本体及 G&FOX 方法、KACTUS 及 Bernaras 方法、CHEMICALS 本体、MHONTOLOGY 方法、SENSUS 本体及方法、IDEF5 方法与七步法(钱平等,2006)。

Uschold 的骨架法(Uschold,1996b)建立在企业本体基础之上,是相关商业企业间术语和定义的集合,该方法只提供开发本体的指导方针。

IDEF5 方法(陈禹六,1999)是美国 KBSI 公司开发的用于描述和获取企业本体的方法。目前,IDEF 已经从 IDEF0 发展到 IDEF9。IDEF 通过使用图表语言和细节说明语言将关于客观存在的概念、属性和关系形式化,作为本体的主要架构。

TOVE 本体及 G&FOX 方法(Uschold et al.,1996)被用于构造多伦多虚拟企业本体工程,它由多伦多大学企业集成实验室研制,使用一阶逻辑进行集成。TOVE 本体包括企业设计本体、工程本体、计划本体和服务本体。

七步法(http://babage.dia.fi.upm.es/ontoweb/wp1/OntoRoadMap/index.html)是由美国斯坦福大学医学院提出的,其七个步骤分别是:①确定本体的专业领域和范畴;②考察利用现有本体的可能性;③列出本体中的重要术语;④定义类和类的等级体系;⑤定义类属性;⑥定义属性的分布;⑦创建实例。

2) 方法比较

对上述本体构建方法进行比较,结果如表 7.3 所示。

3) 方法与 IEEE 软件开发生命周期标准的比较

将以上各种方法与 IEEE1074－1995 标准软件开发生命周期的标准进行对比,结果如表 7.4 所示。

**表 7.3 本体构建方法比较**

| 方法 | 生命周期 | 与 IEEE 标准的一致性 | 相关技术 | 本体的应用 | 方法的细节 |
|---|---|---|---|---|---|
| 骨架法 | 没有 | 不完全一致 | 不确定 | 1 个域 | 很少 |
| TOVE | 非真正生命周期 | 不完全一致 | 不确定 | 1 个域 | 少 |
| KACTUS | 没有 | 不完全一致 | 不确定 | 1 个域 | 很少 |
| MHONTOLOGY | 有 | 不完全一致 | 有,不全 | 多个域 | 详细 |
| SENTUS | 没有 | 不完全一致 | 不确定 | 多个域 | 一般 |
| IDEF5 | 没有 | 不完全一致 | 不确定 | 多个域 | 详细 |
| 七步法 | 非真正生命周期 | 不完全一致 | 有,不全 | 多个域 | 详细 |

**表 7.4 本体构建方法与 IEEE 标准的比较**

| 方法 | 工程管理阶段 | 开发前期 | 需求分析 | 设计 | 执行 | 开发后期 | 统一阶段 |
|---|---|---|---|---|---|---|---|
| 骨架法 | 没有 | 没有 | 有 | 没有 | 有 | 没有 | 没有训练、环境学习和配置管理 |
| TOVE | 没有 | 没有 | 有 | 有 | 有 | 没有 | 同上 |
| KACTUS | 没有 | 没有 | 有 | 有 | 有 | 没有 | 没有 |
| MHONTOLOGY | 没建立工程环境阶段 | 没有 | 有 | 有 | 有 | 没有安装、操作、支持、维护、训练阶段 | 没有训练、环境学习和配置管理 |
| SENTUS | 没有 | 没有 | 有 | 没有 | 有 | 没有 | 没有 |
| IDEF5 | 不全,没建立工程环境阶段 | 有 | 有 | 有 | 有 | 有 | 没有训练、环境学习和配置管理 |
| 七步法 | 不全,没建立工程环境阶段 | 有 | 有 | 有 | 有 | 不全 | 同上 |

## 4. 本体构建工具

本体的构建工具又称本体编辑工具,狭义地讲,是指用于本体构建、编辑、维护与开发的软件系统;广义地讲,是指用于本体-知识表示工程、本体库的开发乃至语义网基础构建的软件体系的总称。

目前,已有的本体构建工具已超过 60 余种,但严格来说,并不是所有的工具都适用于本体的构建,较为成熟、知名度较高、较为常用的工具不超过 10 种,常用的为以下 5 种:Ontolingua、OntoSaurus、WebOnto、Protégé、OntoEdit(http://

babage. dia. fi. upm. es/ontoweb/wp1/OntoRoadMap/index. html)。

# 7.3　本体表示语言

本体的表示方式多种多样,可以用自然语言、框架和逻辑语言等来描述本体。自然语言是一种非形式化的表示方法,一般用于在构建初期或者文档中进行描述;框架表示法使用框架将概念、概念的属性、概念之间的关系清晰地表示出来;逻辑语言主要使用谓词逻辑语言对本体进行描述。

## 1. 描述逻辑

描述逻辑是基于对象的知识表示的形式化,它吸取了 KL-ONE 的主要思想,是一阶谓词逻辑的一个可判定子集。描述逻辑与一阶谓词逻辑不同的是:描述逻辑系统能提供可判定的推理服务。除了知识表示以外,描述逻辑还用在其他许多领域,被认为是以对象为中心的、表示语言的最为重要的归一形式。描述逻辑的重要特征是具有很强的表达能力和可判定性,它能保证推理算法总能停止,并返回正确的结果。在众多知识表示的形式化方法中,描述逻辑近十多年来受到人们的特别关注,主要原因在于:它有清晰的模型——理论机制,很适合通过概念分类学来表示应用领域,并提供了很好的推理服务。

由于描述逻辑在很多不同应用领域中都有较好的应用,这使得描述逻辑的结果变得越来越重要。实际上,描述逻辑在许多领域中被作为知识表示的工具,如信息系统、数据库、软件工程、网络智能访问和规划。对许多相应的应用领域,通常需要描述逻辑的整体能力。

描述逻辑最开始只是用来表示静态知识。为了考虑在时间上的变化,或者在一定动作下的变化,以及保持其语言的相对简单性,很自然地,我们需要通过相应的模态算子来扩展它,以保留其命题模态状态。众所周知,即使只是对简单的模态系统的综合,也可能会产生很复杂的系统。Schild、Schmiedel 等最初所构造的时序描述逻辑和认知逻辑要么是因为表达能力太强而导致不可判定性,要么是因为模态算子仅仅对公式或者概念是可用的,而导致表达能力太弱。Baader 和 Laux 则进行了折中,将描述逻辑 ALC 与多态 K 相结合,允许将模态算子使用到公式和概念上,并证明在扩展领域模型中的结果语言的满足性问题是可判定的。Wolter 等对具有模态算子的描述逻辑进行了深入系统的调查分析,并证明在恒定的领域假设下,多种认知和时序描述逻辑是可判定的,他将描述逻辑和命题动态逻辑 PDL 相结合,提出了动态描述逻辑。

为使动作和规划能在统一的框架下进行表示和推理,Artale 和 Franconi 提出了一个知识表示系统,用时间约束的方法将状态、动作和规划的表示统一起来,为了能使该表示方法进行有效的推理和具有明确的语义,又和描述逻辑结合起来,从而形成了一个很好的知识表示方法,其具有以下优点:①能用统一的方法表示状态、动作和规划,这一点与情景演算不同;②能进行高效的推理,该框架下的可满足性问题和包含检测问题等都是多项式时间;③有明确的语义;④能自动进行规划识别。

可满足性问题是描述逻辑推理中的核心问题,因为其他许多问题(如包含检测、一致性问题等)都可化为可满足性问题。为了能用计算机自动判断描述逻辑中可满足性问题,Schmidt-Schaub 和 Smolka 首先建立了基于描述逻辑的 Tableau 算法,该算法能在多项式时间内判断描述逻辑概念的可满足性问题。目前,Tableau 算法已用于各种描述逻辑中(如 ALCN、ALCQ 等),并且也可用于判断实例检测等问题。现在,主要研究各种描述逻辑中 Tableau 算法的扩展、复杂性及优化策略等。

为了能让描述逻辑处理模态词,Baader 将模态操作引入描述逻辑,证明了该描述逻辑公式的可满足性问题是可判定的。结合世界语义和可表达关系,引入时间依赖和信念等模态操作,提出了多维描述逻辑框架,该描述逻辑较好地刻画了多主体系统模型。目前,主要研究工作集中在建立合理的模态公理及多维描述逻辑。在描述逻辑中,第一个整合时间的方法是由 Schmiedel 提出的,他使用了两个时间运算符来扩展描述逻辑,提出了在时间段上受限的全称和存在量词。Schild 提出了一种简单的时序扩张,利用时态逻辑中在时间点"自从"和"直到"上的时序运算符来讨论描述逻辑。

### 2. 本体的形式化表示语言

目前,已经出现了多种本体形式化表示语言,如 RDF 和 RDF(S)、OIL、DAML、OWL(DAML＋OIL 不再单独列出,它被认为是一个过渡,直接介绍 OWL)、KIF、SHOE、XOL、OCML、Ontolingua、CycL、Loom。

本体语言使用用户可以为领域模型编写清晰的、形式化的概念描述,因此,它应该满足以下要求:①良好定义的语法;②良好定义的语义;③有效的推理支持;④充分的表达能力;⑤表达的方便性。

(1) Ontolingua。Ontolingua 是一种基于 KIF 的、提供统一规范格式来构建本体的语言,KIF 是一种用于不同计算机系统之间交换知识的一阶语言。Ontolingua 提供了对类、关系、函数、对象和公理进行定义的表示形式,它使用框架本体支持二阶关系的表示。由 Ontolingua 构造的本体可以很方便地转换到各种知识表示和推理系统,能很好地适应于不同系统及进行系统之间的移植。

(2) RDF(S)语言。RDF、RDF(S)(http://zh.transwiki.org/cn/rdfprimer.htm;http://www.w3.org/RDF/)称为资源描述框架(周竞涛等,2003),是

W3C 在 XML 的基础上推荐的一种标准,用于表示任意的资源信息。RDF 提出了一个简单的模型用来表示任意类型的数据,这个数据类型由节点和节点之间带有标记的连接弧所组成。节点用来表示 Web 上的资源,弧用来表示这些资源的属性。因此,这个数据模型可以方便地描述对象(或者资源)及它们之间的关系。RDF 的数据模型实质上是一种二元关系的表达,由于任何复杂的关系都可以分解为多个简单的二元关系,因此,RDF 的数据模型可以作为其他任何复杂关系模型的基础模型。W3C 推荐以 RDF 标准来解决 XML 的语义局限。

RDF 和 XML 是互为补充的。首先,RDF 希望以一种标准化、互操作的方式来规范 XML 的语义。XML 文档可以通过简单的方式实现对 RDF 的引用。其次,由于 RDF 是以一种建模的方式来描述数据语义的,这使得 RDF 可以不受具体语法表示的限制。但是,RDF 仍然需要一种合适的语法格式来实现其在 Web 上的应用。将 RDF 序列化为 XML 表示可以使其获得更好的应用可处理特性,并使得 RDF 数据可以像 XML 数据一样容易使用、传输和存储。XML 和 RDF 的结合不仅可以实现数据基于语义的描述,也充分发挥了 XML 与 RDF 的各自优点,便于 Web 数据的检索和相关知识的发现。

与 XML 中的标记类似,RDF 中的属性集也没有任何限制,也就是说,存在同义词现象和一词多义现象。RDF 的模型不具备解决这两个问题的能力,而 RDF(S)虽然可以为 RDF 资源的属性和类型提供词汇表,但基于 RDF 的数据语义描述仍然可能存在语义冲突。为了消解语义冲突,我们在描述数据语义时可以通过引用本体的相关技术,对语义描述结果作进一步的约束。幸运的是,RDF(S)在提供了简单的机器可理解语义模型的同时,为领域化的本体语言(OIL、OWL)提供了建模基础,并使得基于 RDF 的应用可以方便地与这些本体语言所生成的本体进行合并。RDF 的这一特性使得基于 RDF 的语义描述结果具备了可以和更多领域知识进行交互的能力,也使基于 XML 和 RDF 的 Web 数据描述具备了良好的生命力。

简单而言,一个 RDF 文件包含多个资源描述,而一个资源描述是由多个语句构成,一个语句是由资源、属性类型、属性值构成的三元体,表示资源具有的一个属性。资源描述中的语句可以对应于自然语言的语句,资源对应于自然语言中的主语,属性类型对应于谓语,属性值对应于宾语。由于自然语言的语句可以是被动句,因此,前面的简单对应仅仅是一个概念上的类比。

(3) OWL 语言。OWL(Grigoris;http://www.w3.org/)是 W3C 推荐的语义互联网中本体描述语言的标准,它是从欧美一些研究机构的一种结合性的描述语言 DAML+OIL 发展起来的,其中,DAML 来自美国的提案 DAML-ONT,OIL 来自欧洲的一种本体描述语言。在 W3C 提出的本体语言栈中,OWL 处于最上层,如图 7.2 所示。

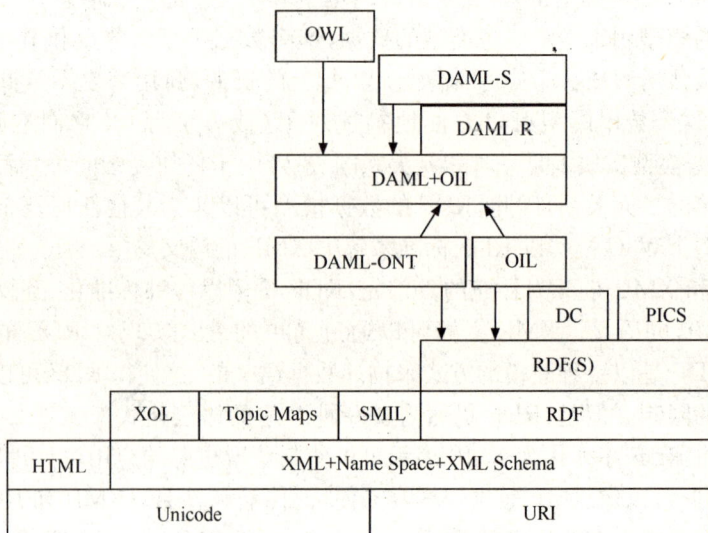

图 7.2　本体语言结构

针对不同的需求,OWL 有三个子语言,如表 7.5 所示。

表 7.5　OWL 的三个子语言

| 子语言 | 描述 | 例子 |
|---|---|---|
| OWL Lite | 用于提供给那些只需要一个分类层次和简单属性约束的用户 | 支持基数,只允许基数为 0 或 1 |
| OWL DL | 支持那些需要在推理系统上进行最大程度表达的用户,这里的推理系统能够保证计算完全性(computational completeness,即所有的结论都能够保证被计算出来)和可决定性(decidability,即所有的计算都在有限的时间内完成),它包括了 OWL 语言的所有约束,但可以被仅仅置于特定的约束下 | 当一个类可以是多个类的一个子类时,它被约束不能是另外一个类的实例 |
| OWL Full | 支持那些需要在没有计算保证的语法自由的 RDF 上进行最大程度表达的用户,它允许一个本体在预定义的(RDF、OWL)词汇表上增加词汇,从而任何推理软件均不能支持 OWL Full 的所有特征 | 一个类可以被同时表达为许多个体的一个集合及这个集合中的一个个体 |

这三种子语言之间的关系是:每个合法的 OWL Lite 都是一个合法的 OWL DL;每个合法的 OWL DL 都是一个合法的 OWL Full;每个有效的 OWL Lite 结论都是一个有效的 OWL DL 结论;每个有效的 OWL DL 结论都是一个有效的

OWL Full 结论。用户在选择使用哪种语言时主要考虑：①选择 OWL Lite 还是 OWL DL 主要取决于用户需要整个语言在多大程度上给出约束的可表达性；②选择 OWL DL 还是 OWL Full 主要取决于用户在多大程度上需要 RDF 的元模型机制（如定义类型的类型及为类型赋予属性）；③在使用 OWL Full 而不是 OWL DL 时，推理的支持不可预测，因为目前还没有完全的 OWL Full 的实现。这三种子语言与 RDF 的关系是：①OWL Full 可以看成是 RDF 的扩展；②OWL Lite 和 OWL Full 可以看成是一个约束化的 RDF 的扩展；③所有的 OWL 文档（Lite、DL、Full）都是一个 RDF 文档；④所有的 RDF 文档都是一个 OWL Full 文档；⑤只有一些 RDF 文档是一个合法的 OWL Lite 和 OWL DL 文档。

## 7.4　领域本体构建研究

自从 1991 年 Neches 和 Fikes 提出本体的概念以来（Neches et al.，1991），经过十几年的发展，本体的研究日趋成熟，尽管与本体相关的概念和术语的用法并不完全一致，但事实的使用约定已经出现。

本体作为领域知识规范的抽象和描述，表达、共享、重用知识的方法（Studer et al.，1998）适合表示抽象的描述。企业模型是人们对企业或者企业的某些模型的抽象描述，因此，在企业逻辑建模中，本体的使用可以帮助我们清楚地理解企业特定领域的相关元素、关系和概念，让知识表达更加准确便捷，帮助人们更好地进行企业决策（Jin，2001）。

在目前本体的研究中，理论研究居多，而实际应用研究则较少。目前，国外本体应用的项目主要有：①基因本体（GO）(http://www.geneontology.org)，主要提供描述有机体基因和基因产品属性的词汇；②商业过程管理本体（BPMO）(http://www.bpiresearch.com/Resources/RE_OSSOnt/re_ossont.htm)，提供了一个集成的信息模型，目的是将信息技术更好地商业化，将商业过程设计、项目管理、需求管理和企业绩效管理进行整合；③爱思唯尔公司的药品本体（DOPE）(Broekstra et al.，2004)，目的是调查在生命科学领域多信息源信息获取的可能性；④基于本体的环境决策支持系统（OntoWEDSS）(Ceccaroni et al.，2004)，在使用知识模型和其他本体的基础上，对如污水处理等环境问题提供决策支持帮助；⑤农业本体服务项目（AOS）(http://www.fao.org/agris/aos)，主要目的是提供一个工具帮助对世界上不同语言的农产品术语进行标准化处理。

国内，邓志鸿等（2002）对本体研究现状做了详细的综述，对领域本体的构造也进行了大量的研究工作。Chen 等（2003）提出了一种重用现有领域知识库知识构造新领域本体的方法，该方法充分利用了领域知识模型及领域本体相互之间存在的语义相关性，从语义匹配的角度探讨了构造新领域本体的可能性。Jin 等（2001）

提出了以企业本体和领域本体作为需求获取元模型的基于本体的需求获取方法。在理论研究的基础上，许多领域本体库被提出来，如银行领域本体库(Fan et al.，2004)、花卉本体库(李景，2005)等。

在实际应用中，本体模型的描述方式、形式化程度、建模目标等都各不相同，某个具体领域的知识本体不可能是唯一的，形式化方式手段也可以不同。目前，本体在供应链信息交换与信息共享技术中的主要应用有两方面：①统一各个行业的XML标准，扩大供应链的参与主体；②消除智能代理之间信息交换的语义差别问题，实现供应链中企业信息系统的集成。

当前，供应链已经把越来越多的企业联系到一起，链上企业的信息交换和信息共享变得更加重要。本体所提供的标准给信息系统之间信息交换提供了一种全新的统一解决方案，同时，本体能够实现上下游供应商在语义上的统一，这样，就为智能代理对信息的自动处理提供了坚实的基础。

尽管本体研究与应用取得了较大的发展，但其在农业信息资源组织领域的应用仍十分欠缺。国际上的研究与实践主要以 FAO 为主，包括 AGROVOC 叙词表、食品安全、渔业、食品营养与农业等。其中，自 2001 年起开展的 AOS 是目前最大规模的农业领域本体，该计划基于农业本体对网络农业信息资源进行统一描述，旨在提供语义准则，为模拟、服务和管理农业词汇提供一个环境丰富的现代框架，借助与网络搜索工具的结合，AOS 有望实现极大的便利资源检索(不仅提供查找的具体文件，还推荐与该主题有潜在关系的其他有关资源)。国内方面，FAO 粮农组织 GIL(图书馆及文献系统司)与中国农业科学院合作，开展把中国农业叙词表(CAT)映射入 AGROVOC 项目，目的是在不同语言层面建立联系，在包括领域和语言方面相互丰富词汇并改进其结构。由于增加了源术语的互操作性，因而能够应用数据检索功能，包括跨语言搜索和术语互用功能。由于农业领域的综合性与复杂性，上述研究还只能覆盖其中较少的部分。农业领域的众多子领域还没有展开各自领域的本体研究与应用工作。

# 7.5　本体自动获取相关理论

## 7.5.1　本体获取

诊断知识应用本体构建(杨柳，2006；杜文华，2005；程勇，2005；Lai et al.，2003；Shih-Hung et al.，2002；Velardi et al.，2001)是一项极其繁重和细致的系统工程。当前，已建立了一系列构建本体的工程方法，涌现了众多理论、技术、方法、表示语言和工具(孔敬，2006)，但这些工具多设计用于完全手工构建本体，这种本体开发方法在三个方面存在明显不足：一是领域专家和本体开发者之间需要进行频繁的交流和沟通,消耗大量的资源;二是本体开发效率低,开发周期长,开发进度无法估计;三是手工本体开发常常出现各种冲突,导致不一致性。

另外,现实应用也提出了对本体学习的需求,特别是随着 Web 技术的蓬勃发展和企业上网、数字图书馆等各项工程取得进展,以 Web 页面、XML 数据、文件、关系数据库、知识库、字典等电子文档形式存在的知识呈指数级增长,这给传统的本体开发方法带来了几个新的问题(杜文华,2005;程勇,2005)。

(1) 面临如此海量的知识源语料,使用手工方法进行详细分析显然是不可能的,因此,必须开发新的本体开发工具,提高源语料知识获取效率。

(2) 传统的本体开发工作流程必须改变以适应新的形势,充分结合计算机辅助本体开发工具和领域专家的优点,既要提高知识获取效率,也要改进获取本体的质量。

(3) 由于学科的交叉、向微观和宏观两个方向的发展,也增加了领域专家选择的难度,使用半自动化和自动化知识获取技术和工具可以降低本体开发的时间和成本。

(4) 基于语义的应用成功的前提是大量的术语本体化,这要求更加迅速和方便地建立本体。本体获取技术在基于本体方法的系统中占有重要的地位。语义 Web 上的本体学习对不同的 Web 数据源应用知识发现技术以支持本体的建造和维护任务。本体学习工具将成为语义 Web 应用的重要组成部分,如用于支持语义 Web 服务的知识标注的自动更新。当商业过程改变时,对应的本体需要相应的改变,依赖于本体的语义 Web 服务描述也需要相应改变。从对应的文档集合中进行本体学习将在这一过程中扮演重要角色。

因此,本体学习是本体工程中一个重要而必要的部分。

### 7.5.2　本体获取分类

本体获取可以根据获取方法、获取资源、获取目的等因素来分类。

按获取方法,本体获取可以分为人工、半自动学习、自动学习。人工获取是领域专家与本体工程师共同参与,工作繁重,但由于有专家参与,所构建的本体具有权威性;半自动学习是采用人工智能、机器学习算法作初步处理加工后,再由领域专家进行人工验证和确认,是目前研究的热点;自动学习是完全采用机器处理的方式来构建本体,采用无指导的聚类学习,学习效果尚不能令人满意,是研究的前沿。

按获取资源,本体知识可以从文本、字典、知识库、半结构化数据及关系模式等多种资源中通过学习获取(Missikoff et al.,2002;Guizzardi et al.,2002),这些资源按结构化程度又可分为结构化的资源(如关系模式)、半结构化的资源和非结构化的资源。其中,研究较多的是从非结构化文本中获取本体的技术。

按获取目的,本体知识获取可分为概念获取、概念关系获取。其中,概念关系获取又可进一步分为层次关系(种属关系、包含关系)、整体部分关系、类-实例关系、属性关系、属性值关系等。目前,研究最多的是层次关系的学习。

按获取的语言,本体知识可以分为英文本体学习和中文本体学习。

下面分别简述按以上分类的本体学习方法的特点与优缺点:

(1) 本体知识可以从文本、字典、知识库、半结构化数据及关系模式等多种资源中通过学习获取(方卫东等,2005;Guizzardi et al.,2002)。基于文本的本体学习目的是使用自然语言分析技术抽取特定领域文本中所包含的概念、个体,并发现它们之间的关系。由于文本是 Web 上最丰富的资源,基于文本的本体学习也因此成为最具挑战性和最有意义的学习方式。

(2) 基于文本的本体学习方法(方卫东等,2005)大体可以分为两类,即基于自然语言规则的方法(Aspirez et al.,1998)和基于统计分析的方法(王进,2006)。前者具有较好的精度,但对于概念间潜在关系的分析依赖复杂的语言处理模型;后者适合于大规模文本处理,但缺乏必要的语义逻辑基础。本书所提出的本体学习模型有机结合了上述两种方法。在本模型中,领域文本首先通过扩展的模式匹配规则进行粗分析以抽取本体主干,然后再根据概念相互共现的规律发现概念间的一般关系。学习过程从一组由人工选定的领域文本开始,然后根据已得到的本体按照李海颖(2004)所提出的方法对 Web 进行语义搜索以丰富领域文本。模型中,所使用的阈值和参数在学习过程中不断进行迭代优化以提高准确性和效率。

(3) 目前,英文的领域概念获取方法主要有三种:基于 WordNet、基于统计分析和基于规则匹配的方法。基于 WordNet 的方法是利用 WordNet 从文本中抽取出其中包含的词作为候选概念;基于统计分析的方法是指利用词的共现和关联分析来得到领域概念;基于规则匹配的方法则是通过对文本中的词进行词性分析,利用不同词性的词的组合规则来得到名词性词组,再利用过滤算法得到领域概念(张新等,2007)。

而对于中文而言,关于本体概念的获取方法非常少。在中文本体中,领域概念通常是多个词或词组构成的领域特有的短语,无法依靠通用的词典或现有的分词方法直接获得,同时,由于缺少类似于 WordNet 这种权威的电子词典或领域词典作为参考,以及中文短语组合的多样性问题,使得针对英文概念抽取的方法在中文中无法得到有效应用。因此,中文本体的概念获取成为一个难题。

### 7.5.3　本体自动获取技术

如何自动化地获取本体? 国外对于本体自动获取的研究并不成熟,Maedche 和 Staab 提出了一个本体获取的框架,包括本体导入、本体抽取、本体裁剪、本体精练和本体评估,并对如何从文本、字典和原有本体中获取新的本体进行了研究

(Maedche et al. ,2004)。Omelayenko 则对现有的本体获取方法进行了分析,他将本体划分为自然语言本体、领域本体和本体实例,认为本体获取的任务主要包括本体创建、本体模式提取、本体实例提取、本体合并和本体更新等,并结合机器学习讨论了自然语言本体、领域本体和本体实例的获取方式(Omelayenko,2001)。Cimiano 等(2004)则讨论了从文本中获取本体的层次或者关系的方式,对比了利用相似度度量聚类和集合理论聚类两种方式进行概念聚类的有效性、效率和可跟踪性。

近年来,国外研究人员已建立了多个本体自动构建的系统(刘柏嵩,2006;Quan et al. ,2004;Gomez-Perez et al. ,2003)。MO′K Workbench 工作台采用非监督机器学习方法从文本集中归纳出概念层次,该框架特别突出了聚类技术,并允许本体工程师很方便地试验不同的参数。OntoLT 是 Protégé 本体编辑器的本体学习插件,其目标在终端用户,并在很大程度上依赖于语言分析(Sabou 2004;Missikoff et al. ,2002),它基本上采用名词短语的内部结构,以便从文本中提取本体知识。由 Velardi 等(2005)提出的 OntoLearn 框架主要侧重于词义消歧(WSD),即根据通用本体或语料库找出某一词汇的正确含义,该研究特别提出了一种新算法 SSI,它依赖于通用本体的结构。这些研究的共同之处是:处理的源数据或多或少都是半结构化的,并且由领域专家提供种子词汇,由于它们针对非结构的源数据,且种子词汇的自动获取缺乏支持,所以,在分布式网络信息处理上尚未获得成功应用。很多方法仅侧重解决本体学习中的某一项关键任务。

国内对于本体自动获取的研究相对较少。Li 等(2003a)借鉴国外的经验,对利用奇异值和概念聚类进行汉语本体获取进行了初步讨论,但对于计算词频之前的准备工作和本体获取之后的评估并没有作详细讨论。

结合国内外的研究经验,作者认为从某一领域文本中提取本体主要包括三个阶段,即文本预处理、本体概念抽取和本体关系获取。在文本预处理中,将文本按照一定规则转化为词;在本体概念抽取中,从词中抽取出相关本体;在本体关系获取中,对本体的层次或者交叉关系进行提取。本节讨论了这三个步骤所涉及的算法,包括基于统计模式从文本中抽词、基于奇异值分解从"词-文档矩阵"中提取本体、基于语义相似度对本体进行聚类等。而对于本体自动获取的效果评估,本节提出了利用计算手工和自动两种方式获取的本体相似度(包括词和语义相似度)来衡量的思路。

## 7.6  本 体 学 习

本体学习(孔敬,2006;Buitelaar et al. ,2005;Gomez-Perez et al. ,2003;Maedche,2002;Omelayenko,2001)是从各种数据资源中自动或半自动获取本体的方法和技术。Gomez-Perez 等(2003)描述了本体学习的定义:"本体学习是半自动构建本体的一系列方法和技术,它通过利用各种数据源以半自动方式新建或扩充改编已有本体,由此构建一个新本体。"根据输入资源类型的不同,本体学习分为基于文本、基于字典、基于知识库及基于结构化数据的本体学习等(梁健等,2007)。

### 7.6.1　本体学习系统

本体学习的相关概念有本体生成、本体挖掘和本体抽取等,其研究兴起于 20 世纪末、21 世纪初,以自然语言处理、机器学习等为基本理论方法,已初步形成体系框架结构。目前,已有多个本体学习系统被开发出来,如 TextToOnto(Maedche et al.,2004)、OntoLearn(Velardi et al.,2001)、ASIUM System(Nedellec,2000;Faure et al.,1998)、Mo'K Workbench(Bisson et al.,2000)、OntoLT(Buitelaar et al.,2004a,2004b,2003)、Adaptiva(Brewster et al.,2002)、SOAT(Shih-Hung et al.,2002)和 DOGMA(Reinberger et al.,2004)等。从这些系统的开发者来看,本体学习的相关研究在欧洲地区开展得较为广泛。本体学习的概念也最先在欧洲提出,近年来才逐渐被其他国家接受,在世界范围内推广研究。ASIUM System、Mo'K Workbench 等早期开发的工具系统大多功能不完全,通常侧重于对本体学习过程中某一环节进行方法探索与系统实现。例如,美国得克萨斯州大学研制的 WOLFIE(Thompson et al.,1997)针对已预处理的无歧义句子进行语义词典的生成;英国爱丁堡大学 Mikheev 和 Finch(1997)开发的一个 Workbench 系统包括了一系列从自然语言文本中发掘内在结构的计算工具;日本静冈大学开发的 DODDLE(Yamaguchi,1999)对已知领域概念进行层次关系抽取,但没有对概念和其他类型的语义关系进行抽取。

在当前开发的本体学习系统中,最典型的是 TextToOnto 和 OntoLearn,分别由德国卡尔斯鲁厄大学 AIFB 研究所和意大利罗马大学 Navigli 等开发。其中,又以 AIFB 研究所的本体学习研究最为深入,成果最多,影响最大,他们在 2000 年开发了最初的 TextToOnto 本体学习系统,并不断进行改进,实现了多种本体学习算法,可基于各种类型数据源进行概念术语抽取、实例抽取和概念关系学习,对本体进行裁剪、分类构建、扩展和比较等。2005 年,他们又对 TextToOnto 进行了重新设计开发,命名为 Text2Onto(Cimiano et al.,2005)。新建系统一方面将本体形式化表示,从单一的 RDF(S)增进为 RDF(S)、OWL、F-logic 等多种常用的本体表示语言;另一方面,采用数据驱动的数据变化发现方法仅处理变化的数据集,重新进行本体学习,避免了对整个语料集从头进行处理。该系统最新版可抽取的概念关系包括概念层次(类与子类)关系、部分与整体关系、同义关系、概念实例,是所有本体学习系统中抽取概念关系类型最多的系统。

还有一些研究项目,虽然没有构造单独的本体学习系统,但开展了本体学习面向各专业知识系统和信息检索系统的应用研究,将本体学习的理论、方法引入到专业知识系统。例如,新加坡的 Lee 等(2003)面向医学领域应用本体学习方法自动识别医学本体的概念语义关系,用于构建医学数字图书馆知识门户。阿根廷的Godoy 和 Amandi(2006)描述了名为 WebDCC 的文档聚类方法,在用户建模中应用本体学习方法从 Web 上半自动抽取语义来构建本体,用以表示用户模型。

国内的本体学习研究处于起步阶段,已构建的本体学习工具系统有中国科学院计算技术研究所程勇(2005)开发的本体学习工具 OntoSphere,其包括语料分析、本体学习、本体编辑和本体映射功能,该工具是知识管理系统 KMSphere 原型系统中的核心组件;浙江大学刘柏嵩等(2005)基于 TextToOnto 本体学习工具包完成实验系统 WebOntLearn,并在知识网格构建中进行了应用研究;中国台湾中央研究院资讯科学研究所吴世弘等开发的称为 SOAT 的本体学习工具系统。

当前,本体学习研究的重点在于概念术语和概念关系的自动抽取,特别是概念关系的抽取算法。根据目前本体学习系统的评估报告,概念术语抽取的准确率在80%～90%,概念关系抽取的准确率则根据抽取关系的类型不同而不同,结果分别为 20%、30%到 70%、80%不等。可见,本体学习的结果只是一个草稿本体,需要经过领域专家确认后才能作为最终的正确本体使用。因此,本体学习工具系统通常被集成到一个典型的本体工程工作平台(也称本体构建工具系统)中,利用本体学习获得草稿本体来协助知识工程师构建本体。例如,TextToOnto 被集成到本体构建工具系统 OntoEdit 和语义网套件工具 KAON 中,OntoLT 作为本体构建系统 Protégé 的一个插件开发。

### 7.6.2　本体学习基本原理与架构

1. 本体学习分类

依据不同的分类标准,可将本体学习区分为不同的类型。基于前人的研究(Omelayenko,2001),本书总结了三种不同分类方法。

2. 按是否有初始本体进行分类

根据 Gomez-Perez 等对本体学习的定义,本体学习可以是从头开始自动或半自动构建一个新本体,也可以是对已存在的本体进行自动或半自动的扩充改编,由此可将本体学习分为基于原始语料的本体学习和基于已有本体的本体学习。

(1) 基于原始语料的本体学习。也就是从头开始构建一个新本体。系统中没有任何本体存在,计算机直接从大规模的语料中学习获取知识概念及其关系,进行自我组织、自动构建知识概念体系结构,主要方法有统计方法、自然语言处理方法、机器学习、概念聚类等。

（2）基于已有本体的本体学习。系统中已构建有本体，或通过获取外部本体，对这些本体进行集成、抽取、裁剪等，从而新建一个本体，或对已有本体进行更新维护。例如，利用 WordNet 通用本体来进行领域本体的扩展，或在多个领域本体间进行映射和合并。相关研究有本体集成、本体合并、本体扩展、本体映射、本体精练等。从多本体或大型本体中抽取子本体的方法已受到研究者的关注。例如，澳大利亚的 Wouters 等（2004）在他们开发的 MOVE 系统中提出了从一个大型本体库中抽取子本体的分布式框架和方法；国内东南大学 Kang 等（2004）提出了一个根据用户需求从多个本体抽取子本体的框架。

3. **按本体学习的数据源类型进行分类**

Maedche 和 Staab 等将本体学习按学习数据源分为基于文本的本体学习、基于词典的本体学习、基于知识库的本体学习、基于半结构化数据模式的本体学习和基于关系数据模式的本体学习。

（1）基于文本的本体学习。这是本体学习的主要方法和基本方法，也是本体学习的研究重点，包括基于模式抽取、关联规则、概念聚类、本体修剪和概念学习等方法。本书将在第四部分对基于文本的本体学习算法做进一步阐述。

（2）基于词典的本体学习。指从机读词典中抽取相关的概念与关系。SEISD（Rigau et al.，1998）和 DODDLE（Yamaguchi，1999）是两个采用基于词典的本体学习工具系统的实例。此外，Jannink 等（1999）提出了从 Webster's 联机词典中抽取词间的上下位层次关系的算法，将词典数据转换为图结构以支持领域本体的生成。

（3）基于知识库的本体学习。指从已有知识库抽取转换构建本体，这类方法也可视为已有本体重用的方法。例如，Suryanto 等（2001）探索了从 RDR 知识库规则中自动学习发现本体的本体学习方法。

（4）基于半结构化数据模式的本体学习。指根据预先定义好结构模式的数据源文档（如 XML Schemas、DTD、RDF（S）等）进行本体学习，相关研究有 Delteil 等（2001）从 RDF 标注中进行本体学习；Doan 等（2000）运用机器学习方法半自动学习数据源模式与中间模式间的映射；Papatheodorou 等（2002）运用数据挖掘方法从以 XML 或 RDF 描述的领域数据仓库中构建领域本体的分类关系；Volz 等开发了 OntoLiFT 用以捕获 XML 模式的语义，并将之转换为本体的概念和角色所对应的标记，该工具已加入到 KAON 工作平台；Modica 等（2001）开发的 OntoBuilder 工具提供了帮助用户从 XML 和 HTML 标记的半结构化数据源中生成本体的功能。

（5）基于关系数据模式的本体学习。指从数据源的关系模式中进行本体学习。例如，Johannesson（1994）提出了将关系模式转换为概念模式的相关方法；

Kashyap(1999)提出了基于领域数据库的关系模式设计本体的方法；Rubin 等 (2002)从遗传病理学关系数据库中自动获取数据加入到本体中；Raphael 等在 WonderWeb 项目中开发了从 XML 模式或关系数据库模式资源中抽取轻量级本体的功能。

**4. 按本体的不同层次类型进行分类**

Omelayenko(2001)认为未来语义网中的本体主要由三部分构成：自然语言本体、领域本体和本体实例，由此将本体学习分为自然语言本体学习、领域本体学习和本体实例学习。

（1）自然语言本体学习。自然语言本体表示语言概念间的词汇及其关系，它试图包含所有可能的概念，但不提供这些概念的详细描述，也称"水平本体"，类同于通用本体，如 WordNet。自然语言本体学习主要采用离线的无监督机器学习方法，如概念聚类等。

（2）领域本体学习。领域本体表示某一特定领域的知识概念及其关系，它有众多的特定模式属性和关系，结构复杂，这类本体提供某一领域概念在该领域限制下的详细说明，也称"垂直本体"，如医学本体。领域本体学习主要采用在线或离线的有监督机器学习方法，如命题规则学习等。

（3）本体实例学习。本体实例代表某一领域知识概念的那些主要篇章，正如当前 Web 网上充满了众多的 HTML 文档，未来语义网上将充满众多的不同领域本体的实例。在这种环境中，本体实例学习的任务就是采用信息抽取技术和标注规则对语义网上不断产生的网页使用某一领域本体的概念进行自动标记。因此，本体实例学习主要采用信息抽取的方法，如 HMM 及其他多种机器学习方法。

**5. 本体学习的工程周期**

Maedche 等在他们描述的本体学习环境中提出了本体学习的工程周期，认为本体学习将服务于本体工程周期的各个阶段，包括导入与重用、抽取、修剪、精练和应用评估等 5 个阶段。如图 7.3 所示。

（1）导入与重用阶段。即导入和重用已存在的本体，合并其已有结构，定义这些结构间的映射规则，如导入与重用通用本体 Cyc 的结构来构建某一专业领域的本体。首先选择有关的本体并定义导入策略，然后合并导入概念结构作为其他阶段的基础。

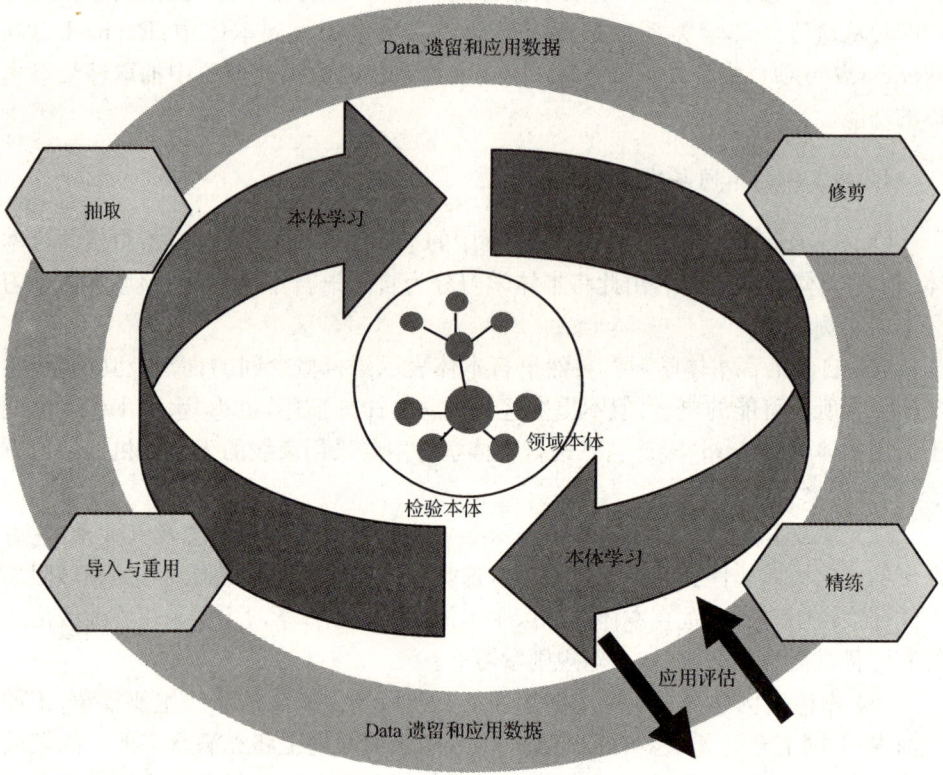

图 7.3　本体学习工程周期

(2) 抽取阶段。利用导入的本体从文本、词典、数据模式等不同数据源中抽取出新的概念术语及其关系。在这个阶段,本体学习技术依赖于给定的本体部分,所以,当本体被修订过一次后,又会产生新的抽取结果,这是一个反复增长的模型。

(3) 修剪阶段。利用给定的领域移除前两个阶段生成的与该领域不相关的概念和关系,仅保留与该领域紧密相关的概念和关系,以产生一个一致连贯的本体。

(4) 精练阶段。与抽取具有类似的功能。原则上,同样的算法既可以用于抽取,也可以用于精练。抽取主要用于整个本体(或至少是本体中非常有意义的部分)的建模,而精练是对目标本体的精细调整。

(5) 应用评估阶段。将通过本体学习得到的本体在一个应用系统中使用以评估确认该本体的有效性。通过概念及其关系抽取的精确度和召回率等指标对本体学习方法进行评估。

本体学习方法通过以上 5 个阶段的循环,不断从文本、词典、数据模式和其他本体中进行本体学习,更新、精练、维护和新建本体。

### 7.6.3　本体学习系统结构

本体学习按照其工作流程可分为以下五大环节:数据源预处理、概念抽取、概念关系抽取、形式化表示和应用评估,由此构成本体学习系统框架结构的五大功能模块(如图 7.4 所示)。

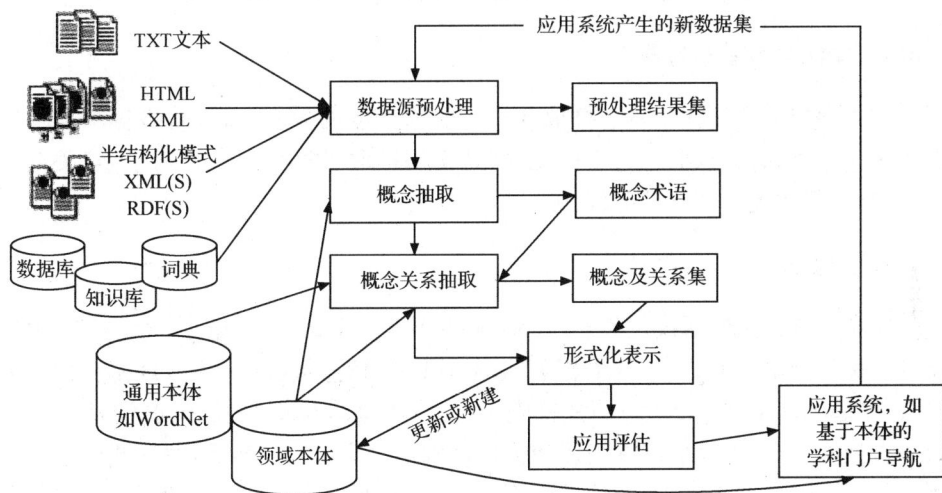

图 7.4　本体学习系统通用体系结构

(1) 数据源预处理。数据源预处理是指针对 Web 网页、纯文本、词典、知识库、结构化半结构化模式或关系数据库等多种类型的数据来源进行数据清洗、模式转换、分词、特征化标注、词性标注等预处理。不同类型的数据源有不同的预处理过程和方法。例如,网页文档需要从 Web 文档中自动去除广告链接和图片,去除格式标记自动识别段落或者字段,并将数据组织成规整的逻辑形式甚至是关系表提取主题句,然后对主题句进行词性标注。词典、知识库、半结构化模式或关系模式需要进行模式抽取转换,提取相关主题句对其进行分词和词性标注等。

(2) 概念抽取。概念抽取分三个阶段:抽取概念候选词、识别领域术语、抽取概念定义。首先从经过预处理后的文本中抽取候选词,然后用停用词表和过滤规则库等过滤非概念用词。西文需要进行提取词干,然后选取适当的概念术语识别算法进一步确定领域术语概念,最后搜索和发现概念定义。概念候选词的抽取算法、领域术语识别算法及概念定义获取算法将在后面介绍。

(3) 概念关系抽取。根据 Gruber 的框架本体结构,其组成有概念、概念继承、概念实例化、属性关系、领域与作用域限制、部分与整体关系、同义关系。概念关系抽取功能模块的任务就是抽取以上各种概念关系。目前,常用的概念关系获取算法与方法将在第四部分进一步介绍。

（4）形式化表示。对学习所获得的本体，即概念及其关系集进行形式化表示，可采用 RDF(S)、OWL、F-logic 和 DL 等多种本体表示语言来表示结果本体。

（5）应用评估。将本体学习所获得的本体植入到一个实际应用系统，如基于本体的学科知识门户系统、文本自动标注系统等，对本体进行定量或定性评估。评估指标通常沿用信息检索中的评价指标，即精确率、召回率和 F 因子等。

### 7.6.4　本体学习基本方法

本体学习的关键在于概念抽取和概念关系抽取的方法。目前，本体学习的抽取算法包括概念抽取、概念定义抽取、概念实例抽取、概念层次（类与子类）关系抽取、部分与整体关系抽取、同义关系抽取等算法。

1. 概念抽取

概念抽取方法包括浅层解析技术（shallow parsing technique）、互信息（MI）、词频逆文献频率（TFIDF）、术语相关频率（RTF）、信息熵（entropy H）和 C 值/NC 值方法（Frantzi et al. ,2000）等。首先，从文本中抽取出概念候选词，通常采用浅层解析技术、互信息或依据词表机械抽词得到概念候选词。然后，对这些候选词使用 TFIDF、RTF、信息熵或 C 值/NC 值等指标来确定主题或术语概念。目前，大部分本体学习系统都是基于浅层解析技术并结合统计规则方法来抽取概念。例如，TextToOnto、OntoLearn、DOGMA（Reinberger et al. ,2003）及刘柏嵩（2006）的本体学习系统中，均采用了浅层解析技术从文本中获取候选词语。浅层解析技术是在已进行词性标记的文本中探测句子中词语边界、发现词语间语法关系（如主谓、动宾关系）的技术。

2. 概念定义抽取

概念定义的获取，除直接从术语词典或知识库中检索外，通常采用模式匹配方法。Velardi 等（2005）在 OntoLearn 评估报告中描述了这两种概念定义获取方法，一方面通过在线术语表，另一方面通过模式匹配规则和句法解析器从文档中抽取概念术语定义，并定义了过滤规则剪除无关概念术语定义或非术语定义。国内也有相关研究，如许勇等（2004）、张榕（2006）人工归纳了用扩展 BNF 形式表示术语定义的模式，以及非术语定义的排除模式，并用这些模式从来自互联网的语料中获取术语的定义。

3. 概念实例抽取

概念实例关系抽取在 Text2Onto 中采用了相似性计算的方法。首先，从文本集中分别抽取实例和概念的关键词矢量空间表示,然后用 Lee(1999)提出的偏态差异(skew divergence)相似度指标计算实例和概念的矢量相似度,将实例指定到与其矢量相似度最高的概念中作为其实例。实验结果,F 因子为 32.6%。

4. 概念层次关系抽取

概念间层次关系的抽取根据不同的数据源有不同的方法,最简单的方法就是利用概念间词串的包含关系确定其上下位关系(Missikoff et al.,2002)。例如,传染性疾病、病毒引起的疾病、细菌引起的疾病、真菌引起的疾病、藻类引起的疾病,可根据词间的字串包含关系得到如图 7.5 所示的层次关系,但这种方法只能得到少部分的层次关系。如上例中,真菌引起的疾病与水霉病之间的上下位关系就不能得出。因此,更多的层次关系需要借助通用本体(如 WordNet)中的语义关系,采用模式匹配方法来扩展获取,如 Hearst 模式(Missikoff et al.,2002;Hearst,1992)。此外,OntoLearn 系统中应用语言学启发式方法来获取概念间的层次关系,通过解析概念术语定义的句法词性规则抽取 kind-of 关系。Mo'K Workbench 采用无监督机器学习方法从文本中获得概念层次。形式概念分析法学习概念层次(Cimiano et al.,2005)是一种基于语义的概念学习方法,是比前面几种方法更深层次的概念学习方法。

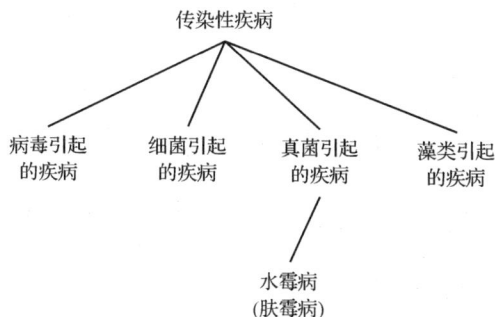

图 7.5　概念层次关系简单抽取示意图

5. 部分与整体关系抽取

概念间部分与整体关系的获取主要采用模式匹配方法。Berland 和 Charniak (1999)描述了在大量语料中发现部分与整体关系的模式。Cimiano 在 Text2Onto 系统中开发的 JAPE 模式引用了这一模式,通过计算部分与整体关系的模式共现率指示概念术语之间部分与整体关系的概率;也可借助通用本体(如 WordNet)中的语义关系推理概念术语间的部分与整体关系。

**6. 同义关系抽取**

概念间的同义关系,一方面可利用通用本体或其他义类辞典来推理获取,另一方面,可假设同义概念在文本中具有相同的上下文句法结构。因此,可使用浅层解析器等抽取方法比较概念在上下文中的特征,然后计算两者的相似性以指示两者同义关系的概率,此方法已在 Text2Onto 中运用。

综上所述,目前本体学习算法主要应用了自然语言处理的浅层解析技术、模式匹配及计算语言学统计方法和机器学习方法。

## 7.7　本 章 小 结

本章介绍了本体论的基本理论,包括本体的概念与内涵、本体的构建、本体表示语言,以及领域本体的构建。另外,本章还介绍了本体自动获取的相关理论、本体学习方法。

# 第 8 章 知 识 获 取

## 8.1 知识获取方法

知识获取是将人类专家的知识转换为专家系统知识库中的知识,通常有三种方法:手动获取知识、半自动获取知识和自动获取知识。手动获取知识是知识工程师与领域专家合作,对领域知识和专家经验进行挖掘、收集、分析、归纳和整理,按专家系统的要求把知识输入到知识库里。半自动获取知识是利用某种专门的知识获取系统(如知识编辑软件),采取提示、指导或问答的方式,帮助领域专家提取、归纳有关知识,并自动记入知识库。自动获取知识可以分为两种:一是利用专家系统本身具有的自学习功能获取知识;二是利用专门的机器学习系统获取知识(Jin,2001)。

目前,主要的知识获取研究项目有 Mindnet 与 AKT。Mindnet 是由微软自然语言处理研究小组负责的研究项目(Broekstra et al.,2004),它的研究目标是从词典、百科全书和自由文本中自动提取和组织语义关系信息,采用的主要方法包括广域分析、语义关系的倒置、加权路径、相似性度量和推理、词义消歧。AKT 是由英国工程与自然科学研究委员会(Engineering and Physical Sciences Research Council,EPSRC)从 2000 年 10 月开始资助的历时 6 年的知识技术研究项目(Ceccaroni et al.,2004),其研究目的是为知识工程和知识管理中的 6 个挑战提供新的技术和方法,这 6 个挑战对应于知识生命周期中的 6 个问题:知识获取、知识建模、知识重用、知识检索、知识发布和知识维护。AKT 开发了一个名为 Artequakt 的知识获取系统。

近年来,有不少学者认为 90%以上的知识可以从文本中获取。文本知识获取(knowledge acquisition from text,KAT)是指将自然语言描述的文本知识变为计算机可理解的形式。目前,根据知识获取的文献资料,从文本中获取知识的方法主要有两大类:一类是由计算机自动获取,另一类采用人机交互的半自动方法获取知识(Fan et al.,2004;Chen et al.,2003;Aspirez et al.,1998)。由于文本都是以自然语言进行组织的,而自然语言的随意性和上下文相关的特点使得全自动获取知识在缺乏背景知识的情况下几乎不可能实现。鉴于此,大部分应用采用的是半自动的知识获取方法。

# 8.2　知识搜索推理方法

　　传统的信息检索方法是使用一组具有代表性的关键词(索引术语)来描述数据库中的每一篇文档。术语是文档中的一些简单单词,通过它们可以与数据库中的文档相联系,使用术语来索引文档内容,主要的信息检索模型有布尔模型、向量模型、概率模型等。由于自然语言文本中的词汇(术语)具有一词多义和一义多词的特点,这种传统的直接基于关键词的信息检索技术已不能满足用户在语义上和知识上的需求,寻找新的方法也就成为目前研究的热点。

　　采用语义检索或者对语义标注内容的检索可以使计算机更好地从语义的层面理解人类的知识,满足人们对知识获取的需求。

　　在传统的关键词检索技术的基础上实现语义检索的最直接方式是在检索过程中的特定步骤中引入词典本体,目前,最常用的是 WordNet 词典本体。将关键词放入本体,其他概念通过图的转移的形式进行定位,和这些概念相关的术语用来约束或者扩大检索范围。在 Moldovan 等(2000)和 Buscaldi 等的工作中,通过利用目前的搜索引擎中的 OR 布尔运算将术语扩展到了一词多义或者一义多词的情况。Kruse 等通过选择 WordNet 本体中一个单词的特殊含义,利用布尔运算将其含义加到检索的关键词上进行检索。这种方式中,Guha 等的方法将关键词的检索不仅仅局限在文本数据库中,还与 RDF 仓库中的概念标签进行匹配。

　　Rocha 等提出了一个算法,从检索起始点开始进行相关内容的检索,这个起始点是通过原始的文本检索得到的,即首先用传统的检索方法进行检索,然后从这些文档的标注处进行 RDF 图的转移来查找相关的概念。

　　在 Airio 等的 CIRI 检索系统中,提出通过本体浏览器的方式进行检索,通过在本体浏览器中选择概念来满足检索的约束,实际的检索过程是通过关键词标注这些概念(包括子概念)进行的,其过程仍然采用传统的文本检索和布尔运算。

　　尽管目前很多检索工作是通过将语义标注信息直接加到进行检索的数据上来提高检索的准确度,人们发现,仍然需要将信息进行明确的语义表示,因为很多检索都是从概念、实例及其之间的关系开始的。

　　语义网上的信息一般分为两类:本体和实例数据。用户关心的往往是属于某一类的个体数据。在 SHOE 系统中,用户首先给定本体中类的可视化表示,然后选择要找的类的实例,然后,和这个类相关的结果可以进一步被找到。同时,通过应用关键词过滤,可以对类的实例添加约束。在 SEAL 工具中也采用了类似的方式,这种方式类似于 Internet 上采用目录分类方法的单面搜索方式。

另一类功能更强的搜索是多面搜索,在这种方式中,对数据进行多个独立的观察,这些观察是通过本体投影创建的,OntoViews 和 SWED 都采用了这种方式。OntoViews 的许多版本中使用了自动完成语义的语义入口创建工具,这种方式将传统的关键词搜索作为本体导航的前奏。

许多复杂的检索可以通过一组有特定关系的目标的组合来表示,困难是用户很难进行形式化的表示。在 Athanasis 等(2004)提出的 GRQL 系统中,通过采用图方式的用户界面来创建查询模式,这种方式也是基于本体进行导航的。Catarci 等提出了另一种图方式的查询界面,使用者先给定一些预先定义好的域模式,从中选择查询的起始点。在 Zhang 等的工作中,提出了允许将关键词搜索中的术语作为本体中的类来对待的方法,类的实例具有模糊的值,运用模糊逻辑来计算相关性,将此检索问题作为模糊逻辑问题来处理。

通过对目前这些语义检索方法的分析,我们发现其中主要包含 5 类方法:①RDF 路径浏览方式;②关键词和概念间的映射;③图模式;④逻辑方法;⑤模糊概念、模糊关系和模糊逻辑。在实际应用中,这些方式可能组合出现以满足实际基于语义检索的需求。

另外,以 Dumais 为首的研究小组提出了一种称为"隐性语义索引"(LSI)的方法,试图绕过自然语言理解,用统计的方法来实现语义的检索。LSI 可以把虽然不含查询字串但却相关的文档提取出来,经过转换后,相关的词汇会经由文件所包含的内容而产生关联,这种方法和"概念检索"有相同之处。

通过上面的分析,我们发现本体具有良好的概念层次结构和对逻辑推理的支持,因而在信息检索,特别是在基于知识的检索中得到了广泛应用。对于用户检索界面获取的查询请求,查询转换器按照本体把查询请求转换成规定的格式,在本体的帮助下,从元数据库中匹配出符合条件的数据集合。目前,本体应用在信息检索中的著名项目包括(Onto)2Agent、Onto-broker(http://Pontobroker. aifb. Vni-karlsruhe. de)和 SKC(http://www-db. stanford. edu/skc),这三个项目也分别代表了三个方向。(Onto)2Agent 的目的是为了帮助用户检索到所需要的 WWW 上已有的本体,主要采用了参照本体。参照本体是以 WWW 上已有的本体为对象建立起来的本体,它保存有各类本体的元数据。Onto-broker 面向的是 WWW 上的网页资源,目的是为用户检索到所需要的网页,这些网页含有用户所关心的内容。SKC 是一个正在进行的项目,其目标是解决信息系统语义异构的问题,实现异构的自治系统之间的互操作,该项目希望通过在本体上建立一个代数系统,用这个代数系统来实现各本体之间的互操作,从而实现异构系统之间的互操作。

# 8.3　本　章　小　结

知识获取是将人类专家的知识转换为专家系统知识库中的知识。本章介绍了知识获取的主要方法及进行搜索推理的基本概念和主要方法。

# 第三部分　基于本体论的蔬菜供应链知识获取系统

# 第9章 蔬菜供应链

## 9.1 蔬菜供应链发展现状

我国是农业大国,也是蔬菜生产大国,蔬菜产业在我国农业中占有重要的地位。随着市场经济的发展和国家农业产业结构的调整,在过去10年间,我国的蔬菜产量以每年大约9.3%的速度增加。截止到2003年,我国的蔬菜种植面积已达到1790万公顷,蔬菜总产量(新鲜的和经过加工的)达到5.4亿吨,占世界蔬菜总产量的比重由1990年的30%增加到2003年的接近50%。我国已成为世界上最大的蔬菜生产国,其中,新鲜蔬菜产量占世界总量产量的比重由1990年的44%增加到了2003年的接近56%。蔬菜生产已经成为增加我国农民收入的一个很重要的渠道,根据2002年的统计,大约接近16%的农民平均收入所得来自于蔬菜产业,大约有7800万的农村劳动力从事蔬菜生产,8000多万劳动力从事蔬菜加工和市场供给(如图9.1所示)。

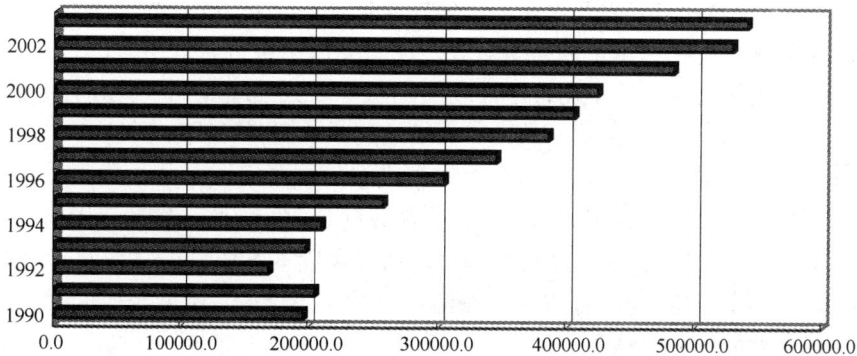

图 9.1  1990 年到 2003 年我国蔬菜产量变化(单位:百万公斤)

与此同时,随着全球自由贸易的发展和我国加入WTO后国际贸易环境的改善,我国的蔬菜出口量逐年增加,这给我国蔬菜产业的发展带来了良好的契机。从2000年到2005年,我国蔬菜出口量从315万吨提高到680万吨,平均年增长率超过18%。在占世界蔬菜出口总额约47%的新鲜蔬菜中,我国企业出口额比重从1995年的8.34%提高到2004年的8.81%(FAO)。

但和发达国家相比,我国蔬菜产业的发展存在着管理落后、信息化水平低、生产流通过程效率低下、流通成本高、产品安全受到质疑等问题,这些问题严重影响了我国蔬菜产业在国际市场上的竞争力。

市场环境的变化和人们对蔬菜产业期望的不断提高,使得传统的蔬菜生产和供应模式已经很难满足日益激烈的竞争要求。竞争的压力迫使蔬菜生产和加工企业改变模式,以提高竞争力,供应链管理(supply chain management,SCM)模式应运而生。供应链管理已经成为增强组织生产力和效率、提高企业竞争力的主要组成部分。国际知名企业,如通用汽车、沃尔玛、松下公司等都在优化供应链管理中受益,国内著名企业海尔、TCL 等也都开始尝试运用供应链管理来提升竞争力。将供应链管理引入我国的农业与蔬菜产业成为提高我国农产品竞争力的当务之急。

供应链管理对产业核心竞争力的提升主要表现在以下几个方面:

第一,成本降低。根据我国物流信息中心的统计,2004 年我国物流成本为21.3%,相比美国的 8.5%,还有非常大的下降空间。根据著名咨询公司埃森哲的研究,实施供应链管理可以使运输成本下降 5%~15%,整个供应链的运作费用将下降 10%~25%。

第二,提高企业综合绩效。生产过程采用供应链管理,可以提高企业的总体绩效。采用供应链技术可以使中型企业的增值生产率提高 10%以上,绩优企业资产运营绩效提高 15%~20%。

第三,缩短企业订单处理周期。订单处理是企业商务环节中的重要组成部分,缩短订单周期可以使整个生产周期缩短。按照美国供应链管理协会的统计,实施物流和供应链管理可以使平均订单处理周期从 6.5 天缩短到 4.3 天,时间缩短了35%。在欧洲,订单处理的周期从 4.4 天缩短到 3.5 天,缩短了 25%。

第四,降低整体库存。库存是企业物流成本的重要组成部分。美国企业物流成本的三分之一是库存成本。这部分往往被我国企业所忽略。按照美国供应链管理协会的统计,实施物流和供应链管理可以使库存成本下降 7.9%(西欧)到 9.4%(北美)。根据 PTRM 公司的调查,实施物流和供应链技术,中型企业的库存降低3%,绩优企业的库存降低 15%。

第五,缩短现金循环周期。现金周期决定企业资金使用效率。绩优企业在现金周期上比一般企业少 40~65 天。现金周期缩短是企业效益提升的一个关键指标,而通过供应链过程缩短库存周期是缩短整个现金周期的核心。北美和西欧的经验数字表明,供应链管理和物流外包可以使现金周期分别缩短 19.6%和 26.7%。

第六,提高服务水平。物流、供应链与企业的营销渠道直接关联。客户满意度关系企业产品的市场。根据美国供应链管理协会的统计,62.7%的企业认为,物流和供应链服务可以提高客户服务水平,提高产品的市场竞争力。中型企业的准时交货率提高 15%,订单满足提前期缩短 25%～35%。

### 9.1.1　发展现状

供应链的概念最早出现在 20 世纪 80 年代左右,但到目前为止没有形成统一的定义。国外学者 Lee 等(1995,1993)认为供应链是由物料获取并加工成中间件或成品,再将成品送到用户手中的一些企业和部门构成的网络。Lin 等(1998)认为供应链是包括供应商、制造商、销售商在内,涉及物流、资金流、信息流的企业网络系统。Stevens(1993)认为,供应链是通过价值增值过程和分销渠道控制从供应商到用户的整个过程,它始于供应的源点,终于消费的终点。Christopher(1992)认为,供应链是一个组织网络,所涉及的组织从上游到下游,在不同的过程和活动中对交付给最终用户的产品或服务产生价值。国内学者蓝伯雄等(2000)认为供应链是原材料供应商、零部件供应商、生产商、分销商、零售商、运输商等一系列企业组成的价值增值链。陈国权(1999)认为企业从原料和零部件采购、运输、加工制造、分销直至最终送到顾客手中的这一过程被看成是一个环环相扣的链条,这就是供应链。

我国的供应链是在 20 世纪 80 年代中期到 90 年代中期出现和发展起来的,当国家允许个人所有权和个人交易出现以后,很快出现了供应链,虽然供应链伙伴之间相互独立,彼此很好地合作,但那时的供应链是脱节的供应链。

加入 WTO 后,经济领域发生着深刻的变化,"绿色食品"领域作为经济主体的重要组成部分发生着深刻的变革,大型蔬菜生产基地逐步建立。然而,源头滞后的管理模式严重制约着我国蔬菜业的发展。应用先进的管理模式和科学技术是蔬菜产业业内有识之士急切的期盼,也是市场经济深入发展的迫切需要,可以有效降低成本、提高效率的供应链管理是先进管理模式的一个重要组成部分。

在蔬菜供应链产生以后,随之带来的问题是蔬菜含水量大,保鲜期短,极易腐烂变质,因此,对物流的生鲜供应链管理提出了很高的要求。新鲜成为蔬菜销售的生命线,实施生鲜供应链管理是获取更大利润空间的手段。运输保鲜和冷藏仓储是目前中国蔬菜供应链的主要问题之一。我国蔬菜产品在采摘、运输、储存等物流环节的损失率在 25%～30%,换句话说,大约四分之一的农产品在物流环节中被白白消耗掉了。美国等发达国家的农产品企业在物流环节的损耗率仅有 2%～5%,他们的农产品生鲜供应链已经形成一种成熟的模式:田间采后预冷—冷库—冷藏车(船)—批发站冷库—超市冷柜—消费者冰箱。与欧美等供应链先进国家相比,目前,我国的蔬菜物流业还处于粗放型管理阶段,经销商对保鲜技术和运输冷藏技术等方面的投入明显不足。我国农民和销售商的做法是:大部分水果产品都不做保鲜处理,能采多少就卖多少,越是遇到大丰收年,越是卖不出好价钱,也就越亏本。

网络技术是实现供应链管理的有效手段。加入 WTO 以后,蔬菜贸易全球化是一种必然趋势,网络信息技术在未来农产品营销管理中的作用越来越大。经销商要有效运用现代信息技术和手段,才能在瞬息万变的国际市场里敏锐捕捉到供求信息,在满足客户需要的同时实现自身发展。电子商务虽然有风险,但它效率高,成本低,不受时间、地点限制。在不久的将来,利用网络数据库进行市场调研、在互联网上直接销售和通过网络向公众提供产品信息和服务,将会是蔬菜贸易中的一种重要的营销手段。欧美等供应链先进国家对蔬菜的购买正朝着网上采购等无零售商的模式发展。

供应链管理对我国蔬菜供应链的参与者来说还是一个新的概念。我国农产品生产、经营、消费群体中大都没有形成供应链的观念。根据我们对山东、江苏、吉林三省和天津市蔬菜生产、流通和消费的调查结果显示,除农产品生产基地外的绝大多数农民不知道蔬菜供应链,根据个人经验判断确定农产品的生产种类与数量,没有对农产品的保鲜采取任何措施,约有 10% 的农民依据与蔬菜收购商的口头协议生产农产品。无论农产品生产者还是农产品经营者,大都缺乏农产品的供需信息。鉴于这种现状,一方面应该在农产品生产者、经营者中普及农产品供应链知识;另一方面应加强信息技术支持的农产品供应链信息系统建设。

利用信息技术及互联网技术进行蔬菜供应链的管理操作被认为是用于提高供应链管理功能的重要手段之一(Lancioni et al.,2000)。采用信息技术可以更好地使不同国家和地区的供应链管理经验和知识互相传递。和发达国家相比,我国的农业信息化水平还比较低。在德国,超过 85% 的农民拥有个人电脑并且使用特定的软件来进行农产品的加工。英国的情况与此类似,信息技术在英国的农产品供应链管理中已经发挥了非常重要的作用。

虽然我国农业信息化水平还比较低,基础信息建设还不完善,但信息技术和互联网技术在我国的发展十分迅速,根据 2006 年 7 月中国互联网发展状况统计报告,我国的网民总数已经达到约 12300 万人,上网计算机总数约为 5450 万台(如图 9.2所示)。

通过对网络技术在中国蔬菜供应链中的应用状况的调查,我们发现,大部分蔬菜企业还是完全或主要通过传统方式进行管理;简单的网络技术开始得到一定范围的使用,如通过电子邮件进行采购与信息共享,通过网络对产品或企业进行宣传,但效果不显著,暂时不能成为主要管理方式;一些较先进技术和管理手段,如EDI、GIS、STS、JIT 等在个别规模较大、发展较好的企业中开始进行尝试,但比例很小。

利用信息化来实现我国农业企业的现代化已经成为人们的共识,信息技术和互联网技术作为技术手段用于蔬菜供应链知识的管理,将有助于蔬菜供应链管理知识的传递,提高我国农业信息化水平,特别是蔬菜供应链管理信息化的水平。

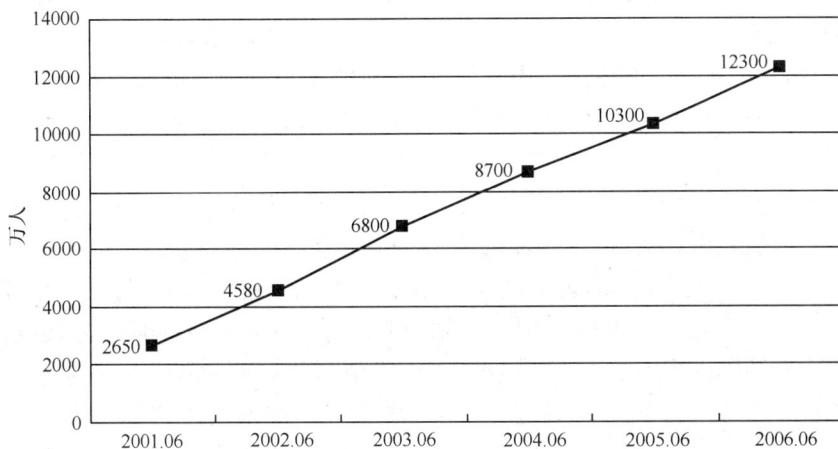

图 9.2　我国网民总数变化图
数据来源:中国互联网络信息中心(CNNIC)

## 9.1.2　现状分析

通过对国内外相关研究现状的分析,我们发现以下几点:

(1)供应链管理在我国蔬菜产业中的应用刚刚起步。供应链管理对于中国蔬菜供应链的参与者来说还是一个新的概念。一般来说,我国蔬菜供应链的参与者主要有农民、农产品供应者、商人、收集者、运输者、批发者、零售者、出口商和进口商等,他们中的很多人的教育背景不高,供应链管理作为一个新的概念,他们往往很难理解其重要作用而导致接受时间延迟。

我国蔬菜企业基础设施建设不完善使得蔬菜供应链的物流成本和信息处理成本非常高,许多重要的技术和方法(如 JIT 和 ERP 等)在蔬菜供应链管理中还没有采用;加之我国蔬菜供应链结构的多样性,蔬菜供应链的参与者往往只考虑自身的利益得失,而很难直接体会到供应链管理所带来的好处。

另外,蔬菜供应链企业缺乏技术支持。和工业企业相比,蔬菜企业的发展十分滞后,蔬菜企业的供应链管理模型并没有被地方政府和农业组织充分意识到,他们往往很少为此提供足够的技术支持。

(2)本体理论的理论研究居多,而实践较少。本体理论的研究时间不长,目前主要还处于理论研究层面。理论指导下的实践需要相关配套技术的支持,但与本体理论相配套的技术还不完善,至今仍没有成熟的基于本体的软件开发框架,这使本体研究的理论与实践相脱节。理论与实践是相辅相成的,目前,研究需要大量的实践为理论的研究提供支撑与验证,本体开发工具与开发手段的研究亟待加强。

(3)知识科学与技术发展迅速,但在农业领域应用不足。知识科学与技术在近十年间取得了长足的发展,尤其以本体和语义网为代表的知识技术的发展,及其在企业信息集成、自然语言翻译、产品知识标准化、分布信息资源组织等方面的应用引人注目,但在农业领域的应用匮乏,目前还缺乏农业领域信息的元数据标准。国家"十五"科技攻关项目"农业信息网络平台研究与开发"中进行了分布异构农业信息元数据的研究。中国农业科学院农业信息研究所也进行了农业信息科技元数据标准的研究。但是,基于元数据标准进行信息资源整合,特别是同时考虑本体与元数据进行农业信息资源虚拟组织研究还处于起步阶段。

(4) 知识获取方法不断更新,但农业知识获取的智能化技术尚待突破。随着以本体为代表的人工智能方法的出现,知识获取进入了一个新的阶段。传统的以目录索引和关键词索引的方式已很难适应人们在语义层面对知识获取的需求。第三代知识获取搜索引擎采用 XML+RDF+本体三个层次描述信息的语义数据模型,构成了计算机理解内容的基础,计算机在此基础上通过加入语义推理方法来提高获取知识的智能化程度。

目前,虽然已经有一些相关的研究成果发表,然而,针对农业知识的智能化知识获取系统仍是一个空白,将农业专业知识和通用的知识获取手段相结合是提高农业知识获取质量和效率的关键,与其相适应的专业知识的搜索推理算法的研究是其中的关键技术,这方面的研究还尚待突破。

## 9.2 蔬菜供应链知识获取系统构建框架

### 9.2.1 构建目标

以基于本体的知识管理理论为指导,从技术角度提出一套能够实现蔬菜供应链知识管理及知识获取系统的框架,从而为政府、研究人员和蔬菜供应链的参与者获取蔬菜供应链知识提供技术手段,进一步为相关决策提供理论及方法支撑,从而提高我国蔬菜供应链知识管理的信息化水平,以提升我国蔬菜供应链管理的水平和蔬菜产业的竞争力。

在对当前我国蔬菜供应链运作模式进行分析的基础上,提出利用本体理论进行蔬菜供应链知识管理,建立蔬菜供应链知识相关本体模型。进一步研究本体模型的形式化表示方法,为进行领域概念的推理提供基础。研究定性、定量推理及模糊推理在实现蔬菜供应链知识获取中的作用。研究基于 WordNet 的语义推理方法在蔬菜供应链知识管理中的应用。研究利用查询似然模型进行蔬菜供应链文本知识获取的方法,设计并实现蔬菜供应链知识获取原型系统。

(1) 本体模型的建立。本体理论主要用于描述领域概念和概念之间的关系,在广泛调研的基础上,提出一个一般的蔬菜供应链运作模式。在本体理论的指导下,分别建立蔬菜供应链知识本体模型、蔬菜供应链知识使用者本体模型和蔬菜供应链本体模型。定义领域概念及其之间的关系,从而为实现语义层面的知识获取打下了基础。

(2) 本体模型的形式化表示。本体的形式化表示是实现知识语义获取的重要一步。利用 RDF(S)和改进的 Voronoi 图进行本体的形式化表示。利用 RDF(S)的形式化表示方法可以实现领域概念的定性推理。在改进的 Voronoi 图形式化表示方法的基础上可以实现领域概念定性推理基础上的定量推理。

(3) 领域概念的获取推理。在进行概念的扩展推理过程中引入模糊推理的方法来实现概念的扩展推理。另外,借助 WordNet 词典来获取概念的同位关系与上下位关系概念,并采用概念的语义相似度算法对这些概念进行过滤,实现概念的进一步语义扩展。

(4) 蔬菜供应链知识的文本搜索。给出用于蔬菜供应链知识获取的查询似然检索模型,根据提交的检索词集合,计算检索词集合与待检索文档间的似然度,该似然度表征了文档与查询集合的“匹配”程度,依据“匹配”程度的高低对检索结果排序。

(5) 蔬菜供应链知识获取系统的实现。在理论研究的基础上设计实现了蔬菜供应链管理知识获取的原型系统,系统可以完成关键词知识获取、直接语义扩展知识获取及基于本体的语义扩展知识获取。

## 9.2.2　技术路线

在调查研究的基础上,提出了中国蔬菜供应链的运作模式。以此为前提,为实现蔬菜供应链领域知识的语义获取,引入了本体理论。在本体理论的指导下建立了中国蔬菜供应链知识语义获取系统本体模型,该模型包括蔬菜供应链知识本体模型、蔬菜供应链知识使用者本体模型和蔬菜供应链本体模型。为实现知识搜索的语义推理,使用 RDF(S)与改进的 Voronoi 图对本体模型进行了形式化表示。在 RDF(S)形式化表示的基础上设定推理规则,实现了检索词的定性推理;通过 Voronoi 图的形式化表示,实现了定性推理基础上的定量推理,完成了第一个层面上的检索词语义扩展。在输入的检索词为两个以上有关联关系的情况下,采用模糊推理,完成第二个层面上的检索词语义扩展,这两个层面上的语义扩展是在蔬菜供应链本体模型内部进行的。蔬菜供应链领域中的概念数量繁多,并且概念词之间不乏关联关系,为实现蔬菜供应链领域检索词在蔬菜供应链本体外部的扩展,借助 WordNet 词典获取检索词的同位关系与上下位关系概念,并采用概念的语义相似度算法对这些概念进行过滤,完成第三个层面上的检索词语义扩展,在此基础上最终完成语义获取原型系统。技术路线如图 9.3 所示。

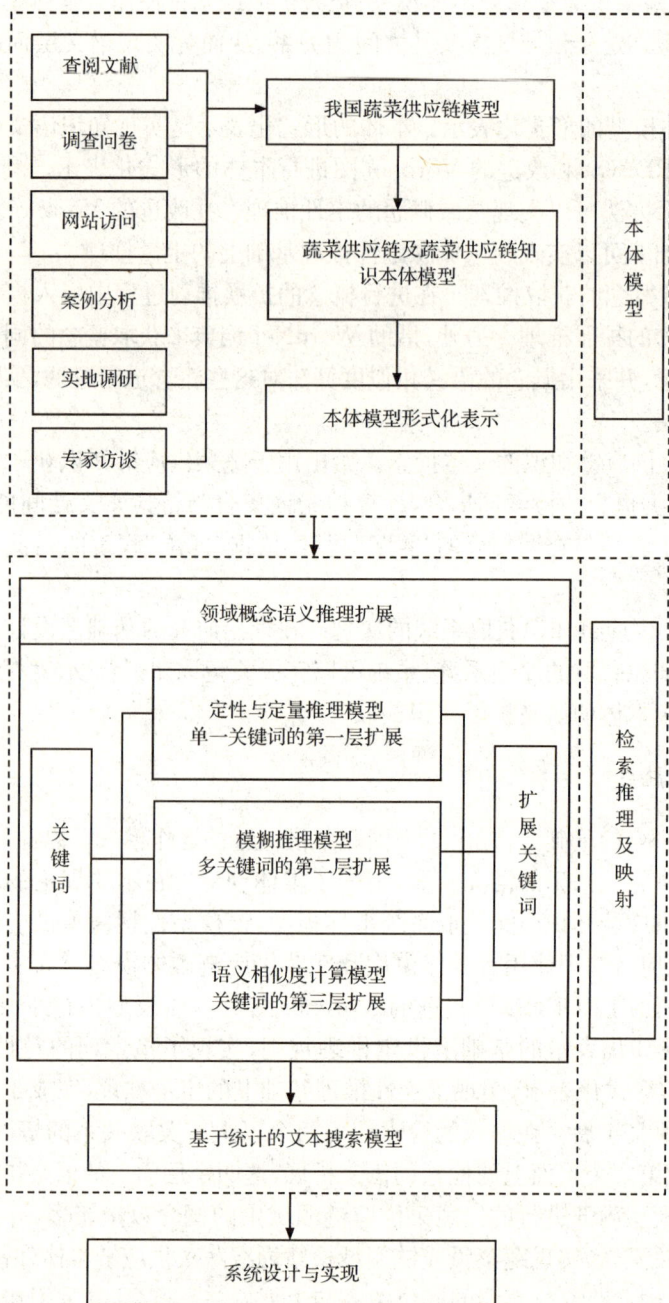

图 9.3　本书研究技术路线图

# 第10章 蔬菜供应链本体构建及形式化表示

本章在项目小组查阅文献、发放调查问卷、网站访问、案例分析、实地调研与专家访谈的基础上,提出了我国蔬菜供应链的一般运作模式。以此为基础,建立了蔬菜供应链知识获取系统的三个本体模型,并对其进行了整合。利用 RDF(S)与改进的 Voronoi 图分别对本体模型进行形式化的表示,从而为下一步的领域概念语义推理打下了基石。

## 10.1 蔬菜供应链及蔬菜供应链知识本体模型

传统查询直接依赖于检索词本身,而自然语言文本中的词汇(术语)具有一词多义和一义多词的特点,由此带来了传统的基于检索词的查询不能满足用户在语义上和知识上的需求。

知识库中的知识背景是蔬菜供应链管理知识,为克服传统检索的不足、实现知识的语义层面的检索,我们提出了蔬菜供应链本体模型。

### 10.1.1 我国蔬菜领域供应链模式

供应链包括物流、信息流与资金流等,而物流由运输、仓储、包装、配送、加工、装卸等环节组成(Wu,2004)。据我们调查发现,中国农产品供应链信息化刚刚处于起步阶段,绝大多数网站仅有供应与需求信息,除了少数几个大的网站,如 environment-friendly vegetables(http://www.wghsc.com.cn/)、中国蔬菜供应网(http://www.cneveg.com/)等采用 B2B 技术外,其他网站的价格信息都长时间没有更新。我们对北京、天津、山东与吉林蔬菜生产、批发商与零售商的调查问卷结果显示,如 EDI、GIS、STS、JIT 等一些先进的技术与管理手段仅在少数大规模发展完善的企业得以应用,比例非常小。在供应链信息化建设中,主要存在以下问题:

(1)多数企业开始使用 Internet 技术,并且拥有自己的网站,但只有个别大规模发展完善的企业具备自己的基础设施,并采用上述先进管理技术与手段。

(2)网络技术在供应链各个环节的应用水平差异很大。信息共享与通信已得以广泛应用,网络合同与销售的应用次之,而网上配送与网上生产加工计划的制订则少之又少。

(3)由于网络技术应用水平与应用范围的限制,信息的获得与共享仍处于较低的水平,仅达到了简单的宣传效果,无法完成共同决策、协作计划等高水平的信息共享。

(4) 限制网络技术在农产品企业中发展与应用的主要原因是信息系统的安全性问题、信息技术的基础建设条件与协作伙伴间发展的不平衡性。

(5) 从网络技术在农业企业的应用趋势看,在通信、信息共享、存货管理与订单管理中将会率先采用 IT 技术。

为更好地解决上述问题,一方面依赖于基础信息化建设,特别是供应链的信息化建设;另一方面依赖于软件技术的发展。通过调查我们发现,农产品供应链中的通信、信息共享、仓储控制、顾客订单/支付对信息化的需求最大,这意味着对农产品供应链知识表示的潜在需求。

在农产品供应链中,每个个体节点共享该节点信息,通过计算机技术与网络技术使人工流转化为信息流。

蔬菜供应链是一个复杂的系统,而且在不同地区的发展也往往各不相同,我们主要关心供应链中的主要部分。通过我们对北京、天津、山东、吉林等省市的调查,总结出一个一般的蔬菜供应链模型,定义了三个主要链路,如图 10.1 所示。

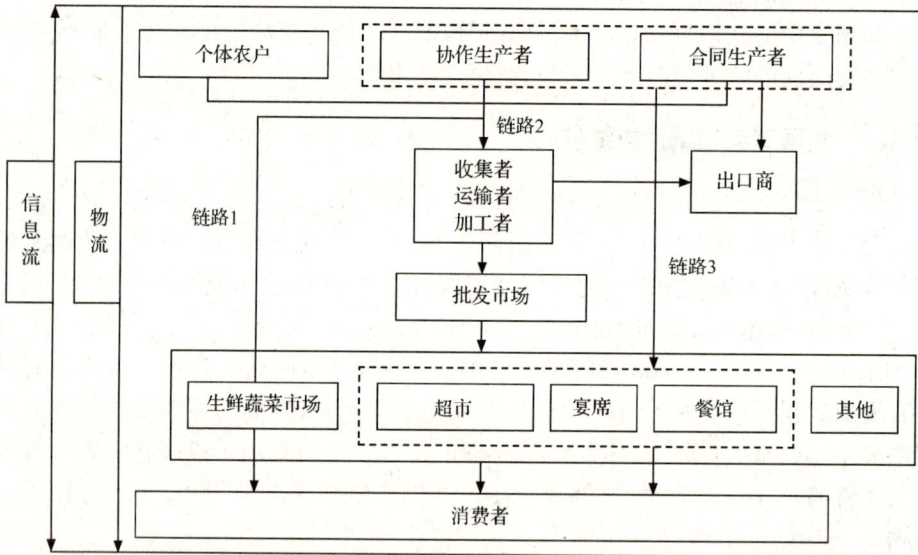

图 10.1　中国蔬菜供应链模式

链路 1:从生产者经过蔬菜市场直接到消费者,这是在农村中传统的链路形式。

链路 2:蔬菜先经过收集、处理或不做处理,然后经过运输到达批发市场、零售市场和超市。蔬菜在批发市场被餐馆或小贩等购买,或者在零售市场或超市被个体消费者购买。这也是蔬菜供应链中的主要链路形式,这一渠道占蔬菜销售量的80%以上。

链路3:蔬菜根据合同或者合约的形式直接由生产者运送到超市、小贩或者餐厅等处。

以上的蔬菜供应链模型反映了我国蔬菜供应链的一般运作模式,其中,蔬菜供应链中的知识表示不尽相同,也阻碍了蔬菜供应链知识库的建设和使用。

### 10.1.2　蔬菜供应链本体模型

蔬菜供应链本体一般包含三类子集:名词性概念类子集、个体和组织类子集及谓词性概念类子集。在我们的系统中,蔬菜供应链类命名为 Veg.SCM。

1. 名词性概念类子集(Norminal.SC)

(1) 蔬菜供应链中的个体或者组织。

实例:张先生(生产者)、进出口公司……

(2) 蔬菜。

A. 冷冻蔬菜

实例:冻蘑菇、冻扁豆……

B. 新鲜蔬菜

a. 易腐烂蔬菜

实例:西红柿、黄瓜、卷心菜……

b. 不易腐烂蔬菜

实例:马铃薯、洋葱……

(3) 合同。

A. 交易合同

B. 运输合同

C. 加工合同

(4) 时间。

实例:2006 年 7 月 10 号……

(5) 地址。

实例:中国山东寿光黄山路……

(6) 人员。

实例:张童心……

(7) 组织。

实例:中国农业大学……

(8) 车辆。

实例：黄河汽车……

……

## 2. 个体和组织类子集（Individual-Organization. SC）

蔬菜供应链中的个体和组织类子集如图 10.2 所示。

| 类 | 一、二、三、四级子类 | 实　例 |
|---|---|---|
| | 蔬菜生产者 | |
| | 　无合同个体 | 张先生…… |
| | 　协作生产者 | 李先生等农民…… |
| | 　有合同生产者 | 山东××蔬菜生产基地…… |
| | 蔬菜商 | |
| | 　购买商 | |
| | 　　无合同购买商 | 王先生，天津××公司…… |
| | 　　有合同购买商 | 钱先生，北京××公司…… |
| | 　中国区域销售商 | |
| | 　　批发商 | |
| | 　　　一级批发商 | 赵先生，山东××公司…… |
| | 　　　二级批发商 | 周先生，北京××公司…… |
| | 　　　三级批发商 | 吴先生，北京××公司…… |
| | 　　零售商 | |
| | 　　　个体农民 | |
| 个体/组织 | 　　　蔬菜市场上的销售者 | 田先生…… |
| | 　　　超市 | 高先生…… |
| | 　出口商 | 沃尔玛超市…… |
| | 蔬菜用户 | 青岛申和益贸易有限公司…… |
| | 　宾馆饭店 | 王府井饭店…… |
| | 　家庭 | 胡先生家…… |
| | 　其他 | ××公司的庆祝宴…… |
| | 蔬菜加工个体/组织 | |
| | 　粗加工个体 | 王先生和李先生…… |
| | 　加工厂 | 山东××蔬菜加工厂…… |
| | 蔬菜运输 | |
| | 　运输个体 | 杜先生…… |
| | 　运输公司 | 北京××运输公司…… |
| | 蔬菜存储个体/组织 | |
| | 　存储个体 | 姜先生…… |
| | 　存储公司 | 北京××公司…… |

图 10.2　个体和组织类子集

### 3. 谓词性概念类子集（Verbal. SC）

蔬菜供应链中的谓词子集中的概念具有动作行为,它们也可以被看做名词,我们称为具有二义性。它们都有通用的对象属性,但并没有被明确定义,这些属性的值是蔬菜供应链中个体和组织子类的实例。这一动词子类的成员包括有:①加工;②运输;③仓储;④交易等。

## 10.1.3　蔬菜供应链知识本体模型

知识组织与表示对知识获取系统是至关重要的。为了能够对知识查询者提供便捷的知识查询,我们将蔬菜供应链知识按图 10.3 所示的模式组织在一起。

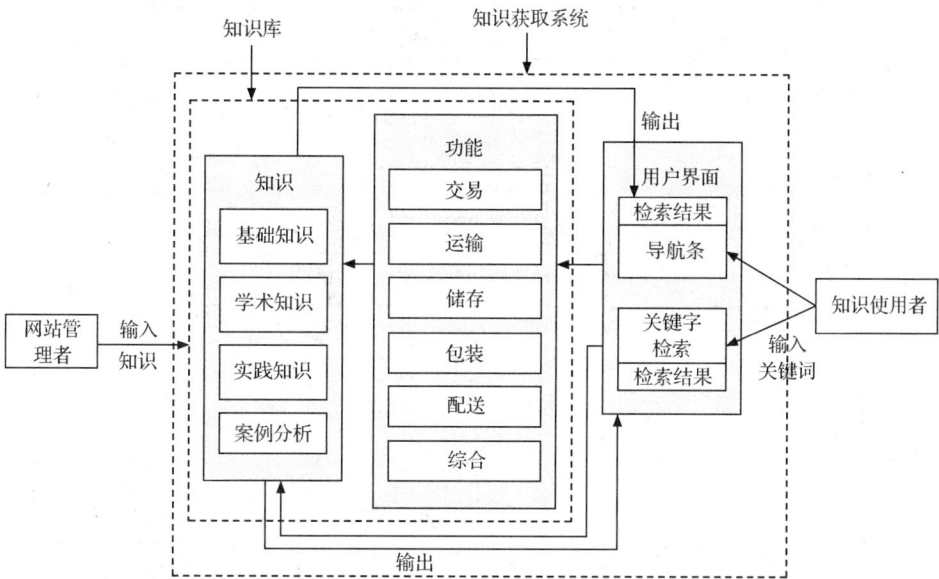

图 10.3　蔬菜供应链知识组织模式

蔬菜供应链知识库中的知识被分为 4 类:基础知识、用于学术研究的知识、用于参与者的知识和案例分析知识。每类知识都有自己的属性。这一分类结果如图 10.4 所示。

蔬菜供应链知识库中的知识按照知识的功能分为 5 类,包括交换、运输、仓储、包装和混合知识,这些知识都是图 10.4 中蔬菜供应链本体中个体及组织类的取值或者实例,如图 10.5 所示。

4 类知识与 5 种功能通过属性联系在一起,当知识查询者通过检索词方式提交查询时,知识的语义搜索过程如图 10.6 所示。

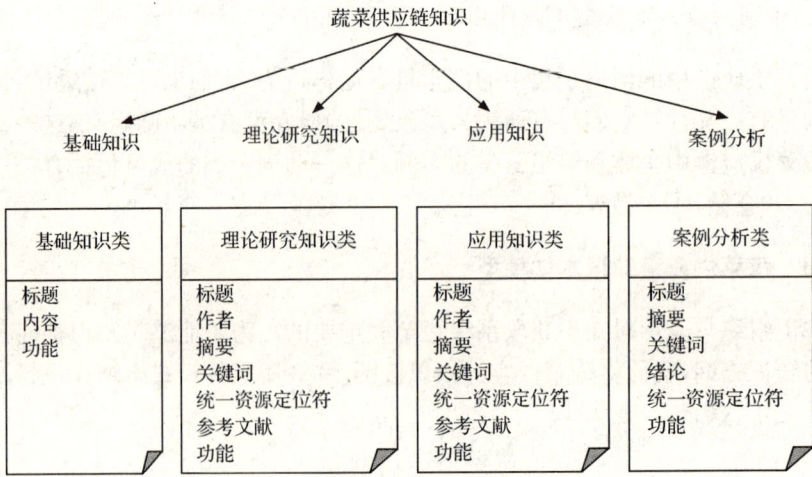

图 10.4　知识类别及其属性

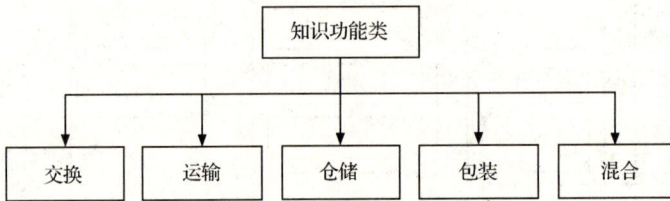

图 10.5　知识按功能分类

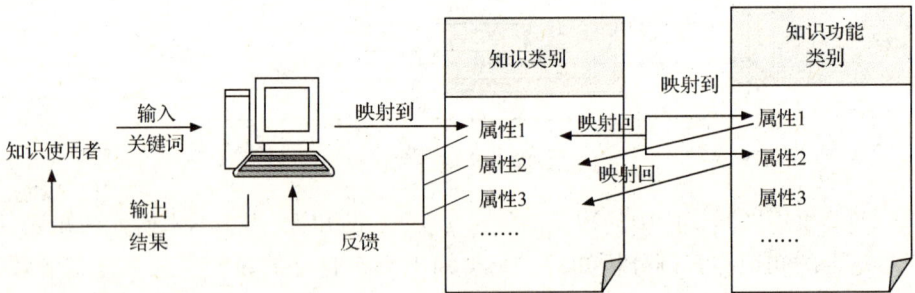

图 10.6　知识的语义搜索过程

### 10.1.4　蔬菜供应链知识用户本体模型

在蔬菜供应链模型中,最终的用户被分为两类:供应链的研究者和供应链的参与者。供应链的研究者更多关心理论研究知识与案例分析,而供应链的参与者更多关心的是基础知识、应用知识与案例分析,如图 10.7 所示。

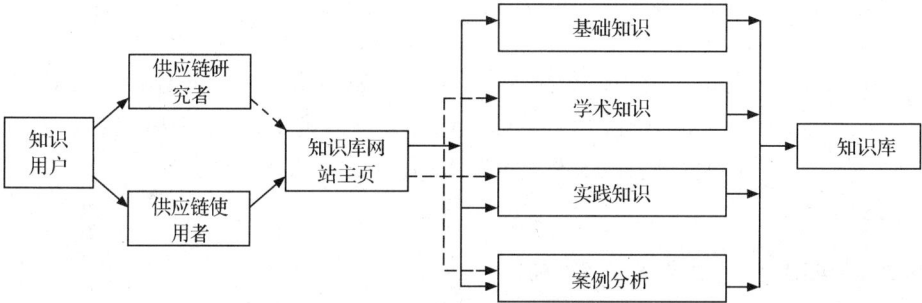

图 10.7　用户关心知识范围

### 10.1.5　知识、知识用户与知识背景本体间的关系

类的名称一般由名词性概念与动词性概念组成。概念的含义很广泛,可以指任何事物,如工作描述、功能、行为、策略和推理过程等。关系代表了领域中概念之间的交互作用。概念的基本关系有 4 种:继承、部分与整体、实例、属性。部分与整体表达概念之间部分与整体的关系;继承表达概念之间的继承关系,类似于面向对象中父类和子类之间的关系;实例表达概念的实例和概念之间的关系,类似于面向对象中的对象和类之间的关系;属性表达某个概念是另外一个概念的属性。例如,概念“价格”可作为概念“蔬菜”的一个属性。

蔬菜供应链知识获取系统本体模型中的类是由诸多概念组成的,其框架结构如图 10.8 所示,这一结构表明了本体模型中不同子集之间的相互关系。

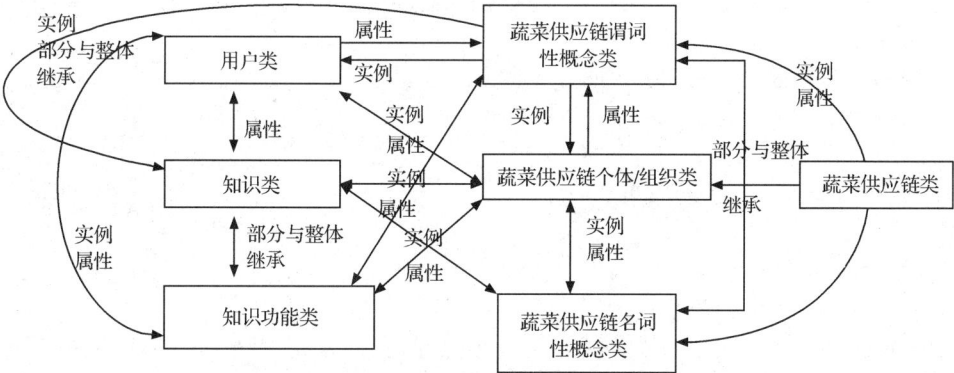

图 10.8　蔬菜供应链知识获取系统本体结构

# 10.2 领域本体的形式化表示

在建立了蔬菜供应链领域知识本体模型、蔬菜供应链领域知识用户本体模型、蔬菜供应链本体模型的基础上,为使计算机理解本体模型,并实现概念获取推理,要对本体模型进行形式化表示,在此分别采用了 RDF(S)和改进的 Voronoi 图两种形式化表示方法。

## 10.2.1 RDF(S)形式化表示

蔬菜供应链领域知识搜索系统使用了项目网址 http://icb. cau. edu. cn/vegnet,以下 RDF(S)代码形式化表示了该网站内容。其中,"vegnet"指蔬菜供应链知识系统网站本体。

```
xmlns:vegnet = "http://icb. cau. edu. cn/vegnet/ knowledge-retrieval/siteontology/").
<rdf:Description rdf:about = "http://icb. cau. edu. cn/vegnet/knwoledge-retrieval>
<rdf:type rdf:resource = http://icb. cau. edu. cn/vegnet/knowledge - retrieval/site-ontology#Site/>
<vegnet:IndexResource rdf:resource = http://icb. cau. edu. cn/vegnet/>
<vegnet:Resource>
<rdf:Bag>
<rdf:li rdf:resource = " http://icb. cau. edu. cn/vegnet/knwoledge-retrieval/basic-knowledge/>
<rdf:li rdf:resource = "http://icb. cau. edu. cn/vegnet/knwoledge-retrieval/academicknowledge/>
<rdf:li rdf:resource = "http://icb. cau. edu. cn/vegnet/knwoledge-retrieval/practicalknowledge/>
< rdf:li rdf:resource = " http://icb. cau. edu. cn/vegnet/knwoledge-retrieval/casestidu/>
...
</rdf:Bag>
...
</vegnet:Resource>
</rdf:Description>
```

为进行本体基础上的概念获取的量化推理,我们采用 RDF(S)对蔬菜供应链领域本体模型进行了形式化表示。蔬菜生产者是蔬菜供应链类的第一级子集,蔬菜生产者子集被划分为三个第二级子集,他们是无合同个体生产者、协作生产者和合同生产者。在形式化表示模型的最后,我们定义了一级子集名词性概念子集的二集子集:人,该子集的实例是蔬菜供应链生产者类的实例。

```
<? xml version = "1.0"? >
<rdf:RDF
Xmlns rdf = http://www.w3c.org/1999/0222-rdf-syntax-ns#>
<rdf:Description rdf:ID = "VEG.SC">
<rdf:type rdfresource = "http"//www.w3c.org/2000/01/rdf-schema#Class"/>
</rdf:Description>
<rdf:Description rdf:ID = "Vegetable Producer_VEG.SC">
<rdf:type rdfresource = "http"//www.w3c.org/2000/01/rdf-schema#Class"/>
<rdfs:subclassOf rdf:resource = "#VEG.SC"/>
</rdf:Description>
<rdf:Description rdf:ID = "No-Contract-Individual_Vegetable Producer_VEG.SC">
<rdf:type rdfresource = "http"//www.w3c.org/2000/01/rdf-schema#Class"/>
<rdfs:subclassOf rdf:resource = "# Vegetable Producer"/>
</rdf:Description>
<rdf:Description rdf:ID = "Cooperative Producer_Vegetable Producer_VEG.SC">
<rdf:type rdfresource = "http"//www.w3c.org/2000/01/rdf-schema#Class"/>
<rdfs:subclassOf rdf:resource = "# Vegetable Producer"/>
</rdf:Description>
<rdf:Description rdf:ID = "Contract Producer_Vegetable Producer_VEG.SC">
<rdf:type rdfresource = "http"//www.w3c.org/2000/01/rdf-schema#Class"/>
<rdfs:subclassOf rdf:resource = "# Vegetable Producer"/>
</rdf:Description>
<rdf:Discription rdf:ID = "Person_Nnominal Concept">
<rdf:type rdfresource = "http"//www.w3c.org/2000/01/rdf-schema#Class"/Property>
<rdfs:domain rdf:resource = "# Vegetable Producer_VEG.SC"/>
<rdfs:range rdf:resource = "# Person_Nnominal Concept"/>
</rdf:Description>
</rdf:RDF>
```

## 10.2.2　Voronoi 图的形式化表示

### 1. Voronoi 图简介

Voronoi 图是苏联数学家 Voronoi 最早发现的,自 17 世纪以来,其应用范围已涉及数学、物理、生态环境等多个领域。

Voronoi 图是计算几何中一个被广泛研究的问题,就其重要性而言,它是仅次于凸壳的一个重要的几何结构,具有许多有趣而惊人的数学性质,为研究解决地理学、计算机科学和数学等领域中的一些问题提供了有力的工具(Chen,2003)。

Voronoi 图是一种接近于自然现象本质的底层数据结构,在二维平面上,

Voronoi 图可以把整个空间划分成许多不成规则的 Voronoi 区域,每一区域又称为 Voronoi 多边形,多边形的顶点称为 Voronoi 顶点,多边形的边又称为 Voronoi 边。Voronoi 图把空间的邻近定义为多边形的邻接,采用等距原则确定任意一个目标所在的 Voronoi 多边形的边界线。

Voronoi 图的一个严格的数学定义为:设有二维欧几里得平面上离散生长点的集合 $P$,$P = \{P_1, P_2, \cdots, P_i, P_j, \cdots, P_n\}$,$3 \leqslant n < \infty$,$P_i$ 的平面坐标 $(x_i, y_i)$ 的向量表示为 $\bar{x}_i$。这些离散点互不相同,即 $\bar{x}_i \neq \bar{x}_j$,$i \neq j$,$i, j \in I_n = \{1, \cdots, n\}$。对于欧几里得平面上的任意一点 $P\{x_p, y_p\}$ 来说,其与生长点 $P_i(x_i, y_i)$ 的欧几里得距离为

$$d(p, p_i) = \|\ \bar{x} - \bar{x}_i\ \| \leqslant \|\ \bar{x} - \bar{x}_j\ \|, i \neq j, j \in I_n \tag{10.1}$$

据此可给出平面普通 Voronoi 图的定义如下:对 $P = \{P_1, P_2, \cdots, P_i, P_j, \cdots, P_n\}$ $(3 \leqslant n < \infty, \bar{x}_i \neq \bar{x}_j, i \neq j, i, j \in I_n)$,由

$$V(p_i) = \{p \mid d(p, p_i) \leqslant d(p, p_j), i \neq j, j \in I_n\}$$

给出的区域称为生长点 $P_i$ 的 Voronoi 多边形,而所有生长点 $P_1, P_2, \cdots, P_n$ 的 Voronoi 多边形的集合 $V = \{V(p_1), V(p_2), V(p_3), \cdots, V(p_n)\}$ 构成了 $P$ 的 Voronoi 图(陈军,2002)。

2. Voronoi 图的构造

许多领域用到 Voronoi 图,构造 Voronoi 图本身就是一个目标,如在考古学中,可以用 Voronoi 多边形来绘制古代文化中工具使用的传播图,Voronoi 多边形还可以用来研究竞争的贸易中心地的影响等。

构造点集 $S$ 的 Voronoi 图 Vor($S$),意味着产生作为嵌入平面的平面图图形的一种描述,它由下列项组成:①Voronoi 顶点的坐标;②边的集合(每条边为一个 Voronoi 顶点对)。在每个端点处,两条边是它们的逆时针的继承者(又称连接边表),它提供了在每个顶点处逆时针的边循环和围绕每个面的顺时针的边循环。

Voronoi 图形成的步骤如下:

第一步,把点集 $S$ 划分为两个大小近似相等的子集 $S_1$ 和 $S_2$;

第二步,递归地构造 Vor($S_1$) 和 Vor($S_2$);

第三步,合并 Vor($S_1$) 和 Vor($S_2$) 得到 Vor($S$)。

3. Voronoi 图的表示与区分相离关系

1) Voronoi 图的表示

Voronoi 图是以空间目标(点、线、面等)为生长目标对空间的一种剖分,剖分得到的子空间相互不重合,所有子空间的并集刚好连续铺盖整个空间,它将所有的空间目标联系在一起,这种结构将空间邻近关系隐含在其中。Voronoi 图建立了

生长目标之间的邻近关系,每一个 Voronoi 区域都唯一地与一个空间目标相对应,两个目标之间的邻近关系直接表现在它们所生成的 Voronoi 区域是否具有公共边。也就是说,Voronoi 区域是否相接反映了空间对象是否相邻或相接,从而可以直接表示和判断空间邻近关系(李成名,1998),并为判断各种空间邻近关系提供了一个统一的框架。邻近关系具有传播性,如 $K$ 阶邻近的传播关系,根据邻近关系的传播性可以方便地实现 $K$ 阶邻近的推断(Zhao et al. ,1998)。利用与 Voronoi 图有关的概念和性质区分空间邻近、隔开和多阶邻近等不同空间相离关系比较合理。

　　2) Voronoi 图与区分相离关系

　　Voronoi 图是表示邻近关系的一个较好的模型,也是区分邻近、隔开和多阶邻近等不同空间相离关系的一个较好的模型。Voronoi 图首先将空间关系划分为两大类:空间邻近和非空间邻近。这两类关系的区分和表示可作为第一层表示,其中,空间邻近关系又可根据目标的开关分为立即邻近、穿越邻近和侧向邻近等几种情况。对于非空间邻近关系,则可进一步细分为 2 阶邻近,3 阶邻近,……,$K$ 阶邻近关系。这种进一步细化可作为第二层表示,其中,多阶邻近关系不完全是一种拓扑关系,它兼具拓扑和度量关系的性质,如图 10.9 所示。

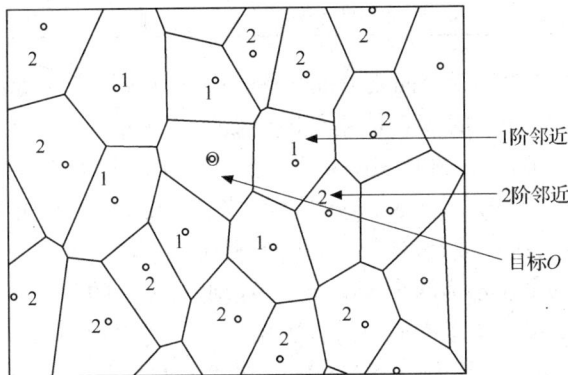

图 10.9　多阶邻近关系

　　在一般的应用分析模型中,较多的情况可能仅涉及邻近的空间实体,将邻近关系分离出来构造邻近操作,可以大大缩小搜索范围,提高查询效率,减少计算量(李成名,1998)。

　　Voronoi 图是接近自然现象本质的基础数据结构,多被应用在与几何信息相关的各个领域,如 GIS,而且 Voronoi 图的生成方法没有固定模式,传统的生成方式为通过建立两点间连(或弧线)的近似分割来实现。

　　为实现蔬菜供应链概念获取定性推理基础上的定量推理,我们采用 Voronoi 图来形式化地表示本体模型。在 Voronoi 图的生成中,结合蔬菜供应链本体模型的特点,摒弃了传统的生成方式,采用离散构造的方法,将蔬菜供应链本体模型中的节点(如表 10.1 所示)作为生成元,找出与其相关关系最近的节点为下一个生成元,节点间的相关关系通过 Voronoi 多边形的边的关系来表示。该实现方法与生成元的形状无关,无需复杂计算,无需考虑误差控制,更具有实用性。

**表 10.1　蔬菜供应链本体模型节点列表**

| 1. 谓词性概念本体 | 2.2.1.2　合同采购商 | 3. 名词性概念本体 |
|---|---|---|
| 1.1　交易 | 2.2.2　国内销售商 | 3.1　蔬菜 |
| 1.2　存储 | 2.2.3　出品商 | 3.1.1　冷冻蔬菜 |
| 1.3　加工 | 2.3　用户 | 3.1.2　新鲜蔬菜 |
| 1.4　运输 | 2.4　生产加工个体/组织 | 3.1.2.1　易腐烂新鲜蔬菜 |
| 2. 蔬菜供应链领域本体 | 2.4.1　粗加工个体 | 3.1.2.2　不易腐烂新鲜蔬菜 |
| 2.1　蔬菜生产者 | 2.4.2　加工厂 | 3.2　合同 |
| 2.1.1　无合同生产者 | 2.5　运输个体/组织 | 3.2.1　交易合同 |
| 2.1.2　协作生产者 | 2.5.1　运输个体 | 3.2.2　运输合同 |
| 2.1.3　合同生产者 | 2.5.2　运输公司 | 3.2.3　加工合同 |
| 2.2　商人 | 2.6　存储个体/组织 | 3.2.4　生产合同 |
| 2.2.1　采购商 | 2.6.1　存储个体 | 3.2.5　存储合同 |
| 2.2.1.1　无合同采购商 | 2.6.2　存储公司 | |

Voronoi 图把整个二维空间划分成一些 Voronoi 多边形,Voronoi 图多边形的边叫做 Voronoi 边,图中的节点是蔬菜供应链本体中的类与子类,如图 10.10 所示,图中共有 30 个节点,分别代表蔬菜供应链本体中的各个节点,其中,3.1(蔬菜)及其子类在图中没有表示。Voronoi 图中的节点间关系共有两类:相关与无关。其中,相关又包括直接相关、包含相关与传递相关。

直接相关在图中表示为两个 Voronoi 多边形有邻接的 Voronoi 边。包含相关指一级子类与其下级二级子类通过包含关系相关。传递相关指两个 Voronoi 多边形没有直接的邻接边,但其中一个 Voronoi 多边形与另外一个 Voronoi 多边形通过一个以上的直接相关关系或包含关系的传递而相关,这样,这两个 Voronoi 多边形便具有了传递相关关系。

无关指两个 Voronoi 多边形既无公共边和一级子类与其下级二级子类间的包含关系,也不能通过直接相关与包含相关的传递而相关。

在建立 Veg. SC 本体时规定,同一类中的一级子类间,如不经过传递是不相关的。

在蔬菜供应链知识模型 Voronoi 图中,节点的直接相关关系共有 4 种:类的继承,一类的实例为另一类的属性,一类的实例为另一类的子类,具有共同属性的类。

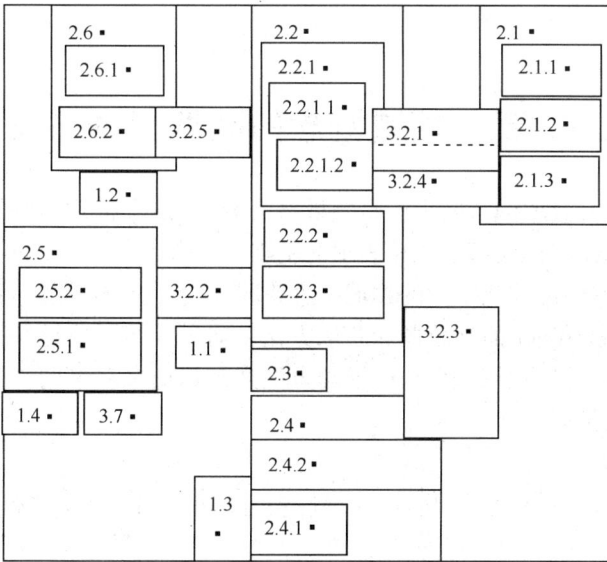

图 10.10 改进的 Voronoi 图形式化表示蔬菜供应链节点距离

# 10.3 本 章 小 结

(1) 提出了我国蔬菜供应链的一般运作模式,该模式包括三个链路:一是蔬菜由生产者经农贸市场直接到消费者;二是蔬菜从生产者,经过收购、批发,再经农贸市场、超市、餐馆等到达消费者;三是蔬菜由生产者不经收购、批发进入超市、餐馆等,到达消费者。反映了我国蔬菜供应链运作的一般情况。

(2) 以我国蔬菜供应链运作模式为基础,提出了蔬菜供应链、蔬菜供应链知识与蔬菜供应链知识用户三个本体模型。每个本体模型由若干类与子类组成,每个类与子类都具有自己的属性与实例,通过属性和实例各类与子类相关。各类与子类的相关关系共有 4 种:部分与整体、继承、实例、属性。通过明确三个本体模型各类与子类之间的关系,将其整合为一体。

(3) 为实现计算机对本体模型的理解,将本体模型进行了形式化表示。形式化表示分为两种:为定性推理提供可能性的 RDF(S)形式化表示,与为定性推理基础上的定量推理提供可能性的改进 Voronoi 图形式化表示。

(4) 确定了蔬菜供应链知识库的结构。将知识分为 4 类:基础知识、学术知识、实践知识与案例分析。每类知识可具备 5 种功能:交易、运输、储存、包装、配送与综合。

# 第 11 章　领域概念的获取推理方法

实现知识语义获取的重要一步是领域概念获取,语义推理是领域概念获取的重要手段。本章在本体模型形式化表示的基础上提出了三个层面的领域概念获取推理方法:基于本体形式化表示的领域概念获取方法、基于模糊推理的领域概念获取方法与基于 WordNet 的领域概念获取方法。通过蔬菜供应链知识获取实例的计算结果表明,这三层领域概念获取推理方法在知识语义获取的不同应用条件下具有良好的语义扩展功能。

## 11.1　基于本体形式化表示的领域概念获取

目前,在信息检索中,通常是以"词"作为特征项。然而,这些词并不一定能表达出文本的内容、类别和主题。这一问题在处理领域文本时显得尤为突出,已经阻碍了文本处理任务的发展。领域概念首先是一个词,可以是实体概念、属性概念或关系概念。领域概念能够更加准确地表达文本的内容。

对领域概念获取而言,能够完整表达领域本体结构的实体概念、属性概念和关系概念的获取是至关重要的。本书的领域概念获取首先从蔬菜供应链本体概念获取入手。通过实体概念的属性概念与实例概念,将不同的又相互关联的实体联系在一起,而概念间这种关联关系的获取是通过概念间的推理来实现的,推理包含定性推理和定量推理两种。

蔬菜供应链概念获取推理是在蔬菜供应链本体模型的基础上实现的,包含定性推理与定量推理两类。定性推理是在蔬菜供应链模型 RDF(S) 形式化表示的基础上实现的,而定量推理是在用改进的 Voronoi 图形式化表示蔬菜供应链本体模型的基础上实现的。概念获取实现的过程如图 11.1 所示。

检索词提交后,首先在 RDF(S) 形式化表示的蔬菜供应链本体中进行定性推理,在此基础上,用改进的 Voronoi 图形式化表示蔬菜供应链各节点间的关系与距离,进行采用概念相似度算法量化概念间的相关程度。

### 11.1.1　RDF(S)下的定性推理

在 RDF(S) 定性形式化表示的基础上,可以进行相关概念的定性推理。做出如下的规定。

**定义 11.1**　集合 $U$ 上的一个二元关系 $R$ 是 $U \times U$ 的一个子集,即有序对 $<x,$

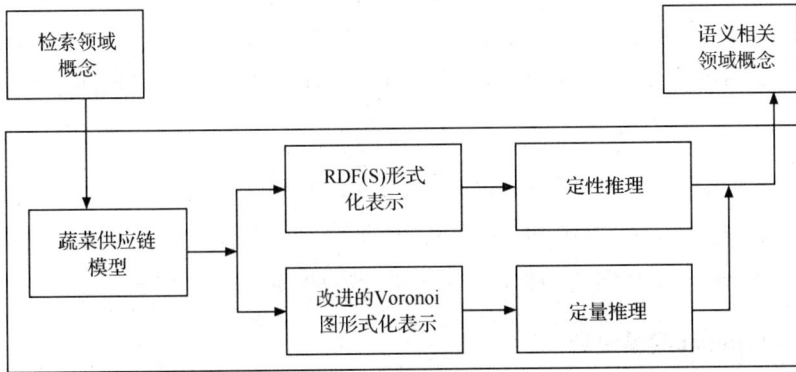

图 11.1　概念获取实现过程

$y>$集合,其中,$x,y \in U$,表示为 $xRy$。$U$ 上的所有二元关系集合表示为 $\mathrm{Rel}(U)$,$U$ 上的最小关系是空集,表示为 $\varnothing$,最大关系是全集关系 $U \times U$,表示为 $V$。

在形式化表示的基础上,我们又做出了如下推理设定:

设 $R$ 是 $U$ 上的一个关系,

(1) $R$ 是自反的,若 $\forall x \in U, xRx$;

(2) $R$ 是对称的,若 $\forall x,y \in U$, $xRy \rightarrow yRx$;

(3) $R$ 是传递的,若 $\forall x,y,z \in U$, $xRy$ 且 $yRz \rightarrow xRz$。

通过以上推理假定,可以实现概念在蔬菜供应链本体中的相关概念扩展。如果提交的知识搜索关键词为蔬菜供应链本体中的节点,该节点通过类的继承,一类的实例为另一类的属性,一类的实例为另一类的子类,具有共同属性的类具有 4 种相关关系,在蔬菜供应链本体的概念间进行推理,实现第一步的语义扩展。

### 11.1.2　Voronoi 图下的定量推理

经过第一步的语义扩展后,得到了关键词的扩展概念,这些概念与关键词语义相关,但相关程度仍没有度量,为能客观描述关键词与相关概念间的相关程度,采用了基于改进 Voronoi 图形式化表示的概念间的语义相似度算法。

在计算节点语义相似度时,我们通过路径距离来计算。假设 Voronoi 图中两个节点的路径距离为 $d$,可能得到两个节点间的语义相似度为

$$\mathrm{Sim}(n_1,n_2) = \frac{\alpha}{d+\alpha} \tag{11.1}$$

式中, $n_1,n_2$ 表示 Voronoi 图中的两个节点;$d$ 是 $n_1,n_2$ 两个节点的路径距离;$\alpha$ 是一个可调节的参数。

当两个节点具有传递相关关系时,这种传递关系包括以下三种情况:直接相关关系(包括一类的实例为另一类的属性,一类的实例为另一类的子类,具有共同属

性的类)、包含相关(二级子类对其上级一级子类的继承)与通过直接相关关系或包含关系的传递而相关。这三种情况对相似度计算结果的影响程度是不同的,为区别这三种关系的不同影响程度,我们采用如下计算公式来计算两节点的语义相似度:

$$\mathrm{Sim}(n_1, n_2) = \sum_{i=1}^{3} \beta_i \prod_{j=1}^{i} \mathrm{Sim}(n_1, n_2) \tag{11.2}$$

式中,$n_1, n_2$ 是 Voronoi 图的两个节点;$\beta_1, \beta_2, \beta_3$ 分别表示 $\mathrm{Sim}_1(n_1, n_2)$、$\mathrm{Sim}_2(n_1, n_2)$ 与 $\mathrm{Sim}_3(n_1, n_2)$ 在语义相似度计算中所占的权重。

### 11.1.3 Voronoi 实验测评

假定 Voronoi 图中具有直接相关与包含相关的两节点间的距离为 1,用式(11.1)分别计算两节点间由直接相关、包含相关与传递相关所产生的相似度,然后采用式(11.2)计算两节点间的整体相似度。

实验中,参数的取值如下:$\alpha = 1.6$,$\beta_1 = 0.5$,$\beta_2 = 0.3$,$\beta_3 = 0.2$。实验结果如表 11.1 所示。

**表 11.1　定量推理实验结果**

| 相似度 | 1.1 | 1.3 | 2.1 | 2.1.2 | 2.6 | 2.6.2 | 3.2 | 3.2.1 |
|---|---|---|---|---|---|---|---|---|
| 1.1 | 1 | 0.3286 | 0.3909 | 0.4141 | 0.4550 | 0.5470 | 0.3058 | 0.3210 |
| 1.3 | 0.3286 | 1 | 0.3727 | 0.3868 | 0.4054 | 0.4429 | 0.3727 | 0.2823 |
| 2.1 | 0.3909 | 0.3727 | 1 | 0.8077 | 0.6020 | 0.3868 | 0.6880 | 0.4970 |
| 2.1.2 | 0.4141 | 0.3868 | 0.8077 | 1 | 0.3868 | 0.2990 | 0.4970 | 0.6154 |
| 2.6 | 0.4550 | 0.4054 | 0.6020 | 0.3868 | 1 | 0.8077 | 0.6880 | 0.3909 |
| 2.6.2 | 0.5470 | 0.4429 | 0.3868 | 0.2990 | 0.8077 | 1 | 0.4970 | 0.3058 |
| 3.2 | 0.3058 | 0.3727 | 0.6880 | 0.4970 | 0.6880 | 0.4970 | 1 | 0.8077 |
| 3.2.1 | 0.3210 | 0.2823 | 0.4970 | 0.6154 | 0.3909 | 0.3058 | 0.8077 | 1 |

实验结果显示,相似度的计算结果与实际接近,一个节点与不同节点间的相似度的差别也是合理的。例如,节点 3.2 表示合同,节点 3.2.1 表示交易合同,这两个节点是包含相关关系,相似度的计算结果为 0.8077,代表了较高的相关程度。概念间的语义相似度算法能够恰当地反应概念间的相关程度。

## 11.2　基于模糊推理的领域概念获取

基于 RDF(S)的概念间的定性推理与基于改进 Voronoi 图的概念间的定量推

理是在提交的检索词唯一的情况下所采用的,当提交的检索词为多个时,采用上述方法,语义相关程度的测量将受到限制。为解决多检索词搜索问题,引入了 NSM 模糊推理方法,并针对其局限性进行了改进。

### 11.2.1　模糊推理

从不精确的前提集合中得出可能的不精确结论的推理过程,称近似推理。人类的思维中,推理过程常常是近似的。例如,人们根据条件语句(假言)"有配送合同",则"有配送业务"和前提(直言)"一段时间前有配送合同",立即可得出结论"一段时间前有配送业务"。这种不精确的推理不可能用经典的二值逻辑或多值逻辑来完成。Zadeh 于 1975 年首先提出模糊推理的合成规则,及把条件语句"若 $x$ 为 $A$,则 $y$ 为 $B$"转换为模糊关系的规则。此后,Baldwin 和 Yegor 等又各自采用带有模糊真值的模糊逻辑而提出了不同于 Zadeh 的方法(http://www.wiki.cn/w/index.php)。

1. 模糊集合

**定义 11.2**　设给定论域 $U$,$U$ 到 $[0,1]$ 的任一映射 $\mu_A \mu_A : U \rightarrow [0,1], \mu \rightarrow \mu_A(u)$,都确定 $U$ 的一个模糊子集,映射 $\mu_A$ 称为模糊子集的隶属函数,$\mu_{\underset{\sim}{A}}(u)$ 称为 $\mu$ 对于 $A$ 的隶属度。隶属度也可记为 $\underset{\sim}{A}(\mu)$,模糊子集也称模糊集合。$\underset{\sim}{A}$ 可记为 $\underset{\sim}{A} = \{(u, \mu_{\underset{\sim}{A}}(u)) \mid u \in U\} \mu_{\underset{\sim}{A}}(u)$ 常记为 $\underset{\sim}{A}(u)$。

2. 模糊集合的表达方式

(1) 当 $U$ 为有限集 $\{u_1, \cdots, u_n\}$ 时,有以下几种表示方法:

① Zadeh 表示法。

$$\underset{\sim}{A} = \sum_{i=1}^{n} \mu_F(u_i)/u_i$$

② 序偶表示法。

$$\underset{\sim}{A} = \{(u_1, \underset{\sim}{A}(u_1)), \cdots, (u_n, \underset{\sim}{A}(u_n))\}$$

③ 向量表示法。

$$\underset{\sim}{A} = \{\underset{\sim}{A}(u_1), \cdots, \underset{\sim}{A}(u_n)\}$$

④ 隶属函数解析式表示法。

(2) 当 $U$ 为有限连续域时,Zadeh 给出如下记法:

$$\underset{\sim}{A} = \int_U \mu_{\underset{\sim}{A}}(u)/u$$

3. 模糊集合的性质与基本原理

（1）模糊子集的并、交、补运算。

**定义 11.3**　设 $\underset{\sim}{A},\underset{\sim}{B}$ 均是 $U$ 上的模糊集，定义 $\underset{\sim}{A}\cup\underset{\sim}{B},\underset{\sim}{A}\cap\underset{\sim}{B}$ 和 $\overline{\underset{\sim}{A}}$，它们分别具如下有隶属函数：

$$\underset{\sim}{C}=\underset{\sim}{A}\cup\underset{\sim}{B}$$

$$\mu_{\underset{\sim}{C}}=\max(\mu_{\underset{\sim}{A}}(u),\mu_{\underset{\sim}{B}}(u))=\mu_{\underset{\sim}{A}}(u)\vee\mu_{\underset{\sim}{B}}(u)$$

$$\underset{\sim}{C}=\underset{\sim}{A}\cap\underset{\sim}{B}$$

$$\mu_{\underset{\sim}{C}}=\min(\mu_{\underset{\sim}{A}}(u),\mu_{\underset{\sim}{B}}(u))=\mu_{\underset{\sim}{A}}\wedge\mu_{\underset{\sim}{B}}$$

$$\mu_{\overline{\underset{\sim}{A}}}(u)=1-\mu_{\underset{\sim}{A}}(u)$$

它们分别称为模糊集合 $\underset{\sim}{A},\underset{\sim}{B}$ 的并集、交集和补集，如图 11.2 所示。

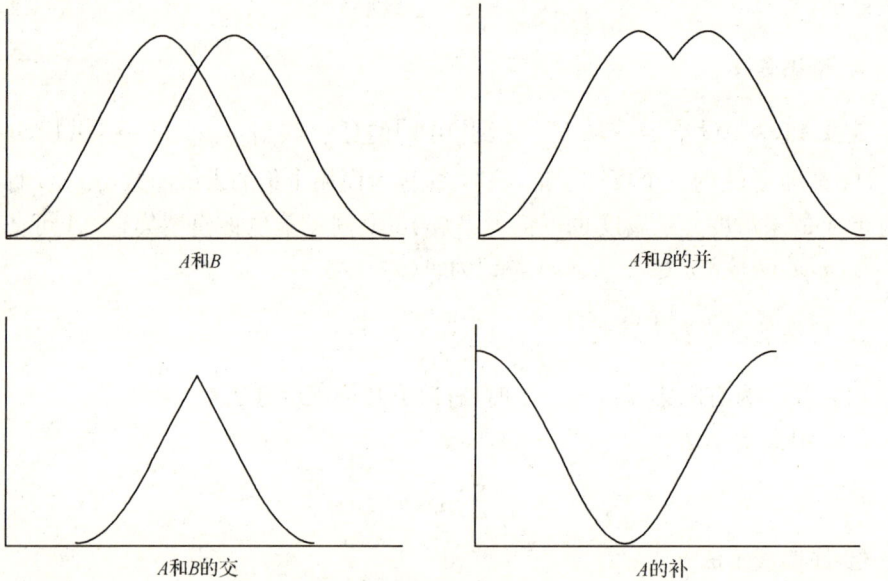

图 11.2　模糊集 $\underset{\sim}{A},\underset{\sim}{B}$ 的并集、交集和补集

按 Zadeh 表示法有

$$\underset{\sim}{A}\cup\underset{\sim}{B}=\int_U\max(\mu_{\underset{\sim}{A}}(u),\mu_{\underset{\sim}{B}}(u))/u=\int_U(\mu_{\underset{\sim}{A}}(u)\vee\mu_{\underset{\sim}{B}}(u))/u$$

$$\underset{\sim}{A}\cap\underset{\sim}{B}=\int_U\min(\mu_{\underset{\sim}{A}}(u),\mu_{\underset{\sim}{B}}(u))/u=\int_U(\mu_{\underset{\sim}{A}}\wedge\mu_{\underset{\sim}{B}})/u$$

$$\overline{\underset{\sim}{A}}=\int_U(1-\mu_{\underset{\sim}{A}}(u))/u$$

（2）模糊子集的包含与相等。

为书写方便，以后 $\underset{\sim}{A}$ 写为 $A$。

**定义 11.4**　设 $A$、$B$ 为论域 $U$ 上的两个模糊子集，对于 $U$ 中的每个元素 $u$，都有

$$\mu_A(x) \geqslant \mu_B(x)$$

则称 $A$ 包含 $B$，记作 $A \supseteq B$。

若 $A \subseteq B$，且 $A \supseteq B$，则说 $A$ 与 $B$ 相等，记作 $A = B$，也即：若 $\mu_A(u) = \mu_B(u)$，则 $A = B$。

（3）模糊子集的代数运算。

**代数积**：$A \cdot B$ 的隶属函数为 $\mu_{A \cdot B}$。

**代数和**：记作 $A + B$，运算规则由下式确定：

$$\mu_{A+B}(x) = \mu_A(x) + \mu_B(x) - \mu_A(x)\mu_B(x)$$

**有界和**：记作 $A \oplus B$，运算规则由下式确定：

$$\mu_{A \oplus B} = (\mu_A + \mu_B) \wedge 1$$

**差集**：$A - B = A \cap \bar{B}$。

**对称差**：$(A - B) \cup (B - A)$。

**常数乘模糊集合**：$\lambda \cdot A$：$\mu_{\lambda \cdot A} = \lambda \wedge \mu_A$。

（4）模糊集合的基本定理。

① $\lambda$ 截集 $A_\lambda = \{u \mid \mu_A(u) \geqslant \lambda\}$，$\lambda \in [0,1]$。

② 分解定理。

**定理 11.1**　设 $A$ 为论域 $U$ 上的模糊子集，$A_\lambda$ 是 $A$ 的 $\lambda$ 截集，$\lambda \in [0,1]$，有下式成立：

$$A = \bigcup_{\lambda \in [0,1]} \lambda A_\lambda$$

式中，$\lambda A_\lambda$ 表示 $U$ 上的模糊子集，称 $\lambda$ 与 $A_\lambda$ 的乘积，其隶属函数定义为

$$\mu_{\lambda A_\lambda}(u) = \begin{cases} \lambda, & u \in A_\lambda \\ 0, & u \notin A_\lambda \end{cases}$$

由分解定理可知，任何一个模糊集合 $A$ 可分解为 $\lambda A_\lambda (\lambda \in [0,1])$ 的并，这提出了一个由经典集合构造模糊集合的方法。

③ 扩展定理。

**定理 11.2**　设 $A$ 为论域 $X$ 上的模糊子集，$f: X \to Y$ 是映射，则 $B = f(A)$ 是 $Y$ 上的模糊集合，其隶属函数为

$$\mu_B(y) = \begin{cases} \bigvee_{x = f^{-1}(y)} \mu_A(x), & f^{-1}(y) \neq \varnothing \\ 0, & f^{-1}(B) = \varnothing \end{cases}$$

当 $f$ 是满射时，若 $B = f(A)$ 是 $Y$ 上的模糊集合，则 $A$ 为 $X$ 上的模糊集合。

$$\mu_A(x) = \mu_{f^{-1}(B)}(y)$$

### 4. 模糊集合的隶属函数

#### 1) 隶属函数的确立方法

隶属函数是模糊集合论的基础,如何确定隶属函数是一个关键问题。由于模糊理论的研究对象具有"模糊性"和经验性,因此,找到一种统一的隶属度计算方法是不现实的。通常的方法是:先确立初步的隶属函数,然后在学习和实践的过程中来不断完善。下面介绍4种方法:

(1) 模糊统计法。其基本思想是:论域 $U$ 上的一个确定的元素 $\mu_0$ 是否属于一个可变动的清晰集合 $A_\lambda$,作出清晰的判断。

对于不同的实验者,清晰集合 $A_\lambda$ 可以有不同的边界,但它们都对应于同一个模糊集 $A$。如图 11.3 所示。

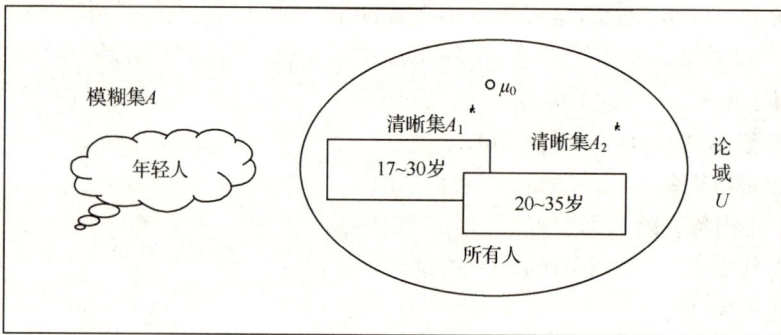

图 11.3　模糊统计法

$$\mu_0 \text{ 对 } A_\lambda \text{ 的隶属频率} = (\mu_0 \in A \text{ 的次数})/\text{试验总次数 } n$$

随着 $n$ 的增大,隶属频率会趋向稳定,这个稳定值就是 $\mu_0$ 对 $A$ 的隶属度。

(2) 例证法。从已知有限个 $\mu_A$ 的值来估计论域 $U$ 上的模糊子集 $A$ 的隶属函数。

$U$:论域　$A$:模糊集合

为确定隶属函数 $\mu_A$,先确定一个高度值 $h$,再选定几个语言真值,如下:

"真的"　"大致真的"　"似真似假的"　"大致假的"　"假的"
1　　　0.75　　　0.5　　　0.25　　　0

对 $n$ 个高度 $h_1$, $h_2$,…,$h_n$ 作同样的询问,即可得到 $A$ 的隶属函数的离散表示。

(3) 专家经验法。根据专家的经验对每一现象产生的各种结果的可能性程度来决定其隶属度函数。

（4）二元对比排序法。通过对多个事物之间的两两对比，来确定某种特征下的顺序，由此决定这些事物对该特征的隶属函数的大体形状。二元对比排序法分为相对比较法、对比平均法、优先关系定序法、相似优先对比法。

2）确定隶属函数应遵循的一些基本原则

（1）表示隶属函数的模糊集合必须是凸模糊集合。

（2）从最大隶属度函数点向两边延伸时，其隶属函数的值必须是单调递减的，不允许有波浪形。形象地讲，要求隶属函数呈单峰馒头形，即模糊集合是凸模糊集合（如图 11.4 所示）。

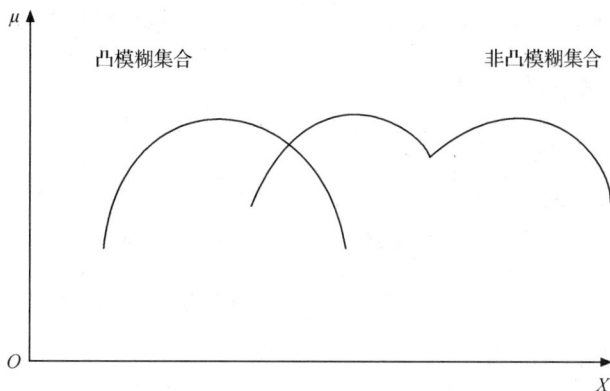

图 11.4　凸模糊集合与非凸模糊集合

（3）变量所取隶属度函数通常是对称、平衡的。

（4）隶属度函数要符合人们的语义顺序，避免不恰当的重叠。

（5）论域中每个点至少属于一个隶属函数的区域，并应属于不超过两个隶属函数的区域。

（6）对同一个输入，没有两个隶属函数会同时有最大隶属度。

（7）当两个隶属函数重叠时，重叠部分对两个隶属函数的最大隶属度不应有交叉。

（8）当两个隶属函数重叠时，重叠部分的任何点的隶属函数的和应该小于或等于 1。

5. 模糊逻辑与模糊推理

1）模糊逻辑

（1）模糊命题：命题中含有模糊概念或模糊成分的命题，其判断结果往往处于真假之间。

模糊逻辑:研究模糊命题的逻辑。

(2) 模糊逻辑的运算。

逻辑命题用 $P$ 表示,$T(P)$ 表示其真值。

常用的模糊逻辑的运算有逻辑或、逻辑与、逻辑非、蕴含、等价,其中,蕴含有多种定义。

模糊蕴含最小运算:

$$R_c = A \rightarrow B = A \times B = \int_{X \times Y} \mu_A(x) \wedge \mu_B(y)/(x,y)$$

模糊蕴含积运算:

$$R_P = A \rightarrow B = A \times B = \int_{X \times Y} \mu_A(x)\mu_B(y)/(x,y)$$

模糊蕴含算术运算:

$$R_a = A \rightarrow B = (\overline{A} \times B) \oplus (X \times B) = \int_{X \times Y} 1 \wedge (1 - \mu_A(x) + \mu_B(y))/(x,y)$$

模糊蕴含最大最小运算:

$$R_m = A \rightarrow B = (A \times B) \bigcup (\overline{A} \times Y)$$
$$= \int_{X \times Y} (\mu_A(x) \wedge \mu_B(y)) \vee (1 - \mu_A(x))/(x,y)$$

模糊蕴含布尔运算:

$$R_s = A \rightarrow B = (\overline{A} \times Y) \bigcup (X \times B) = \int_{X \times Y} (1 - \mu_A(x)) \vee \mu_B(y)/(x,y)$$

模糊逻辑运算具有幂等律、交换律、结合律、分配律、吸收律、摩根律的运算性质。

2) 模糊推理

模糊推理是不确定性推理方法的一种,运用模糊语言,对模糊命题进行模糊判断,推出一个近似的模糊结论的方法。

(1) 基本形式。

广义前向推理:前提1 $A \rightarrow B$,前提2 $A'$,结论 $B'$。

广义后向推理:前提1 $A \rightarrow B$,前提2 $B'$,结论 $A'$。

(2) 合成规则。Zadeh 于 1975 年提出合成规则。

前提1 若 $A$ 则 $B$,前提2 $A'$,结论 $B' = A'(A \rightarrow B)$。

(3) 几种常用的模糊推理算法。

$$A = \int_X \mu_A(x)/x, B = \int_Y \mu_B(y)/y$$

Zadeh 的模糊推理算法:若 $x$ 是 $A$,则 $y$ 是 $B$ 的推理句的模糊关系如下:

最大最小运算:

$$R_m = (A \times B) \bigcup (\overline{A} \times Y) = \int_{X \times Y} (\mu_A(x) \wedge \mu_B(y)) \vee (1 - \mu_A(x))/(x,y)$$

算术运算：

$$R_a = (\overline{A} \times Y) \oplus (X \times B) = \int_{X \times Y} 1 \wedge (1 - \mu_A(x) + \mu_B(y))/(x,y)$$

则前向推理的结论为

$$B'_a = A' \circ R_a = \int_Y \bigvee_{x \in X} (\mu_{A'}(x) \wedge (1 \wedge (1 - \mu_A(x) + \mu_B(y))))/y$$

后向推理的结论为

$$A'_m = R_m \circ B' = \int_X \bigvee_{y \in Y} (((\mu_A(x) \wedge \mu_B(y)) \vee (1 - \mu_A(x))) \wedge \mu_{B'}(y))/x$$

$$R_a \circ B' = \int_X \bigvee_{y \in Y} ((1(1 - \mu_A(x) + \mu_B(y))) \wedge \mu_{B'}(y))/x$$

Mamdani 的模糊推理算法：

$$R_c = A \times B = \int_{X \times Y} \mu_A(x) \wedge \mu_B(y)/(x,y)$$

则对肯定前件式，结论 $B'$ 可由下式求出：

$$B' = A' \circ R_c = \int_Y \bigvee ((\mu_{A'}(x) \wedge \mu_A(x)) \wedge \mu_B(y))/y$$

对肯定后件式，结论 $A'$ 可由下式求出：

$$A' = R_c \circ B' = \int_X \bigvee ((\mu_A(x) \wedge \mu_B(y)) \wedge \mu_{B'}(y))/x$$

## 11.2.2　NSM 推理方法

　　一类被广泛应用的模糊推理算法是以 Zadeh 的 LRI 算法为基础引出的一系列方法(Nalanishi et al.,1993;Zadeh,1973)，虽然这类方法在应用中取得了成功，但因其算法复杂且隐含语义不明而遭到质疑(Turksen et al.,1989)。在 Turksen 等提出的基于相似度的模糊推理算法的基础上，许多研究人员相继提出了基于不同相似度的多种推理算法，其中，Yeung 和 Tsang(1998,1997a,1997b,1995)先后提出了多种模糊推理算法，并与已有的算法进行比较，从中得到了许多有价值的结果。

　　下面讨论 NSM 推理算法及其局限性，并在此基础上进行改进，使其具有更合理的结果。算法的讨论仅限于一种模糊产生式规则，其他情况可在此基础上完成。

1. 模糊产生式规则的定义

一般情况下，模糊产生式规则有如下三种定义形式。
**类型 1**　简单的模糊产生式规则如下：
$R$：IF $A$ THEN $B$ (CF $= \mu$)$\lambda, \omega$

式中，$A$，$B$ 是单个命题；$\mu \in [0,1]$ 是规则 $R$ 的确定性因子；$\lambda$ 是命题 $A$ 的阈值；$\omega \in [0,1]$ 是指定给 $A$ 的权重。

**类型2**　复合的合取模糊产生式规则如下：

$R$：IF $A_1$ AND $A_2$ AND $\cdots$ AND $A_n$，THEN $B$ $(CF = \mu)$ $\lambda_1,\lambda_2,\cdots,\lambda_n$，$\omega_1,\omega_2,\cdots,\omega_n$

式中，$A_1,A_2,\cdots,A_n$ 是规则前件中的命题；$\lambda_1,\lambda_2,\cdots,\lambda_n$ 分别是 $A_1,A_2,\cdots,A_n$ 的阈值；$\omega_1,\omega_2,\cdots,\omega_n$ 分别是 $A_1,A_2,\cdots,A_n$ 的权重。

**类型3**　复合的析取模糊产生式规则如下：

$R$：IF $A_1$ OR $A_2$ OR $\cdots$ OR $A_n$，THEN $B$ $(CF = \mu)$ $\lambda_1,\lambda_2,\cdots,\lambda_n,\omega_1,\omega_2,\cdots,\omega_n$

式中，$A_i,\lambda_i,\omega_i (i = 1,\cdots,n)$ 定义与类型 2 相同。

以下仅就类型 1 展开讨论。

## 2. NSM 推理算法

在 Yeung 和 Tsang(1995)提出的模糊推理相似度算法中，使用了模糊修饰词表来描述结论。例如，对于基本语言项"高"来说，我们用"很高"、"非常高"等模糊语言项来代替隶属函数的表述形式，这样更易于理解，并且这种方法还计算了结论的确定性因子。

相似度的定义为：

$$S_{A_i}(A_i',A_i) = \begin{cases} \dfrac{1}{2}\left[1 + \dfrac{M(A_i') - M(A_i)}{\text{Max}(M(A_i'),M(A_i))}\right], & \text{当 Max}[\text{Min}(A_i',A_i)] = 1 \\ \dfrac{\text{Min}(A_i',A_i)}{2\text{Max}(A_i',A_i)}, & \text{其他} \end{cases}$$

$$(11.3)$$

上述定义中有一个特例，当 $A_i' = A$ 时，$S(A_i',A_i) = \dfrac{1}{2}$。

NSM 算法步骤如下：

步骤1　计算整体相似度如下：

$$S_\omega = \sum_{i=1}^{n}\left[S(A_i',A_i)\dfrac{\omega_i}{\sum\limits_{i-1}^{n}\omega_i}\right] \tag{11.4}$$

步骤2　根据整体相似度确定结论的模糊修饰词，如表 11.2 所示。

步骤3　计算结论为

$$B' = \begin{cases} \text{Min}\left\{1,\dfrac{B}{2S_\omega}\right\}, & \text{如果 } 0 < S_\omega < \dfrac{1}{2} \\ B2(1 - S_\omega), & \text{其他} \end{cases} \tag{11.5}$$

**表 11.2　相似度确定的模糊修饰词**

| 相似区间 | 模糊修饰词 |
| --- | --- |
| $(0.8,1.0)$ | 极其相关 |
| $(0.6,0.8)$ | 非常相关 |
| $(0.4,0.6)$ | 一般相关 |
| $(0.2,0.4)$ | 基本不相关 |
| $(0.0,0.2)$ | 不相关 |

步骤 4　计算结论的确定性因子。令 $W_{max} = \text{Max}\{\omega_1, \omega_2, \cdots, \omega_n\}$，记 $\text{CF}_{max}$ 为 $W_{max}$ 的确定性因子，则

$$\text{CF}_B = \text{CF}_R \min_{1 \leqslant i \leqslant n} \left[ \text{CF}_{F_i} + (\text{CF}_{max} - \text{CF}_{F_i}) \frac{W_{max} - \omega_i}{W_{max}} \right] \tag{11.6}$$

式中，$\text{CF}_R$ 是规则的确定性因子；$\text{CF}_{F_i}$ 是第 $i$ 个给定事实的确定性因子。

### 11.2.3　改进的 NSM 推理算法

1. NSM 算法的局限性

(1) 相似度的定义中，对 $\text{Min}(A_i', A_i)$ 和 $\text{Max}(A_i', A_i)$ 没有明确说明，按惯例认为是 $\text{Min}(A_i', A_i) = M(A_i' \bigcap A_i)$，$\text{Max}(A_i', A_i) = M(A_i' \bigcup A_i)$。

(2) $S(A_i', A_i) = \dfrac{1}{2} \longleftrightarrow A_i' = A_i$ 不成立。

以下两个模糊集的计算可以验证：

$$A_i' = (0.3, 0.5, 0.7, 1, 0.6, 0.4, 0.2)$$
$$A_i = (0.2, 0.4, 0.6, 1, 0.7, 0.5, 0.3)$$

(3) 相似度的计算有时不合理。

**算例 11.1**　IF 配送，THEN 供应链环节（$\text{CF}_R = 0.9$），$\omega = 0.8$，$\lambda = 0.3$。

给定事实"配送合同"，$\text{CF}_R = 0.8$，计算结果如下：

各模糊集如下定义：

$$A = \text{"配送"} = (0.1, 0.3, 0.4, 0.6, 0.7, 0.9, 1)$$
$$A' = \text{"配送合同"} = (0, 0.1, 0.2, 0.4, 0.6, 0.8, 0.9)$$

论域为 $\{1.3, 1.4, 1.5, 1.6, 1.7, 1.8, 1.9\}$

$$B = \text{"供应链环节"} = (0.2, 0.4, 0.5, 0.6, 0.7, 0.8, 1)$$

论域为 $\{60, 65, 70, 75, 80, 85, 90\}$

根据 NSM 的定义，$S(A_i', A_i) = 0.375 > \lambda$。

$$B' = \text{Min}\left\{1, \frac{B}{2S_\omega}\right\} = (0.27, 0.53, 0.67, 0.80, 0.93, 1, 1)$$

由表 11.2 得 $B'=$"基本不相似供应链环节"。此结果是不合理的。

2. 改进的 NSM 算法

针对 MSN 算法的局限性，做了如下改进：

(1) 改进的相似度的定义为

$$S_{A_i'}(A_i', A_i) = \begin{cases} \dfrac{1}{2}\Big[1 + \dfrac{M(A_i') - M(A_i)}{\mathrm{Max}(M(A_i'), M(A_i))}\Big], & \text{如果 } A_i' \subseteq A_i \text{ 或 } A_i' \supseteq A_i \\ \dfrac{1}{2}\dfrac{\mathrm{Min}(A_i' \bigcap A_i)}{\mathrm{Max}(A_i' \bigcup A_i)}, & \text{其他} \end{cases}$$

$$(11.7)$$

(2) 改进的推理算法。

步骤 1　计算整体相似度为

$$S_\omega = \mathop{\mathrm{Min}}_{1 \leqslant i \leqslant n}\Big[S_{A_i} + (S_{\max} - S_{A_i})\dfrac{W_{\max} - \omega_i}{W_{\max}}\Big] \qquad (11.8)$$

式中，$W_{\max} = \mathrm{Max}\{\omega_1, \omega_2, \cdots, \omega_n\}$；$S_{\max}$ 为 $W_{\max}$ 的 CF。

步骤 2　根据整体相似度确定结论的模糊修饰词，如表 11.2 所示。

步骤 3　计算结果如下：

$$B' = \mathrm{Min}\Big\{1, \dfrac{B}{2S_\omega}\Big\} \qquad (11.9)$$

步骤 4　求 $S(B', B)$。查表 11.2 确定 $B'$ 中的模糊修饰词。

步骤 5　计算结论的可信度为

$$\mathrm{CF}_{B'} = \mathrm{CF}_R S' \mathop{\mathrm{Min}}_{1 \leqslant i \leqslant n}\Big[\mathrm{CF}_{F_i} + (\mathrm{CF}_{\max} - \mathrm{CF}_{F_i})\dfrac{W_{\max} - \omega_i}{W_{\max}}\Big] \qquad (11.10)$$

式中，$S' = \begin{cases} 2S_\omega, & 0 < S_\omega < \dfrac{1}{2} \\ 2(1 - S_\omega), & \dfrac{1}{2} < S_\omega < 1 \end{cases}$。

与 NSM 算法相比，改进算法有如下优点：

(1) $S(A_i', A_i) = \dfrac{1}{2} \longleftrightarrow A_i' = A_i$。

(2) 在原相似度计算的基础上，将计算不合理的情形合理化。

(3) 整体相似度和结论的可信度都使用了权值调整方法，保持算法自始至终的一致性。

(4) 计算可信度时考虑了相似度的影响，使结果更符合实际。

### 11.2.4　实验测评

用 NSM 算法计算算例 11.1 得到的结果不合理。现在用改进的 NSM 算法来

计算,计算过程如下:

$$S(A_i',A_i) = 0.625, \quad S_\omega = S(A_i',A_i) = 0.625 > \lambda$$

因此,

$$B' = \text{Min}\left\{1, \frac{B}{2S_\omega}\right\} = (0.16, 0.32, 0.4, 0.48, 0.56, 0.64, 0.8)$$

$$S(B,B') = \frac{1}{2}\left[1 + \frac{M(B) - M(B')}{\text{Max}(M(B), M(B'))}\right] = 0.6$$

由表 11.2 知,$B' = $“非常相关供应链环节”,且可信度为:$\text{CF}_B = 2 \times 0.8\text{CF}_R(1 - S_\omega) = 0.54$。

用改进的 NSM 算法计算的结果为:$B' = $“非常相关供应链环节”,可信度为 0.54。与 NSM 算法的计算结果 $B' = $“基本不相关供应链环节”相比较,更加趋于合理。

以上提及的 NSM 算法与改进的 NSM 算法都是针对三种模糊产生式规则中的简单模糊产生式规则,而对复合的合取模糊产生式规则与复合的析取模糊产生式规则,可在简单模糊产生式规则得出结论的基础上求结论的交与并即可。

## 11.3　基于 WordNet 的领域概念获取

概念间的关系有上位、同位与下位关系。在知识本体、分类体系、对象层次中,上下位关系是很有用的。知识本体通常是指对一个领域或微观世界进行分析而获得的概念系统的规范说明。分类体系是指把知识本体中的元素排列成包含结构的树状分类的一种特别的方式。计算机科学里的对象层次是基于这样的概念:知识本体中的对象被安排在一个分类体系中,并能够接受或继承分类体系中它们的祖先的特征。当然,只有当分类体系中的元素事实上是带有可继承特征的复杂结构的对象时才会有意义。因此,上下位关系本身并不能组成一个知识本体、范畴结构、分类体系或对象层次。然而,上下位关系可以作为这类结构的近似表示。下面我们借助 WordNet 实施知识语义获取时,会涉及上下位关系的概念。

在建立本体模型时,为使所建立的模型自我完善,会出现大量的领域概念。在众多的领域概念中,同级概念占了相当大的比重。而从语义搜索的角度,很难发现同级概念间的语义相关,从而影响了搜索的效果。为使这一状况得到改善,我们从概念间的上下位关系中发现概念的语义相关。

### 11.3.1　同位关系与上下位关系

上下位关系是指如果两个词位中,一个词位是另一个词位的次类,那么,就说它们之间存在上下位关系。上下位关系是不对称的,我们把特定性较强的词位称为概括性较强的词位的下位词,把概括性较强的词位称为特定性较强的词位的上位词(http://ling. cuc. edu. cn/Staff/fengzhiwei/papers/2005_ontology_WordNet. pdf)。

根据上下位关系,可以将名词组织到一个词汇的层级体系中。我们可以使用受限的替换来探讨上下位关系的概念。除了上下位关系、同位关系外,还包括当前领域内的其他基本概念关系。

领域概念上下位关系学习是指基于已构建的上下位关系概念对,通过学习的方法来获取未知的领域概念之间的上下位关系,它的目的是通过一定的方法和工具来减少构造和管理本体的手工操作,提高本体获取的效率。

### 1. 相关定义

**概念的内涵**:一个概念的内涵是概念所反映客体的所有内在的性质(张春霞,2005)。

**上位概念、下位概念、继承关系**:对于概念 $C1$ 和 $C2$,若 $C1$ 的内涵包含 $C2$ 的内涵,则称 $C2$ 为 $C1$ 的下位概念,$C1$ 为 $C2$ 的上位概念,$C2$ 继承 $C1$,记作 IS-A $(C2,C1)$(张春霞,2005)。

例如,在蔬菜供应链中,概念"cabbage(白菜)"继承概念"vegetable(蔬菜)","cabbage(白菜)"为"vegetable(蔬菜)"的下位概念,"vegetable(蔬菜)"为"cabbage(白菜)"的上位概念。也可以说,cabbage 是 vegetable 的下位词,而 vegetable 是 cabbage 的上位词。

**同位关系**:对于概念 $C1$ 和 $C2$,若 $C1$ 与 $C2$ 不存在内涵包含的关系,则称 $C1$ 与 $C2$ 为同位概念,$C1$ 与 $C2$ 为同位关系。

### 2. 概念关系的提取方法

概念关系的提取方法主要有两大类(张春霞,2005):基于统计的方法和基于语境的方法。

#### 1) 基于统计的方法

Agirre 等(2000)针对 WordNet 的两个缺点:概念之间缺乏主题链接和多义歧义,提出了基于 $\chi^2$ 的方法来构建主题标识,以及标识在词义消歧中的应用。标识函数采用 $\chi^2$,计算方法如下:

$$W_{ij} = \begin{cases} \text{freq}_{ij} - m_{ij}, & \text{freq}_{ij} > m_{ij} \\ 0, & \text{其他} \end{cases} \tag{11.11}$$

式中,$m_{ij} = \dfrac{\sum\limits_{i} \text{freq}_{ij} \sum\limits_{j} \text{freq}_{ij}}{\sum\limits_{i,j} \text{freq}_{ij}}$;$\text{freq}_{ij}$ 表示词语 $j$ 在文档集 $i$ 中的频率;$W_{ij}$ 为词语

$j$ 在文档集 $i$ 中的 $\chi^2$ 值。

Maedche 等(2000a,2000b)采用关联学习算法发现概念之间的非分类关系。首先分析句法,包括词性标注、词根还原及语块分析;然后利用启发规则和领域本体构建语言层次和概念层次上可能相关的概念对;最后提交广义关联规则学习算法,识别出那些共现频率大于设定阈值的概念对。实验结果表明,算法能够发现较低支持度和可信度的概念对关系,这很可能是学习算法本身的原因。Singh 等(1995)采用关联规则来提取概念之间的上下位关系。Stephens 等(2001)首先采用一种词汇关联度的方法来提取含有潜在关系的基因对,然后利用同义词辞典给出基因对之间的关系。对于基因 $k$ 和 $l$,它们关联度的计算公式如下:

$$\text{association}[k][l] = \sum_{i=1}^{N} W_i[k] * W_i[l] \tag{11.12}$$

式中,$W_i[k] = T_i[k] * \text{Log}(N/n[k])$,$N$ 为语料中文本的总数,$T_i[k]$ 为文档 $d_i$ 中第 $k$ 个基因项出现的频率,$n[k]$ 为语料中包含第 $k$ 个基因项的文本数目。

Perrin 等(1998)利用局部语境信息,即词汇局部关联信息(包括词语的出现频率和词汇的相对距离)来提取文本中最相关的事实知识。

Appelt 等(1993)首先利用非确定有限状态语言模型识别句子的名词短语和动词短语等,其次,由另一有限状态机基于这些短语的中心词来提取领域短语。

Lin 等(2002)提出采用 CBC 的方法来提取概念。Lecoeuche(2000)通过比较不同的文档发现重要的概念。Frank 等(1999)利用简单贝叶斯学习方法提取领域的重要短语。

2) 基于语境的方法

Hearst(1992)利用 6 个词汇句法语境提取概念之间的上下位关系。另外,探讨了利用已知上下位关系的概念对来提取词汇句法语境,但语境的具体提取方法没有给出。

Agichtein 等(2000)开发了 Snowball 系统,基于用户提供的少量种子概念关系来构建语境,进而获取新的概念关系。语境为五元组＜left, tag1, middle, tag2, right＞,其中,tag1 和 tag2 为概念,left 和 right 为单个词汇或单个标点符号。语境构建采用了两种方法:其一是语境词汇的共现策略,其二是语境词汇的有序共现策略。

Gomez 等(1994)开发了一个名为 SNOWY 的系统,该系统是一个基于语境匹配概念及其关系的提取系统。

Moldovan 等(2001,2000)提出了一种基于语境匹配的领域概念及其概念关系提取方法。选取 5 个金融领域的种子概念:利率、股票市场、通货膨胀、经济增长、就业。从 Internet 和 TREC-8 语料中选取 5000 个句子作为测试集,发现了 264 个 WordNet 中没有定义的概念,其中,221 个为种子概念,43 个为相关概念。同时,基于 22 个不同的词汇句法语境提取了 64 个与这些概念关联的关系。

Dolan 等(1993)利用语境提取在线词典中的概念关系知识。他们提取了 25 种动词和名词的关系类型,包括上下位关系、部分关系、位置关系、目的关系、时间、主体、客体、工具等。

Brewster 等(2002)提出了一种面向用户的基于语境匹配的方法,综合了机器学习和自然语言处理的技术。基本思想如下:首先提取含有已有本体词汇的句子,由用户对这些句子进行验证,其次利用信息提取系统提取语境,最后由这些语境来发现新的概念和关系。

Velardi 等(2001)通过词性标注、语块分析、部分句法分析和动词论元结构来提取概念,利用概念之间的关联度量概念之间的关系。

Finkelstein-Landau 等(1999)通过句法分析和词汇句法语境匹配的方法提取概念,进而利用概念之间的互信息来提取它们之间的关系。Proux 等(2000)开发的 Muninn 系统采用文本分析技术和语境匹配相结合的方法提取信息。

Ciravegna 等(1995)通过大量实验验证表明,自然语言处理技术和信息检索技术对于信息提取不是很有效。Shallow 方法尽管效率和移植性好,但并不准确。语言学方法虽然非常准确,但不够强壮且效率低。Shallow 方法包括统计方法和关键词分析方法等。自然语言处理和信息检索技术的整合为未来几年文本处理系统的发展提出了挑战,Ciravegna 提出了 Shallow 技术和语言处理技术相结合的信息提取方法,其中,Shallow 技术用来定位文本语段和降低分析器的负担,而语言分析器则用来提取信息和控制分析的组合数和错误分析。

Kietz 等(2000a,2000b)采用文本分析技术和语境相结合的方法,利用领域辞典、GermaNet 等知识源,提出概念及其关系,Feldman 等(2001)采用文本分析技术和语境结合的方法提取信息。

Riloff 提出基于语境方法提取信息(Riloff et al.,1996;Riloff,1996,1993)。Sundblad(2002)采用语境匹配的方法从问题语料中提取上下位关系和部分整体关系,其中,利用 7 个问题语境来提取上下位关系,4 个语境来提取部分整体关系。

Lloréns 等(2002)通过识别动词结构来提取上下位关系。首先对文本进行词根还原、名词短语及动词短语识别;然后进行动词结构识别;最后根据动词结构构建上下位关系。例如,"be a kind of"为一个动词结构。

### 11.3.2　WordNet

当对检索的要求提升到语义层次时,必须将词语层次的直接匹配提升到概念的层次。基于概念的文献检索与信息提取就需要一部反映同义关系、反义关系、上下位关系、部分-整体关系、成员-群体关系等内容的概念词典。国际上已经有了这种架构的在线词典——WordNet。

　　Litkowski(1978)通过对词典中每个定义的分析,获取概念之间的分类关系;Rigau 等(1998)使用一组预定义的词典语法模板自动地从词典中发现词与词之间的上下位关系。

　　WordNet 词典中的同位关系和上下位关系与我们前面讨论过的同位关系和上下位关系直接对应。特定性较强的单词叫做概括性较强的单词的下位词,概括性较强的单词叫做特定性较强的单词的上位。例如,agri-product(农产品)是vegetable(蔬菜)的上位词,vegetable 是 agri-product 的下位词。

　　下面对 WordNet 做简要的介绍。WordNet 是普林斯顿大学认知科学实验室开发的一部在线词典数据库系统(http://wordnet.princeton.edu/),是基于英文的词汇语义网络系统。WordNet 将英文的名词、动词、形容词和副词组织为同义词集合,每一个集合表示一个基本的词汇概念,并在这些词汇概念间建立包括同义关系、反义关系、上位关系、下位关系、部分关系及完全关系等多种词汇语义关系。同义词集合是通过概念级语义与词汇间的关系连接在一起,相关的单词或概念在浏览器中浏览。WordNet 可以免费下载和使用,其结构使它成为一个处理计算语言和自然语言的有用工具。

　　WordNet 可以通过普林斯顿大学认知科学实验室网站来获取(http://wordnet.princeton.edu/obtain)。WordNet 目前最新版本为 WordNet3.0,其数据库内容统计如表 11.3～表 11.5 所示。

**表 11.3　WordNet3.0 数据库条目信息**

| 词性 | 不同的单词 | 同义词集合 | 词义对 |
| --- | --- | --- | --- |
| 名词 | 117097 | 81426 | 145104 |
| 动词 | 11488 | 13650 | 24890 |
| 形容词 | 22141 | 18877 | 31302 |
| 副词 | 4601 | 3644 | 5720 |
| 总数 | 155327 | 117597 | 207016 |

**表 11.4　WordNet3.0 数据库词义信息**

| 词性 | 同义词 | 多义词 | 语义多义 |
| --- | --- | --- | --- |
| 名词 | 101321 | 15776 | 43783 |
| 动词 | 6261 | 5227 | 18629 |
| 形容词 | 16889 | 5252 | 14413 |
| 副词 | 3850 | 751 | 1870 |
| 总数 | 12832 | 27006 | 78695 |

表 11.5　WordNet3.0 数据库词义平均信息

| 词性 | 同义词中多义平均数 | 同义词外多义平均数 |
|------|------|------|
| 名词 | 1.23 | 2.77 |
| 动词 | 2.16 | 3.56 |
| 形容词 | 1.41 | 2.74 |
| 副词 | 1.24 | 2.49 |

### 11.3.3　局部线性嵌入领域概念提取算法

局部线性嵌入算法(locally linear emdedding，LLE)是 2000 年提出的一种非线性降维方法(Roweis et al.，2000)，它是针对非线性数据的一种常用降维方法，处理后的低维数据均能够保持原有的拓扑关系，已经广泛应用于图像数据的分类与聚类、文字识别、多维数据的可视化及生物信息学等领域中。

LLE 算法可以归结为三步：第一步，计算出每个样本点的 $k$ 个近邻点，把相对于所求样本点距离最近的 $k$ 个样本点规定为所求样本点的 $k$ 个近邻点，$k$ 是预先给定的一个数值。其中，距离的计算可以采用欧氏距离或者 Dijkstra 距离。

算法第二步是计算出样本点的局部重建权值矩阵。首先定义一个误差函数为

$$\min \varepsilon(\boldsymbol{W}) = \sum_{i=1}^{N} | \boldsymbol{x}_i - \sum_{j=1}^{k} w_j^i \boldsymbol{x}_{ij} |^2 \tag{11.13}$$

式中，$\boldsymbol{x}_{ij}(j=1,2,\cdots,k)$ 为 $\boldsymbol{x}_i$ 的 $k$ 个近邻点；$w_j^i$ 是 $\boldsymbol{x}_i$ 和 $\boldsymbol{x}_{ij}$ 之间的权值，且要满足条件：$\sum_{i=1}^{k} w_j^i = 1$。这里，需要构造一个局部协方差矩阵 $\boldsymbol{Q}^i$ 来求 $\boldsymbol{W}$ 矩阵。

$$\boldsymbol{Q}_{jm}^i = (\boldsymbol{x}_i - \boldsymbol{x}_{ij})^{\mathrm{T}}(\boldsymbol{x}_i - \boldsymbol{x}_{im}) \tag{11.14}$$

上式与 $\sum_{i=1}^{k} w_j^i = 1$ 结合，并采用拉格朗日乘子法，可求出局部最优化重建权值矩阵为

$$\boldsymbol{W}_j^i = \frac{\sum_{m=1}^{k} (\boldsymbol{Q}^i)_{jm}^{-1}}{\sum_{p=1}^{k} \sum_{q=1}^{k} (\boldsymbol{Q}^i)_{pq}^{-1}} \tag{11.15}$$

如果 $\boldsymbol{Q}^i$ 是一个奇异矩阵，必须对其进行正则化如下：

$$\boldsymbol{Q}^i = \boldsymbol{Q}^i + r\boldsymbol{I} \tag{11.16}$$

式中，$r$ 是正则化参数；$\boldsymbol{I}$ 是一个 $k \times k$ 阶单位矩阵。

算法第三步是将所有的样本点映射到低维空间中，映射条件满足下式：

$$\min \varepsilon(\boldsymbol{Y}) = \sum_{i=1}^{N} | \boldsymbol{y}_i - \sum_{j=1}^{k} w_j^i \boldsymbol{y}_{ij} |^2 \tag{11.17}$$

式中，$\varepsilon(\boldsymbol{Y})$ 为损失函数值；$\boldsymbol{y}_i$ 是 $\boldsymbol{x}_i$ 的输出向量；$\boldsymbol{y}_{ij}(j=1,2,\cdots,k)$ 是 $\boldsymbol{y}_i$ 的 $k$ 个近邻点，且要满足两个条件：

$$\sum_{i=1}^{N}\boldsymbol{y}_i=0,\quad \frac{1}{N}\sum_{i=1}^{N}\boldsymbol{y}_i\boldsymbol{y}_i^{\mathrm{T}}=\boldsymbol{I} \tag{11.18}$$

式中，$\boldsymbol{I}$ 是 $m\times m$ 的单位矩阵。这里，$w_j^i(i=1,2,\cdots,N)$ 可以存储在 $N\times N$ 的稀疏矩阵 $\boldsymbol{W}$ 中，当 $\boldsymbol{x}_j$ 是 $\boldsymbol{x}_i$ 的近邻点时，$\boldsymbol{W}_{i,j}=w_j^i$，否则，$\boldsymbol{W}_{i,j}=0$。据此，损失函数 $\varepsilon(\boldsymbol{Y})$ 可写为

$$\min\varepsilon(\boldsymbol{Y})=\sum_{i=1}^{N}\sum_{j=1}^{N}\boldsymbol{M}_{i,j}\boldsymbol{y}_i^{\mathrm{T}}\boldsymbol{y}_i \tag{11.19}$$

式中，$\boldsymbol{M}$ 是一个 $N\times N$ 的对称矩阵，记为

$$\boldsymbol{M}=(1-\boldsymbol{W})^{\mathrm{T}}(1-\boldsymbol{W}) \tag{11.20}$$

要使损失函数值达到最小，则取 $\boldsymbol{Y}$ 为 $\boldsymbol{M}$ 的最小 $m$ 个非零特征值所对应的特征向量。通常，取 2 到 $m+1$ 间特征值对应的特征向量作为输出结果。LLE 算法的三个步骤如图 11.5 所示。

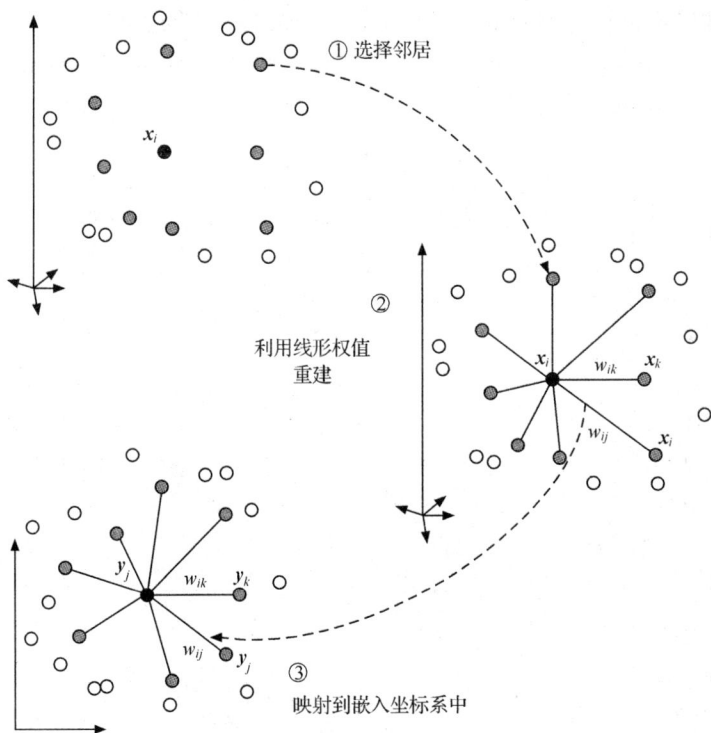

图 11.5　LLE 算法过程

### 11.3.4　实验测评

WordNet 是基于英文的词汇语义网络系统,其中,每个词汇都有很多同位与上下位关系概念,这些关系没有领域的划分。因此,WordNet 词汇的同位与上下位关系概念中,很多概念在具体的领域中是不相关的,或者语义相距甚远。该算法的目的是为能解决这一问题,在 WordNet 提供大量的同位与上下位关系词中,较为准确地找到蔬菜供应链领域中某个概念的同位与上下位概念,将与该领域语义相关程度不大的概念筛选掉。为此,首先建立了概念描述表11.6。

在概念描述表的建立中,为能从语义层面描述蔬菜供应链的领域概念,参照《中华人民共和国国家标准物流术语》,同时考虑到蔬菜供应链自身的特点,选取了供应链物品、运输、储存、装卸等 19 个描述,从不同的角度来描述蔬菜供应链环节中的概念,这样,对一个领域概念形成了 19 维描述。而对于 19 维描述,人们不容易直观得出判断,我们选用 LLE 降维算法,将领域概念的高维描述降至低维,并保持概念间原有的相关性。

对领域概念 supply chain,在 WordNet 中找到 18 个同位与上下位关系相关概念:logistics, stocking, purveyance, supply, human action, abstraction, entity、psychological feature 等。

#### 表 11.6　概念描述表

| 检索词 | 概念 1<br>supply chain | 概念 2<br>logistics | 概念 3<br>stocking | 概念 4<br>purveyance | 概念 5<br>supply | 概念 6<br>human action |
|---|---|---|---|---|---|---|
| 描述 1:供应链物品 | 1 | 1 | 0.9 | 0.5 | 0.9 | 0.2 |
| 描述 2:运输 | 1 | 1 | 0.8 | 0.3 | 0.5 | 0.3 |
| 描述 3:储存 | 1 | 1 | 1 | 0.3 | 0.5 | 0.3 |
| 描述 4:装卸 | 1 | 1 | 1 | 0.2 | 0.5 | 0.3 |
| 描述 5:分拣包装 | 1 | 1 | 0.5 | 0.1 | 0.6 | 0.3 |
| 描述 6:流通加工 | 1 | 1 | 0.6 | 0.1 | 0.7 | 0.3 |
| 描述 7:配送 | 1 | 1 | 0.8 | 0.3 | 0.7 | 0.3 |
| 描述 8:交易 | 1 | 1 | 0.5 | 0.4 | 0.9 | 0.3 |
| 描述 9:信息处理 | 1 | 0.8 | 0.3 | 0.1 | 0.4 | 0.3 |
| 描述 10:交通工具 | 1 | 1 | 0.6 | 0.1 | 0.6 | 0.1 |
| 描述 11:集装化 | 1 | 1 | 0.3 | 0.1 | 0.4 | 0.1 |
| 描述 12:仓库 | 1 | 1 | 1 | 0.1 | 0.6 | 0.1 |
| 描述 13:电子订货系统 | 1 | 0.9 | 0.3 | 0.3 | 0.7 | 0.1 |
| 描述 14:安全保障 | 1 | 0.8 | 0.3 | 0.3 | 0.4 | 0.1 |

续表

| 检索词 | 概念 1 supply chain | 概念 2 logistics | 概念 3 stocking | 概念 4 purveyance | 概念 5 supply | 概念 6 human action |
|---|---|---|---|---|---|---|
| 描述 15：条码 | 1 | 0.9 | 0.6 | 0.3 | 0.8 | 0.1 |
| 描述 16：信息流 | 1 | 0.8 | 0.6 | 0.3 | 0.6 | 0.1 |
| 描述 17：资金流 | 1 | 0.8 | 0.8 | 0.6 | 0.8 | 0.1 |
| 描述 18：进出口 | 1 | 1 | 0.5 | 0.1 | 0.6 | 0.1 |
| 描述 19：冷链 | 1 | 1 | 0.5 | 0.5 | 0.4 | 0.1 |

| 检索词 | 概念 7 abstraction | 概念 8 entity | 概念 9 psychological feature | 概念 10 provision | 概念 11 deed | 概念 12 irrigation |
|---|---|---|---|---|---|---|
| 描述 1：供应链物品 | 0.1 | 0.3 | 0.1 | 0.8 | 0.1 | 0.1 |
| 描述 2：运输 | 0.1 | 0.6 | 0.1 | 0.4 | 0.2 | 0.1 |
| 描述 3：储存 | 0.1 | 0.6 | 0.1 | 0.4 | 0.2 | 0.1 |
| 描述 4：装卸 | 0.1 | 0.6 | 0.1 | 0.4 | 0.1 | 0.1 |
| 描述 5：分拣包装 | 0.1 | 0.6 | 0.1 | 0.2 | 0.2 | 0.1 |
| 描述 6：流通加工 | 0.1 | 0.6 | 0.1 | 0.3 | 0.2 | 0.1 |
| 描述 7：配送 | 0.1 | 0.6 | 0.1 | 0.3 | 0.2 | 0.1 |
| 描述 8：交易 | 0.1 | 0.6 | 0.1 | 0.3 | 0.2 | 0.1 |
| 描述 9：信息处理 | 0.1 | 0.2 | 0.1 | 0.4 | 0.1 | 0.1 |
| 描述 10：交通工具 | 0.1 | 0.2 | 0.2 | 0.4 | 0.1 | 0.1 |
| 描述 11：集装化 | 0.1 | 0.1 | 0.1 | 0.2 | 0.1 | 0.1 |
| 描述 12：仓库 | 0.1 | 0.4 | 0.1 | 0.4 | 0.1 | 0.1 |
| 描述 13：电子订货系统 | 0.1 | 0.2 | 0.3 | 0.7 | 0.1 | 0.1 |
| 描述 14：安全保障 | 0.1 | 0.3 | 0.1 | 0.2 | 0.1 | 0.1 |
| 描述 15：条码 | 0.3 | 0.6 | 0.1 | 0.6 | 0.1 | 0.1 |
| 描述 16：信息流 | 0.1 | 0.6 | 0.1 | 0.6 | 0.1 | 0.1 |
| 描述 17：资金流 | 0.1 | 0.6 | 0.1 | 0.6 | 0.1 | 0.1 |
| 描述 18：进出口 | 0.1 | 0.5 | 0.1 | 0.4 | 0.1 | 0.1 |
| 描述 19：冷链 | 0.1 | 0.1 | 0.1 | 0.2 | 0.1 | 0.1 |

| 检索词 | 概念 13 feeding | 概念 14 alimentation | 概念 15 subvention | 概念 16 fueling | 概念 17 refueling | 概念 18 issue |
|---|---|---|---|---|---|---|
| 描述 1：供应链物品 | 0.4 | 0.4 | 0.2 | 0.1 | 0.1 | 0.1 |
| 描述 2：运输 | 0.1 | 0.1 | 0.1 | 0.1 | 0.2 | 0.1 |
| 描述 3：储存 | 0.1 | 0.1 | 0.1 | 0.1 | 0.2 | 0.1 |

| 检索词 | 概念 13<br>feeding | 概念 14<br>alimentation | 概念 15<br>subvention | 概念 16<br>fueling | 概念 17<br>refueling | 概念 18<br>issue |
|---|---|---|---|---|---|---|
| 描述 4:装卸 | 0.1 | 0.1 | 0.1 | 0.1 | 0.1 | 0.1 |
| 描述 5:分拣包装 | 0.1 | 0.1 | 0.1 | 0.1 | 0.1 | 0.1 |
| 描述 6:流通加工 | 0.1 | 0.1 | 0.1 | 0.1 | 0.1 | 0.1 |
| 描述 7:配送 | 0.2 | 0.1 | 0.1 | 0.3 | 0.2 | 0.2 |
| 描述 8:交易 | 0.1 | 0.2 | 0.1 | 0.2 | 0.1 | 0.2 |
| 描述 9:信息处理 | 0.1 | 0.4 | 0.1 | 0.1 | 0.1 | 0.1 |
| 描述 10:交通工具 | 0.1 | 0.1 | 0.1 | 0.6 | 0.1 | 0.1 |
| 描述 11:集装化 | 0.1 | 0.1 | 0.1 | 0.1 | 0.1 | 0.1 |
| 描述 12:仓库 | 0.1 | 0.1 | 0.1 | 0.1 | 0.2 | 0.2 |
| 描述 13:电子订货系统 | 0.2 | 0.2 | 0.1 | 0.1 | 0.1 | 0.1 |
| 描述 14:安全保障 | 0.2 | 0.1 | 0.1 | 0.1 | 0.1 | 0.1 |
| 描述 15:条码 | 0.2 | 0.1 | 0.1 | 0.3 | 0.1 | 0.6 |
| 描述 16:信息流 | 0.2 | 0.2 | 0.1 | 0.1 | 0.4 | 0.4 |
| 描述 17:资金流 | 0.2 | 0.1 | 0.1 | 0.1 | 0.1 | 0.1 |
| 描述 18:进出口 | 0.1 | 0.2 | 0.1 | 0.3 | 0.1 | 0.1 |
| 描述 19:冷链 | 0.1 | 0.1 | 0.1 | 0.1 | 0.1 | 0.1 |

实验参数选择了将维数由 19 维降至 2 维,每个领域概念的临近点为 8 个。降维后 18 个领域概念间的距离(相关程度)如图 11.6 所示。

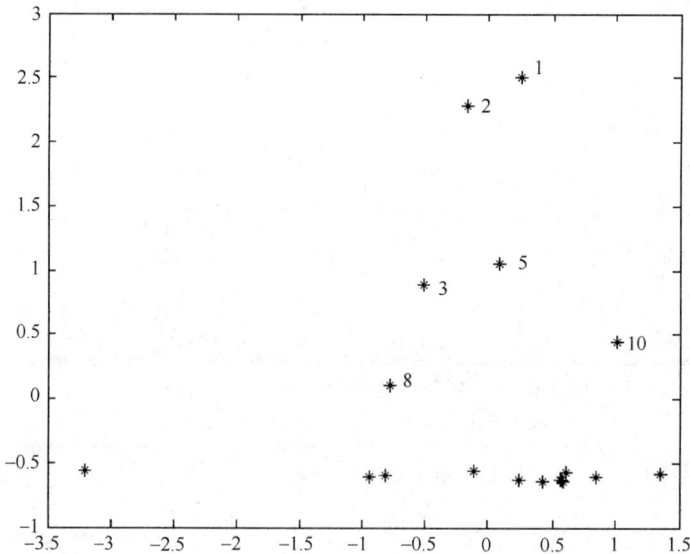

图 11.6　LLE算法实验结果

结果中,与 supply chain 明显相关的领域概念有 5 个,其中,相关程度最高的为 logistics,其他相关程度由高到低依次为 supply,stocking,provision,entity;而 supply 与 stocking 的相关程度又最高。以上均合理反映了概念之间真实的相关性。而实验结果中与 supply chain 不明显相关的概念间的相关度有的很高,并与实际不符,是由于我们给出的领域概念描述标准仅针对供应链领域,领域范围之外的概念没有列入相关性比较的范围之内,而 WordNet 并不考虑领域因素所造成的。

LLE 算法适合大数据量运算,维数越高,领域概念越多,对问题的反应就越真实,可靠性就越大。

# 11.4　本 章 小 结

(1) 当提交的检索词为单个领域概念时,采用了基于本体形式化表示的领域概念获取方法。首先,在 RDF(S)对蔬菜供应链本体形式化表示之上,设定了定性的推理规则,实现检索词在蔬菜供应链本体结构中的概念获取。以此为基础,在改进的 Voronoi 图对蔬菜供应链形式化表示之上,通过相似度计算实现了定量推理,将定性的概念获取定量化,进一步描述检索词与获取的领域概念间的关联程度。

(2) 当提交的检索词为两个以上领域概念时,这些概念之间通常有关联关系,采用了基于模糊推理的领域概念获取方法。针对 NSM 相似度计算算法有时计算结果不合理的问题,对其提出了改进,将计算不合理的情形合理化,使结果更符合实际,并用蔬菜供应链领域概念数据对改进的 NSM 算法进行了验证。

(3) 英文词汇语义网络系统 WordNet 提供了大量的同位与上下位关系概念,但没有考虑具体的领域,如果这些同位与上下位关系概念具体到某领域可能相关程度不大,或者根本不相关。针对这一问题,利用领域概念间的同位与上下位关系,在 WordNet 提供的大量同位与上下位领域概念的基础上,参照《中华人民共和国物流标准》,同时结合蔬菜供应链自身的特点,选取了描述蔬菜供应链领域概念的 19 个标准,形成了对蔬菜供应链领域概念的高维描述。考虑到高维描述难以感知的缺陷,采用 LLE 领域概念提取算法,将对蔬菜供应链领域概念的 19 维描述降到 2 维,并保持了概念间原有的相关性,实验结果显示了算法应用的合理性。

# 第12章 基于统计策略的文本搜索算法

第11章在领域概念获取推理方法基础上实现了领域概念在语义层面知识获取过程中的扩展。本章采用基于统计策略的文本搜索算法实现从领域概念到文本文件的映射,从而将信息检索问题转化为对文档语言模型估计的统计问题,在此基础上提出了应用于蔬菜供应链知识获取的查询似然模型框架。

## 12.1 统计语言建模

统计语言建模(statistical language modeling,SLM)技术是通过统计学和概率论对自然语言建模,从而捕获自然语言的规律和特性,以解决语言信息处理中的特定问题。

SLM技术是20世纪初马尔可夫试图对俄文字母序列进行建模而提出的。后来,Zipf(1949)在运用统计学研究文本性质时发现,如果依据词的频度大小对词进行排序,则拥有某个词频的词的数目随着词频的减少而呈现指数级衰退。1951年,Shannon利用n-gram模型对英文文本做了一个统计预测模型,用来观测英文文本的信息量。20世纪80年代开始,SLM被广泛应用于语音识别、光学字符识别、机器翻译等领域,成为语言信息处理中的主流技术之一(黄昌宁,2002)。

语言建模技术的目标是建立自然语言的数学模型,为语言信息处理的应用服务。从研究的角度看,语言建模技术一般可以分为两类:一类是利用语言学知识的规则文法对自然语言的内在结构进行建模;另一类则是建立在大规模真实文本语料库的基础上,通过统计的方法来发现自然语言的统计规律,建立起自然语言的统计语言模型。经研究发现,单纯依靠规则的语言模型几乎不可能完成对大规模文本的处理,只能处理受限文本。以语料库为基础的SLM技术现已形成潮流,它通过对语料库进行深层加工、统计和学习,获取大规模真实语料中的语言知识(丁国栋,2006)。

在SLM中,语言就是字母表上的某种概率分布,该分布反映了任何一个字母序列成为该语言的一个句子(或其他语言单元)的可能性,这个概率分布即为该语言的统计语言模型(丁国栋,2006)。

## 12.2 查询似然检索模型

1998年,Ponte和Croft首次将SLM应用于信息检索问题,提出了一种基于查询似然(query likelihood)的文档排名方法,其基本思想是:首先对文档集中的每篇文档估计其对应的语言模型,然后通过计算每个文档语言模型下查询的似然度对所有文档进行排名。通过这种检索模型,检索问题就转化为文档语言模型的估计问题。该检索模型建立在统计估计理论基础上,并有在其他领域(如语音识别)被广为应用的 SLM 技术作为支撑,因而在信息检索领域受到了广泛关注。大量实验研究表明,与传统的检索模型相比,查询似然检索模型有着十分优异的检索性能,且有较大的拓展空间。

### 12.2.1 投掷骰子的问题

我们用掷骰子的例子来说明查询似然检索模型的基本思想(丁国栋,2006)。

**例 12.1** 一个不规则的骰子,分别用 1~6 之间的 6 个数字代表 6 个面。已知连续抛 10 次的观测结果序列为 2132461232,问:抛 3 次的结果序列为 325 的概率是多大?

在该问题中,可假设骰子的各个面在每次抛掷后朝上的概率为一个常数,设第 $i$ 面朝上的概率为 $p_i(1 \leqslant i \leqslant 6)$,$0 \leqslant p_i \leqslant 1$ 且 $\sum_i p_i = 1$。如果各个 $p_i$ 已知,显然这个问题的答案为 $p_3 p_2 p_5$。但我们并不清楚每个 $p_i$ 的值,唯一知道的只是该骰子抛 10 次的观测结果,因此,必须由该观测结果"2132461232"对各个 $p_i$ 进行估计。掷骰子的试验实际上是一个由参数 $\theta = (p_1, p_2, \cdots, p_6)$ 所确定的多项随机试验(Bernstein et al.,2002),对各个 $p_i$ 的估计问题本质上是统计学中很典型的参数估计问题。

对上例加以扩展。

**例 12.2** 假设有 $N$ 个不规则骰子 $A_1, A_2, \cdots, A_N$,每个骰子都有 $L$ 个面,用 $1, \cdots, L$ 之间的数字表示这 $L$ 个面。将每个骰子抛若干次,并记录下观测结果,令骰子 $A_i(1 \leqslant i \leqslant N)$ 抛 $n_i$ 次的观测结果为 $D_i = d_1 d_2 \cdots d_{n_i} (d_j \in [1, L], 1 \leqslant j \leqslant n_i)$。问:哪个骰子在抛 $m$ 次后的观测结果最有可能为 $q_1 q_2 \cdots q_m (q_j \in [1, L])$?

同样的,在这个问题中,投掷每个骰子 $A_i$ 的试验是由参数 $\theta_i = (p_{i,1}, p_{i,2}, \cdots, p_{i,L})$ 所确定的多项随机试验,其中,每个 $p_{i,j}$ 表示骰子 $A_i$ 在抛掷后第 $j$ 个面朝上的概率。显然,要解决这个问题,我们需要根据每个骰子 $A_i$ 的观测结果 $D_i$ 去估计该骰子每个面对应的概率,即估计参数 $\theta_i$。在估计出各个骰子对应的参数 $\theta_i$ 后,即可计算出每个骰子在抛掷 $m$ 次后的观测结果为 $q_1 q_2 \cdots q_m$ 的概率,概率最大的那个骰子即为上述问题的答案。

将这个例子放到信息检索中,我们可把 $L$ 视为词典规模(词典中的词项个数),$1, \cdots, L$ 之间的每个数字对应于词典中的一个词项,骰子 $A_i$ 在抛 $n_i$ 次后的观测结果可看成是一篇文档,把 $q_1 q_2 \cdots q_m$ 看成用户查询 $Q$,则上述掷骰子的问题即转化为:已知 $N$ 个骰子的观测结果为 $N$ 篇文档 $D_1, D_2, \cdots, D_N$,问:哪个骰子在抛 $m$ 次后的观测结果最有可能为查询 $Q$?若令 $P(Q \mid D_i)$ 表示已知骰子 $A_i$ 的观测结果为 $D_i$ 的情况下抛 $m$ 次的观测结果为 $Q$ 的概率,则这个问题即转化为计算 $P(Q \mid D_i)$。

通过上面两个例子,我们对查询似然检索模型的基本思想有一个感性的认识。

下面对查询似然检索模型进行更为形式化的描述。

## 12.2.2　基于查询似然的检索模型

设 $V$ 表示某语言的词典，$V = \{w_1, w_2, \cdots, w_{|V|}\}$，称 $w_i$ 为词项。原始的查询和文档都可表示成有序的词项序列：设 $Q$ 为用户查询，$Q = q_1, q_2, \cdots, q_m, q_i \in V$；$D$ 为文档集 $C$ 中的一篇文档，$D = d_1, d_2, \cdots, d_n, d_i \in V$。假设文档 $D$ 来自于 $V$ 上的某个概率分布，我们称这个概率分布为该文档对应的语言模型，记为 $\theta_D$。对于给定文档集中的文档 $D$，借助一定的统计方法，我们可以估计 $D$ 所对应语言模型。考察在该语言模型下生成用户查询 $Q$ 的概率 $P(Q \mid \theta_D)$，我们称之为查询似然或查询生成概率，通常简记为 $P(Q \mid D)$。为了对文档集的文档进行排名，我们需要估计 $P(Q \mid D)$ 的后验概率。根据贝叶斯公式有

$$P(D \mid Q) = \frac{P(Q \mid D)P(D)}{P(Q)} \tag{12.1}$$

对于给定的用户查询 $Q$，上述式子中的分母 $P(Q)$ 不影响文档排名，亦即有

$$P(D \mid Q) \propto P(Q \mid D)P(D) \tag{12.2}$$

式中，$P(Q \mid D)$ 为在给定文档 $D$ 的语言模型下与查询 $Q$ 的似然度，它表征了文档 $D$ 与查询 $Q$ 的"匹配"程度；$P(D)$ 为文档 $D$ 与任何一个查询相关的先验概率，可用于捕捉文档 $D$ 的一些内部结构、风格等非文本信息，如文档长度或一个网页的链接数，相关的文献（Li et al.，2003b；Kraaij et al.，2002；Miller et al.，1999）报道了在这方面进行的一些尝试性的研究。通常，假设 $P(D)$ 为均匀分布，因此，不影响文档的排名。

查询似然 $P(Q \mid D)$ 的计算方法可以概括为两种：多元 Bernoulli 模型和多项模型。前者将查询看成词项的集合，只考虑一个词项在查询中是否出现，而不考虑它在查询中出现的次数，查询被看成 $|V|$ 个相互独立的 Bernoulli 试验的结果序列。因此，我们可使词典中的每个词项 $w_i$ 对应于一个 Bernoulli 随机变量 $X_i$，其值为 $x_i$：$x_i = 1$ 或 $x_i = 0$，前者表示词项 $x_i$ 出现在查询 $Q$ 中，后者表示该词项未出现在查询 $Q$ 中。那么，多元 Bernoulli 模型下的查询似然 $P(Q \mid D)$ 可通过如下公式计算得到：

$$P(Q \mid D) = \prod_{i=1}^{|V|} p(X_i = x_i \mid D) = \prod_{w \in Q} p(w \mid D) \prod_{w \notin Q} (1 - p(w \mid D)) \tag{12.3}$$

多项模型则把查询看成多项随机试验的结果序列，因而考虑了词项在查询中的出现次数，将词典中的每个词项 $w_i$ 对应于一个多项随机变量 $X_i$。$Q = (n_1, n_2, \cdots, n_{|V|})$，其中，$n_i$ 表示词项 $w_i$ 在查询中出现的次数，设查询的长度为 $n$，即 $n = n_1 + \cdots + n_i + \cdots + n_{|V|}$，则多项模型下的查询似然 $P(Q \mid D)$ 是一个多项分布（这里的 $Q$ 并非指某个特定的查询，而是指符合 $Q = (n_1, n_2, \cdots, n_{|V|})$ 的所有查询），即

$$P(Q \mid D) = (X_1 = n_1, X_2 = n_2, \cdots, X_{|V|} = n_{|V|} \mid D) = p(n \mid D) \binom{n}{n_1, n_2, \cdots, n_{|V|}} \prod_{i=1}^{|V|} p(w_i \mid D)^{n_i}$$

$$\tag{12.4}$$

在计算查询似然 $P(Q \mid D)$ 时,Ponte 等(1998)采用了多元 Bernoulli 模型,而其他大多数研究工作均采用多项模型(Miller et al.,1999;Hiemstra et al.,1999;Song et al.,1999)。实验表明,多项模型比多元 Bernoulli 模型有着更好的检索性能。

不管是多元 Bernoulli 模型还是多项模型,对查询似然 $P(Q \mid D)$ 的计算最终都转换为估计 $P(w \mid D)$。也就是说,查询似然检索模型将信息检索问题转化为对文档语言模型的估计问题,而后者可以依靠强大的统计推断理论来得到解决,而且在 SLM 技术的传统应用领域(如语音识别),研究者们对语言模型的估计问题也进行了较为深入的研究,这些正是与传统检索模型相比 SLM 检索方法在解决信息检索问题方面的优势所在。

### 12.2.3　数据平滑技术

由于语言模型的训练语料不可能无限大,许多合理的词之间的搭配关系在语料库中没有出现,必然出现数据稀疏现象,称之为零概率问题。数据平滑技术用于解决该问题,它对采用最大似然规则的概率估计进行调整以产生更精确的概率。数据平滑使低概率(包括零概率)被调高,高概率被调低,模型参数概率分布趋向均匀。除了通常用来避免零概率之外,还试图提高模型的整体精度(陶志荣,2002)。

平滑算法可以分成两大类:一类是修改所有实际统计数据的参数平滑法;另一类是修改部分实际统计数据的参数平滑算法。目前,数据平滑技术主要有以下几种:简体插值、Katz 平滑、Jelinek-Mercer 平滑、Church-Gale 方法、Kneser-Ney 平滑等。比参数平滑更有前途的方法是语义平滑,它类似于传统的术语加权方法(Lafferty et al.,2001)。

## 12.3　查询似然检索模型在蔬菜供应链知识获取中的应用

第 3 章完成了三个层面上关键词语义扩展,获得了语义相关的领域概念集合,从这些概念集合出发,运用查询似然检索模型完成蔬菜供应链知识管理与获取系统的最后工作。查询似然检索模型的应用步骤如下:

第一步,在蔬菜供应链领域中确定 $n$ 个词项 $w_i (1 \leqslant i \leqslant n)$,组成一个词项集合。

第二步,对于蔬菜供应链知识库中的文档集中的文档,利用统计方法估计其与词项集合对应的概率模型(语言模型)。在此假定服从均匀分布。

第三步,提交查询词后,计算文档集中的各文档出现的概率,按多项模型计算式(12.4)计算。

第四步,根据计算结果对出现概率高的文档排名。

具体实现流程如图 12.1 所示。

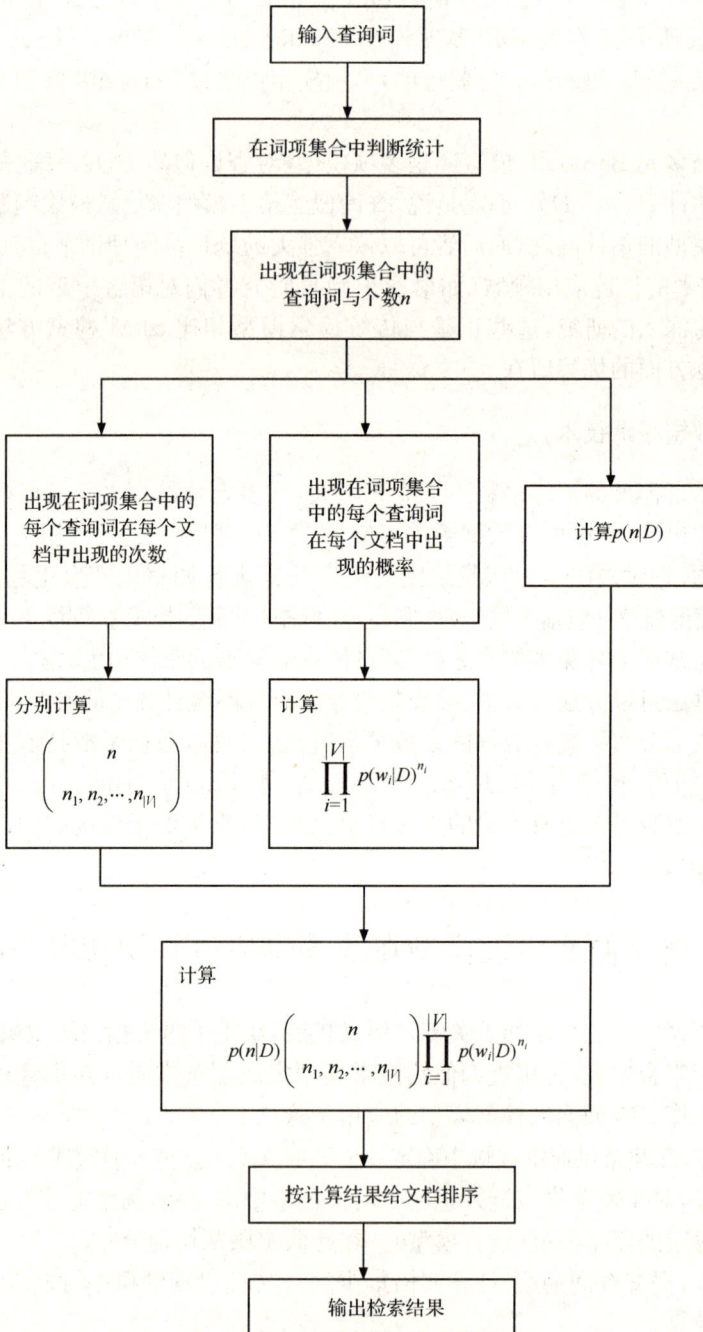

图 12.1　算法流程

# 12.4　本 章 小 结

　　本章针对第 11 章概念获取推理得到的领域概念集合,采用查询似然检索模型计算检索词集合与待检索文档间的似然度,该似然度表征了文档与查询集合的"匹配"程度,依据"匹配"程度的高低对检索结果排序,最后给出了该算法在蔬菜供应链知识与获取系统中的应用方案。

# 第 13 章　蔬菜供应链知识获取系统设计与实现

## 13.1　系统总体框架

蔬菜供应链知识获取系统的目是对蔬菜供应链相关的知识进行采集,将采集的蔬菜供应链知识进行语义化加工,并在语义化加工后的知识上提供知识服务。整个系统的总体结构如图 13.1 所示。

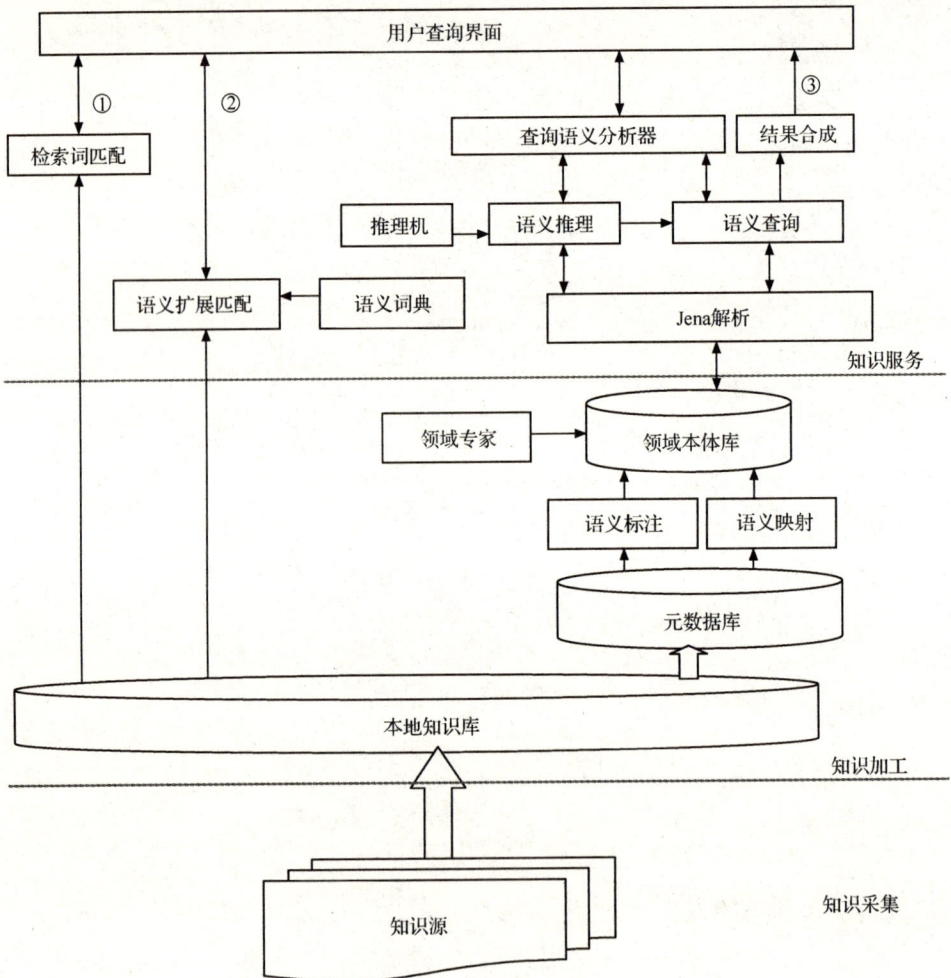

图 13.1　系统总体结构图

知识采集是知识获取系统建立的第一步,也是实现知识加工并提供知识服务的基础。蔬菜供应链知识获取系统所管理和提供服务的知识是面向特定领域的(蔬菜供应链管理领域),涵盖了蔬菜供应链的所有环节(包括仓储、订单管理、运输、配送等),而这一特定领域的知识又以多种形式存在,如互联网知识、书本、专家的经验等。与一般的信息检索系统采用 robot 技术从互联网上自动抓取知识的方式不同,要求针对这一特定领域的知识尽可能涵盖更多的知识来源,这里采用了手工获取的方式来实现蔬菜供应链领域知识的获取。根据 Vegnet 项目(http://icb.cau.edu.cn/vegnet/)的需求,主要采集的知识是欧洲(德国、希腊、英国等国家)与亚洲(中国)由互联网支持的农产品供应链,特别是蔬菜供应链相关的知识。知识采集和知识库建立的目的是缩小中国和欧洲国家在蔬菜供应链管理上的差距,实现知识共享。我们收集的知识主要包括来自领域专家的经验、书本、报纸、案例、学术论文、实践经验等。知识收集的途径主要是通过互联网搜索、网站知识获取、书本文献查阅、专家走访等方式。目前,该蔬菜供应链知识库中已经收集了超过 415 条的相关知识,并且这一数目还在不断增长中。

数据采集以后存贮在本地数据库中,数据库中的数据项条目如表 13.1 所示。

**表 13.1　数据库中的数据项**

| 编号 | 数据 | 网络连接 | 数据类型 | 读者类型 | 功能 |
|------|------|----------|----------|----------|------|
| 国家 | 事务类型 | 数据的语言 | 其他信息 | 备注 | |

知识采集后,要进行知识的加工处理。为了实现基于本体的智能知识检索,最重要的是建立领域本体库。领域本体是在领域专家的帮助下,建立在本地知识库的基础上的。对于本地知识库中的数据,利用 RDF 表示提取其元数据信息。RDF 以三元组的形式表示元数据,对于以 RDF 表示的元数据,通过语义标引和语义映射,在领域专家的帮助下实现领域本体库的构建。其主要工作是从数据信息中提取元数据信息,并将元数据按照领域本体的结构进行组织和安排。这样,在进行信息检索时,不仅能够获得该数据项的信息,还可以获取该数据项和其他数据项之间的关系,如描述领域概念的上下位关系、相似关系等,这为知识服务过程中进行语义推理奠定了基础。

系统建立的最后一步功能是提供知识服务,整个系统共向用户提供三种知识获取方式:基于关键词的检索、语义扩展检索和基于本体的知识获取。基于关键词的检索是一种传统的信息检索方式,它根据用户的输入,采用关键词匹配的方式进行信息的检索。在本系统中,提供该功能,一方面为适应用户的传统检索习惯,另一方面可以将这一传统检索技术的检索结果与基于本体的检索技术的检索结果作一个对比。语义扩展检索是在关键词检索的基础上通过描述领域词汇相关度的词汇表进行语义扩展,经过语义扩展之后再进行信息的检索。基于本体的知识获取是第三种提供知识服务的方式,针对用户的知识检索需求,利用查询语义分析器将用户的查询请求转化为领域本体库中所使用的 RDF 三元组的形式。这样,和在第二步中建立的领域知识本体库中的三元组进行匹配,利用 Jena 进行解析,把用户所需的知识从本体库和知识库中抽取出来,提供给用户。另外,在 Jena 的基础上,还可以进行语义推理、语义检索等知识服务。语义推理主要是利用推理机推理出本体中所隐含的类之间的关系,从而实现检索语义的扩展。

# 13.2　系统开发工具与开发环境

本系统的开发环境如下:

系统环境: Windows XP SP2

Java 环境:JDK1.5

开发工具: Eclipse3.1

服务器:Tomcat5.0

语义网工具:Jena 2.3, Protégé 3.1

## 13.2.1　Java 和 JDK

Java 是一种高级编程语言,具有很好的跨平台性,它的设计是独立于机器的。用 Java 语言开发的程序不加修改便可以在支持 Java 语言的任何操作系统上运行,具有很好的程序移植性。目前,几乎所有与语义搜索、语义表达相关的项目都是采用 Java 语言进行开发的。

JDK 是 Java 的核心,它包括了 Java 运行环境、与 Java 程序开发相关的一组工具和 Java 基础的类库,是进行 Java 程序设计的基础。目前,最主流的 JDK 是 Sun 公司发布的 JDK,其他一些 JDK 还有 IBM 公司开发的 JDK,BEA 公司的 Jrocket,GNU 组织开发的 JDK 等。

## 13.2.2　Eclipse

Eclipse 是一个开源的、可扩展的集成开发环境(IDE),经过 IBM 多年的开发,目前已是广大 Java 开发者所熟悉的开发工具。Eclipse 的特点是:它本身并不会提供大量的最终用户功能,而是通过插件来快速开发集成功能部件。Eclipse 软件可以用于管理多种开发任务,其中包括测试、性能调整及程序调试等,而且还可以集成来自第三方应用程序的开发工具。此外,Eclipse 软件非常适合开发电子商务应用程序。

### 13.2.3　Tomcat

Tomcat 服务器是一个免费的开放源代码的 Web 应用服务器,它是 Apache 软件基金会(Apache Software Foundation)的 Jakarta 项目中的一个核心,由 Apache、Sun 和其他一些公司及个人共同开发而成。Tomcat5 支持最新的 Servlet 2.4 和 JSP2.0 规范。由于 Tomcat 技术先进、性能稳定、可以免费使用,因而深受 Java 爱好者的喜爱,并得到了部分软件开发商的认可,成为比较流行的 Web 应用服务器。

### 13.2.4　Protégé

Protégé(http://protege.stanford.edu/)是由美国斯坦福大学医学院医学信息学中心开发的一个开放源码的本体编辑器,目前的最新版本是 Protégé3.3 Beta 版。Protégé 是用 Java 开发的一个开源项目,是基于知识的编辑器。

Protégé 提供图形化界面进行本体编辑,通过使用图形界面上的选项按钮可以分别对本体的类、属性、实例、规则等进行编辑,它以树形的层次目录结构显示本体结构,用户可以通过点击相应的项目来增加或编辑类、子类、属性、实例等,使用户在概念层次上设计领域模型。另外,Protégé 还支持多重继承,并能对新数据进行一致性检查,具有很强的扩展性。

另外,Protégé 可以支持多种格式本体文件的输入编辑和编辑后的输出,特别是它以 OWL 插件的形式支持 OWL 格式的本体,在 Protégé 类(代表概念)的编辑是分层的,有具体类和抽象类。Protégé 可以根据使用者的需要进行定制,如可以定制用户的界面以更好地适应新语言的使用;具有可扩展的结构,可根据需要添加所需要的功能模块。Protégé 工具本身没有嵌入推理工具,不能实现推理,但该工具有良好的可扩展结构,很容易嵌入其他的系统中或与其他系统联系使用,如直接与外部具有推理功能的语义模块联系。作为一个开源的本体制作软件,Protégé 提供了本体建设的基本功能,使用简单方便,有详细友好的帮助文档,模块划分清晰,提供完全的 API 接口,因此,它已成为国内外众多本体理论研究者进行与本体相关开发的首选工具。

### 13.2.5　Jena

Jena 是由 HP 公司开发的一个用于 Java 开发的工具包。和 Protégé 一样,它也是一个开源的项目(jena.sourceforge.net),可以提供对 RDF、RDF(S)及 OWL 模型的解析、创建和查询的支持,当前最新的版本为 Jena2.5.2。

在 Jena 开发工具包中,主要提供了以下一些 Java 包、接口和方法:①RDF 应用编程接口;②提供了读写各种形式的 RDF 文件,包括 RDF/XML、N3 等格式;

③提供操作 OWL 文件的应用编程接口；④提供本体的两种存储方式：基于内存的方式和持久存储方式；⑤提供了一种用于 RDF 实例的数据查询语言——RDQL。

Jena 中定义了许多诸如 RDF Node 接口、资源接口、常量接口、属性接口、陈述接口等接口用于处理 RDF 模型，这些接口以函数 API 的形式提供给使用者。在 Jena 中，主要用于处理 RDF 的包是 com. hp. hpl. jena. rdf. model. 因为 API 是以接口的方式定义的，所以，应用代码可以使用不同的实现机制而不用改变代码本身，这个包中包含了可以表示模型、资源、属性、文本、陈述和其他 RDF 关键概念的接口，还有一个用来创建模型的 ModelFactory。另外，Jena 提供了对数据库的良好支持。目前，Jena 已成为本体应用领域处理 RDF 的首选工具，如在最近几年的 WWW 会议上，许多语义网项目都选用 Jena 作为处理 RDF 的开发工具。

# 13.3　系统模块设计

整个系统共提供给用户三种形式的知识获取方式，包括关键词检索、语义扩展检索和基于本体的语义检索。

## 13.3.1　关键词检索

关键词检索是一种传统的信息检索方式。目前，许多著名的互联网搜索引擎，如 Google 和百度等都是利用用户输入的关键词进行信息查询。

传统的信息检索模型使用一组有代表性的关键词（索引术语）来描述数据库中的每一项内容，这些关键词是数据库项的内容描述，通过这些关键词建立用户和待检索数据内容之间的桥梁。一般的，为了提高检索的效率，可以对这些关键词建立索引。由于名词的词义很容易进行描述和识别，因此，索引术语基本上都是名词。关键词的选择对于提高检索效率是至关重要的，通常要根据数据项的内容来选择关键词。另外，还可以给关键词以权重来描述其重要程度。

基于关键词检索的优点和缺点同样明显。优点是简单、快捷、具有较快的检索速度。缺点主要有：①检索意图表达困难，通常，用户很难用一个或几个简单的关键词就能表达自己的检索意图，导致检索效率不高。②由于语言中的一词多义或者一义多词现象，使得关键词检索很难解决同义词查询的问题，如对于"apple"可以理解成蔬菜中的苹果，还可以理解成一个著名电脑公司的品牌。另外，由于文化教育背景等的差异，用户查询同样的信息也很可能选用不同的关键词。③关键词检索的另一个主要问题是所谓的"信息孤岛"问题。由于关键词只能反映原始数据项的描述，不能反映数据项的具体内容，导致原本存在概念上相关的信息不能反映其内在联系，在检索时也就不能通过一个数据项的信息来获取与其关联的文档信息，这也是语义检索所着力解决的问题。另外，在关键词的检索中，往往过于追求检索的查全率,导致查询的结果往往数量非常庞大,而用户很难有精力来对其进行分析。

为了符合目前用户的检索习惯,并能将关键词检索这一传统的技术与基于本体的检索技术作一个对比,系统中加入了传统的关键词检索,但在数据库的信息量特别大的情况下,由于其缺乏智能性,检索的结果往往不能令人满意。

## 13.3.2　语义扩展检索

为了解决传统的基于关键词检索所存在的问题,系统中引入了语义扩展检索。参照 WordNet(wordnet. princeton. edu)的做法,对蔬菜供应链领域的概念进行语义分析,建立了用于描述蔬菜供应链概念之间相关性的语义词典(如表 13.2 所示)。

**表 13.2　概念之间的相关性**

| 概念 | 相关概念 | 关系描述 |
|---|---|---|
| fruit | vegetable | 直接相关 |
| fruit | agri-products | 直接相关 |
| supply chain | logistics | 同义相关 |
| SCM | logistics | 同义相关 |
| storage | process | 过程相关 |
| transportation | process | 过程相关 |
| exchange | process | 过程相关 |
| farmer | wholesaler | 过程相关 |
| … | … | … |

首先定义了用于描述蔬菜供应链过程中数据的元数据。在进行语义扩展检索时,对于用户提交的初始查询条件,在语义词典的支持下经过语义扩展、语义蕴含、语义外延、语义联想等语义扩展得到一组具有较强语义相关性的查询条件集合,在进行语义扩展的过程中,可以根据概念间的关系描述进行相关的语义推理(如图 13.2 所示)。这种基于语义扩展的查询能够提高信息检索的查全率和查准率。然而,由于语义推理过程发生在与用户交互的在线阶段,这势必会增加单位用户的平均服务时间,影响服务器的响应性能,尤其当存在大量并发用户时,系统的性能下降尤为明显。

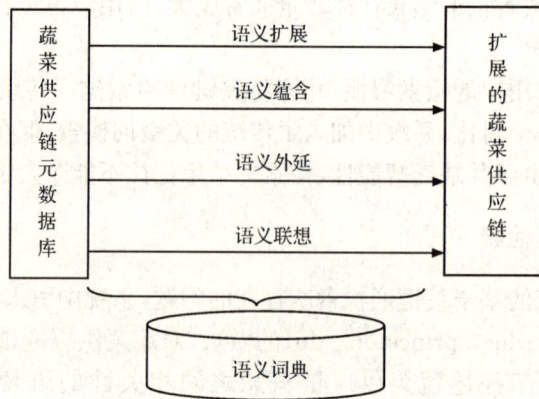

图 13.2　概念扩展检索示意图

### 13.3.3　基于本体的语义检索

基于本体的蔬菜供应链管理知识语义获取是系统开发的重点模块。为此,首先要构造蔬菜供应链管理本体。

#### 1. 领域本体构造

由于本体理论的研究刚刚兴起,而且不同领域具有各自的特点,所以,目前并没有一个统一的构建领域本体的方法,比较典型的本体构造方法主要有 TOVE 法、METH 本体法、骨架法、KACTUS 工程法、SENSUS 法、IDEF5 方法、七步法等。这些领域本体构造方法各具特色,且每一种构造方法都由一个总的流程和各步的操作规则构成。在构造蔬菜供应链本体的过程中,采用了类似于七步法的构造方法。由于目前还没有见到与此领域相关的领域本体,因此,整个本体的构造过程中没有本体重用这一步,整个构造过程共分 6 步,如图 13.3 所示。

首先,确定蔬菜供应链领域的范围,在构造初始阶段给出系统所需的蔬菜供应链领域的所有概念的定义。在第三步中,建立蔬菜供应链领域本体的框架,在此框架中描述各个概念及其之间的关系;然后对建立的本体进行编码和形式化表示;最后对所建立的本体进行检查和评估,以确定所建立的领域本体满足要求且符合本体建立时所定义的规则。检查的过程中还要看概念是否定义完整及概念间的关系描述是否完整。构造领域本体的过程是一个不断重复、不断完善的过程。

利用 Protégé 本体建模工具可以创建蔬菜供应链领域本体(如图 13.4 所示)。在 Protégé 中,最左边的一列是类标签,使用类标签导航来创建蔬菜供应链知识本体的所有类结构。在 Protégé 中,类是以层次结构组织的,每个类可以包含子类及属性。起初,Protégé 的类结构中只包含 THING 类及它的子类 SYSTEM-CLASS。

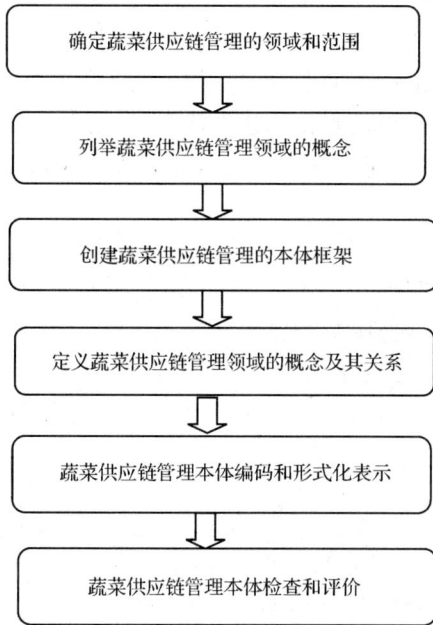

图 13.3　领域本体构造过程

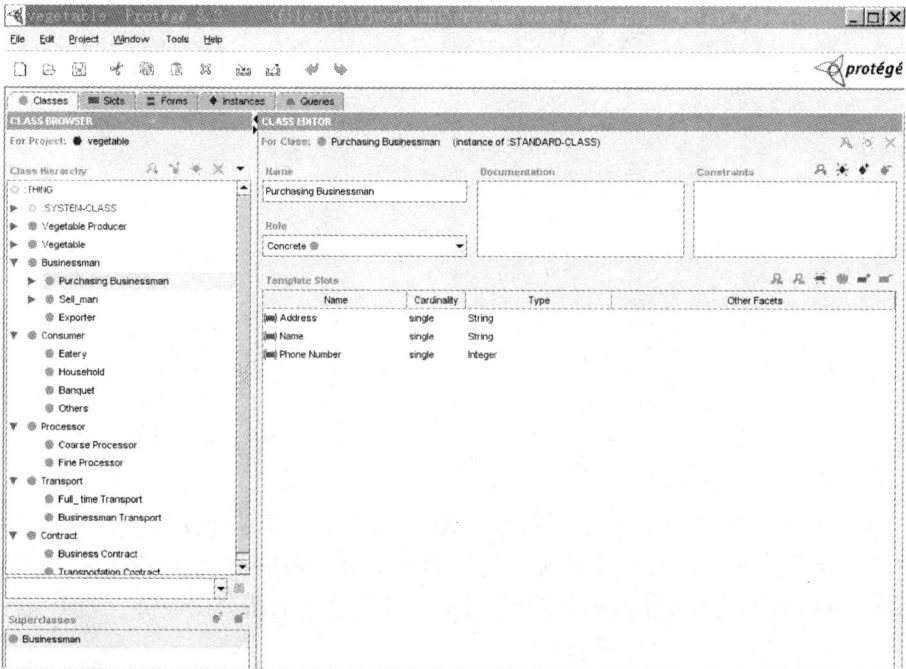

图 13.4　Protégé 创建本体图示

其中,THING 类是 Protégé 中所有类的父类,SYSTEM-CLASS 类定义了一些基本元素,包括类、槽等。在 Protégé 中,要创建一个新的类可以通过点击创建类按钮,在类的编辑区可以输入类的相关信息,如类的名称、文档、约束等。要创建某个类的子类,首先选中此类,然后点击创建类按钮,如创建系统中"商人"类的子类,须先选择"商人"类。图 13.5 是在 Protégé3.1 中定义一个蔬菜供应链本体的部分类结构。

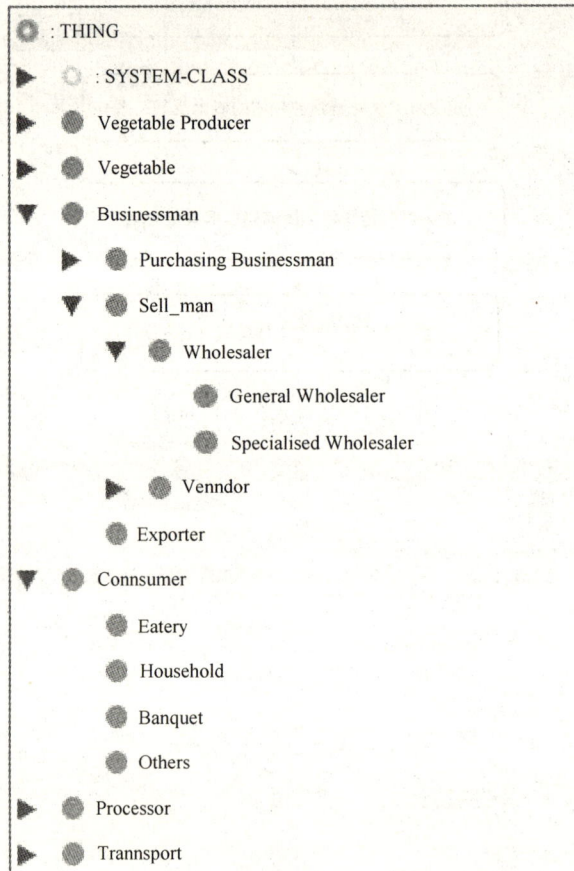

```
 : THING
 ▶  : SYSTEM-CLASS
 ▶  Vegetable Producer
 ▶  Vegetable
 ▼  Businessman
      ▶  Purchasing Businessman
      ▼  Sell_man
           ▼  Wholesaler
                General Wholesaler
                Specialised Wholesaler
           ▶  Venndor
           Exporter
 ▼  Connsumer
      Eatery
      Household
      Banquet
      Others
 ▶  Processor
 ▶  Trannsport
```

图 13.5　Protégé 中的蔬菜供应链管理类结构

在 Protégé 中,类的属性通过槽来描述,创建槽的过程与创建类的过程类似。其中,默认值选项可以用来设置所有使用和继承这个槽的类及其实例的默认值。领域选项用来确定当前槽所属的领域。图 13.6 是创建的蔬菜供应链管理中"合同生产者"这个类的一个属性槽的实例。

| Name | | | Documentation |
|---|---|---|---|
| Contract Producer | | | The vegetable farmers and vegetable base who provide vegetable accroding the contract |
| Role | | | |
| Concrete ● ▼ | | | |

Template Slots

| Name | Cardinality | Type | |
|---|---|---|---|
| ▦ Address | single | String | |
| ▦ Contract Number | single | Integer | |
| ▦ Name | single | String | |

图 13.6　蔬菜供应链本体中合同生产者类的属性槽

　　当创建完本体中的类、槽及其约束关系后,再创建类的实例。对于一个类,可以创建多个实例,其槽的属性值应根据定义的约束来输入。对于使用 Protégé 创建领域本体,一方面由于 Protégé 表达的原因,许多领域知识不能输入;另一方面,对于蔬菜供应链本体,没有必要输入其全部的信息,因为现实世界中的蔬菜供应链的模型十分复杂且不断发生变化,只需要输入满足应用需要的内容即可。

　　利用 Protégé 建立蔬菜供应链领域本体后,保存时选择语言为 RDF/XML。RDF 目前已被认为是表示和处理半结构化数据的最好选择,它已经成为 W3C 组织推荐的与 XML 和 SOAP 等标准并列的标准。采用 RDF 表示领域本体模型的核心是建立三元组描述,即将复杂的事物描述简化成一系列的三元组描述。RDF 中的每个陈述包含主体、谓词和客体三部分,RDF 描述的核心是事物与其他事物之间的联系。在 RDF 模型中,关于联系的定义与其他系统(如面向对象系统)有所不同,它认为在现实世界中,联系才是永恒存在的,资源对象是由各种复杂的联系所构成的;而面向对象的系统则认为世界是由众多的资源对象所构成,联系依附于具体的资源对象而存在。这两种不同的观点使得它们的应用环境各不相同。相对而言,RDF 模型的描述能力更强。因此,本模型在进行元数据语义编码时选择 RDF 模型作为参考。本体存储为 RDF 格式的另一个原因是可以使用 Jena 工具包,在 Java 程序中解析和使用所定义的领域本体模型。

　　Protégé 在保存本体时选择的保存文件类型为 OWL 形式。OWL 能够被用于清晰地表达词汇表中的词条含义及这些词条之间的关系,而这种对词条和它们之间关系的表达就称作本体。当需要存储于文件中的信息不仅仅是被阅读者可以理解,而且能够被引用它的机器所理解的时候,需要引入 OWL。

　　OWL 语言提供了三种子语言:①OWL Lite 主要提供那些仅需要划分概念层次和概念之间简单约束的初级用户;②OWL DL 主要提供给那些在保证计算的完

全性和有限性的前提下,希望得到最大描述领域概念及其关系功能的用户;③OWL Full主要提供给那些不需要计算性保证,仅希望最大限度地描述领域概念及其语义关系的用户。这三种语言之间是扩展和包含的关系:①每一个合法的OWL Lite本体都是一个合法的OWL DL本体;②每一个合法的OWL DL本体都是一个合法的OWL Full本体;③每一个有效的OWL Lite结论都是一个合法的OWL DL结论;④每一个有效的OWL DL结论都是一个合法的OWL Full结论。

　　在利用OWL存储建立好的领域本体时,OWL中一个本体的标准初始模块是包含在rdf:RDF标签中的一系列命名空间的声明,这些声明用以准确解释文档中的标识符,从而使得本体的其他部分具有可读性。以下是一个典型的命名空间声明的例子:

```
<rdf:RDF
    xmlns = "http://www.example.org/wine#"
    xmlns:vin = "http://www.example.org/wine#"
    xmlns:food = "http://www.example.org/food#"
    xmlns:owl = "http://www.w3.org/2002/07/owl#"
    xmlns:rdf = "http://www.w3.org/1999/02/22-rdf-syntax-ns#"
    xmlns:rdfs = "http://www.w3.org/2000/01/rdf-schema#"
    xmlns:xsd = "http://www.w3.org/2000/10/XMLSchema#"
xmlns:dte = "http://www.example.org/wine-dt#">
```

### 2. 利用Jena解析领域本体

　　对于保存为OWL格式的蔬菜供应链本体,为了实现基于本体的语义检索,利用Jena来解析和使用建立的蔬菜供应链本体。在使用Java和Jena解析本体的过程中,主要使用的开发包如下:

```
java.lang.*
java.lang.String.*
java.util.*
com.hp.hpl.jena.rdf.model.*
com.hp.hpl.jena.util.*
com.hp.hpl.jena.rdf.*;
com.hp.hpl.jena.ontology.*;
com.hp.hpl.jena.reasoner.*;
com.hp.hpl.jena.vocabulary.*;
com.hp.hpl.jena.reasoner.rulesys.*;
import java.io.*;
```

　　利用Jena解析蔬菜供应链本体模型的第一步是要将本体模型读入,在读入本体模型之前先使用了ModelFactory类中的createDefaultMode()方法创建一个空的基于内存存储的模型。Jena 还包含了 Model 接口的其他实现方式。例如,使用关系数据库,这些类型 Model 接口也可以从 ModelFactory 中创建。

```
Model model = ModelFactory.createDefaultModel();
```

空的模型创建后,利用 Model 接口的 read 函数,读入利用 Protégé 创建的领域本体模型。

```
model.read(new InputStreamReader(蔬菜供应链本体模型文件), "");
```

然后再创建一个资源,和传统信息检索相比,智能信息检索最大的特点就是在检索过程中引入了资源。资源可以想象成任何可以确定要识别的东西,并被一个统一资源定位符(URI)所标识。

```
Resource myresource = model.createResource();
```

资源拥有属性,属性的名字也是一个 URI,每个属性都有一个值。

由于 RDF 是通过用三元组表示形式来描述事物的,事物在 RDF 的描述中被定义为资源。一个 RDF 描述可以考虑成由节点和箭头构成的图,一个实例如图 13.7 所示。

椭圆代表资源,长方形代表描述。资源通过箭头连接到其他资源或描述值(一个对象或是一个值)上。这样,一组关系形成一个三元组,成为一个声明。在这个图中,资源 John Smith 用椭圆

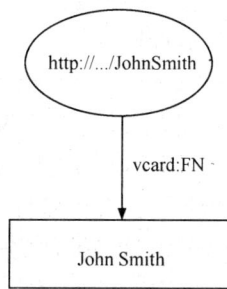

图 13.7 一个 RDF 表示实例

表示,并被一个 URI 所标识。资源拥有属性,在这些例子中,只显示了一个属性:John Smith 的全名。属性是由标有属性名的箭头表示的,属性的名字也是一个 URI。但是,由于 URI 十分冗长笨重,所以,图中将它显示为 XML qname 的形式。在“:”之前的部分称为命名空间前缀,表示了一个命名空间;在“:”之后的部分称为局部名,表示在命名空间中的一个名字。

在进行基于本体的蔬菜供应链语义检索时,对于用户输入的检索要求,要将其转化为 RDF 的资源对象,然后根据此资源对象来获取建立好的蔬菜供应链领域本体模型的资源对象,再使用模型的 listSubjectsWithProperty 方法列出本体模型中所有给定的属性,且属性值为给定检索值的资源。listSubjectsWithProperty 方法的返回值为 ResIterator 类型,对于获取的具有给定属性的资源通过 hasNext 方法可以获得所有满足检索条件的资源。此过程可以用下列代码描述:

```
ResIterator iter = model.listSubjectsWithProperty(searchProperty,searchValue);
while(iter.hasNext() ){
        Resource r = iter.nextResource();
}
```

对于要检索的词及其语义关系,通过模型的 listObjectsOfProperty 方法和 hasNext 方法可以列出对应的所有条目。

```
NodeIterator result = model.listObjectsOfProperty(r,searchProperty);
while(result.hasNext()){
                temp = result.next();
}
```

在蔬菜供应链本体模型中,定义了蔬菜供应链领域概念,并主要描述了这些概念之间的概念上下位关系和概念之间的等同关系等语义关系。通过对概念及其关系的这种资源形式描述,对于一个领域概念,可以根据检索需求获取其满足给定关系的其他领域概念,并在此基础上实现二次检索。

在利用本体模型进行蔬菜供应链语义元数据的语义处理时,一个很重要的特点是要根据领域本体和推理规则来完成对有关元数据的推理处理,得出隐含的信息,服务于后续的查询操作。以经过语义编码的元数据为推理的起点,根据规则对其进行扩充,求得其所蕴含的更丰富的信息。本体模型的推理方式主要有 OWL 推理方式、RDF(S)推理方式、传递推理、自定义规则推理和外部推理机等。传递推理是指基于具有传递特性属性进行的推理,如 rdfs:subPropertyOf 和 rdfs:subClassOf 属性,这种推理比较简单,也容易实现。RDF(S)推理基本上可以被 OWL 推理代替,OWL 的推理能力更强。OWL 推理方式实际上还只能支持 OWL Lite 的推理规则,不支持 OWL DL 的推理规则。自定义的推理比较复杂,需要自定义完整的推理公理和规则。由于目前 Jena 的自身推理机效率还不是很令人满意,许多开源项目的推理机经常用来作为外部推理机使用,如 Racer、Pellet 等。其中,Racer 还支持 OWL DL 规则的推理,效率也比较好。在建立推理规则时,首先使用一个外部文件来定义所需要的推理规则,然后将推理规则读入作为资源的属性。

```
myresource.addProperty(ReasonerVocabulary.PROPruleMode, "hybrid");
myresource.addProperty(ReasonerVocabulary.PROPruleSet, "推理规则文件");
```

然后创建此推理机的一个实例。

```
Reasoner reasoner = GenericRuleReasonerFactory.theInstance().create(myre-
source);
```

最后将推理机的实例和读入的本体模型的数据结合起来创建一个推理模型。

```
infModel = ModelFactory.createInfModel(reasoner, 数据);
```

领域本体提供了语义推理所必须具备的规则和条件,元数据库则为语义推理提供了需要的“土壤”条件。根据语义推理在智能信息检索系统中所处阶段的不同,可在具体的推理系统中使用不同的公理,公理往往通过子类、子属性、属性定义域、属性值域、基数限制和互不相交等规范化的术语来描述。由于这些术语的语义已为大众广泛接受,因此,通过它们定义出来的公理知识具有良好的通用性。为此,W3C 在 RDF 和 OWL 规范中专门制定了相应的公理定义标签,如 rdfs:sub-

ClassOf、rdfs：subPropertyOf、rdfs：domain、rdfs：range、owl：equivalentClass 等，正是这些规范化的标签使得公理推理部分可以由专门的通用处理程序（如 Jena 的本体推理方法）来完成。

根据语义推理在语义万维网体系结构中所处层面的不同，可以分为公理推理和定理推理。公理推理是建立在人们对事物具有共同认识的基础之上，常常是一些有关常识性知识的推理；定理推理则是从具体的应用出发，根据特定的领域规则进行推理。

本体推理规则文件的制定应当多使用公理推理，如下面是系统中使用的两个公理的推理规则：

〔等同关系：(? a 等同于? c),(? b 等同于? c),notEqual(? a,? b) ->(? a 等同于? b)〕

〔近义关系(? a 近义于? b),(? a 近义于? c),notEqual(? b,? c) ->(? b 近义于? c)〕

推理规则可以根据实际需要进行补充。在补充过程中，公理推理和定理推理都是需要的，但从通用性角度出发，应尽可能多地采用公理推理，而减少定理推理在整个推理系统中的比例。

## 13.4　实验与结果分析

### 13.4.1　系统实现

原型实验系统的界面设计参照了 Google、百度等已有搜索引擎简洁明快的样式，实验系统的主界面如图 13.8 所示。

图 13.8　系统主界面

图 13.9 为利用本系统的关键词搜索模块搜索关键词"supply chain"的结果，共计返回 166 条相关记录。

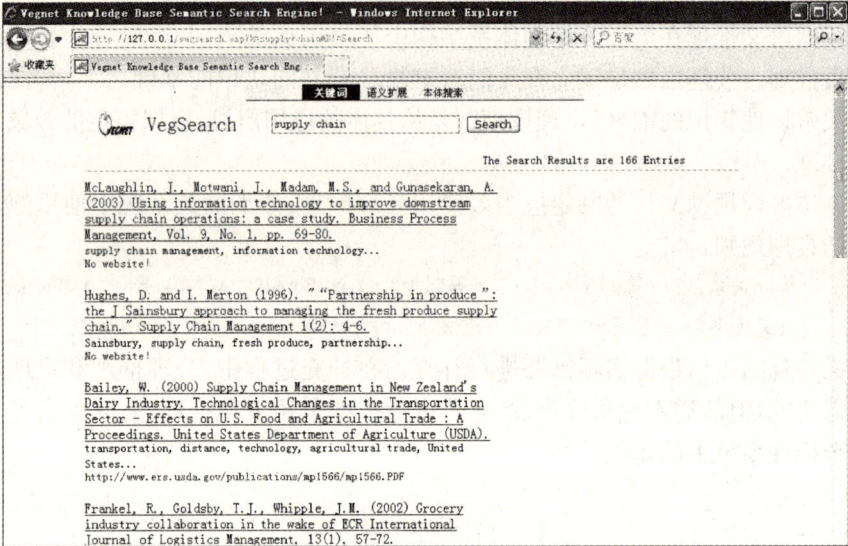

图 13.9　关键词搜索模块

图 13.10 为利用本系统的语义扩展搜索模块搜索关键词"supply chain"的结果，共计返回 239 条相关记录。

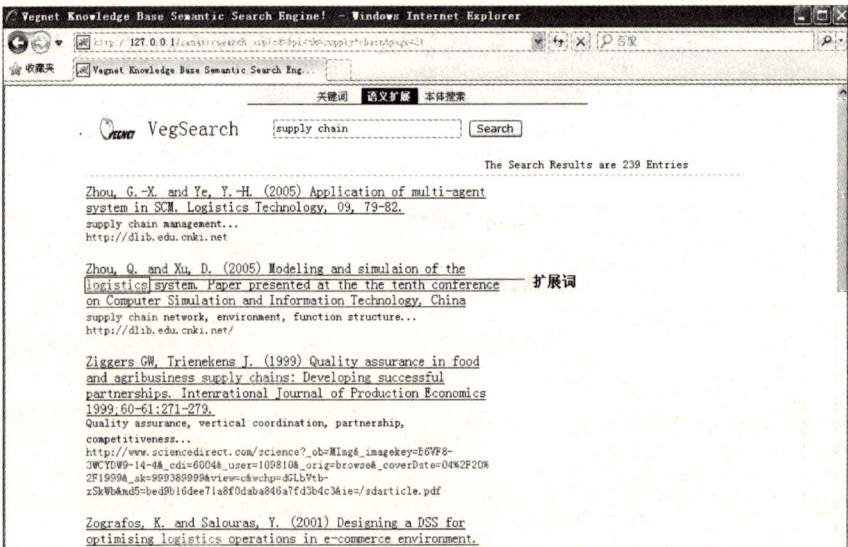

图 13.10　语义扩展搜索模块

图 13.11 为利用本系统的基于本体语义扩展搜索模块搜索关键词"supply chain"的结果,第一次搜索根据本体模型列出了模型中概念之间的语义关系。由于用户在进行信息检索时,一般很难在第一次就准确地描述出检索要求,只有在不断的检索过程中逐渐提炼和明确最终的检索目标。在搜索出给定语义关系的概念后,可以根据用户的检索需求进行基于关键词或者语义扩展的二次搜索得到所需的搜索结果,这样,能方便地引导用户检索出所需的文献信息。

图 13.11　基于本体的语义扩展搜索模块

## 13.4.2　结果分析

由于本体模型、语义扩展等模块为离线实现,系统检索所花费的时间主要为本体模型的读入和推理的时间。对于当前的蔬菜供应链知识的数据量,系统在响应用户的查询请求时可以做到实时响应。

从用户体验的角度讲,用户更关注的是功能评价,就是说,检索系统是否满足用户的检索请求。一般而言,查准率和查全率是检索系统评价的两个最基本的指标(如图 13.12 所示)。

查准率描述的是在检索结果中有效信息所占的比例,反映了检索结果对用户的有用程度;查全率则描述了检索结果中有用信息量和信息全集中与用户检索条件相符信息的比例关系,另一方面则反映了检索结果对有用信息的遗漏情况。信息检索算法所追求的目标是既能获得较高的查准率,同时又具有较好的查全率,但传统信息检索往往很难做到两者兼顾。

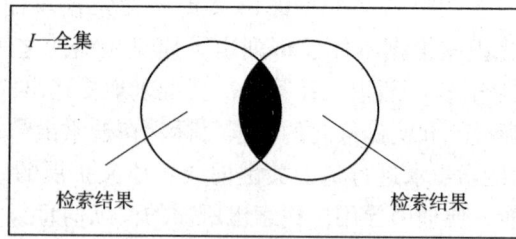

图 13.12　查全率和查准率

选取与蔬菜供应链过程相关的 5 个概念{agri_product、fruit、inventory、logistics、transportation}来测试知识获取系统的查准率和查全率(如表 13.3 所示)。由于系统是针对蔬菜供应链领域而建立的,在数据收集的过程中,数据已经经过了分析和处理,因此,对于每种方法的检索结果都具有很高的查准率,重点考察不同检索策略的查全率指标。

表 13.3　系统性能分析

| 检索方式 | agri_product | fruit | inventory | logistics | transportation | 平均查全率 |
|---|---|---|---|---|---|---|
| 关键词检索 | 56 条 | 16 条 | 18 条 | 149 条 | 48 条 | 0.268 |
| 语义扩展检索 | 56 条 | 66 条 | 18 条 | 228 条 | 48 条 | 0.4412 |
| 本体检索 | 91 条 | 91 条 | 286 条 | 350 条 | 316 条 | 1 |

由于本体模型中定义了相关概念及其之间的关系,在进行信息检索时认为其信息查全率为 1,以此为基础分别计算了关键词检索和语义扩展检索的平均查全率指标。可以看出,由于在本体模型中对蔬菜供应链知识进行了语义标注,基于本体模型的检索可以获得最高的查全率指标。而对于语义扩展,也取得了比传统检索技术——关键词检索更好的查全率指标。同时,语义扩展检索的效果依赖于语义词典的定义。通过语义词典的扩充,平均查全率指标还可以进一步提高。

通过对相关研究工作的分析,还注意到目前通过计算机全自动处理语义信息还是非常困难的事情,虽然在某一特定领域可以通过语义标注等方法来换取检索效率的提高,但一旦领域扩大,构建领域本体则会显得更为困难,语义标注和推理也更加困难,而且时间成本也会大大增加。因此,虽然在特定领域的应用可以提高检索效果,但基于本体的查询和推理运算算法研究还处于初级阶段,要提高本体推理运算的时间性能还有待于人工智能专家研究出更先进的算法。

# 13.5　本章小结

（1）本体作为一种新兴的概念建模工具，迅速在信息系统的多领域得到广泛关注和认可。国内也出现了不少相关的研究文献，但论述者多而实践者少。本体的发展前景是美好的，但现实应用却存在诸多困难，要实现其价值，就必须不断实践，在实践中完善发展本体理论。

（2）建立蔬菜供应链本体的目的是为了实现知识的重用和共享。互联网技术的发展给蔬菜供应链知识的共享和交流提供了一个平台，本体理论为实现蔬菜供应链知识的语义表示提供了支持，为蔬菜供应链知识库的建立提供了支持。由于本体是现实世界的反映，基于本体的系统开发也是一个不断完善、不断循环的过程。当建立最初的领域本体之后，将它用于实际的系统中去，通过使用不断完善，这个完善的过程伴随着本体开发和使用的整个周期。

（3）本章在前面工作的基础上实现了基于本体的蔬菜供应链知识获取原型系统（VegSearch）。首先，根据应用需求给出了整个系统的开发框架，系统共包括三种信息检索方式：关键词检索、语义扩展检索和基于本体的语义检索；其次介绍了VegSearch 原型系统的开发环境和开发工具实现；第三，介绍了三种本体的模块设计，并重点介绍了基于本体的语义检索模块的设计与实现；最后，给出了系统的功能演示及系统性能分析。

# 第四部分　基于本体的鱼病诊断案例知识获取

# 第14章  鱼病知识诊断与案例知识获取

## 14.1  鱼病知识诊断

渔业经济的健康、稳定、持续发展对于提高人民生活水平、改善饮食结构、增强食物安全保障、促进环境保护、推动农业结构调整、实现农业经济由粗放型向集约型转变等方面发挥着重要作用。

近二十年来,我国水产品年均增长率达到10.5%,超过世界年均增长率6.8%的发展速度。2002年1～9月份,水产品养殖产量就达到1159万吨,是1978年的15.3倍。在我国水产业获得迅猛发展的同时,也存在着令人担忧的危机:鱼类病害频繁发生,生产管理水平低下,服务体系落后,经济损失严重。据不完全统计,目前危害水产养殖生物的病害已达400～500种,全国每年水产养殖病害发病率达50%以上,损失率20%左右,由病害造成的直接经济损失达百亿元之多。病害的发生还引起水产品质量下降、食品安全性降低、渔业水域环境恶化、功能退化和生态失衡等问题,已经成为制约水产养殖业向深度和广度发展的主要因素之一(刘晓艳,2000)。

目前,我国鱼病诊断专家比较缺乏,加上农民的科技素质较低,对鱼病发生的规律认识不够,因此,不能科学地监测、预防、诊治鱼病;另一方面,养殖户比较分散,养殖人员技术水平低下,因而在鱼病诊断与防治过程中,常常由于现场缺乏专家或专家到场不及时造成损失,形成了领域专家知识供给和生产需求之间的传播瓶颈,制约了渔业工厂化养殖健康有序的发展。

为解决病害频繁发生而领域专家缺乏的矛盾,减少病害带来的经济损失,使鱼病达到及时诊断、适时防治的效果,国内外许多科研机构在对病害诊断与防治研究的基础上,借助于先进的科技产品和信息技术,研制开发了各种鱼类疾病诊断专家系统,利用这些专家系统模仿人类专家对鱼病进行诊断和防治,使鱼病诊断从依靠经验防治向科学防治迈进了一步(郑育红,2000)。

但由于知识获取的困难、知识处理技术的不成熟性和开发人员对领域认识的肤浅性,致使鱼病诊断专家系统知识完备性、一致性不足,在应用中日益出现脆弱性和不可靠性,解决实际问题的效率低下,无法在实际应用中发挥应有的作用(高济,2000)。反思这种局面,作者认为知识获取困难带来的知识库中新知识补充和原有知识更新不及时是主要原因。然而,知识库中知识补充和更新是一项要求很高的任务,不仅要求领域专家与知识工程师共同协作完成,而且任务复杂、工作量巨大。因此,研究知识的自动学习和自动更新非常迫切而必要。

针对案例推理(case-based reasoning,CBR)系统来说,当前实现案例知识自动获取存在的主要问题有以下几个方面:

第一,案例知识获取不是一次性任务。由于人们认知的局限性,客观上案例知识库中的知识获取是一个增量积累过程。因此,在案例知识系统中,案例知识获取始终贯串于系统的整个生命周期中。

第二,案例知识获取途径有新变化,数量增长迅速。随着 Internet 网络的建设及 Web 技术的发展,网络已经成为人们获取知识、传播知识、经验交流的重要途径。大量的专家诊断案例知识可以通过网络迅速而有效地获得。因此,案例知识迅速增长,采用人工处理显然已不能满足需要。对来自网络的大量案例,研究自动或半自动的处理系统和相关支持技术就成为缓解知识获取瓶颈问题的新手段。

第三,案例知识载体与以往不同。与以往案例知识多为纸质载体不同,网络环境下,案例知识大量以电子信息方式出现,如 Web 文档、XML 文件、电子文档、文本文件、电子表格、多媒体等,采取何种技术来一致地处理各类电子案例信息是所面临的困难问题。

第四,案例知识源呈现为非结构化和半结构化形式,无法直接进入案例知识库中使用。已有的案例知识库系统中,案例知识以高度结构化的形式存在。案例知识源是由知识工程师人工进行大量结构化、形式化的处理,而机器自动处理非结构化、半结构化案例知识的理论与技术尚需探索。

第五,案例知识缺乏一致的语义表示模型,阻碍了自动获取系统的开发。以往案例知识系统中,多是从案例知识结构化的角度来进行研究的,从语义表达角度研究的少。各类形式存在的案例知识源与案例库中的案例知识异构,无法利用知识库中已有案例知识来自动处理新知识源。

基于上述原因,本书从案例知识语义的角度出发,对诊断案例知识系统中诊断案例知识自动获取及其支持技术进行了研究。以诊断案例知识为例,提出了一套本体工程方法和本体学习方法,建立了基于语义向量空间的案例知识一致表示模型,研究了在该模型下的案例学习、案例匹配、案例分类的机器学习算法;运用自然语言处理技术,对非结构化、半结构化案例知识的机器学习进行了尝试,期望通过案例知识自动获取技术能缓解案例知识获取的瓶颈。

## 14.2　CBR

CBR(杨健等,2008;李海颖,2004)是目前研究较多的智能问题解决方法之一,它是通过访问知识库中过去同类问题的求解从而获得当前问题解决方法的一种推理模式。CBR 起源于美国,1977 年,Schank 和 Abelson 关于动态概念记忆的研究工作可以认为是 CBR 的起源,他们在 1982 年出版的 *Dynamic Memory* 一书中最早描述了 CBR 的研究工作,给出了计算机上建造这种推理系统的方法,并成功地在计算机上实现了 CBR 系统,即 Cyrus 系统。自 1987 年以来,CBR 研究界每年都举行研讨会,并出版会议论文集。目前,CBR 方法的应用越来越受到人们的重视,在许多领域都有着较好的推广前景,如气象、环保、地震、农业、医疗、商业、CAD 等领域,CBR 亦可用于软件及硬件的故障检测中。CBR 方法应用范围越来越广阔,尤其在不容易总结出专家知识的领域,其应用越来越普遍,也越来越深入。

CBR 作为基于规则推理技术的一个重要补充,已受到人工智能研究人员的关注,它是当前人工智能及机器学习领域中的热门课题与前沿方向。研究 CBR 的动因有二:一是模仿人类推理的思维方式,推动认知科学的发展;二是建立高效可行的计算机系统。目前的研究重点主要集中在以下几个方面:①案例的索引及检索技术;②案例修正技术及基于修正规则的获取方法;③案例库的维护技术及其性能的研究;④CBR 的理论基础;⑤CBR 与其他方法(如学习技术、推理方法)的集成技术;⑥CBR 的应用,研制 CBR 开发平台,CBR 融合大规模并行处理等。

现有鱼病诊断专家系统(周云等,2004;郭永洪等,2004;温继文,2003;丁文等,2003)中,知识的获取工作主要都是通过知识工程师(或专家系统的开发者)与领域专家之间的交互来完成的,因为它是唯一实用可行的。但实践证明,这种获取方法也存在很多问题,领域专家们趋向于用一种说明方式来表达他们的知识,而知识工程师则希望通过形式化、规则化的方式来表达专家的知识,但大多数领域专家在形式化、规则化的问题求解策略方面往往存在较大困难,这种表达方式上的差异是造成知识获取困难的原因之一。

## 14.3　机器学习方法与知识科学技术

### 1. 分类

分类规则发现是知识发现中的一个重要领域,其主要任务是通过分析训练数据集的特征构建一个简洁、准确的分类器,该分类器可用于预测未知类别样本的类别。在分类的研究领域中,已经提出的方法有决策树、朴素贝叶斯算法、贝叶斯信念网络、反向传播方法(back propagation)、基于关联规则的方法、最近邻分类法、遗传算法及模糊集合方法,最近的研究还提出了使用支撑向量机和蚁群算法来发现分类规则。

传统分类算法未考虑到同一属性间取值的语义差异所带来的影响,而且传统算法的分类准确率对于不同抽象层次描述的数据集带来的数据不完整性相当敏感。针对这两个问题,提出一种基于本体和语义距离的最近邻分类方法 SDKNN,该方法分析了同一属性内取值的语义差异,基于领域本体提出了语义距离的计算方法并应用到分类算法中。经过 UCI 数据集及实际应用数据集中验证,SDKNN 的整体性能要优于传统方法,在数据不完整的情况下,效果更为明显,实践证明,SDKNN 有很好的应用价值。

Zhang 等(2002)研究了利用本体来生成多层次决策树的方法,该方法可以适应源数据同一属性内取值来自不同抽象层次的情况,生成更为准确且紧致的多层次决策树。

Zhang 等(2004)提出了一种基于属性值分类的贝叶斯算法,相比于朴素贝叶斯算法,该算法有着更高的分类准确率,可以生成更紧致的分类器,在有部分缺失数据的情况下可以取得更好的性能提升。

### 2. 聚类

“物以类聚,人以群分”,聚类是人类一项最基本的认识活动。所谓聚类,就是按照事物的某些属性,把事物聚成类,使类间的相似性尽量小,类内相似性尽量大。聚类是一个无监督的学习过程,分类是一个有监督的学习过程,两者的根本区别在于:分类时需要事先知道分类所依据的属性值,而聚类是要找到这个分类属性值。常用的聚类方法有系统聚类法、传递闭包法及与此等价的最大支撑树的 Prim 算法及 Kurskal 算法、动态直接聚类法、基于摄动的模糊聚类方法 FCMBP、模糊C-均值法、模糊 ISODATA 算法、人工神经网络模糊聚类法等。

赵施等(2001)提出了一种结合数据库操作的处理混合属性的概念聚类算法。结合领域知识对连续属性值进行概念化处理,通过设定相似性阈值自动确定聚类划分的数据,利用属性值的语义距离判定对象的相似程度,依据属性不同取值的频繁程度实现聚类中心的动态调整,获得比传统算法更优的性能。

Hotho 等(2002)提出了一种基于本体的文本聚类方法,文本聚类通常需要在高维空间内进行,会给实际应用带来很多性能压力。另外,对于如何得出聚类结果也很难对用户解释清楚,因此难以理解,该文提出了一种新的将领域知识融入聚类过程的方法,通过基于本体的启发式特征选择和聚类,扩展了文本的表达方式,然后就可以利用 k-means 算法来进行多重聚类,结果可以通过在本体中对应的概念来区分和解释。

### 3. 知识科学技术

知识科学与技术发展迅速,但在农村信息资源组织领域应用不足。虽然知识技术不断发展,但农业智能知识获取技术尚待突破。

知识科学与技术在近十余年取得了较大的发展,尤其是以本体和语义网为代表的知识技术的发展,及其在企业信息集成、自然语言翻译、产品知识标准化、分布信息资源组织等方面的应用引人注目。其中,应用本体进行网络信息组织与检索,包括语义网及类似研究进展最为迅速。国际上利用本体进行信息组织与检索的著名项目包括基于网络代理搜索的本体(Onto2Agent)、基于本体的分布式结构化信息获取(Onto-broker)和可升级知识合成(SKC)。近年来,国内对本体的研究也逐渐增多。

在应用不断扩展与深入的情况下,本体相关的技术发展也引人瞩目,包括RDF、OWL 等标准与规范,以 Cyc、TOVE、Uschold&King 等为代表的本体构建技术与方法,以 Ontoligua、Ontosaurus、WebOnto 等为代表的本体工具、以 Chimaera、Ontomorph 为代表的本体合并、语言转换工具等的不断发展与涌现,都表明本体已经成为知识科技发展最为迅猛的一个方向。

尽管本体研究与应用取得了较大发展,但其在农业知识资源组织领域的应用仍十分欠缺。国际上的研究与实践主要以 FAO 为主,包括叙词表、食品安全、渔业、食品营养与农业等。其中,自 2001 年起开展的 AOS 是目前最大规模的农业领域本体,该计划基于农业本体对网络农业信息资源进行统一描述,旨在提供语义准则,为模拟、服务和管理农业词汇提供一个环境丰富的现代框架,借助与网络搜索工具的结合,AOS 有望极大地便利资源检索——不仅提供查找的具体文件,还推荐与该主题有潜在关系的其他有关资源。国内方面,FAO 粮农组织 GIL(图书馆及文献系统司)与中国农业科学院合作(常春,2004),开展把中国农业叙词表(CAT)映射入 AGROVOC 的项目,目的是在不同语言层面建立联系,在包括的领域和语言方面相互丰富词汇并改进其结构。由于增加了源术语的互操作性,因而能够应用数据检索功能,包括跨语言搜索和术语互用功能。由于农业领域的综合性与复杂性,上述研究还只能覆盖其中较少的部分。农业领域众多子领域还没有展开各自领域的本体研究与应用工作。

随着本体技术的发展,基于本体技术与 XML 技术进行信息集成开始成为一个重要的研究方向,这一方法中,本体提供了不同资源之间共同的语义参考,从而将信息资源语义异构转化为不同本体之间的异构,并且通过本体之间的映射和转化消除这种异构,这方面的探讨包括基于单一本体(SIMS 系统)进行的集成、基于多本体进行的集成(OBSERVER 系统)及混合本体信息资源集成(BUSTER 系统)等。

农业知识领域中,基于元数据进行知识资源组织的研究也持续开展。国家"十五"科技攻关项目"农业信息网络平台研究与开发"中进行了分布异构农业信息元数据的研究。中国农业科学院农业信息研究所也进行了农业信息科技元数据标准的研究。但是,目前我国尚未出现农业信息元数据标准,基于元数据标准进行信息资源整合,特别是同时考虑本体与元数据进行农业信息资源虚拟组织研究处于起步阶段。

# 14.4　鱼病诊断知识获取框架

鱼病诊断知识获取框架为设计开发诊断案例知识获取系统提供系统的概念、理论、方法和手段支持，并用来指导"天津市淡水鱼病诊断专家系统"的案例知识库研究开发。

（1）基于本体的诊断案例知识表示。要有效解决诊断案例知识的获取问题和实现诊断案例学习，就必须针对诊断案例知识的特点，解决诊断案例知识表达不一致所造成的诊断案例知识学习障碍的问题。本章首先以鱼病诊断案例知识为例，深入分析诊断案例的语义表示，提出了基于面向对象的诊断案例的表示模型，然后分析诊断案例非结构化、半结构化和结构化的存在形式与特征，提出了基于本体的诊断案例知识学习模型；建立了案例相似度计算模型，并在此基础上给出了基于本体的案例知识相似度计算模型。本章的研究为建立诊断案例知识学习提供了指导思想与理论基础。

（2）鱼病诊断知识本体论。结合本体论研究成果，讨论了鱼病诊断本体的理论、构建方法、形式化表示、实现语言及本体概念术语学习等问题，特别是对如何从现有知识库和诊断知识语料中自动获取本体术语的技术进行了深入研究。为诊断知识的应用（如诊断知识的检索、管理、维护）及异构信息处理和语义计算等奠定基础。

（3）基于数据库模式和种子概念的本体概念学习。仅仅构建核心本体尚不能满足实际应用的需求。如何使核心本体丰富起来满足应用的需求成为新的问题。为解决以上问题，本章首先总结了本体工程中本体获取的各种机器学习方法，然后改进了数据库模式的本体概念和关系学习方法，完成了鱼病诊断本体的构建，形成了诊断本体学习的一整套方案。

（4）基于向量中心距离的案例知识自动获取。通过引入诊断本体改进传统的向量空间模型（vector space model，VSM）为语义 VSM，并用于刻画面向对象案例知识表示模型的语义特征，构建了诊断案例知识语义特征向量模型，并在此表示模型基础上研究了案例知识自动获取中的案例分类与学习问题。

本书在对本体论、机器学习、知识系统的理论、应用和实践认识基础上，以认知思维（赵卫东等，2000；Solso，1979）、语义理论（余传明，2005）、人工智能、系统分析、问题分析、计算机技术为方法论，在研究过程中遵循了如下原则：理论知识与专家经验相结合，定性分析和定量评价相结合（张红梅等，2000），理论运用和实践开发相结合。

（1）提出一套诊断案例知识获取理论指导下的诊断案例表示体系，提供对异构诊断案例知识的统一表示模型，为诊断案例知识处理与获取提供表示基础。

（2）以鱼病诊断案例知识本体获取为例，进行应用领域本体构建方法、构建技术及形式化建模的研究，并形成一套较完整的建模规范，建立鱼病诊断案例知识本体获取系统。利用上述研究成果，从语义角度，对鱼病诊断案例知识获取提供本体支持。

（3）建立鱼病诊断案例知识库中知识增量获取模型及其维护策略。

（4）建立多病因、多疾病的鱼病诊断案例知识学习模型。

（5）在上述研究成果基础上，结合人工智能、机器学习、计算机技术实现鱼病诊断案例知识获取系统。

研究的具体技术路线如图 14.1 所示。

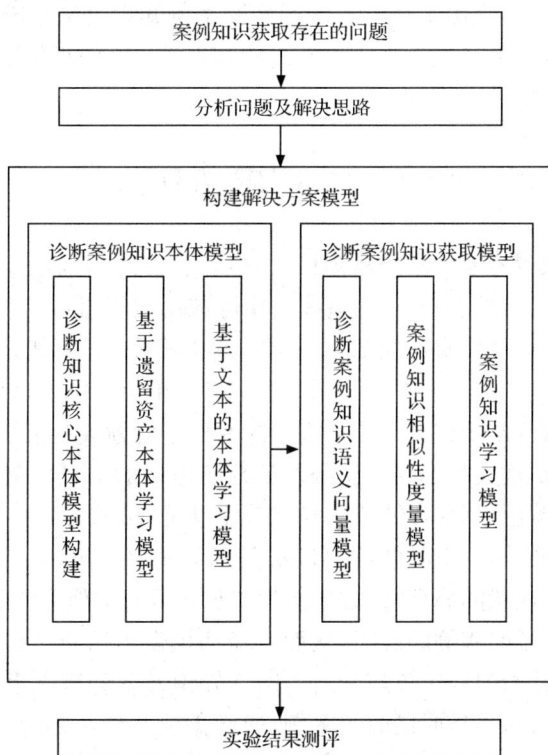

图 14.1　研究的技术路线

# 第15章 基于本体的诊断案例知识表示

要有效解决诊断案例知识的获取问题和实现诊断案例学习,就必须针对诊断案例知识的特点,解决诊断案例知识表达不一致所造成的诊断案例知识学习障碍的问题。本章以鱼病诊断案例知识为例,首先深入分析了诊断案例非结构化、半结构化和结构化存在形式的特点,提出了面向对象诊断案例知识表示模型,随后分析诊断案例的语义特性,提出了基于本体的诊断案例知识语义 VSM,建立了案例相似度计算模型。本章的研究为建立诊断案例知识学习系统提供了指导思想与理论基础。

## 15.1 CBR 方法

案例知识是领域专家诊断经验知识的显示表现形式,也是近些年来新兴起的一种知识表示模式,其核心观点是:现实中实际应用案例蕴涵了丰富而全面的领域知识,因此,可以将案例本身作为专家经验知识的显示表达形式。在基于案例知识的系统中,也把案例作为专家经验知识组织的基本单位。例如,鱼病诊断案例是鱼病诊断案例知识的基本单位。一个鱼病诊断案例是对领域专家以前诊断成功的一次记录,它描述了疾病类型、症状、病因及治疗等方面的信息。鱼病诊断案例库是诊断案例的集合,蕴涵了鱼病的"疾病模式"(温继文,2003)。

现实中,人们常采用 CBR 来提高解决问题的效率。例如,当一个鱼病医生面对着一个具有多种症状的病鱼时,如果医生曾见过具有类似症状的病鱼,他往往回忆起旧的病例并参考旧病例的诊断,从而对新病鱼做出诊断。如果每一次进行鱼病诊断,都是从一开始便利用鱼病诊断的医学知识及各种测试手段来解决这样一个类似的诊断问题,而不是回忆旧的案例,通常需要花费很多时间,而且可能得不出结论,这一点可以从没有经验的鱼病医生那里得到实证,由此可以看出,利用过去的经验可以使鱼病医生节省大量的诊断时间。

CBR(朱欣娟,2003)是一种实用的知识表达方法。每个案例是由问题的表面特征和问题的求解来表达。CBR 在两个相似域之间进行,一个是已经认识的域,它是过去曾经解决且与当前问题相似的案例集,称为源域,记为 $S$;另一个是当前尚未完全认识的域,它是遇到的新问题,称为目标域,记为 $T$。如果新 $t$ 问题的一组属性与某一案例 $s$ 的属性相似,则称问题 $t$ 与案例 $s$ 相似,所谓 CBR,就是如果 $t$ 相似于 $s$ 成立,则它们的解也相似。CBR 中最基本的问题是关于两对象的相似性定义,即相似性度量。

## 15.1.1　CBR 系统

所有 CBR 方法中需要处理的主要内容是:识别新问题的情况,找到一个与新问题类似的源案例,用这个源案例给出新问题的一种解决方案,评价这个方案,并且通过学习修改案例库。CBR 实际上是一个解决问题、从经验中学习、再解决一个新问题的循环和集成过程。例如,鱼病诊断系统的推理机运用 CBR,目的是为了根据已有的鱼病诊断源案例的推理方式,得出现有的目标案例的结论,从而找到治疗新的病鱼的方案。

一般的 CBR 周期包括如下 4 个过程:案例检索、案例重用、案例修改和案例学习。案例检索是指从案例库中检索与新问题最相似的案例;案例重用是指重用检索出的案例的信息和知识来解决新问题;案例修改是指修改求解方案;案例学习是指学习新的经验并把它存入现存的案例库中。我们可以用图 15.1 来描述一个 CBR 的循环周期。

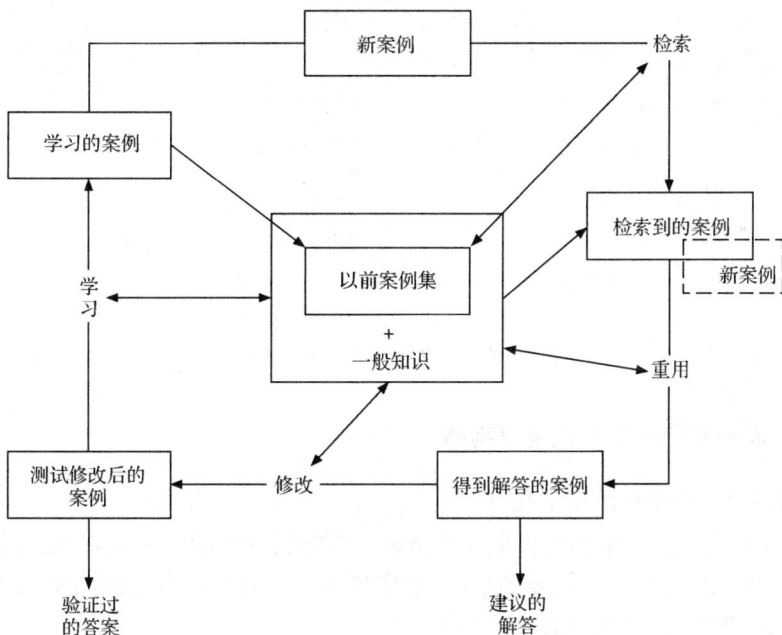

图 15.1　CBR 过程循环

## 15.1.2　案例诊断系统中的案例知识获取

从 CBR 系统的整体结构中不难看出,案例知识库的构建是实现 CBR 的前提条件,而案例知识库的构建过程包括案例知识的获取过程。

案例知识获取是将领域专家头脑中的案例知识从人类读到机器可读的建模过程,这一任务以往都是由知识工程师手工完成的。知识工程师的主要建模步骤为:案例源的确定,案例的搜集,案例的分析,案例的描述、形式化(特征属性)、编码化、持久化。而在案例知识获取建模过程中,案例知识的存在形态既是一个从人类可读到机器可读的演变过程,也是一个从非结构化、半结构化到结构化、数量化的形式化过程,如图 15.2 所示。因此,在案例获取问题中,对各种类型的文档进行统一学习已经是一个必须考虑的问题(赵国涛,2004)。

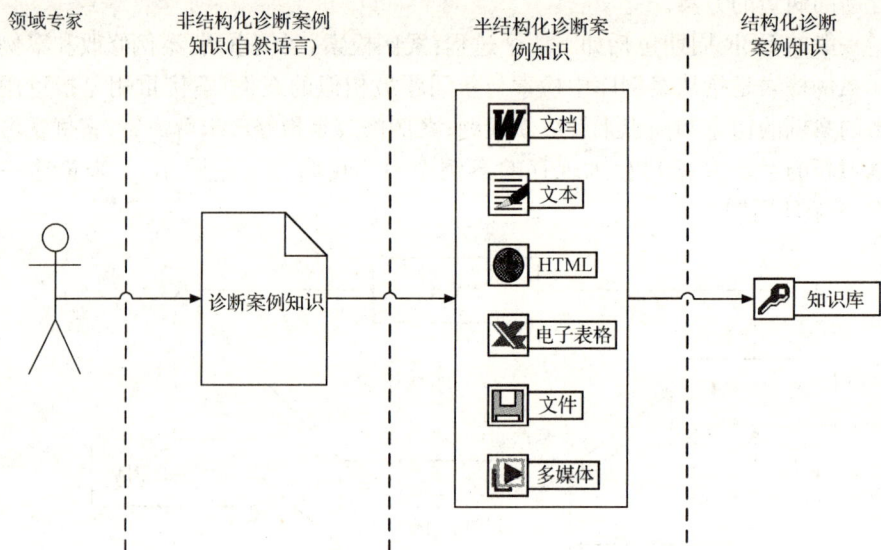

图 15.2　案例知识来源和存在形态演变过程

### 15.1.3　案例知识存在形式及源案例

从图 15.2 不难看出如下几点:

(1) 从本质上说,案例知识来源于领域专家的实践经验。例如,在鱼病案例诊断系统中,我们通过调研、问卷等手段,搜集整理了当地鱼医生、农技推广人员及多位专家的科研成果、诊断记录(病历)等。

(2) 从存储介质上来说,案例知识存在于专家的头脑、诊断病历、知识库、数据库中。

(3) 从结构化程度上说,案例知识表现为无结构案例知识、半结构化案例知识、结构化案例知识、数量化案例知识。

由此可见,案例知识在进入知识库之前呈现为非结构化和半结构化的形式。

不难看出,案例库中案例知识获取的案例源来自各类形式的非结构化、半结构化的描述性文档。无论是从知识工程师还是机器学习的角度看,案例知识获取都是指从非结构或半结构化的文档中辨识新案例的过程,这一过程也称案例知识学习。

## 15.2　诊断案例知识获取

诊断知识库是构建诊断知识系统的核心部件。诊断知识库中,诊断知识的质量直接影响未来系统的性能与诊断结果的质量。因此,在基于案例的诊断系统中,诊断案例知识的获取是系统成败的关键。

### 15.2.1　诊断案例知识表示

#### 1. 现实中的诊断案例及其结构

现实中,诊断病历(沈亚诚等,2007)是记录病鱼在诊断治疗全过程的原始记录,包括首页、病程记录、检查检验记录、手术记录、护理记录等,以各种不同的格式表现出来。不同格式的病历,其内容的表达形式也不同,既有结构化信息,也有非结构化的文本信息,以及图形图像信息等,有些是文字的形式,有些是图表的形式,有些则是文字、符号、图表、影像、切片的混合形式。病历的格式表达了诊断知识经验性、因果性语义,病历的内容表达了诊断信息。随着信息技术的普及及网络应用的迅速发展,诊断病历大多能通过网络查询、传送、传播,其表现形式也多为半结构化或非结构化的电子文档或文件。

#### 2. 案例知识库系统中的诊断案例及其结构

在 CBR 系统中,案例被看成是问题求解的状态及对其求解的策略。诊断案例库中,诊断案例采用高度结构化的表示形式。通常,诊断案例库中案例表示由两部分组成,即案例的索引结构(案例的形式化描述)和案例的解决方案。例如,将鱼病诊断案例定义为一个六元组(温继文,2003):Case$=<C,M,F,S,Q,R>$。

$C$ 表示案例基本信息,包括案例编号、案例名、案例来源、案例输入时间、案例输入者等内容。

$M$ 表示诊断症状信息,包括必见症状、常见症状、偶见症状、不见症状等;是对鱼体表现异常的定性和定量的描述,通常症状是鱼病专家进行疾病诊断的直接依据。

<症状框架>::<症状代号>|<症状名称>|<症状类型>

<症状类型>::=症状的重要性,取值为 1 表示主要症状,取值为 0 表示是辅助症状

$F$ 表示水环境信息,是对鱼发病过程中水环境理化指标的一种定性或定量的描述,在通常情况下可以作为鱼病专家进行疾病诊断和病因分析的依据。

<水体环境知识框架>::<水体的溶氧度>|<水体的氨氮值>|<水体的 pH>

<池塘深度 > | < 水中的藻类 >

$S$ 表示病因信息,病因知识是对鱼体原因的一种定性描述,通常,病因知识分为生物致病因素(细菌、真菌、病毒、寄生虫)、环境致病因素(水温、溶氧、pH 等)和人为因素(机械损伤、饲料管理等)。

<病因框架>::<病因代号>|<病因名称>| <病因类型>

$Q$ 表示疾病信息。

$R$ 表示治疗方案,指鱼体发生异常或疾病时是否应该采取治疗措施或采取怎样的治疗措施的知识,病因知识必须在综合分析鱼病和病因基础之上得出。

<治疗知识框架>::<鱼病名称>|<鱼病原因>|<治疗方法>

可见,无论是在现实中还是在知识库系统中,诊断案例都是一个复杂结构。能否实现非结构化或半结构化案例知识到知识库中结构化案例知识的映射,是实现自动知识获取的关键。

### 15.2.2　诊断案例从非结构化到结构化的映射

知识从非结构化到结构化的映射是基于知识的表示形式。从人类认知角度来看,知识表示有三个层次:现实对象层、抽象逻辑层、数据实现层。在现实对象层中,知识更多地使用自然语言描述;在抽象逻辑层,知识表示运用一阶逻辑、框架、面向对象等方法表达现实层知识语义;在数据实现层中,知识表现为数据结构和数据值。知识表示的实质是知识内涵的表示,也就是知识语义的表示。当前,知识语义被分为数据结构、信息结构、知识组织结构三个层次来表达。

知识库中案例知识太结构化的表示对于案例中的非结构化知识表示(如隐含的知识)不是十分灵活。Fensel 等用"自然语言"的方式表示案例知识,这种类型的案例知识表示方法没有特别的模板,案例经常是非结构化的,不易在信息系统中使用,且直接比较两个文本型的案例是很困难的。

可见,案例知识表示的一般形式应该允许灵活地表示非结构化知识和结构化知识。显然,结构化与非结构化的案例知识表示各有优缺点,但都不能兼容其他形式。因此,一种既能表示非结构化案例又可表示结构化案例的知识表示方法是必需的,这就需要将两种信息形式的集合转换成一种中间形式。本书首先运用面向对象思想,给出一种可统一对非结构化、半结构化和结构化案例知识进行完备表示的方法,所提出的方法便于获取与表示案例知识源,易于根据知识表现特点将知识描述成中间形式,且有利于案例知识的检索、管理、传输和共享。

# 15.3　诊断案例知识面向对象表示

采用面向对象的观点,复杂案例可以分解成多个组成部分,各部分又可以分解成更小的组成部分。如果将这种组成关系用层次来描述,那么,复杂案例位于层次的第一层,其组成部分位于第二层,更小的组成部分位于层次中的更低层。为此,本书借鉴了面向对象的复杂案例集合表示模式(章宁等,2002),针对案例的不同存在形式,采用面向对象模型将不同的案例知识形态看成是相同层次的对象,这样,复杂案例的不同形态就具有一致的表示模型。下面首先给出集合对象和最小部分对象的定义。

**定义 15.1**　设对象 Object 由 $n$ 个对象 $O_1, O_2, \cdots, O_n (n \geqslant 1)$ 组成,用这 $n$ 个对象组成的集合来表示,即 Object $=\{O_1, O_2, \cdots, O_n\}$,则称 Object 为集合对象,对象 $O_1, O_2, \cdots, O_n (n \geqslant 1)$ 称为 Object 的元素。

**定义 15.2**　设对象 Object 不能分解成更小的对象,其所属类中定义了 $n$ 个简单属性 $A_1, A_2, \cdots, A_n$,则称 $O$ 为最小部分对象,并用 Object 中这 $n$ 个简单属性的值组成的集合来表示,即 Object $=\{A_1, A_2, \cdots, A_n\}$。

在面向对象的复杂案例集合表示模式中,一个复杂案例对应一个第一层的集合对象,我们给出案例基本的形式化表示:Case $=$(Name, Object)。其中,Name 表示案例名称,它是每个案例的唯一标识符;Object 表示案例对应的第一层集合对象。首先,定义 Object 由 $l$ 个第二层对象组成,即 Object $=\{O_1, O_2, \cdots, O_l\}$。再对第二层对象进行定义,如定义 Object$_i$,由 $m$ 个第三层对象组成,即 $O_i = \{O_{i1}, O_{i2}, \cdots, O_{im}\}, i = 1, \cdots, l$。以此类推,直到定义的每个对象都是最小部分对象为止。最后再对最小部分对象进行定义,如定义 $O_x$ 由 $n$ 个简单属性值组成($x$ 表示该最小部分对象的下标,代表一至几位数字),即 $O_x = \{A_1, A_2, \cdots, A_n\}$,其中,$A_k$ 是 $O_x$ 所属类中定义的某个简单属性,$k = 1, 2, \cdots, n$。

元组 $(N, O)$ 并不能表示案例中所有有用的信息,应该针对不同的领域加入其他不同的项。

基于以上的定义,我们可以在不同对象层次上研究诊断案例知识之间的关系。诊断案例知识的面向对象表示,在第一层对象上,很好地统一表达了非结构化、半结构化和结构化案例知识,这种表示形式将不同形式的诊断案例知识视为第一层对象,屏蔽了其下层对象的差异,这使我们可以在同一个知识表示层次上研究不同形式案例知识的获取问题。我们不但可以对高度结构化的知识,而且也可以对半结构化,甚至完全非结构化的知识,通过对象间相似度的比较来实现知识的自动获取方法。

下面详细说明非结构化、半结构化及结构化案例知识的语义表示方法。

# 15.4　案例知识及其语义

## 15.4.1　知识与语义

　　知识(王万森,2000)尚没有一个统一的形式化的定义。一般认为,知识是对信息进行智能性加工所形成的对客观世界的规律性认识。实现对信息的加工过程,实际上也是一种把信息关联在一起的过程。因此,也可把有关信息关联在一起所形成的信息结构称为知识,即知识是有关信息关联在一起所形成的信息结构(王永庆,1998)。从这种意义上讲,信息与关联是构成知识的两个要素。信息之间关联的形式可以多种多样,其中,最常用的一种形式是规则:如果……,则……,表达语义上的因果关系。信息的关联形式称为知识结构。半结构化案例是指案例知识只分为第一层对象和第二层对象,不再分为更小的对象。例如,诊断案例知识仅分为案例和症状、疾病、病因、治疗方案,对各第二层对象不再分为更小的对象,而是看成不可再分的整体,如描述症状的一段文字、不再分成必见症状等。

　　所谓语义(Georgieva,2005;杜文华,2005),它属于知识的范畴,是指与某一研究领域有关的语义实体及语义实体之间的语义关系,其中的语义关系揭示了语义实体之间的数量、时间、因果、方式、状态等。多种词汇关系和语义关系被用来表示词汇知识的组织方式。词形式和词义是这些文件中可见的两个基本构件。词形式以规范的词形表示;词义以同义词集合表示。词汇关系是两个词形式之间的关系;语义关系是两个词义之间的关系(杜文华,2005)。

## 15.4.2　诊断案例知识语义定义及其语义层次模型

　　所谓知识的语义,是指知识所体现的区别于其他知识的特征。本书认为,诊断知识语义是领域专家用领域专业语言表述的诊断知识的内涵,是人类对现实事物认知的体现。在知识基系统中,诊断知识语义被分为知识层、信息层、数据层三个抽象层次的语义关系,如图15.3所示。知识层语义关系表达诊断知识内部信息各组成结构之间的关系,简称知识语义关系,具体到诊断知识来说,诊断知识语义是指组成诊断知识的各信息间的因果关系;信息层语义关系主要是指信息的数据结构,称为信息语义关系;数据层语义关系则是指数据类型及其取值,称为数据语义关系。可见,诊断案例知识语义至少是由三个层次的语义关系分层表达。根据语义三角形可知,处于数据层中的文本类型的值是诊断知识内涵最底层的表达形式。概念和概念的实例是表达知识语义关系的原子,概念和概念实例作为案例特征描述的是属性或属性值,从而形成描述案例状态和行为的信息,再进一步通过信息结构形成诊断案例知识,表达诊断案例知识语义(刘伟等,2007)。

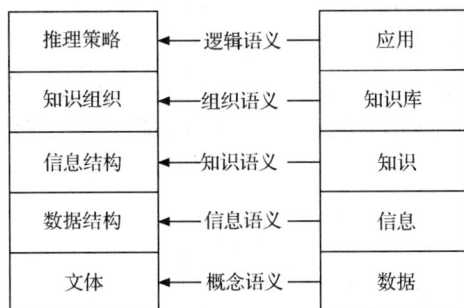

图 15.3　语义关系分层结构

从图 15.3 不难看出,诊断知识语义层次至少为知识语义、信息语义、概念语义三层。通常,高度结构化的知识会有超过三层的语义结构。非结构化或半结构化诊断案例知识不再将语义结构分解为多层,而是直接由最底层的数据集合来表示。在诊断案例知识中,对知识的语义表达则多采用自然语言文本,没有规范化形式。

# 15.5　本体与语义

## 15.5.1　语义与本体的关系

语义问题的研究始于哲学家对"意义"的思考。最早的自然派哲学家所关注的主要是大自然与它的循环与变化,以及寻找构成物质世界不变的本原。后来,巴门尼德提出了"能'被思想'的与能'是'的是一样的"的著名论断。从此,哲学家们从直接寻求物质世界的本原发展到从思维的逻辑规则中去寻找世界本质。后来的哲学家如苏格拉底、柏拉图开始注重概念,苦心孤诣地寻求概念本质,并创立了一系列对概念加以精确定义的方法,其实质在于通过寻找概念本质来寻找世界本质。亚里士多德在批判地继承了柏拉图思想的基础上,提出了世间万物的分类思想,对当今哲学和科学研究产生了极其深远地影响。为了澄清概念,亚里士多德创立了逻辑学,在名词之间的相互关系上建立了逻辑推理,提出了著名的三段论:大前提、小前提、结论。

对人类语言、文字、符号所包含语义的本质研究则始于语言学家。语言学研究认为,在认知发育的过程中,人类在大脑中建立了对世界的基本看法——概念树结构,并通过语言来表达这种概念树结构。语言学对语义问题研究的基本思路是从表达"语义"的基本单位——词汇语义开始研究,而后达到对句子甚至是超句的语义理解。语言符号"形/音—义—物"三者之间的关系通常用图 15.4 所示的符号学语义三角来表示。语义三角刻画了符号系统和现实世界对象之间的关系,非常形象地说明了以下问题：概念和对象直接联系，它反映了客观事物；概念和符号之间也是直接联系，概念是抽象的，它要通过词汇（符号）来表达；符号和对象之间没有直接、必然的联系，也就是说，它们之间的联系带有"任意性"（或者说，是"约定俗成"的），如果客观事物与词有直接、必然的联系，那么，某一对象就必然只有一个名称，不可能有别的名称。

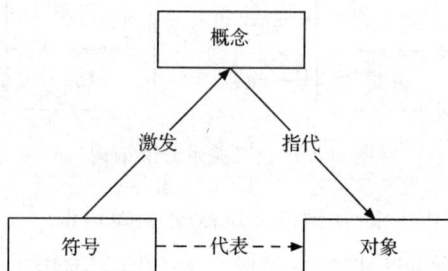

图 15.4　语义三角形

　　哲学、语言学侧重于面向人类理解的语义研究，而数理逻辑和计算机科学则更加侧重于面向机器（应用程序）理解的语义研究。程序设计语言研究中常用的语义有公理语义、操作语义、指称语义等。前两者在逻辑学中通常称作证明系统，指称语义则被称为一种模型论语义。公理语义是推导语言表达式之间等式的一个形式系统。操作语义是一种基于一个方向的等式推理，或称为归约，它是符号计算的一种形式。指称语义或模型论本质上类似于其他逻辑系统（如一阶逻辑）的模型论。一个模型是一组集合，每种类型一个集合，这个集合就是对应类型的解释域，并且每个良好定义类型（无类型错误）的表达式都可以解释为相应集合上的一个元素。

　　人对符号的解释可以通过概念映射到现实世界对象，也就是说，人类可以获得符号的现实世界语义，而机器却很难做到这一点。模型论语义和证明系统所研究的是如何保证形式系统在逻辑运算上的正确性，而非语言符号与现实世界对象之间的映射关系。传统应用程序开发过程中，对符号的语义解释通常由程序员本人完成，并以硬编码的方式实现机器对符号的所谓"语义理解"，这种硬编码方式实现比较简单，但同时也带来了一些非常严重的问题：①如何保证不同程序员对符号的语义解释一致？ ②在不受控的网络环境下，如果无法实现一致的语义解释，如何保证系统之间的互操作？

　　为了解决上述问题，计算机科学家开始结合人工智能领域中有关本体的研究成果，考虑将现实世界语义用形式语言来编码，即通过知识工程师，将某个领域内被公众所认可的知识用形式语言编码。机器通过将符号（语义标签）向语义形式编码的映射来实现对符号的语义理解。例如，网络环境下的异构多主体的交互活动中，为了保证智能主体之间能够互相理解所交互信息的含义，需要制定一些规范来定义交互术语的含义。

综上所述,案例知识的语义和本体之间的关系,可以做如下总结:

(1) 人类对符号(词汇)的语义理解,是通过头脑中的概念系统为中介向现实世界中的对象进行映射。

(2) 机器(应用程序)很难将符号(语义标签)向现实世界中的对象直接映射。

(3) 实现机器理解语义的关键问题,是要创建一个符号系统(本体),可以将现实世界中某个领域知识做形式化封装。

(4) 机器对符号语义的理解,是通过将符号向本体映射来达成的,从这个意义上说,本体是语义理解的最小单位。

### 15.5.2　本体在知识系统中的作用

本体是表示语义信息的基础(余传明,2005)。本体在语义信息表示中具有非常重要的作用,主要体现在以下几个方面:

(1) 本体是语义信息的描述基础。我们知道,语义信息主要由语义类、语义属性、语义关系、语义规则和语义实例构成,而这和本体的构成是相对应的,其中,语义类对应于本体概念,语义属性对应于概念属性,语义关系对应于概念关系,语义规则对应于本体规则和公理,语义实例对应于本体实例。正因为如此,在语义信息描述中,我们选用了 OWL 作为语义信息的描述工具。

(2) 语义信息提取是本体实例化的一种重要形式。在语义信息描述模式被定义后,所有的类和概念、属性、关系将根据实际情况进行具体赋值,这个过程也可以称为本体实例化。

(3) 本体是语义检索的重要辅助手段。由于本体本身具有一定的推理能力,可以利用本体进行查询扩充,从而使检索的结果更加全面。假定本体库已经建立完备,可以考虑使用类和属性的继承关系来对查询进行扩展,以提高查全率。例如,查询与"色料"相关的文档,在知识库中,由于"有机颜料"是"色料"的子类,所以,将"有机颜料"也在后台列入检索范围,通过扩充,使查全率得以提高。

(4) 本体是语义输出的主要形式。我们知道,语义输出包括两类:一是对于语义类、语义属性及语义关系的定义(统称为语义定义)的可视化输出;一是对于语义类、语义属性及语义关系的实例(统称为语义实例)的可视化输出,而两者最终都转化为本体定义或者本体实例输出。

可见,本体构成了语义信息的基础。下面构建基于本体的语义向量空间表示模型,该模型使诊断案例的不同存在形式得到一致的表示。

### 15.5.3　VSM 及其语义化改进

在信息检索技术中,具有代表性的文本检索模型主要有布尔模型、VSM、概率模型等,这些模型从不同角度使用不同的方法处理特征加权、类别学习和相似计算等问题,而 VSM 是最有效的文本表示模型之一(王进,2006)。

### 1. 传统的 VSM

传统的 VSM 是 20 世纪 70 年代末由著名学者 Salton 等(1975)提出,基本原理是:在构造文档向量和查询向量的基础上,用 TFIDF、文档词频、倒排文档频率将 Web 页面文档转化为向量形式,再利用匹配函数计算它们的相关程度,即相似度,倒排文档进行索引,从而使用户得到一个清晰的检索结果。VSM 的优势在于它的简单性,能够将非结构化的文献表示为向量形式,使得各种数学处理成为可能,通过向量的操作,就能够有效地处理大的文献集合,而且模型的检索效果和布尔检索模型相比要好得多。因此,我们考虑在传统的 VSM 基础上,结合基于诊断领域应用本体语义信息的处理方法,构建诊断案例知识语义 VSM。

VSM 模型是以关键词作为特征的。为降低系统的复杂度,一般假设特征项之间是线性无关的,即假设词语语义是相互独立的,每个词语都被看做向量空间中的一个正交基向量。可是,在自然语言中,词或短语之间存在十分密切的关联性,即出现"斜交"现象,很难满足假定条件,因此,对统计结果的可靠性造成一定的影响。此外,将复杂的语义关系归结为简单的结构丢失了许多有价值的线索。

另外,人们对于同一事物的描述可能有多种方式,这主要来自看待事物的角度有所不同,即同一概念具有多种表达形式,表现在文本分类中,表示相同或相近主题的文本虽然所用的词汇不同,但在概念层上却拥有很多共同项,并且由于在案例描述时表述习惯的差异,对于同一概念,不同的领域专家使用了不同的术语,常常出现同义替换现象,所以,如果将特征项映射至概念级,无疑有助于加强特征的提取效果,更加全面地反映了文本之间的相似程度,提高类的正确性(庞剑锋等,2001)。

以概念为特征的好处有以下几点:

(1) 将关键词空间映射到概念空间会大大降低分类空间的维数,从而节省了分类器的训练时间,也节省了分类期间用于相似度比较的时间。因此,基本概念的文本分类在时间效率上要优于基于关键词的分类。

(2) 将具有同义关系的关键词映射到一个概念,可以避免一个重要的分类特征因为采用关键词的分散而削弱其分类的权重。

(3) 将一个多义关键词映射到多个概念,可以避免只采用关键词作为特征所产生的特征歧义,即虽然都是采用同一个关键词,但所代表的意义完全不同,从而提高分类的准确性。

(4) 基于关键词的文本分类算法都假设关键词之间是相互独立的,而关键词之间不但存在同义、多义关系,还存在相关关系、相斥关系。将关键词映射到概念空间可以从一定程度上消除这种相关性。

在对基于语义的诊断案例检索的研究中,我们借鉴了传统 VSM 的思想,同时根据诊断本体自身的特性,把案例转换成由本体概念和属性组成的语义特征向量,并分别计算概念相似度和属性相似度,在此基础上实现了案例语义相似度的检索算法。

语义 VSM 和传统的 VSM 有很多相似性,如下:

(1) 用检索项的高维向量空间来表示样本案例和归档案例信息,其中,每一维为一个语义特征。

(2) 样本案例向量与归档案例向量间的相似度通常用来测定该案例与该样本案例之间的匹配程度。

(3) 语义 VSM 还可以对检索结果分类,为用户提供准确定位所需的信息。

2. 对传统 VSM 的改进——语义 VSM

诊断案例语义 VSM 借鉴了传统 VSM 的思想,但在一些基本方面根据语义信息表示的具体特征做出了很多改进,如诊断案例的语义特征向量表示、特征项权重处理及语义相似度计算等,都有自己独特的处理方法。下面对这些方面进行比较和分析。

传统 VSM 是针对文本的,其表述文档的一个常用方法就是把每篇文档表示成一个标引词序列。一般地,这些标引词是自动地从文档中抽取出来的,可能是单词、短语、组合词,或是手工描述项。如果抽取出来的是禁用词表中的词,就应当剔除掉,而保留下来的词则取其词根部分,从而只留下代表一类单词的共同部分,如词根。对给定集合中的每篇文档应用这样的抽词过程,生成一个项集来表述一篇文档。如果把每一个标引词看作是一个向量,代表了空间中的一维,则由这些标引词集合就定义了一个空间,文档集合中任一篇文档都可以表示为这个多维空间中的一个向量。例如,用户查询向量 $q$ 为 $(W_{q,1},W_{q,2},\cdots,W_{q,t})$,文档向量 $d_j$ 为 $(W_{j,1},W_{j,2},\cdots,W_{j,t})$。

在语义 VSM 中,用来表示案例文本的标引词序列则不是通常所使用的关键字,而是从案例中抽取出来的概念,这些概念在诊断领域应用本体中有明确的语义定义,比普通的标引词能更准确地反映文本的内涵。同样,每个案例文本都被这样的概念标引词序列所表述,每一个概念都是一个向量,代表概念空间中的一维,案例集中任一案例文本也都可以表示为这样的概念空间中的一个点或者说是向量。

此外,对于概念空间中的每一维,也就是每一个概念,还有一个对应于本体中的该概念属性的列表进行表示,这一点与传统的向量空间中每一维简单的标引词不同。每一个概念的属性列表也是一个属性向量空间中的一个向量,在这个属性向量空间中,空间中的每一点都是一个概念实例,对应的是该实例的属性描述。

　　因此,在语义 VSM 中,用语义向量来刻画案例的特征,则该向量的每一维都对应一个概念空间的概念实例,每一个概念实例都对应一个属性向量空间的向量,这样,每一个语义向量都是由双重的向量来表示,在传统向量表示方法基础上扩充了每一维的语义表示,也比常规的基于概念空间的方法在语义刻画上更为直观和丰富。

### 3. 特征项的权重

　　从传统 VSM 的特点可以看出,在特征项确定的情况下,特征项的权重计算是文档分类的关键。特征项权重计算常用的方法有布尔函数、开根号函数、对数函数、TFIDF 函数等。其中,TFIDF 函数应用最为广泛,其基本思路是:使用频率因子 TF 进行特征项的赋权,同时还要考虑文档集因子 IDF,体现出查询内容与文档的相关度大小,一般使用出现频率的倒数来计算, $IDF = \log(N/n_i)$ ,其中, $N$ 为案例集合, $n_i$ 为案例集中出现术语 $i$ 的案例个数。最常用的权重为

$$W_{i,j} = tf_{i,j}idf_i = f_{i,j}\log\frac{N}{n_i} \tag{15.1}$$

式中, $W_{i,j}$ 是第 $i$ 个单词在案例文本 $j$ 中的权重; $f_{i,j}$ 是单词 $i$ 在案例文本 $j$ 中出现的频率; $N$ 是案例集中的案例总数; $n_i$ 是案例集中出现术语 $i$ 的案例个数。

　　在语义 VSM 中,特征项的权重不再是传统方法中的关键字,不是单单侧重某个术语在案例中的表现,而是表现在案例对象所对应的概念描述上。传统的方法通过统计该项在案例中出现的次数来判断其权重,然而,这种方式在语义模型中不再适用,因为语义 VSM 中案例特征向量针对的是在其中出现的语义级概念,对于这些语义概念而言,案例中任何包含该概念的语义描述都应该对该项的权重加分,这样,把单纯的词条权重集中到它们所描述的概念对象上,进一步从语义的角度来对案例内容进行刻画。

　　此外,传统 VSM 的 TFIDF 函数还存在一个缺点,那就是它虽然考虑了出现特征项的文本在整个文档集中的比例,却不能很好地把握特征项在文本集合中分布的差异。而在语义 VSM 中,我们对每个特征项在案例文档中的不同位置的权重也有不同的标准。例如,出现在文档标题中的内容权重一定比出现在文档摘要中的要高,而出现在摘要中的内容权重一定要比出现在正文中的高;一个项的权重包括该概念本身及描述其属性权重值的总和,也与该项在所有文档中出现的频率有关,这个因素同时也对应本体层次概念树中的本体实例个数。

### 15.5.4　非结构化、半结构化和结构化诊断案例知识的语义特征向量空间表示

　　相对于完备的面向对象表示,语义特征向量可以看成是一种简化的案例知识表示,但该表示方法通过提取案例知识的语义特征信息来刻画案例知识,既达到了

有效表示案例知识的目的，又降低了知识表示的冗余信息，最重要的是将非结构化、半结构化和结构化的案例知识进行了一致表示，使形式上差异很大的案例知识能够进行相似性的度量。通过将各类形式的案例知识转化为文本形式，使非结构化、半结构化诊断案例知识到结构化诊断案例知识的自动获取成为可能。而通过VSM 也将本体表示的诊断领域案例知识及概念模型联系起来（如图 15.5 所示）。

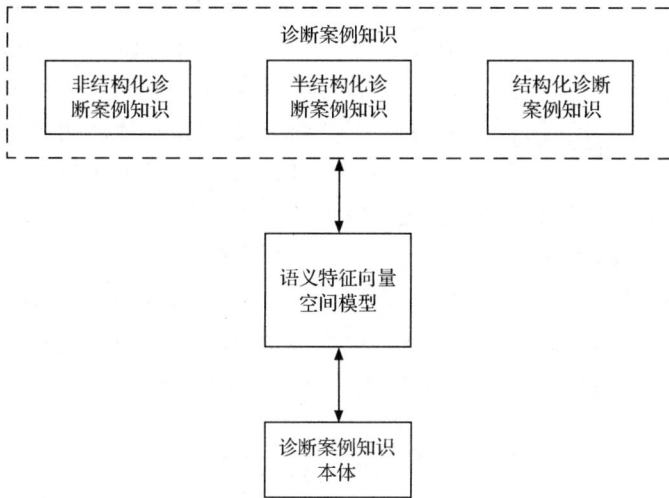

图 15.5　语义特征向量、本体库和案例知识的关系

采用 VSM 能克服案例源的异构性，将结构性差异过滤掉，从案例的语义内涵角度刻画案例特征。

1. 非结构化、半结构化案例知识的语义特征向量表示

诊断案例知识一般具有经验性、叙述性、因果性的特点，由一个或者一组前提推出若干结论。在诊断案例的面向对象表示中，多数下层对象的值都是短文本（一段或多段文本），这些文本长度不一，详略不同；同时，诊断案例文本具有很大的不确定性。从以上分析可见，将现实中诊断案例知识转化为文本再结合自然语言文本处理技术是实现案例自动处理的一条可行途径。本书正是采用了这一诊断案例知识处理策略。

在进一步的计算机处理时，我们还充分利用诊断案例知识书写规范和特点，采用如下处理策略（沈亚诚等，2007）：

（1）诊断案例知识中的标点符号作用不大，可以不予考虑。

（2）重视"关键词"的作用。虽然不同鱼病诊断专家，其语言表达方式和习惯存在一定的差异，但一般都注意鱼病诊断术语的使用，因此，这些诊断领域术语最能代表案例的语义特征。

（3）案例文本具有经验性、说明性、因果逻辑性，没有重复或顺序颠倒现象。因此，相似案例的特征术语组成及术语顺序也相似。

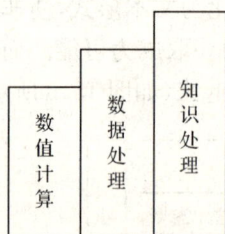

图 15.6 信息处理的三个层次

接下来要用计算机处理文本，这可以先对比人对文本的处理方式。通常情况下，我们会通读全文，然后根据文本所承载的内容对文本进行恰当地处理。人脑是一台超级智能机器，能在文本的语义层次上获取信息和知识，同时结合原来贮存的知识，最后作出相当准确的处理。如果把信息的处理分为三个层次，从低到高则依次为数值计算、数据处理和知识处理，如图 15.6 所示（杜卫锋，2006）。

目前，计算机对语义的理解仍然停留在极低的水平层次上，而且往往仅局限于某个专门的领域范围内，对人类通用的自然语言进行语义理解尚十分困难。由于这一实际情况，要计算机先"理解"后判断，在理解文本内容的基础上进行文本的处理，在现阶段还不太可能。文本作为一个整体，还无法直接被机器处理，因此，首先需要将文本转化为机器易于处理的形式，即运用各种文本表示方法对文本进行形式化表示。

事实上，对案例文本进行一定程度的处理在不理解文本涵义的情况下也能进行，特别是在对一些主题明确的文本进行处理的过程中。例如，鱼病名称一般出现在确诊类的案例中，而在其他类别的案例中出现的情况比较罕见，有关治疗方面的词一般也出现在确诊类的案例中；而诸如"病鱼"、"体表"、"红肿"等关于症状的词则一般出现在所有案例类的文本中。这种现象在专业性案例中的体现尤为突出，一般根据几个专业术语就可以基本确定案例的类别。发表论文时附上关键词就是起这个作用，一般 5 个左右关键词就足以表述该篇论文的专业范围了，这种现象启发我们可以将文本看成是词的组合，将文本分解为词串进行处理，此外，不同的词对文本的代表性并不相同，因此，应该有一种度量特定词对文本重要性的量化指标，据此提取关键词，然后进行后续的处理。

2. 结构化案例知识的语义特征向量表示

对结构化案例知识来说，可以简单地用其一组属性作为其语义特征向量，这样做既方便操作，又很合乎情理。

## 15.6 诊断案例知识相似性度量

案例结构的复杂性导致其相似度比较的复杂性。下面从案例语义、案例结构、案例个体、案例目标几个方面分别讨论案例的相似性度量（朱欣娟，2003）。

### 15.6.1　案例知识相似性关系的种类

目标案例与源案例之间的相似性有语义相似性、结构相似性、目标相似性和个体相似性。语义相似性分为三个层次：知识相似度由信息相似度构成，信息相似度由数据相似度构成。

(1) 语义相似性。语义相似性度量要求两案例之间的类比首先必须满足语义上的相似性。使用语义分析方法，案例应以语义网语法树的形式存储。语义网的建立需要领域专家或知识库建造者付出很多努力，系统需要包括一些规则来处理例外，还需要包括一种什么是"最匹配"的方法，这些都是难以研制和实现的。语义分析系统的优点在于它的理解力比较强，相对于基于句法分析的系统，它的推理方式更接近于人类。基于语义分析的系统包括情景知识(有关情景或经验的知识)和概念知识(定义和规则)，然而，对于知识库的构造来说，使用句法分析要更有灵活性，这种系统需要处理整个问题描述的存储，确定索引技术及哪一条信息用作索引，便于最终能够实现快速和成功的搜索。关键在于"提供足够的索引信息来唯一的确定一个案例"和"限制索引的信息来实现实时的搜索"这两者之间的平衡。使用严格句法分析的 CBR 系统可以用以下方法存储案例：没有格式限制的文本、数据库的记录、某种概括的格式或以上三种的混合。

语义分析虽然比句法分析效果好，但难于实现，而句法分析易于实现，虽然分析结果可能出现错误，但在解决特定领域内的问题时，只要能够保证一定比率的成功，这种方法是可行的。

(2) 结构相似性。如果在两个案例的结构之间存在某种对应关系，且这种对应关系能够保持结构一致性，则认为两案例结构是同构的。结构一致性要求必须保证它们涉及的个体或低阶关系也是一一对应的，且这种对应不应打破原来个体间的对应关系。结构对于类比检索的意义是重大的。结构相似性有助于初步检索到可类比的源案例，而同构则提醒应优先考虑哪些与目标问题具有同构和局部同构关系的源案例或部分源案例。

(3) 目标相似性。问题求解的最终目的是要实现问题本身所提出的目标。在相似的一组源案例中，对实现目标案例的目标具有潜在重要作用的源案例，较之不具有目标相关性的源案例更应该得到优先考虑。Thagard 及其合作者认为："如果为一种结构表示增加了目标信息，那么，这个增大了的结构同其他包含有相似的目标信息的结构之间，更加具有语义相似性和结构一致性。"

(4) 个体相似性。从不严格的意义上讲，如果两个个体之间具有一些(或一个)相似的属性，则它们是属于同一类别的。有时，一个案例中的某些(或某个)个体可能对问题的解决具有主导作用。在这种情况下，这些(或某个)个体应该作为问题的显著检索信息来初步地检索源案例。在最初的检索结束后，对于那些同目标案例的个体具有同类关系或部分和整体关系的源案例,应该予以优先考虑。个体之间的类比有助于认识如何使用一个个体,案例的部分解决能帮助发现整个案例的解。

### 15.6.2 传统案例相似性度量方法

经典的,目标案例与源案例之间的相似性有三种计算方法,即欧氏距离、曼哈顿距离和无限模距离。

(1) 欧氏距离。

$$d_{ij} = \left[ \sum_{h=1}^{n} \omega_h (a_{ih} - a_{jh})^2 \right]^{1/2} \tag{15.2}$$

此处,每个属性的值均已规范化,即均值为 0,标准差为 $t$。

(2) 曼哈顿距离。Cost 和 Salzberg 提出用曼哈顿度量法,该方法用两点之间的连线长度作为两点之间的距离,这种连线直来直去,与美国纽约曼哈顿大街相似,故称为曼哈顿距离。

$$d_{ij} = \sum_{h=1}^{n} \omega_h |a_{ih} - a_{jh}| \tag{15.3}$$

(3) 无限模距离。Mangasarian 提出了另一种度量方法,称为无限模距离。

$$d_{ij} = \max_{1 \leqslant h \leqslant n} \omega_h |a_{ih} - a_{jh}|$$

### 15.6.3 基于面向对象模型的案例相似度计算

#### 1. 案例对象之间的相似度

**定义 15.3** 设两个同属一个类的集合对象 $O$ 和 $O'$ 分别由 $n$ 个对象组成,$O = \{O_1, O_2, \cdots, O_n\}$,$O' = \{O'_1, O'_2, \cdots, O'_n\}$,则 $O$ 与 $O'$ 之间的相似度等于各元素对象之间相似度的加权和,即

$$\text{SIM}(O, O') = \sum_{i=1}^{n} W_i \times \text{SIM}(O_i, O'_i) \tag{15.4}$$

式中,$\text{SIM}(O, O')$ 表示集合对象 $O$ 与 $O'$ 之间的相似度;$W_i$ 是表示元素对象 $O_i$ 的重要性程度的权重因子,$0 \leqslant W_i \leqslant 1$,且满足 $\sum_{i=1}^{n} W_i = 1$;$\text{SIM}(O_i, O'_i)$ 表示元素对象 $O_i$ 与 $O'_i$ 之间的相似度。

**定义 15.4** 设两个同属一个类的最小部分对象 $O$ 和 $O'$ 分别由 $n$ 个简单属性值组成,$O = \{O.A_1, O.A_2, \cdots, O.A_n\}$,$O' = \{O'.A_1, O'.A_2, \cdots, O'.A_n\}$,则 $O$ 与 $O'$ 之间的相似度等于各属性值之间相似度的加权和,即

$$\text{SIM}(O, O') = \sum_{i=1}^{n} W_i \times \text{SIM}(O.A_i, O'.A_i) \tag{15.5}$$

式中,$\text{SIM}(O,O')$ 表示最小部分对象 $O$ 与 $O'$ 之间的相似度;$W_i$ 是表示简单属性 $A_i$ 的重要性程度的权重因子,$0 \leqslant W_i \leqslant 1$,且满足 $\sum\limits_{i=1}^{n} W_i = 1$;$\text{SIM}(O.A_i,O'.A_i)$ 表示简单属性值 $O.A_i$ 与 $O'.A_i$ 之间的相似度。

根据以上两个定义可以得到新案例与旧案例之间的相似度计算公式。

设有一个新案例 $P$,对应的第一层集合对象是 $O$,$O = \{O_1,O_2,\cdots,O_n\}$。若案例库中有一个旧案例 $C$,对应的第一层集合对象是 $O'$,$O' = \{O'_1,O'_2,\cdots,O'_n\}$,那么,根据定义 15.1,$O$ 与 $O'$ 在第一层的相似度计算公式如下:

$$S = \text{SIM}(O,O') = \sum_{i=1}^{n} W_i \times \text{SIM}(O_i,O'_i) \tag{15.6}$$

式中,$S$ 表示 $O$ 与 $O'$ 在第一层的相似度;$O_i$ 与 $O'_i$ 分别是 $P$ 与 $C$ 在第二层上包括的某个对象。设 $O_i = \{O_{i1},O_{i2},\cdots,O_{im}\}$,$O'_i = \{O'_{i1},O'_{i2},\cdots,O'_{im}\}$,那么,根据定义 15.1,$O_i$ 与 $O'_i$ 在第二层的相似度计算公式如下:

$$S_i = \text{SIM}(O_i,O'_i) = \sum_{j=1}^{m} W_{ij} \times \text{SIM}(O_{ij},O'_{ij}) \tag{15.7}$$

式中,$S_i$ 表示 $O_i$ 与 $O'_i$ 在第二层的相似度;$O_{ij}$ 与 $O'_{ij}$ 分别是 $P$ 与 $C$ 在第三层上包括的某个对象。如果它们是集合对象,那么,仍然根据定义 15.1 得到它们之间在第三层的相似度计算公式。以此类推,直到要求的是最小部分对象之间的相似度为止。

设 $O_x$ 与 $O'_x$ 分别是 $P$ 与 $C$ 中包括的某个最小部分对象($x$ 表示下标),$O_x = \{O_x.A_1,O_x.A_2,\cdots,O_x.A_n\}$,$O'_x = \{O'_x.A_1,O'_x.A_2,\cdots,O'_x.A_n\}$,那么,根据定义 15.2,$O_x$ 与 $O'_x$ 的相似度计算公式如下:

$$S_x = \text{SIM}(O_x,O'_x) = \sum_{k=1}^{n} W_{xk} \times \text{SIM}(O.A_k,O'_x.A_k) \tag{15.8}$$

**2. 属性值之间的相似度**

为了提高匹配的准确性,可以运用模糊逻辑来计算属性值之间的相似度。下面简单介绍一下模糊集、隶属函数和模糊关系的概念。

模糊集的基本思想是把经典集合中的绝对隶属关系灵活化,元素对"集合"的隶属度不再局限于 0 或 1,而是可以取从 0 到 1 的任一数值(何新贵,1998)。

**定义 15.5**　设给定论域 $U$,$U$ 在闭区间 $[0,1]$ 中的任一映射 $\mu_A$,即

$$\mu_A : U \to [0,1]$$
$$x \to \mu_A, x \in U$$

可确定 $U$ 的一个模糊集 $A$。

$\mu_A(x)$ 是隶属函数,它在模糊数学中占有很重要的地位,是把模糊性数量化,使事物的不确定性在形式上用经典的数学方法进行表达和运算的桥梁。

**定义 15.6** 对于集合 $U$、$V$,其直积 $U \times V = \{(x, y) \mid x \in U, y \in V\}$ 上的任一子集 $R$,均可称为 $U$ 与 $V$ 之间的二元关系,或简称关系。如果 $R$ 是一个模糊集,则它所刻画的就是 $U$ 与 $V$ 之间的模糊关系。

相似关系就是一种模糊关系,两个元素之间的相似性不是简单的相似或不相似,而要以相似度来衡量。

当 $U$、$V$ 为有限集时,关系 $R$ 可以用一个矩阵(仍记为 $\boldsymbol{R}$)表示:$\boldsymbol{R} = (r_{ij})_{m \times n}$。这里,$U$ 有 $m$ 个元素,$V$ 有 $n$ 个元素。$r_{ij} \in [0, 1]$,$i = 1, \cdots, m$;$j = 1, \cdots, n$。当 $R$ 是模糊关系时,称 $\boldsymbol{R}$ 为模糊关系矩阵。此时,$\boldsymbol{R}$ 的元素值也可用下式表示:$r_{ij} = \mu_R(u_i, v_j)$,$\mu_R(u_i, v_j)$ 是在论域 $U \times V$ 上的隶属函数。

如果将属性值之间的相似关系看做是"相似"模糊集刻画的一种模糊关系,相似度就是隶属于"相似"模糊集的隶属度,因此,相似度的计算可以借助于隶属函数。

**定义 15.7** 设有一个属性的两个取值 $V_1$ 和 $V_2$,则 $V_1$ 和 $V_2$ 之间的相似度等于 $V_1$ 和 $V_2$ 隶属于"相似"模糊集的隶属度,即

$$\mathrm{SIM}(V_1, V_2) = \mu_R(V_1, V_2)$$

式中,$\mathrm{SIM}(V_1, V_2)$ 表示属性值 $V_1$ 与 $V_2$ 之间的相似度;$R$ 表示"相似"模糊集;$\mu_A$ 表示隶属函数。

简单属性主要有两种类型:数值型和字符型。首先,考虑数值型属性相似度的计算。数值型属性的论域元素是连续的,因此,可以选用某些典型函数作为隶属函数。假设新问题中一个数值型属性值的输入代表如下含义:要求旧案例中的属性值最好与输入的值接近,那么,我们选取可以描述"接近于"这个概念的隶属函数,如正态分布的隶属函数。

首先对数值型属性值进行归一化处理。假设原有属性值为 $V$,转换后的属性值为 $V'$,可用如下公式进行变换:

$$V' = V / (V_{\max} - V_{\min}) \tag{15.9}$$

式中,$V_{\max}$ 和 $V_{\min}$ 分别代表该属性变量的最大值和最小值。

假设 $A_k$ 是数值型属性,那么,根据定义 15.7,$O_k.A_k$ 与 $O'_k.A_k$ 的相似度计算公式如下:

$$\mathrm{SIM}(O_k.A_k, O'_k.A_k) = \mu_R(O_x.A'_k, O'_x.A'_k) \tag{15.10}$$

式中,$R$ 是"相似"模糊集;$O_x.A'_k$ 和 $O'_x.A'_k$ 是 $O_k.A_k$ 与 $O'_k.A_k$ 经过归一化处理后的值。

如果选取正态分布的隶属函数,那么,属性值之间的相似度可通过下式计算出来:

$$SIM(O_k.A_k, O'_k.A_k) = e^{-K(O'_x.A'_k - O_x.A'_k)^2} \tag{15.11}$$

相似度的变化如图 15.7 所示。

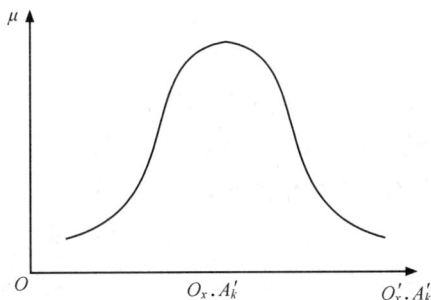

图 15.7　正态分布的隶属函数

我们将字符型属性分为名称变量和顺序变量两种。名称变量的属性值之间只存在"相等"或"不等"的关系。

假设 $A_k$ 是字符型属性中的名称变量,则根据定 15.7,$O_k.A_k$ 与 $O'_k.A_k$ 的相似度计算公式如下:

$$SIM(O_k.A_k, O'_k.A_k) = \begin{cases} 0, & O'_x.A_k \neq O_x.A_k \\ 1, & O'_x.A_k = O_x.A_k \end{cases} \tag{15.12}$$

顺序变量的属性值之间有顺序关系,"大于"和"小于"的概念有意义。为了形式化地定义相似度计算公式,我们首先作如下定义。

**定义 15.8**　设有一个顺序变量的两个属性值 $V_1$ 和 $V_2$,且 $V_1$ 按顺序排列排在 $V_2$ 的前面,则称 $V_1$ 小于 $V_2$,记为 $V_1 < V_2$。

字符型属性的论域元素是离散的,不能直接通过数值计算方式得到隶属度。假设新问题中一个顺序变量的属性值的输入代表如下含义:要求旧案例中的属性值最好与输入的值接近,则可以选择根据诊断本体中的概念相似性距离来给出隶属度的具体数值的方式,得到表示元素两两之间相似度的相似矩阵。

**定义 15.9**　设 $R$ 是一个以 $U \times U$ 为论域的模糊关系矩阵。如 $\mu_A(u_i, u_i) = 1$,$i = 1, 2, \cdots, m$,称 $R$ 满足自反性;如 $\mu_A(u_i, u_j) = \mu_A(u_j, u_i)$,$i = 1, 2, \cdots, m$,$j = 1, 2, \cdots, m$,称 $R$ 满足对称性。如 $R$ 既满足自反性又满足对称性,则称 $R$ 是一个相似矩阵。

假设 $A_k$ 是字符型属性中的顺序变量,且论域 $U$ 中有 $n$ 个元素(属性值)$V_i$,$i = 1, 2, \cdots, n$,且 $V_1 < V_2 < \cdots < V_n$,通过诊断本体确定它们两两之间的相似度,得到其 $n$ 阶相似矩阵为

$$\boldsymbol{R} = (r_{ij})_{m \times n} = \begin{bmatrix} r_{11} & r_{12} & \cdots & r_{1n} \\ r_{21} & r_{22} & \cdots & r_{2n} \\ \vdots & \vdots & & \vdots \\ r_{n1} & r_{n2} & \cdots & r_{nn} \end{bmatrix} \tag{15.13}$$

式中，$r_{ij} \in [0,1]$ 表示 $V_1$ 和 $V_2$ 之间的相似度；$r_{ij} = \mu_R(V_i, V_j)$；$\mu_R(V_i, V_j)$ 是在论域上 $U \times U$ 的隶属函数，根据诊断本体计算确定。根据相似矩阵的自反性和对称性可知，只要确定矩阵右上三角中的元素即可。如果从行上考虑，在矩阵的第 $i$ 行中，$i = 1,2,\cdots,n-1$，只需确定 $r_{i(i+1)}, r_{i(i+2)}, \cdots, r_{in}$ 即可；如果从列上考虑，在矩阵的第 1 列中，$i = 2,\cdots,n$，只需确定 $r_{1j}, r_{2j}, \cdots, r_{(j-1)j}$ 即可。

**定理 15.1**　设 $\boldsymbol{R}$ 是一个描述顺序变量的属性值之间相似关系的相似矩阵，且 $\boldsymbol{R} = (r_{ij})_{n \times n}$，则 $\boldsymbol{R}$ 满足以下约束条件：

(1) $\forall i$，有 $r_{ij} = 1$；$\forall i, \forall j$，有 $r_{ij} = r_{ji}$；

(2) $\forall i, i = 1,2,\cdots,n-1$，有 $r_{i(i+1)} > r_{i(i+2)} > \cdots > r_{in}$；

(3) $\forall j, j = 2,\cdots,n$，有 $r_{1j} < r_{2j} < \cdots < r_{(j-1)j}$。

在确定 $A_k$ 的相似矩阵 $\boldsymbol{R}$ 之后，根据定义 15.7，$O_x. A_k$ 与 $O'_x. A_k$ 的相似度计算公式如下：

$$\mathrm{SIM}(O_x. A_k, O'_x. A_k) = r_{ij}, \quad O'_x. A_k = V_i \quad 且 \quad O_x. A_k = V_j \tag{15.14}$$

虽然我们定义相似度计算公式的过程是自顶向下的，但实际计算相似度的过程是自底向上的，即先计算各属性值之间的相似度，再计算各最小部分对象的相似度，然后根据组成关系逐层向上计算各集合对象的相似度，最后得到整个案例（第一层集合对象）的相似度。

### 15.6.4　基于 VSM 的案例知识相似度比较

#### 1. 案例相似度 S

案例相似度指两个向量内容相关程度的大小，当文档以向量来表示时，可以使用文档向量间的距离来衡量。传统 VSM 一般使用内积或夹角的余弦来计算，两者夹角越小，说明相似度越高，待学习的源案例知识也可以在同一空间里表示为一个特征向量（如图 15.8 所示），通过相似度计算公式计算出案例库中每个案例向量与待学习源案例向量的相似度，计算后得到的相似度与设立的阈值进行比较，如果大于阈值，则案例库中案例与待学习的源案例相关，保留该案例检索结果，如果小于，则不相关，过滤此案例，这样就可以控制检索结果的数量，加快检索速度。

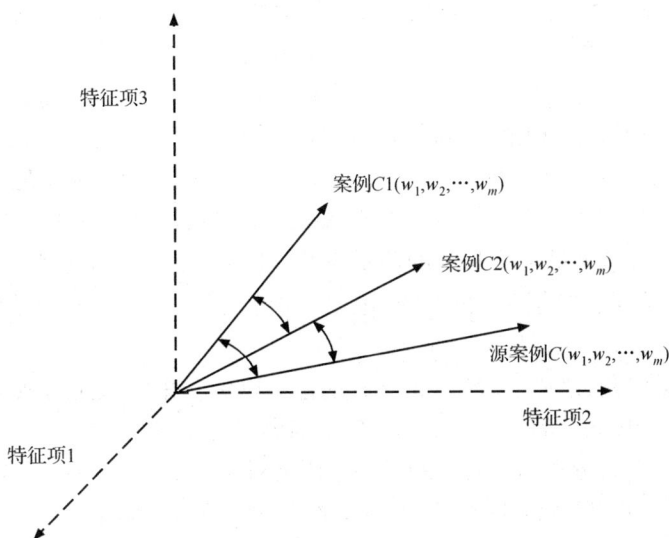

图 15.8　案例相似度

## 2. 案例 VSM 及相似度 SIM($C1,C2$)

传统模型利用关键词出现的频率得出的权重来计算相似度,待学习案例向量 $q$ 为 $(W_{q,1}, W_{q,2}, \cdots, W_{q,l})$,案例库中案例特征向量 $d_j$ 为 $(W_{j,1}, W_{j,2}, \cdots, W_{j,t})$,数学模型是使用两个权值向量的夹角余弦,计算待学习案例向量与案例向量空间中的案例向量夹角,夹角越小,则相似度越大。

给定一个待学习源案例 $q$ 和案例集合(案例库)$C = \{d_1, d_2, \cdots, d_N\}$,并对 $q$ 及 $C = \{d_1, d_2, \cdots, d_N\}$ 中的案例进行向量化表示,其中,$N$ 为案例数量。设源案例的向量表达式 $q = \langle w_1, w_2, \cdots, w_m \rangle$,$C$ 中第 $i$ 个案例的向量表达式 $c_i = \langle w_{1,i}, w_{2,i}, \cdots, w_{m,i} \rangle$,其中,$m$ 为索引项数量,$w_k$ 是索引项 $k$ 在查询 $q$ 中的权值,$w_{k,i}$ 是索引项 $K$ 在案例 $d_i$ 中的权值。权值 $W = f_t f_{id}$,其中,$f_t$ 为索引项在案例中出现的频率,$f_{id}$ 为索引项的反向频率。从待学习源案例和案例库中案例的向量表示形式可以看出,待学习源案例和案例库中案例都由索引项组成,在计算待学习源案例和案例库中案例之间的相似度时,可以采用案例之间的相似度计算方法。$c_i$ 与 $c_j$ 之间的相似度可用其向量之间的夹角 $\theta$ 的余弦值来计算,令 SIM($d_i, d_j$) 表示 $d_i$ 与 $d_j$ 之间的相似度,则

$$\text{SIM}(c_i, c_j) = \cos\theta = \frac{c_i \cdot c_j}{|c_i| \times |c_j|} = \frac{\sum_{k=1}^{m} w_{k,i} w_{k,j}}{\left[\sum_{k=1}^{m} w_{k,i}^2\right]^{\frac{1}{2}} \left[\sum_{k=1}^{m} w_{k,j}^2\right]^{\frac{1}{2}}} \quad (15.15)$$

语义 VSM 中相似度的计算与此类似,但由于案例库中案例或者待学习源案例的语义向量自身的特点,如果仅仅对相同的概念进行比较的话,则又是重复关键词级的方法,忽略了语义的作用。因此,在语义向量中,必须对概念两两之间都要考虑它们的相似度和相关性,不同的概念也有可能包含相似或相关的语义。例如,"计算机"一词,也可以是"电脑"、"微机"等,对用户来说所指的可能是一个意思,但在传统 VSM 中,这几个词是完全不同的概念,也没有相应的处理机制,但在语义 VSM 中,这些概念能够通过相应的关系或者概念结构方法联系起来,当用户用"计算机"这个关键词去检索时,相关的"电脑"、"微机"包含这些词的案例也会检索出来。

值得注意的是,语义 VSM 中的文档向量可以包含相同的概念项,这在传统方法中是不可能出现的,因为同样的关键字会合并到一个项中,并在该项的权重中表示出来。而语义向量中的项对应的是一个语义对象,或者说是一个概念实例,当一篇文档描述了同一概念的多个实例时,该文档对应的语义向量就应该包含多个对应的相同概念项,每个概念都有自己的属性描述,对应于不同的实例对象。

# 15.7　本 章 小 结

在案例获取问题中,对不同类型的文档进行统一的学习已经是一个必须考虑的问题。本章针对这一问题,首先采用面向对象的思想定义了诊断案例知识表示模型和相似性度量模型;再从语义的角度改进了 VSM,解决了异构诊断案例知识的统一表示问题,并讨论了案例间相似度的计算问题,为异构案例知识获取提供了表示和计算基础。

# 第 16 章　鱼病诊断知识本体论

实现语义特征向量的构建,需要借助鱼病诊断本体。运用本体研究相关理论与方法,定义鱼病诊断本体,确定鱼病诊断本体的构建方法、形式化表示、实现语言及本体概念术语学习等基本问题。

## 16.1　鱼病诊断知识本体模型

我们首先给出鱼病诊断知识本体模型的定义,然后给出诊断知识元本体及语义关系本体模型的定义。

### 16.1.1　一般本体模型

**定义 16.1**(杨立,2005)　本体是一个五元组 $O=\langle V,F,C,H,\text{Root}\rangle$,其中,$V$ 为一组词汇集(术语集),$C$ 为一组概念,$F$ 为一个参照函数 $F:2^V a\ 2^C$。将一个词汇集 $\{V_i\}\subset V$ 映射到一个概念集。通常来说,多个词汇可以映射到一个概念,而一个词汇也可以映射到多个概念。$H$ 是层次关系 $H\subseteq C\times C,H(c_1,c_2)$ 代表 $c_1$ 是 $c_2$ 的子概念,$H$ 是有向的、无环的、传递的、自反的。Root 是一个根概念,$\forall c\in C$,$H(c,\text{Root})$ 成立,在一个本体中,有且只有一个 Root。在本书中,如未明确指出,一般认为 $H(c_1,c_2)$ 关系中,$c_1\neq c_2$。

### 16.1.2　鱼病诊断知识本体元数据定义

鱼病诊断本体是鱼病诊断知识概念化的显式规范说明,它用一种明确的、形式化的方式表示鱼病诊断概念知识。通过前面对鱼病诊断知识的分析,我们给出如下鱼病诊断概念本体元数据形式化定义(Smith,2004;Guizzardi et al.,2002;Aspirez et al.,1998):

(1)鱼病诊断本体是鱼病诊断知识 DK 的概念化描述,它包含一系列基本术语及其关系,即 OD={CS,RS},其中,CS 为概念集合,RS 为关系集合。

(2)鱼病诊断基本概念是鱼病诊断领域中具有相同属性的对象的集合,即 $AC_i=\{O_{i1},O_{i2},\cdots,O_{ik}\}$,其中,$O_{ij}$ 为鱼病诊断领域中的对象。

(3)知识原子是指由原子概念和原子关系与公理构成的事实知识断言。

(4)鱼病诊断知识单元是由知识原子经过交或并后而产生的较大粒度的知识实体。

（5）概括是概念之间的一般和特殊关系。即 general-of 关系,其逆关系是 kind-of。

（6）聚合描述了知识的封闭结构,用于由简单对象构造复杂的实体,即 part-of 关系,如鱼体由头部、鱼身、鱼尾、背鳍、鱼腹、鱼鳃、鱼肛门、内脏（心、肝、肠）等组成。

（7）角色描述概念与论域中其他概念的关系,即 role-of 或 property-of。

（8）属性描述概念本身的一些信息,即 attribute-of。

（9）实例是指鱼病诊断中存在的个体对象,一个个体总是与其所属概念间存在 instance-of 关系。

通过以上元数据本体可以构建鱼病诊断知识的静态模型,即鱼病诊断知识所包含的概念及其类属关系。

### 16.1.3　鱼病诊断本体元关系定义

语义关系（方卫东等,2005）主要考虑两类关系:一类是处于不同逻辑层次上的概念之间的关系,包括种属关系（is-a）和实例关系（instance-of）;另一类是反映对象组成结构的关系,它是部分和整体（part-whole）之间的关系（part-of）。本书主要考虑本体的一些基本关系,以下为两类元关系,即实例关系和部分关系的定义。

**定义 16.2（概念,实例）**　设概念集为 $S_C$,对于概念集 $S_C$ 中的任意概念 $C$,概念 $C$ 的外延集 $E(C)=\{x\,|\,x\in C\}$;对于 $E(C)$ 中的任一元素 $C_i\in E_C$,如果 $C_i$ 的外延集 $E(C_i)=\{C_i\}$,则称 $C_i$ 为概念 $C$ 的实例。

**定义 16.3（实例关系,instance-of）**　对于概念（或类）$C$ 及其实例集 $S_{ic}$,则实例集 $S_{ic}$ 中的元素 $e(e\in S_{ic})$ 和概念 $C$ 之间的关系称为实例关系,记作 $\text{inst}(e,C)$,该关系存在于实例（或个体实例）和概念之间。

实例关系没有自反性、对称性和传递性,但实例和概念之间具有很好的性质和属性的继承性。

**定义 16.4（部分关系,part）**　部分关系是指对象个体之间的部分关系,将 $x$ 是 $y$ 的一部分记作 $\text{part}(x,y)$。

部分关系没有自反性和对称性,但具有传递性。

**定义 16.5（part-for）**　$A \text{ part-for } B \overset{\text{def}}{=} \forall x(\text{inst}(x,A)\to \exists y(\text{inst}(y,B)\wedge \text{part}(x,y)))$。

**定义 16.6（has-part）**　$B \text{ has-part } A \overset{\text{def}}{=} \forall y(\text{inst}(y,B)\to \exists x(\text{inst}(x,A)\wedge \text{part}(x,y)))$。

由定义 16.5 和定义 16.6,可以得出以下定义。

**定义 16.7(part-of)**　$A$ 与 $B$ 是部分关系,当且仅当:对 $A$ 的任一实例 $x$ ,存在 $B$ 的某些实例 $y$ 在实例级与 $x$ 为部分关系;反之亦然。即定义为:$A$ part-of $B \overset{\text{def}}{=} A$ part-for $B \wedge B$ has-part $A$ 。

part-of 关系不具自反性和对称性,但具传递性。

**定义 16.8(is-a)**　对于概念集 $S_C$ 中的概念 $C_1 , C_2 \in S_C$ ,如果有

(1) 概念 $C_1$ 的内涵包含 $C_2$ 的内涵,即 $I(C_1) \supset I(C_2)$ ;

(2) 概念 $C_1$ 的外延包含于 $C_2$ 的外延,即 $I(C_1) \subset I(C_2)$ ;

则将概念 $C_1$ 和 $C_2$ 之间的关系称为种属关系(is-a relation),记作 is-a$(C_1 , C_2)$ ,该关系存在于种概念和类概念之间。$A$ is-a $B \overset{\text{def}}{=} \forall x (\text{instance-of}(x , A) \to \text{instance-of}(x , B))$ 。

is-a 关系不满足对称性,但具有自反性、反对称性和传递性,因此为偏序关系。

## 16.1.4　鱼病诊断知识本体模型

根据以上对鱼病诊断本体元语的定义,可以进一步构造鱼病诊断概念本体。该模型中,不同粒度的概念按照继承、聚合等关系以抽象层次最高的概念为根形成了多个不相交的层次概念树,如疾病、病因等。不同概念树的概念之间按照属性、角色等关系表达诊断领域知识约束。领域的每个实例都属于确定的概念或概念集合,并且通过类的继承而具有属性和角色关系。这样,所建立的鱼病诊断概念本体可进一步表示为如下三元组:

$$CO = \{ C_{CO} , R_{CO} , H_{CO} \}$$

式中,$C_{CO} = \{ \{病因\} , \{疾病名称\} , \{病症\} , \{鱼类\} , \{鱼体\} , \{病理\} , \cdots \}$ 为概念集合;$R_{CO} = \{ \text{part-of} , \text{kind-of} , \text{instance-of} , \cdots \}$ 为关系集合;$H_{CO} = \{ \{鲤鱼, 草鱼, \cdots \} , \{发炎, 红肿, 出血, 坏死, \cdots \} , \{肠炎病, 烂腮病, 出血性腐败病, 疖疮病, \cdots \} , \cdots \}$ 为实例集合。

该本体模型是对构成鱼病诊断的静态知识的建模。通过对鱼病诊断知识的分析,我们得到鱼病诊断知识的术语表与术语之间的关系描述。术语表刻画了描述诊断本体范围的最小术语集,而鱼病诊断术语之间的关系集表达了鱼病诊断的内在语义信息。术语用于描述概念类所具有的区别于其他概念类的特性,如对于鱼这个概念类,它具有体长、重量、体色等;本体中个体之间联结或关联称为关系,反映的是一种动态语义特征,如所有关系、空间关系、时间关系、关联关系、来源关系、输出关系、分成关系、组成关系。通过分析得到鱼病诊断概念本体中相关建模元语、构子,有类、角色关系、属性关系、继承关系(如淡水鱼与草鱼之间的关系)、instance-of 实例关系、part-of 整体-部分关系(头、尾与鱼体之间的关系)等。

### 16.1.5　鱼病诊断知识本体建模思想

目前,本体工程这个思路(方卫东等,2005)虽然已经被大家所接受,但并没有出现成熟的方法论作为支持。现有的各种方法论(余传明,2005)也是诞生在具体的本体建设项目之中,在相应的项目中得到实践,这些方法之间并没有太大的差别,并且都和软件工程中常见的开发过程相类似。但是,总体看来,本体建设应该遵循工程化生产模式。工程思想的核心有两点:标准化的表达方式和规范化的工作步骤。软件工程的目的就是使软件生产从程序员的个人劳动提高成为有组织的、可控制的工程,从而大幅度提高软件开发的效率和质量。相比于一般的软件,本体更强调共享、重用,它的出现本身就是为了给不同系统之间提供一种统一的语言,因此,它的工程性更为明显。

鉴于本体构建尚未形成统一方法,完全自动构建本体的理论和技术条件尚未成熟,我们参考国内外本体构建的经验,提出采用半自动化的本体构建方式取代全手工构建本体方式,其基本建模思想是:首先由领域专家和本体工程师构建元本体和核心本体,然后通过本体学习丰富本体,自动形成的本体经过本体工程师修正、指定版本并提交领域专家评估后,确定为正式发布本体,并存储在本体库中加以管理。本章中重点阐述核心本体的构建与本体学习过程与方法。

值得注意的是,本体的获取是个循环获取过程,提出了一种环行的本体获取方法论(李明等,2006),如图16.1所示。

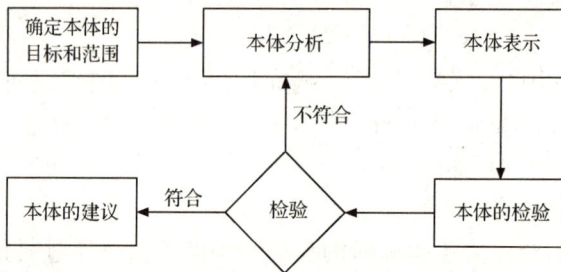

图16.1　本体的构造

实际应用本体的获取目前有两种途径:一种是根据项目的需求,参考相关领域的分类法或相近领域的本体,由知识工程师与领域专家共同构建相关应用本体,这一工作是全新的、前人没有做过的工作;另一种是根据已有的字典或本体进行抽取、扩展或改进已有的本体。目前,大多数的应用本体都不是从头开始的,而是以上两种方法的混合。本书也是采用两种方法相结合的策略,首先由领域专家与知识工程师共同构建一个核心应用本体,然后再基于"知网"进行半自动学习,也就是把知网看成一个中文顶层本体,本书利用知网进行鱼病诊断本体的学习。

# 16.2　鱼病诊断知识核心本体构建

核心本体是鱼病诊断知识本体的框架本体,它是诊断本体构建的重要步骤,是从理论定义到具体实现的关键一环,其定义是否合理直接影响到所构建本体的应用、修订、维护、扩展等一系列后继工作。根据诊断本体构建两步走的策略,我们先来详细说明核心本体的构建过程。

## 16.2.1　核心诊断本体建模步骤与方法

本体设计思想部分借鉴于面向对象的设计,然而,本体设计是与面向对象编程中类与关系的设计不相同的。在面向对象编程中,主要以类的方法为中心,设计师根据类的操作属性来做决策,而本体设计师则根据类的结构化属性来做决策。因此,在本体中,类的结构和类间的关系与面向对象编程中的类似领域的结构是不相同的(陈艳红,2004)。

鱼病诊断知识本体属于应用本体,描述依赖于鱼病诊断领域和实现智能诊断任务的概念和概念之间的关系,它对于实现鱼病诊断知识库的管理(包括知识项的增加、删除、修改、查询、搜索)、增量式扩展、知识的获取及知识库中鱼病诊断知识的可共享性和复用性都是至关重要的基础设施。作为应用本体,其构建目的是满足应用的需求,这与建立领域本体和通用本体有着明显的区别,其构建的方法和策略则更加贴近实际应用。下面首先明确其使用范围,进而讨论类的划分、属性的选择等工作。

### 1. 明确本体的目的和使用范围

在这个阶段,需要弄清楚本体要概括的领域范围是什么? 为什么要建立本体? 通过本体来回答什么类型的问题? 建好后的用途有哪些? 使用该本体的用户有哪些? 谁来维护建好的本体系统?

根据与领域专家的交流,确定鱼病诊断的范围,即鱼病诊断对象,它是由鱼类及其生存水体环境组成的生态系统。诊断对象界定了鱼病诊断所需要的知识范围和诊断推理可能延伸的范围。鱼病诊断中,将生存水环境与鱼体合一生态系统作为鱼病诊断对象。在诊断中,不但要诊察鱼之病,更要诊察水之病,这样,可以避免割断联系的、静态的认识及分析方法上的缺陷。

根据我们的调查,鱼病诊断领域知识集中体现为病因、疾病、病症及三者之间的关系,如图 16.2 所示,其中,所蕴涵的鱼病诊断知识为病因知识、症状知识和鱼病知识及它们之间相互关系的知识。

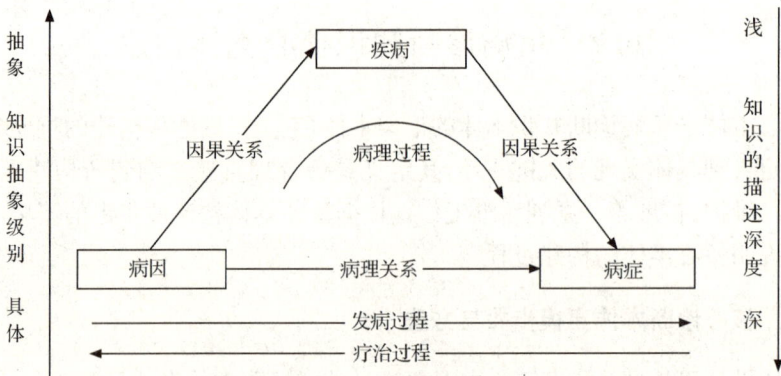

图 16.2　鱼病诊断知识概念模型

**2. 知识采集**

在我们的项目中,知识采集是资(知)料库的构建,包括原始知识的搜集、归档等步骤,所形成的资料库对知识库的质量影响较大。在初期阶段,从项目需求出发,与领域专家的互动、沟通是紧密的。我们通过开座谈会、发放调查问卷、走访和跟踪访谈等形式,频繁与领域专家交流,收集记载专家经验知识的案例,并熟悉诊断流程。同时,在领域专家指导下,从相关的书籍、文献中学习和搜集鱼病诊断知识。最终,对所搜集的全部原始资料进行分类和归档,形成了诊断规则与案例知识原始资料库。

**3. 知识抽取过程**

这是一个获取规范名词性术语的过程,重点考查鱼病诊断任务所涉及的领域知识,对其中的概念术语进行分类。这一过程中,应该尽可能利用已有的资源(如已经建立的领域本体、叙词表、元数据标准、各类文字出版资料、专家积累的诊断案例等),同时应积极取得领域专家的帮助。实际获取名词术语后,加以规范,并添加说明,最终形成一份用自然语言描述的领域专家认可的术语定义表。此外,为方便以后的实现,此阶段也应初步定义各类代码表,如疾病代码表、症状代码表等,并根据建立的代码表,对案例知识原始资料进行详细的分类与标注。

**4. 分析、提炼采集到的知识**

这个步骤需要对采集到的名词概念和术语进行细致的分析、归类,确定类的特性及类的等级、类之间的关系。在分析提炼过程中,要与领域专家反复讨论协商。

1) 定义类

经过使用范围和使用场景的分析及知识采集步骤,得到鱼病诊断知识本体中的类包括疾病、病因、病症、病理、鱼、鱼体、鱼品种、鱼生长期、水质管理、饲养投喂等，如表 16.1 所示。

表 16.1　鱼病诊断知识本体中类的定义

| 名称 | 职责 |
| --- | --- |
| 鱼病诊断知识 | 鱼病规律的描述 |
| 鱼病诊断案例 | 以案例形式表示的诊断知识，从实际诊断中获取的 |
| 人员 | 知识搜集、整理、提交、标注使用过程中的各类人员 |
| 知识工程师 | 对诊断知识进行搜集、整理、分类 |
| 领域专家 | 提交新诊断知识 |
| 知识库管理员 | 对诊断知识进行标注 |
| 其他用户 | 使用知识库 |
| 疾病 | 是鱼体不正常生理状态的抽象描述，是顶层类，作为案例的一个属性类，或作为规则的后件 |
| … | … |
| 病因 | 是引起鱼体异常的原因或诱因 |
| … | … |
| 病理症状 | 鱼体表示出来的人能辨别的表示 |
| 水体 | 鱼的生存环境因素的综合表示 |
| … | … |
| 投喂方案 | 鱼的生长和抗病力的表示 |
| … | … |
| 鱼 | 诊断对象 |
| 鱼体结构 | 鱼体表结构，鱼内脏器官 |
| 鱼体表结构 | 头部，鱼体，鱼尾，鱼鳍，鱼腮，… |
| … | … |
| 鱼内脏器官 | 心，肝，… |
| … | … |
| 鱼类品种 | 草鱼，鲤鱼，… |

　　知识库构建、使用过程中，所要实现的主要任务是知识的获取、管理、维护，这些任务通常由不同人员承担，承担这些任务的人员所涉及的系统角色可分为知识工程师、领域专家、知识库管理员和知识库用户 4 种类型。一般地，知识工程师和领域专家共同承担知识获取和维护知识库中的知识更新，负责保持知识库中知识的连贯性和消除知识的不一致性；知识库的管理任务则由知识库管理员来完成，知识库管理员除了对知识库进行常规管理外，还包括根据知识工程师和领域专家的任务单来实现知识库的维护；知识库用户是使用知识库中知识的人或系统。从专家系统的角度说，知识库的用户通常是推理机。一般不允许专家系统用户直接访问知识库。

2) 确定类之间的关系

部分类与类之间的关系如图 16.3 所示，其中，矩形表示类，单向直箭头表示关系，箭头上是关系的名称，文本标注框表示类的属性（弧形箭头与类相连）。

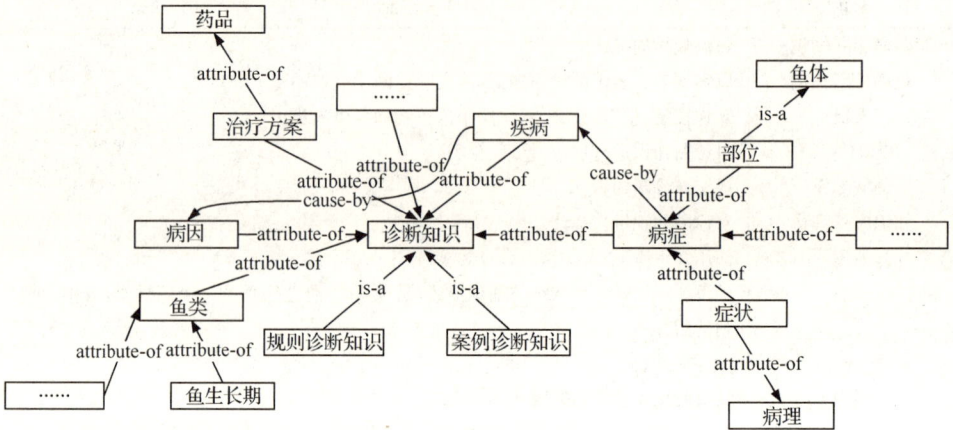

图 16.3　类间关系（部分）

3) 定义类的属性

属性的定义包括名称、描述、数据类型及关于值的限定等方面。数据类型与数据库中字段类型相似，可供选择的类型有 any、boolean、class、float、instance、integer、string、smbol。值得注意的是，属性的取值可以是本体中已经定义的某个类，也可以是某个类的实例。而对于具体取值，Protégé3.2.1 提供了很多可选的设置，如允许值的数量、固定值、缺省值、逆转属性等。其中，逆转属性比较特殊，简单地说，某个疾病类具有病因这个属性，病因类具有疾病这个属性，疾病与病因之间是 caused-by（因）与 result-in（果）的关系，我们可以将它们设置为逆转属性。这样，当实例化时，一旦我们为疾病的病因属性新建一个实例，该实例就会自动出现在病因的疾病属性下，具体关系如图 16.4 所示。

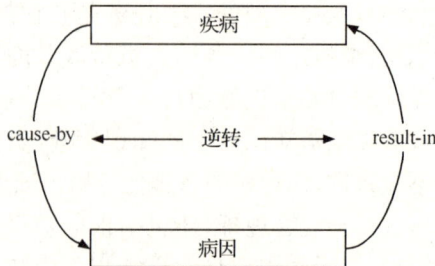

图 16.4　逆转属性

说明：

（1）只有当一个属性的类型为 class 或 instance 时，才能设置其逆转属性限定，而且限定对象也只能是同样为 class 或 instance 的属性。

（2）逆转属性提供的是冗余信息。通过诊断知识可以展现提交者信息。同样，从用户的角度，也可以展现诊断知识信息。这种冗余设计可以充分揭示类的属性。

表 16.2 展示了鱼病诊断系统类的属性定义（部分）。

表 16.2　鱼病诊断系统中类的属性定义（部分）

| 所属类 | 名称 | 说明 |
| --- | --- | --- |
| 诊断知识 | 类别 | |
| | 编号 | |
| | 所属疾病类 | 确诊该案例所属疾病的类型（可以为单一疾病，也可以为多个并发疾病） |
| | 特征症状描述 | 该案例中所表示出的病理症状集，代表所属疾病的一种特征症状。（若为并发疾病，可出现多种病的特征症状） |
| | 病因 | 为诊断结果病因，可以是多种病的病因复合 |
| | … | |
| 人员 | 姓名 | |
| | 角色 | |
| | 所属机构 | |
| | 使用权限 | |
| | … | … |
| 领域专家 | 所属地区 | |
| "人"的其他下级类 | … | … |

4）创建类实例

实例是类的成员，类是实例的集合。类的实例就是类层次中最底层的叶节点。在我们的应用中，类实例分为有限集合和无限集合两种。

5. 本体检验

建立了本体之后，对其正确性和有效性的检验是很必要的。Protégé 提供了与推理机的接口，通过连接推理机，可以纠正人为的错误或失误。选择 Protégé 3.2.1 菜单中的 OWL－＞ Classify Taxonomy…（也可以点击标签上方的 Classify Taxonomy … 图标）。Protégé 会自动连接事先安装的推理机，如 RacerPro、FaCT、Pellet 等。我们使用 OWL DL 作为本体描述语言，使用 RacerPro1. 9. 0 （http://www. racer-systems.com）作为一致性检验类的层次和分类的推理机。

推理机会根据类的定义进行推理。这里,对推理的原理不作具体介绍,只简单分析应用中可能存在的推理模式。本体检验有三种基本模式:包含检验、传递检验及以上两者的复合,如图 16.5 所示。

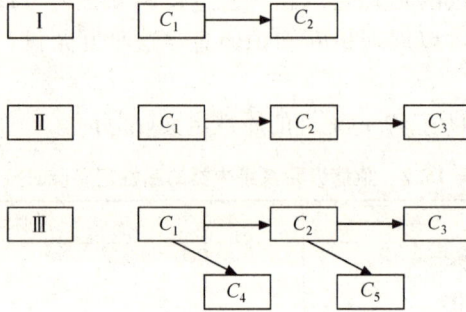

图 16.5　三种基本推理模式

在具体本体建模过程中,以上 5 个阶段是迭代反复的过程,且可以从任何一个阶段回溯到前面的阶段,往往要经过多次循环才能形成较满意的结果。

### 16.2.2　基于 OWL 的鱼病诊断本体形式化模型

构建本体的过程是一个不断更迭、逐步精练的过程,经过以上操作步骤之后形成的鱼病诊断本体如图 16.6 所示。

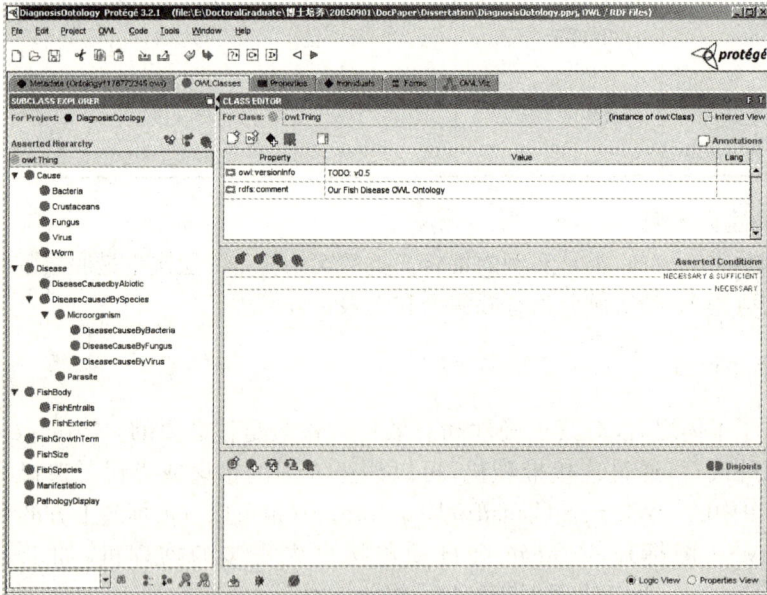

图 16.6　Protégé 构建核心本体

利用 Protégé-OWL DL 提供的输出功能可导出文件,下面是该文件的片段:

```
<? xml version = "1.0"?>
<! DOCTYPE rdf:RDF [
    <! ENTITY owl "http://www.w3.org/2002/07/owl#" >
    <! ENTITY xsd "http://www.w3.org/2001/XMLSchema#" >
    <! ENTITY rdfs "http://www.w3.org/2000/01/rdf-schema#" >
    <! ENTITY rdf "http://www.w3.org/1999/02/22-rdf-syntax-ns#" >
]>
<rdf:RDF xmlns = "http://www.owl-ontologies.com/Ontology1176772345.owl#"
    xml:base = "http://www.owl-ontologies.com/Ontology1176772345.owl"
    xmlns:xsd = "http://www.w3.org/2001/XMLSchema#"
    xmlns:rdfs = "http://www.w3.org/2000/01/rdf-schema#"
    xmlns:rdf = "http://www.w3.org/1999/02/22-rdf-syntax-ns#"
    xmlns:owl = "http://www.w3.org/2002/07/owl#">
<owl:Ontology rdf:about = ""/>
<Bacteria rdf:ID = "AeromonasPunctata0"/>
<owl:Class rdf:ID = "Bacteria">
    <rdfs:subClassOf rdf:resource = "#Cause"/>
</owl:Class>
<PathologyDisplay rdf:ID = "black">
    <rdfs:comment
rdf:datatype = "&xsd;string">&#20307;&#33394;&#21457;&#40657;</rdfs:comment>
    </PathologyDisplay>
    …………
    </owl:Class>
```

鱼病诊断本体的建立是在前面所给出的鱼病诊断本体形式化定义的基础上,对诊断知识中涉及的术语及其关系,采用适当的形式化语言所进行的明确的形式化描述,该本体为鱼病诊断提供了描述诊断知识的术语及术语之间的关系,其期望目标与作用是:通过共享鱼病诊断本体提供不同鱼病诊断系统之间对鱼病诊断知识的共同理解;同时,本体的形式化模型要便于实现机器可计算的语义表示。

在鱼病诊断过程中,诊断主体所涉及的事实知识、经验知识表现为规则和案例的形式。其中,包含的原子概念、复杂概念的定义及原子概念与复杂概念之间的关系被定义为诊断本体,该诊断本体包括鱼症状类(Manifestation)、鱼病因类(Cause)、鱼疾病类(Disease)、鱼体部位类(FishBody)、鱼规格类(FishSize)、鱼品种类(FishSpecies)、水体类(WaterEnvironment)等多个类树。

这里需要说明的是,鱼病诊断本体论作为一种"概念化的明确的规范说明",是对鱼病诊断应用中存在的概念和关系在本质上的抽象,是可复用、可共享的"概念定义集合"。在应用诊断本体时,可以对本体进行扩展以适应特定应用的需要。图 16.7是我们构建的鱼病诊断本体的类层次图(部分)。

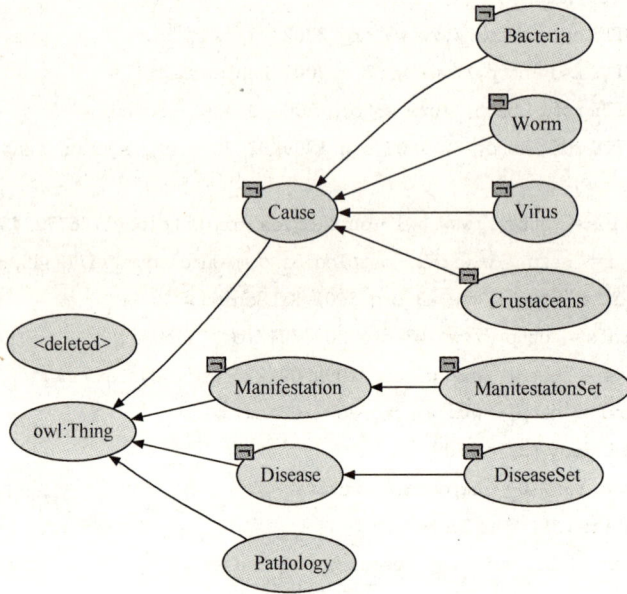

图 16.7　鱼病诊断本体类图(部分)

# 16.3　本 章 小 结

本章首先深入研究知识领域中本体论及本体工程方法,在借鉴前人成果基础上,提出了构建鱼病诊断知识本体的一整套工程方法,主要工作有以下几个方面:

(1) 在对鱼病诊断知识模型分析的基础上,给出了鱼病诊断知识本体模型的形式化定义及构建元数据语义关系定义。

(2) 确定了构建诊断本体框架及核心本体,再进行本体术语学习的本体构建思想。

(3) 提出了一套完整的诊断知识应用本体工程构建方法。

(4) 运用 Protégé 本体开发工具构建了鱼病诊断核心本体。

以上工作构成了下一步鱼病诊断本体学习及应用的基础。

# 第17章 诊断本体概念学习

仅仅构建核心本体尚不能满足实际应用的需求,如何使核心本体丰富起来满足应用的需求成为新的问题。为此,本章改进了数据库模式的本体概念学习和基于种子概念的关系学习方法,完成了鱼病诊断应用本体的构建,形成了鱼病诊断本体学习的一套完整方案。

## 17.1 基于关系模式和种子概念的鱼病诊断知识本体学习系统

目前,尚未有公开的、可复用的中文诊断本体资源(陈焱等,2006;Ceusters et al.,2003;Brewster et al.,2002)。根据我们项目的需求,研究诊断本体学习系统的相关关键技术,构建以鱼病诊断案例获取系统为应用目的的诊断领域本体是我们构建基于关系模式和种子概念本体学习系统的动机。

面向诊断案例获取的应用,诊断本体完全手工建立无疑工作量是巨大的,而且忽视已有的遗留资产,完全从头开始构建应用本体,也是不经济的(Brewster et al.,2002)。另外,由于应用需求具有多变性,必然伴随着繁重的本体库的扩展和维护工作,给手工建立和维护本体带来巨大挑战。为充分利用已有资源,克服应用需求变化所带来的挑战,我们提出采取手工构建核心本体作为本体建模框架,再结合自然语言处理技术和智能学习技术,从源语料中自动进行本体学习来丰富本体库,以缓解本体构建、扩展(丰富)和维护的困难。

本书中,考虑两种可以充分利用的遗留资产:一种是遗留知识库资产;另一种是遗留数据文档资源。考虑充分利用遗留知识库资产,是以遗留知识库中的知识模式为知识本体获取来源,既可充分利用资产,又可避免无关领域的大量术语处理所造成的低学习效率,从而高效、高质量地获取本体概念;另一种学习语料为半结构化或非结构化的电子病例、电子文档、电子表格、Web 网页,多数以文件或文档形式存在,这一类资料可以借鉴现有的智能文本处理技术,快速、高效地丰富核心本体。

本节首先针对遗留知识库中本体学习进行研究,该本体学习系统的学习语料来源是遗留系统中的鱼病诊断知识库,它存储于关系数据库中,是结构化的本体学习语料(马峻,2004)。

遗留知识库中知识的主要特点有以下几类:

(1)总体上表现为结构化的关系模式。

(2)关系模式中数据类型丰富,既有整数数值、实际观测数值,又有短文本和多媒体数值。

（3）知识数量是有限的。由于知识库是面向特定应用的，构建时不必全面覆盖某个领域。因此，仅能从遗留知识库中学习到特定应用本体的内容。当然，伴随着知识库的扩展，客观上应用系统也要求应用本体随着需求做相应的扩展。因此，本书要采用手工构建核心本体，建立应用本体框架的内在原因也正在于此。

（4）领域术语多为单字词、两字词或由词组合的短语，其结构模式在症状描述中多为名词＋动词的形式。

其次，针对遗留文本知识中的本体学习进行研究。为构建知识系统，获取的大量专家案例知识常记录于纸质和电子介质上。常见的电子介质有电子病例、电子文档、电子表格、Web 网页等。无论是哪一种形式的电子资料，都可以较容易地转换成非结构化或半结构化的文本，这些文本中包含了大量领域相关术语、实体和概念，并且良好地体现了它们的语义、关系和领域特征，应该视为极好的领域本体学习资源。

因此，按照关系模式与文本两种不同语料源的特点，本书对本体学习系统的体系结构进行了改进设计，该设计遵循现有的本体构建基本理论，综合前人的构建方法与技术，提出了一个以核心本体为种子本体，从遗留知识库和文档中半自动学习的本体学习方法。图 17.1 是本书本体获取系统的框架。本体学习是新的研究热点，也是解决项目中所面临问题的较好途径。

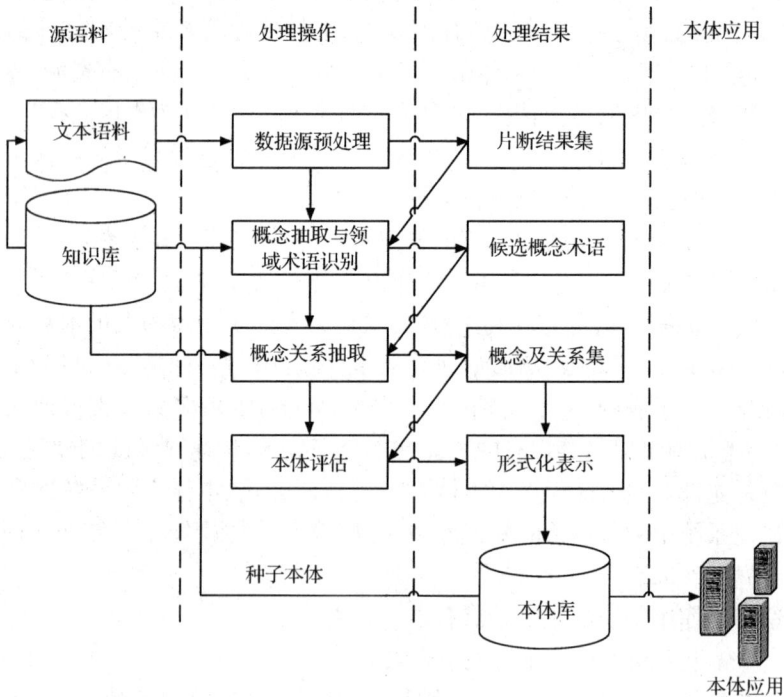

图 17.1 本体学习系统框架

图 17.1 表明,以第 16 章中鱼病诊断核心本体为种子本体,分别将知识库和文档经过语料预处理、术语抽取、概念及概念关系学习过程,形成候选应用本体。将候选本体形式化,再经领域专家审核、修订、确认后,保存到本体库中持久性存储,达到丰富领域应用本体的目的。

本体学习包括本体概念学习与本体概念间关系学习。概念学习中的一个重要步骤是领域术语的抽取,要解决的问题主要是术语的分词和领域相关度的计算。概念抽取形成术语候选集,该集的概念间的关系种类中,我们主要关注类属关系、整体部分关系、概念实例关系。因此,概念关系学习也是本体学习中很重要的一项内容,本书仅对类属关系、整体部分关系及概念实例关系进行研究。

图 17.1 中设计的本体的丰富,按学习语料来源分为两个步骤:首先,经过关系模式的学习进行第一次本体的丰富;然后,再通过文档中的学习进一步丰富本体。

本章从遗留知识库和遗留领域知识文本中采用知能学习方法学习诊断应用本体术语,以缓解本体知识获取瓶颈,这是我们的主要目标(程勇,2005)。系统要解决的关键问题是:①关系模式到本体的转换;②文本数据类型的本体学习算法,包括术语的抽取方法、术语的概念结构分析、候选本体概念的过滤、本体概念的关系学习(层次关系、属性关系、整体部分关系等)。

### 17.1.1　基于关系模式的本体概念学习规则

从关系数据库学习本体(曹泽文等,2007;张联超等,2007;王洪伟等,2007;赵荣娟等,2006;于长锐等,2006;许卓明等,2006;Li et al. ,2005;Rubin et al. ,2002)的可行性基于以下事实:知识库系统的后台均由相关领域的数据库作为支持,而数据库结构是系统分析员在系统开发之初通过大量的领域需求分析而获得的,数据库模式实际上隐含着相应领域的概念模型(于长锐等,2006)。运用数据库逆向工程方法可从关系数据库模式提取 ER 模式(许卓明等,2005;Chiang et al. ,1994);ER 模式可语义保持地转换成 OWL 本体(Xu et al. ,2004)。因此,可定义一组直接从关系数据库模式到 OWL 本体的映射规则,基于这样的映射规则可开发相应的本体学习器(许卓明等,2006),这将减少本体开发过程中对领域专家的依赖,有效提高本体开发效率,同时也是对领域本体模型正向创建方法的有益补充。

基于关系数据库中关系模式的本体学习方法,关键在于变换映射函数的定义。许卓明等(2006)、王洪伟等(2007)、Kashyap(1999)分别从一阶逻辑理论的角度和 OWL 语言的角度进行了研究。王洪伟等(2007)说明,这种转换是可行的,许卓明等(2006)给出了一个实例,但他们定义的方法,由于关系模式的人为依赖性,对不同的关系模式不可能给出普遍适用的转换函数。本书针对鱼病诊断遗留知识库模式采用了许卓明、王琦给出的映射函数定义及规则。

### 1. 映射函数

为了表示从关系数据库模式到 OWL 本体的映射规则,需要预定义以下辅助函数。

**定义 17.1** IS($X$),布尔函数。若 $X$(表达式)成立,则 IS($X$)=True;否则,IS($X$)=False。

**定义 17.2** idMap(ID),将关系数据库模式中表名和属性名映射为 OWL 本体中的同名标识符,即若 ID 是关系数据库模式中的表名和属性名,则 idMap(ID)=ID∈CID∪DPID∪OPID。

**定义 17.3** dtMap(DT),将关系数据库模式中数据类型名映射为 OWL 本体中相应的数据类型标识符,即若 DT 是关系数据库模式中的数据类型名,则 dtMap(DT)=DType∈DTID。

### 2. 属性公理的生成规则

**规则 1** 将关系数据库模式中表的非外键列及其相应的预定义数据类型转化为 OWL 本体中,以表对应类为定义域的数据类型属性及其相应的预定义 XML Schema 数据类型,即

TG∈E∪R∧A∈att(T)∧IS(A=fkey(TG)→
DatatypeProperty(idMap(A)domain(idMap(T))range(dtMap(type(A))))

**规则 2** 将关系数据库模式中表 A 引用表 B(实体表)主键的外键转化为 OWL 本体中一对分别以表 A 对应类和表 B 对应类为定义域的互逆的对象属性,其中,以表 B 对应类为定义域的对象属性是函数属性,即

TG∈E∪R∧ A∈att (T)∧IS(A=fkey(T G)→
ObjectProperty(idMap(A)domain(idMap(T))range(idMap(G)))ObjectProperty(inv_idMap(A)domain(idMap(G))range(idMap(T))inverseOf(idMap(A))Functional)

**规则 3** 将关系数据库模式中表的非外键列中取值唯一列转化的 OWL 本体的数据类型属性声明为函数属性,即

TG∈E∪R∧A∈att(T)∧ IS(A=fkey(TG))∧unique(A)→DatatypeProperty(idMap(A)Functional)

**规则 4** 将关系数据库模式中表的外键列中取值唯一列转化的 OWL 本体的对象属性声明为函数属性,即

TG∈E∪R∧A∈att(T)∧ IS(A=fkey(TG))∧unique(A)→ObjectProperty(idMap(A)Functional)

规则如图 17.2 所示。

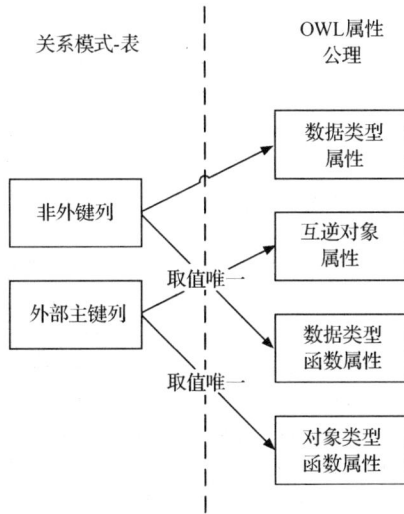

图 17.2　属性公理生成规则

3. 类公理的生成规则

**规则 5**　将关系数据库模式中表的非外键列转化为 OWL 本体中的一个类公理,即

TG∈E∪R∧A∈att(T)∧IS(A = fkey(TG))→Class(idMap(T)partial restriction(idMap(A)allValueFrom(dtMap(type(A)))))

**规则 6**　将关系数据库模式中表 A 引用表 B(实体表)主键的外键转化为 OWL 本体中的两个类公理,其中,以表 B 对应类为定义域的对象,属性的基数为 1,即

TG∈E∪R∧A∈att(T)∧IS(A = fkey(TG))→Class(idMap(T)partial restriction(idMap(A)allValueFrom(idMap(G))))Class(idMap(G)partial restriction(inv_idMap(A)allValueFrom(idMap(T))cardinality(1)))

**规则 7**　将关系数据库模式中表的取值不为空的列转化为 OWL 本体中的一个类公理,即

T∈E∪R∧A∈att(T)∧notnull(A)→Class(idMap(T)partial restriction(idMap(A)cardinality(1)))

**规则 8**　将关系数据库模式中表的非外键列中取值可以为空的列转化为 OWL 本体中的一个类公理,即

TG∈E∪R∧A∈att(T)∧IS(A = fkey(TG))∧notnull(A)→Class(idMap(T)partial restriction(idMap(A)maxCardinality(1)))

**规则 9**　若关系数据库模式中两个实体表之间存在"子超关系",则将子实体

表转化的 OWL 本体中的类声明为子类,超实体表转化的 OWL 本体中的类声明为父类,即

$$TG \in E \land subof(TG) \rightarrow SubClassOf(idMap(T)idMap(G))$$

规则如图 17.3 所示。

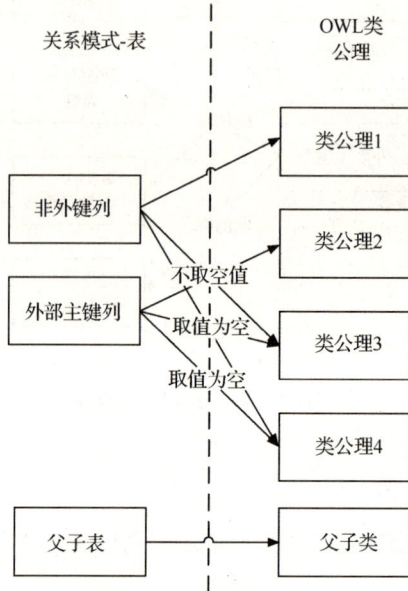

图 17.3　类公理生成规则

### 4. 实验验证

实验研究验证了本书方法的有效性。用 SQL Server 2000 设计的关系数据库模式定义 aquaculture. sql,如图 17.4 所示 ,以此为输入,经过以上设计的系统处理后,输出 OWL 本体 aquaculture. owl,结果 OWL 本体如图 17.5 所示。

```
CREATE DATABASE aquaculture;
CREATE TABLE Disease(
    Disease ID char(2) PRIMARY KEY,
    DiseaseName char(20)UNIQUE,
    DiseaseKind ID char(3)NOT NULL,
    FOREIGN KEY (Disease ID)REFERENCES DiseaseKinds(DiseaseKind ID));
CREATE TABLE DiseaseKinds(
    DiseaseKind ID char(3)PRIMARY KEY,
    DiseaseKind char(20)UNIQUE));
CREATE TABLE SymptomPartcodes(
    Part ID char(3)PRIMARY KEY,
```

```
        PartName char(16)NO NULL UNIQUE);
CREATE TABLE Symptoms(
        SymptomID char(2) PRIMARY KEY,
        FORE I GN KEY (Symptom ID)REFERENCES SymptomP artcodes(PartID),
        SymptomDescribe char(50)NO NULL UNIQUE
        CorrespondingPhoto IMAGE NULL);
CREATE TABLE Symptoms(
        Symptom ID char(2) PRIMARY KEY,
        FOREIGN KEY (Symptom ID)REFERENCES SymptomPartCodes(Part ID),
        Symptom Describe char(50)NO NULL UNIQUE
        Corresponding Photo IMAGE NULL);
```

图 17.4　关系数据库模式

```
Ontologylaquaculture Annotation(Uersion Info 1.0)
DatatypeProperty(Disease ID domain(Disease)range(xsd:char)Functinal)
DatatypeProperty(Disease Name domain(Disease)range(xsd:char)Functinal)
DatatypeProperty(DiseaseKind ID domain(DiseaseKinds)range(xsd:char)Functinal)
DatatypeProperty(DiseaseKind domain(DiseaseKinds)range(xsd:char))
DatatypeProperty(Part ID domain(SymptomPartcodes)range(xsd:char)Functinal)
ObjectProperty(DiseaseKind ID domain(Disease)range(DieseaseKinds)Functional);
ObjectProperty(inv_DiseaseKind ID domain(DieseaseKinds)range(Disease)inverseof (DiseaseKind ID));
...
```

图 17.5　关系模式对应的 OWL

## 17.1.2　基于种子概念面向文本的本体学习系统

从遗留数据库中进行本体的获取,所获取的应用领域本体概念的数量受限于遗留知识库中的数据库模式数量。知识库中的数据模式数量对领域应用本体明显不足。具体来说,本书中的遗留知识库中仅包括了 7 种鱼(鲤鱼、草鱼、青鱼、鲢鱼、鳙鱼、鲫鱼、鲶鱼)和 19 种常见鱼病(鲤痘病、鲤春病毒病、草鱼出血病、细菌性出血性败血症、细菌性白云病、竖鳞病、白头白嘴病、肠炎病、疖疮病、白皮病、腐皮病、红鳍病、赤皮病、烂鳃病、锚头鳋病、中华鳋病、鱼鲺病、水霉病、鳃霉病)的相关知识。为满足更广泛的应用需求,寻求从更多已存在的领域文档资源(如电子案例、电子表格、Web 资源,且都可以转换成文本)中进一步丰富本体,是解决本体贫乏的一条可行途径。另外,各种以文档或文本文件存在的诊断领域知识中,包括数据库中结构化的知识,短文本类型数据是其重要且基本的表现形式。客观上,研究从文本中进行本体学习的技术是非常现实的需求。因此,本节研究面向文本(张新等,2007;杨柳,2006)的本体学习技术。

### 1. 面向文本的本体学习

目前,多数信息都是以非结构化的文本作为载体,文本包括网页、电子邮件、

pdf 等格式的电子资源,具有资源丰富、获取容易、更新速度快等特点,因此,关于本体学习的研究大多集中于基于文本的本体学习(贾秀玲等,2007;Neches et al.,1991)。

　　Gruber 将本体表示为:$O=(C,I,R,F,A)$。其中,$C$ 代表概念集合,即描述事物对象的集合;$I$ 表示概念的实例;$R$ 为定义在概念集合上的关系集合;$F$ 为定义在概念集合上的函数集合;$A$ 表示公理集合,用于约束概念、关系、函数的一阶逻辑谓词集合。

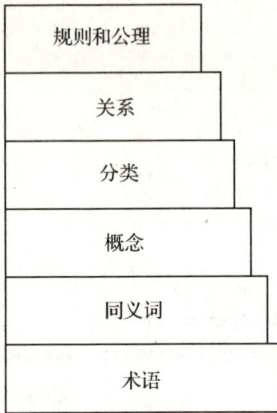

图 17.6　基于文本的本体学习层次

　　根据本体的内容和成分,基于文本的本体学习可分为 6 个层次(Buitelaar et al.,2005),包括(如图 17.6 所示):①术语层。从文本中抽取出术语,包含单词型术语和词组型术语。②同义词层。从术语中找出同义词。③概念层。抽取概念定义及实例,将抽取出的术语与之进行对应。④分类层。对概念进行分类,形成概念体系。⑤关系层。抽取出概念之间的关系。⑥规则和公理层。抽取出规则和公理。

　　从目前的研究来看,基于文本的本体学习主要集中在关系层以下,从非结构化的文本中获取复杂关系和规则仍然是难以解决的问题。

　　本书中的文本本体学习包括两个阶段:概念学习和概念层次关系学习。概念学习是指从语料中抽取概念候选术语及概念实例和从候选术语中抽取概念的过程;概念层次关系学习是指学习概念间的分类关系、整体部分关系、属性关系、同义关系及其他相关关系。本书仅研究以上 4 种关系,并将前两种关系并称为概念层次关系(也有文献称为上下位关系)。下文中两者混用,不加区分。

### 2. 种子概念与基于文本的本体学习

　　概念是构成命题、推理的要素,是本体的基础和核心。因此,概念获取及概念分类是基于文本的本体学习的最为基础和重要的部分。目前,获取领域概念的方法主要有两种:第一种是通过专业词典,如概念修剪法;第二种是对语料库进行统计分析,计算术语在领域中的权重,选取权重大的术语作为领域概念(丁文等,2003)。显然,以词典作为获取概念的方式具有很大的局限性,因为很多领域并没有专业词典,而采用统计方法需要构建出多个领域的语料库,对每个词语在各个领域的分布情况进行计算,计算量大,效率非常低。

### 3. 种子概念方法原理

Moldovan 等(2000)将核心词汇称为种子概念,他们在金融领域进行实验,通过 5 个种子概念从 5000 条句子中共抽取出 319 个概念,实验的结果如表 17.1 所示。其中,a、b、c、d、e 分别代表种子概念 interest rate、stock market、inflation、economic growth 及 employment。

**表 17.1　Moldovan 等的实验结果**

|  | a | b | c | d | e |
|---|---|---|---|---|---|
| 候选集中的概念 | 773 | 382 | 833 | 921 | 836 |
| 词典中已有的概念 | 15 | 0 | 5 | 1 | 3 |
| 获取的新概念 | 78 | 62 | 58 | 60 | 37 |

Moldovan 的方法实质上是将无指导学习变为了一种有指导的学习,通过种子概念大大提高了概念获取的效率和领域相关性,而且种子概念能够作为概念分类的依据。例如,对于(word,seed)类型的术语,可直接将其作为种子概念 seed 的下位词,如 mortgage_ interest_ rate 和 interest_ rate,可以得出如下关系:is-a (mortgage interest rate,interest rate),表示 mortgage_ interest_ rate 是 interest rate 的一种。

同样,鱼病诊断领域知识也是围绕着一些重要概念组织起来的。例如,在鱼病诊断领域,鱼病、病因、病症等术语都是由核心词"病"与其他字或词搭配构成的;鱼鳃、鱼尾、鱼鳍等术语由"鱼"与其他字或词构成的。在诊断治疗领域,抗生素类中,红霉素、青霉素、链霉素等一系列术语都是由词"霉素"与其他字或词搭配形成。因此,通过领域中的核心词汇可以获取大量的领域术语。

### 4. 种子概念在本体学习中的作用

从 Moldovan 的方法可以看出,通过种子概念可以获取大量领域概念,并对概念进行分类,而概念和概念分类正是本体的核心,因此,可以将种子概念引入基于文本的本体学习方法,并有如下优点:

(1)可以事先选取种子概念,并围绕种子概念构建语料库,降低语料选取偏差对本体学习结果的影响。

(2)在本体学习中,概念获取是没有指导性的,需要对语料库中每个可能的术语进行判断,如果语料库规模极大,效率非常低。通过选取种子概念,在本体学习的开始就确定了目标,缩小了本体学习的范围,使本体学习具有针对性和指导性,避免了大规模的运算,提高了效率。

(3)在本体学习中,可以利用语言规则,借助种子概念对概念进行分类。

（4）本体学习得到的本体是领域本体，而种子概念相当于本体之间的接口，有利于本体资源的整合。

## 5. 基于种子概念的面向文本的本体学习方法框架

本节将梁健等（2007，2006）的方法与姜韶华等（2006）、程勇（2005）、张新等（2007）的方法相结合，形成了本书中的本体学习系统，运用在术语抽取中，引入长度递减与串频统计的语义串获取方法，然后在16.2节中手工构建的核心本体中的概念作为种子概念引入，并在此基础上设计基于文本的本体学习/丰富方法。

本方法的目标是以文本语料作为输入，通过两种方式的术语抽取，进行领域概念获取、领域概念分类，最终得到概念间的分类层次结构，本方法的基本原理如图17.7所示。

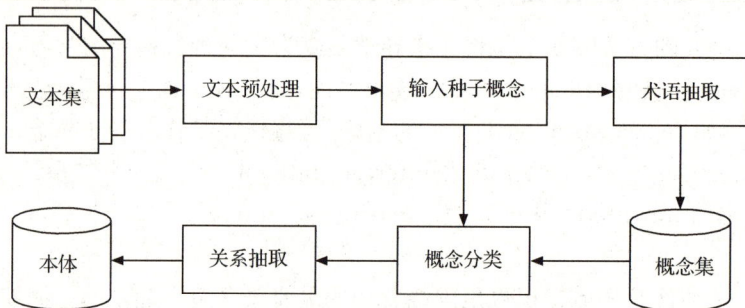

图 17.7　基于种子概念的本体学习方法的基本原理

从图17.7可以看出，本书设计的基于文本的本体学习方法的基本步骤包括源语料获取、文本预处理、输入种子概念、术语抽取、概念分类、关系抽取、本体持久化（本体库）。

## 6. 源语料的获取

语料获取是知识获取的第一步，这一过程是在领域专家的指导下由知识工程师和领域专家共同来完成的。过去，通常采用人工方式对语料进行结构化加工处理。而随着计算机化、网络化程度的迅速发展，语料库的规模，越来越大；其表现形式也更多地以数据库、电子文档、书、网页方式出现，过去那种纯人工方式的处理，在能力上和形式上都已经不能适应现实应用的需求。因此，根据语料库的特性，开发能自动处理电子化文档的工具非常必要而迫切。通常的诊断语料来源有专家诊断病例、书本、国家标准、相关网站、诊断病例数据库等（刘耀等，2006）。本书针对鱼病诊断语料，共搜集了7种鱼的19种病例语料。

## 7. 文本预处理

源文档预处理过程如图 17.8 所示，其中，浅层自然语言处理方法与语言密切相关(邹海山等，2000)。本书对语料库中的文本进行切词和词性标注等浅加工，利用 CSW5.0（也可采用中国科学院的词法分析器 ICTCLAS3.0），具体步骤如图 17.8 所示。

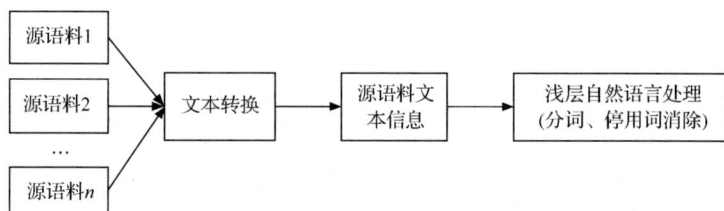

图 17.8　文本预处理

## 8. 分词

分词(余传明，2005)活动的目的就是将中文的汉字序列切分成有意义的词。现有的分词算法可分为三大类：基于字符串匹配的分词方法、基于理解的分词方法和基于统计的分词方法。分词是中文信息处理的第一个步骤，其效果对后续过程有直接的影响。下面是一个简单的鱼病病症描述文本分词的例子（采用 CSW5.0）。

原句：主要特征为鲤鱼体表产生隆起的白色疣状斑块。这些斑块可覆盖鱼体头、躯干等部分。患病早期为乳白色小点状结节，逐渐增大、扩展而互相融合，呈石蜡状，由光滑变粗糙，可高出体表 1~2 毫米。

分词结果：主要特征为鲤鱼体表产生隆起的白色疣状斑块。这些斑块可覆盖鱼体头、躯干等部分。患病早期为乳白色小点状结节，逐渐增大、扩展而互相融合，呈石蜡状，由光滑变粗糙，可高出体表 1~2 毫米 。

## 9. 停用词消除

句子中的一些辅助词及标点符号，如英语中的"a、the、of、for、with、in、at"等，汉语中的"的，地，得，…"等，并不具有表示领域中实际事物的意义，称作停用词。预处理过程必须消除这些停用词，这样，不仅可以缩减处理时间，还可以降低噪声，提高处理效率。停用词与应用领域有关。因此，除了采用网上找到的公开的中文停用词表外，作者还根据诊断语料进行分析，提炼了鱼病诊断知识领域的停用词表，如表 17.2 所示。

**表 17.2　鱼病诊断领域停用词表**

| 分类 | 符号 |
|---|---|
| 标点 | ）（。，：”" |
| 停用字 | 的有在或和可为也时而即与上及不个但之因后其 如至向中使又无已是到并等当成 |
| 停用词 | 甚至 其他 以上 可见 许多 |

### 10. 词性标注

词性标注就是根据上下文环境唯一确定一些兼类词的词性。英语和汉语中都存在大量的兼类词,常用词性标注算法有 CLAWS 算法、VOLSUNGA 算法和基于规则的方法等。本书在诊断案例文本预处理过程中并没有使用到这一步骤。

上面例子经 CSW5.0 词性标注后的结果如下:

主要特征 /b 为 /v 鲤鱼 /n 体表 /n 产生 /v 隆起 /v 的 /u 白色 /n 疣 /g 状 /n 班 /n 块 /q 。/w 这些 /b 斑块 /q 可 /v 覆盖 /n 鱼 /n 体 /n 头 /n 、/w 躯 /n 干等 /v 部分 /m 。/w 患病 /v 早期 /t 为 /v 乳白色 /n 小 /a 点状 /ng 结节 /d ,/w 逐渐 /d 增大 /v 、/w 扩展 /v 而 /c 互相 /d 融合 /v ,/w 呈 /v 石蜡 /n 状 /n,/w 由 /p 光滑 /v 变 /v 粗糙 /a ,/w 可 /v 高出 /ad 体表 /n 1 /m ～ /w 2 /m 毫米 /q 。/w

### 11. 输入种子概念

可以根据领域知识和语料信息选取领域内比较重要的词作为种子概念。选定种子概念后,抽取出种子概念出现时的上下文。种子概念在语料库中出现多少次,就对应有多少条语料片断被抽出。

例如,用户输入的种子词为"红肿",语料库中有句子:"鳃丝红肿,细菌多"和"鳃丝尖端红肿,淤血形成微血管瘤,孢子虫明显",则从中抽取出"红肿"的前后相邻的一个词或两个词,存入语料片断表中,如表 17.3 所示。

**表 17.3　语料片断**

| … | 左2 | 词性 | 左1 | 词性 | 种子词 | 词性 | … |
|---|---|---|---|---|---|---|---|
| … | | | 鳃丝 | n | 红肿 | v | … |
| | 鳃丝 | n | 尖端 | a | 红肿 | v | … |

### 12. 实体名抽取

实体名指文本中出现的人名、地名、组织机构名、时间、事件等,它们具有重要的意义,往往是领域中概念和关系的实例。

13. 术语抽取

术语是科学概念的外部语言形式,是通过语音文字来表达或限定专业概念的约定性符号,是代表概念的语言符号。我们将包含一个单词的术语称为单词型术语,如"病鱼"、"鱼体",与此对应,对于单词数大于 1 的术语,称之为多词型术语,或称词组型术语,如"鱼体消瘦"、"大批死亡"由两个词组成,我们称之为长度为 2 的多词型术语或两词型术语,又如"天津地区鲤鱼赤皮病"是由两个以上的词组成,我们称之为长度为 $n(n \geqslant 2)$ 的多词型术语。在同一种语言中,一个术语应该与一个并且只与一个概念相对应,术语的选取应该符合术语选择原则或多数术语选择原则(冯志伟,1997)。

第一步:统计抽取。在自然语言处理中,通常把句子或词性序列作为一串随机事件(窗口单元),然后用统计信息对它们进行分析与研究。计算词语之间结合紧密度的统计量有多种,比较常见的有互信息、对数似然函数、Dice 系数、选择关联度等。通过计算出种子概念和搭配词之间的统计量,判断它们是否成词。本书选用互信息作为术语抽取的统计量。在众多方法中,互信息是一种高效的统计方法,具有较强的抽词能力,准确率较高(罗盛芬等,2003)。对于两词型术语,即种子词和一个搭配词形成的 $[word, seed]$ 型术语,直接计算互信息,公式如下:

$$\mathrm{MI}(x, y) = \log_2 \frac{P(x, y)}{P(x) P(y)} \tag{17.1}$$

式中,$x, y$ 是句子中两个相邻的词;$P(x, y)$ 是 $x, y$ 在语料库中共同出现的频率;$P(x)$ 和 $P(y)$ 代表 $x, y$ 各自在语料库中出现的频率。对于词 $x$ 和 $y$ 之间的互信息,设定阈值 $\theta$,若 $x, y$ 满足条件:$\mathrm{MI}(x, y) > \theta$,则认为 $xy$ 构成多词型术语,且 $\mathrm{MI}(x, y)$ 越大,它们之间结合的紧密度越高;反之,若 $\mathrm{MI}(x, y) < \theta$,则认为 $y$ 不构成多词型术语,且 $\mathrm{MI}(x, y)$ 越小,它们之间结合的紧密度越低。

三词或三词以上的单词组成的术语,采用有序离散点进行标准化处理,互信息计算公式如下:

$$\mathrm{MI}_{fdp}(w_1 \wedge w_2 \wedge \cdots \wedge w_n) = \log \frac{P(w_1 \wedge w_n)}{\mathrm{Avp}} \tag{17.2}$$

式中,$\mathrm{Avp} = \frac{1}{n-1} \sum_{i=1}^{i=n-1} P(w_1 \wedge w_i) \times P(w_{i+1} \wedge w_n)$。

第二步:启发式规则过滤(贾秀玲等,2007;Hearst,1992)。计算出多词术语之间的统计量后,将小于阈值的术语过滤,得到术语候选集,但某些互信息较大的词串不构成术语,如介词加名词、方位词加名词等形成的搭配,需要利用短语的构成规则对候选术语进行过滤,删除不符合规则的词语。

14. 概念层次关系学习

通过上面的术语学习,所得到的术语集合经过筛选后,得到领域概念集合。在这些概念间的关系中,最重要的是层次关系和部分/整体关系。对概念的分类可以参考 Moldovan 基于包含原理的分类方法。之所以选用包含学习方法,是基于对领域术语的观察,在鱼病诊断领域中,复合术语非常多,且其语法结构特点是限定性概念＋核心概念的模式非常多,鉴于这种领域术语特点,采用简单包含关系学习效果更好,效率更高。

(1) 对于[word,seed]型的术语,直接将其归入 seed 类,如由"鲤鱼"和"赤皮病"组成的多词术语"鲤鱼赤皮病"属于"疾病"类,在本体中可以直接将其归为"疾病"类。

(2) 对于[word1,seed1]和[word2,seed2]型的术语,如果 word1 包含 word2,而且 seed1 包含 seed2,则将[word2,seed2]归入[word1,seed1]类,如"天津鲤鱼"可以归入"北方鱼类"内,因为"北方"包含了"天津","鱼类"包含了"鲤鱼"。

(3) 对于[word1,word2,seed]型的术语,如果 seed 有下位概念[word2,seed],则将[word1,word2,seed]归为[word2,seed]类;如果 seed 有下位概念[word1,seed],则将[word1,word2,seed]归为[word1,seed]类。假如这两种情况同时出现,则将[word1,word2,seed]同时归为这两类。例如,三词术语"细菌性出血性败血症",可以将其归为"出血性败血症"类,也可将其归为"细菌性败血症"类。如果 seed 下没有下位概念[word1,seed]和[word2,seed],直接将[word1,word2,seed]归为 seed 类(如图 17.9 所示)。

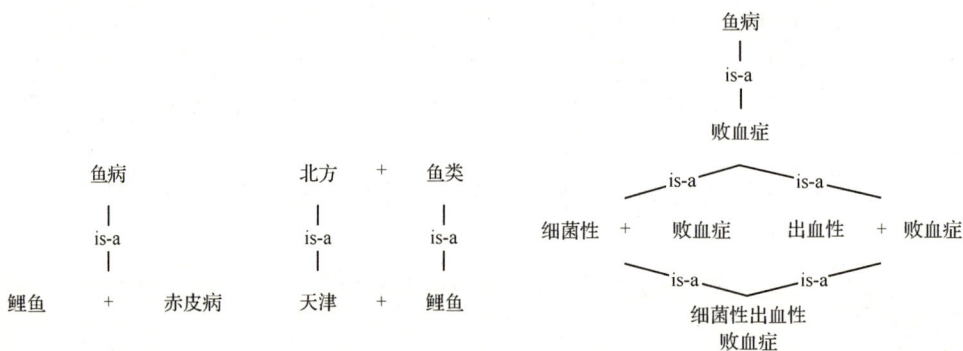

图 17.9　概念分类

### 17.1.3　实验分析和验证

1. 实验设计

为验证本书所提出的领域本体概念获取算法,实验从案例语料库中选取了 78 个总规模超过 119K 的鱼病诊断案例领域文本。首先使用汉语词法分析系统

CSW 对语义串进行切词,统计其词频,计算相邻两词和三词的词频。表 17.4～表 17.7 是实验中所获得的部分领域概念及术语。

表 17.4　采用分词系统获取的鱼病诊断领域概念术语

| 概念术语 | 词频 | 概念术语 | 词频 | 概念术语 | 词频 |
|---|---|---|---|---|---|
| 鱼 | 52 | 鳞片 | 8 | 消瘦 | 4 |
| 体 | 27 | 基部 | 7 | 肠道 | 3 |
| 体表 | 20 | 坏死 | 6 | 水肿 | 3 |
| 充血 | 17 | 眼球 | 5 | 发黑 | 2 |
| 发炎 | 11 | 红肿 | 5 | 渗出液 | 2 |
| 体表 | 10 | 背鳍 | 4 | 糜烂 | 2 |
| 出血 | 10 | 尾鳍 | 4 | 鲤鱼 | 1 |
| 组织 | 10 | 红斑 | 4 | | |
| 肌肉 | 9 | 黏液 | 4 | | |

表 17.5　相邻两词抽取结果

| 相邻两词 | 词频 | 相邻两词 | 词频 | 相邻两词 | 词频 |
|---|---|---|---|---|---|
| 病鱼 | 17 | 充血 发炎 | 4 | 组织 坏死 | 3 |
| 鱼 体 | 11 | 食欲 减退 | 4 | 失去 平衡 | 3 |
| 鳃 盖 | 8 | 狂 游 | 4 | 肛门 红肿 | 2 |
| 病鱼 | 7 | 点状 出血 | 4 | 周围 充血 | 2 |
| 鱼 体表 | 6 | 呼吸 困难 | 4 | 游动 缓慢 | 2 |
| 头 鳋 | 5 | 鱼 鳃 | 3 | 鳞片 脱落 | 2 |
| 锚头 | 5 | 虫 体 | 3 | | |
| 鳃 丝 | 5 | 肉眼 可见 | 3 | | |

表 17.6　相邻三词抽取

| 相邻三词 | 词频 |
|---|---|
| 出现点状出血 | 2 |
| 鱼体消瘦 | 2 |
| 体色发黑 | 2 |
| 病鱼体 | 2 |
| 鱼体色 | 2 |

然后再使用长度递减的术语抽取,并统计串频,如表 17.7 所示。

表 17.7　长度递减术语抽取结果

| 术语 | 词频 | 术语 | 词频 | 术语 | 词频 |
|---|---|---|---|---|---|
| 病鱼 | 72 | 鱼体 | 41 | 鳃上 | 15 |
| 草鱼 | 72 | 鲢鱼 | 39 | 鳝鱼 | 15 |
| 虫体 | 66 | 鲫鱼 | 39 | 鱼体消瘦 | 8 |
| 感染 | 65 | 疾病 | 21 | 次日再重复 | 7 |
| 食盐 | 64 | 鳊鱼 | 21 | 种水溶性铜 | 7 |
| 鲤鱼 | 62 | 鳃丝 | 20 | 体色发黑 | 7 |
| 青鱼 | 53 | 罗非鱼 | 17 | 失去平衡 | 6 |
| 寄生虫 | 49 | 鞭毛虫 | 17 | 气单胞菌 | 6 |
| 体表 | 48 | 病原体 | 15 | 游动缓慢 | 6 |
| 鳙鱼 | 46 | 鲶鱼 | 15 | 鳃隐鞭虫 | 6 |

从表 17.4～表 17.7 可以看出鱼病诊断知识领域中最重要和最常使用的概念和术语,如"充血"、"发炎"、"鳞片脱落"和"体色发黑"等被正确地抽取出来,同时,由于领域文本均来自于所搜集的诊断案例知识,将"出现点状出血"、"体色发黑"和"鱼体消瘦"这些当时病鱼患病特点也一并抽取出来,因此,本方法还有助于帮助领域专家发现鱼病发生的阶段性特点。

2. 结果分析与讨论

在本体学习的评价方面,至今还没有一种权威的评价方法,因此,本体评价也是本体学习中的一个难题。同时,对于中文本体构建而言,也没有一种标准的领域本体可供参考,因此,我们借鉴信息检索的评价方法,采用准确率和召回率对抽取的领域本体概念进行评价。鱼病诊断领域的专家根据实验中的 78 篇文本提取了领域概念,然后将专家提取的领域概念与本书算法抽取的领域概念进行对比,进而得出在 78 篇领域文本的样本容量下算法的准确率为 72.9%,召回率为 72.4%。其中,准确率和召回率的定义如下:准确率指抽取出的正确的概念数目除以抽取出的概念总数目;召回率指抽取出的正确的概念数目除以所有正确概念的数目。实验中发现,虽然其中一部分领域概念的领域归属度很低,但实际上它们都应该属于领域内较重要的概念,导致这一现象的主要原因是由于样本的选取及容量过小,使得一些重要概念的词频过小。因此,我们将计算机科学领域的样本容量扩大至 1350 余篇,将不同容量样本下基于本书提出的概念抽取算法得到的准确率和召回率进行对比,并根据阈值的变化统计出相应的准确率和召回率的变化,如图 17.10 所示。

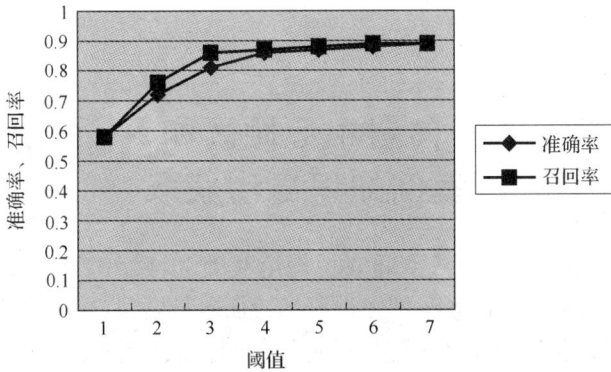

图 17.10　领域概念学习结果

　　从两种方法中可以看出,鱼病诊断领域的术语两字词最多,三字或四字的也占相当比重,但四字以上就很稀少了。如图 17.11 所示,从图中可以得知,领域概念多是具有较多汉字的字符串,因为较长的字符串包含更多的信息,并且赋予了字符串中独立词所不具有的新的含义,因此,更有可能是领域相关的。由此可以证明引入语义串长度这一变量的正确性。

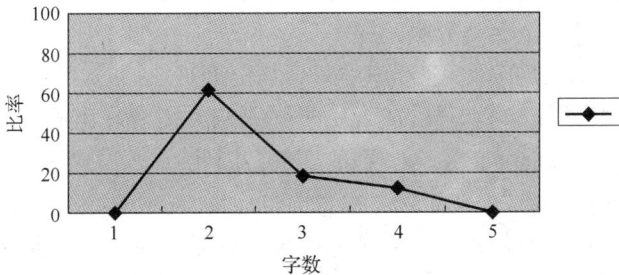

图 17.11　鱼病诊断术语长度分布

## 17.2　本　章　小　结

　　本章深入研究了本体学习理论与技术,对已有本体学习系统作了适应性改进;针对遗留资产提出了基于关系模式的本体概念学习方法及针对领域文本语料的基于种子概念和长度递减的本体概念学习方法,并在概念抽取的基础上给出了基于包含原理的概念关系层次学习方法。

# 第 18 章　基于向量中心距离和 *K*-近邻算法的案例知识自动获取

本章在案例知识语义向量空间表示理论基础上,提出了基于语义 VSM 的案例知识获取框架,构建了诊断案例知识语义特征向量模型,并在此基础上给出了基于本体的案例知识相似度计算模型,研究了案例知识自动获取中的案例聚类与分类及学习问题。

## 18.1　复杂案例知识获取系统框架

### 18.1.1　诊断案例知识的特点

由于疾病的复杂性(温继文,2003),通常一个诊断案例是多个单一类别疾病的复合,也就是说,诊断案例常常是多个单一疾病类的复合类别。因而,判断未确诊案例的分类常常是一个多类分类问题。

由于人类认知的局限性,案例库中每个案例都是独特的,都与其他案例不完全相同,或者由于所属疾病类不同,或者由于同疾病类而表现出的症状不同。因而,每个案例被视为一个特定的复合类别的实例。因此,诊断案例库的组织,很难按简单疾病来分类。

通过与案例库中案例的特征向量的匹配可以对未确认案例进行标识(分类,即诊断推理),或通过已确诊的案例发现新的案例(也就是新案例知识的学习)。

### 18.1.2　诊断案例知识获取系统框架

鉴于以上特点,我们设计了诊断案例获取系统框架(杨立,2005;王平华等,2003),如图 18.1 所示。

系统处理的对象是非结构化、半结构化及结构化的诊断案例知识;系统处理任务是诊断案例自动分类(标记)、匹配(求解)、学习(未匹配)。实现以上任务要解决的问题有以下几点:

(1) 诊断案例知识表示。在 15.5 节中,借助诊断知识本体,建立了诊断案例语义 VSM,使异构诊断案例知识得到一致的表示。

(2) 诊断案例知识匹配。是指从案例库中找到与未确诊案例最相似案例的过程,它可以分为案例库的检索、案例相似度计算及相似度排序三个子问题。也就是

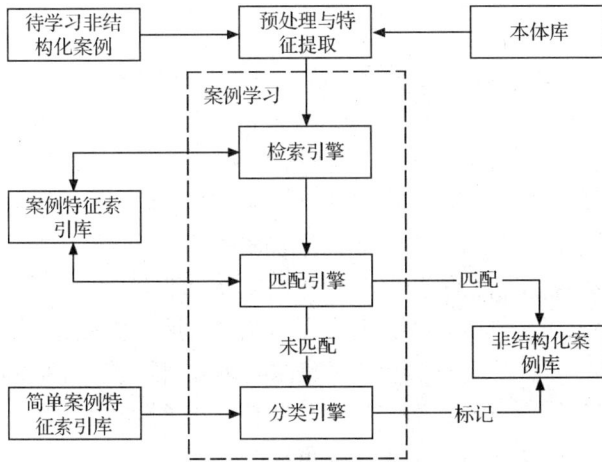

图 18.1　案例学习系统框架

说,在检索的基础上,找到最相似的案例来对未确诊案例进行标注。

(3) 诊断案例知识检索。找出案例库中与待学习案例相似度达到指定阈值的所有案例,它可以分解为案例索引的建立、案例实例相似度的计算及相似阈值的选取三个子问题。

(4) 诊断案例知识获取。包括旧案例的更新与新案例的识别。

(5) 诊断案例知识组织。由于并发疾病和多病同现的存在使诊断案例的组织变得非常困难,常常是无法将案例按主题形式进行简单分类、组织。因而,对案例的组织必须采用建立案例特征向量索引的方法,避免简单分类的能力不足和直接进行案例全文索引的低效率。

(6) 基于本体的诊断知识获取处理流程包括案例知识源的获取、知识源预处理与语义特征向量提取、知识源自动匹配和分类等步骤。下面分别加以详细说明。

## 18.2　非结构化、半结构化诊断案例预处理及语义特征向量提取

案例表示(沈亚诚等,2007)和存储是 CBR 系统中要解决的首要问题。所谓案例,就是问题求解的状态及策略。一般地,一个案例包含问题的初始状态、求解的目标及求解的方案。案例的内容随具体求解领域不同可能各有差异。我们要讨论的案例表示是指在知识库中的案例表示,它包含案例内容表示和案例组织。案例内容表达案例的知识语义,案例组织为案例管理、推理搜索提供条件。

### 18.2.1　诊断案例知识源文本化

案例源搜集是知识获取的第一步,这一过程是在领域专家的指导下由知识工程师和领域专家共同完成的,工作量很大,获取的面较广。通常的诊断案例来源有领域专家诊断病历、调查问卷、书本、电子案例、电子表格、网页等。

由于语料源的不同,搜集的诊断案例资料呈现高度的不一致性,半结构化特征显著。过去通常采用人工方式对搜集的案例资料进行分析、结构化加工处理。而随着计算机化、网络化程度的迅速发展,诊断案例知识源的规模越来越大;其表现形式也更多地以电子文档、电子文本、电子表格、网页等方式出现。过去那种纯人工方式的处理已经不能适应现实应用的需求。因此,根据案例来源的新特性,首先将异构案例源文本化(赵国涛,2004),存放在待学习案例库中,再运用自然语言处理技术和机器学习算法进行自动案例知识获取处理。

### 18.2.2　非结构化诊断案例知识语义特征向量提取

所谓诊断案例知识特征向量提取,是指诊断案例知识向量化。具体的处理过程与第4章中本体学习的源语料预处理相同,是一个文档概念抽取过程。经过处理后得到的概念集,形成了诊断案例的向量表示(朱欣娟,2003)。

关于诊断案例文本的形式化表示,Salton 等(1975)提出的 VSM 是应用广泛且效果较好的模型之一。在该模型中,文本被看做一系列无序词的集合,即文本中出现词的"词袋"。对每个词加上一个对应的权值,将文本表示为如下形式的特征向量:

$$D = ((T_1,w_1),\cdots,(T_n,w_n))$$

式中,$T_i$ 为文本 $D$ 中第 $i$ 个词;$w_i$ 为词 $T_i$ 在文本中的权重,一般被定义为 $T_i$ 在 $D$ 中出现频率 $TF(T_i,D)$ 的函数。于是,可以将诊断知识的匹配问题转化为向量的匹配问题。案例 $P$ 和 $Q$ 的相似程度 $SIM(P,Q)$ 可用向量间的余弦度(刘柏嵩,2006;杜卫锋,2006),即

$$SIM(P,Q) = \cos(P,Q) = \frac{\sum_{i=1}^{n} w_{pi}w_{qi}}{\sqrt{\sum_{i=1}^{n} w_{pi}^2 \sum_{i=1}^{n} w_{qi}^2}} \quad (18.1)$$

可见,诊断案例知识语义可以由知识所包含的全部概念来体现,而其中的本体概念构成的集合可以认为是其近似。因此,我们把一条诊断知识所包含的本体概念集合看成是其语义的表达。

因此,计算一条知识的语义就可以转换为计算知识中所包含的本体实例的语义。

### 18.2.3　案例特征向量约减——特征抽取技术

在以上的诊断知识向量化后,所形成的知识向量维数可能较高,以往的处理方法是将表现力不强的词汇去除掉,筛选出针对该类别的特征项集合,这样,高维向量经降维后得到的就是案例知识文本的特征向量,筛选特征的算法有互信息、词熵、KL 距离。本书中采用基于本体的降维策略(邓爽,2007;任克强等,2007)。我们这么做的根据是:在文本中最能体现文本对象语义特征的是文本中所包含的那些与本体有关的词。因此,通过识别文本中的本体词来对文本做降维处理,再运用智能算法把经过降维处理的知识用于分类识别。这样,通过降维不但提高了算法的处理效率,也克服了过去忽视知识语义、单纯从形式结构来进行知识分类与匹配的缺陷。从人工智能的角度来看,采用语义分类和匹配是人类智能的体现,本书将语义引入诊断知识系统的分类与匹配中来,希望在提高知识系统的智能上有所突破,这一尝试也是诊断知识系统领域的一个创新点。

#### 1. 案例向量特征术语概念化

应用领域本体,采用相应的匹配算法把预处理之后得到的特征词与所建立的诊断应用本体中概念及概念属性进行匹配,将匹配的关键词用相应的概念进行替代,实现基于词的案例特征向量到基于本体概念的案例特征向量的映射,最大限度地保留案例语义信息。这个过程称为案例特征向量概念化,如图 18.2 所示。

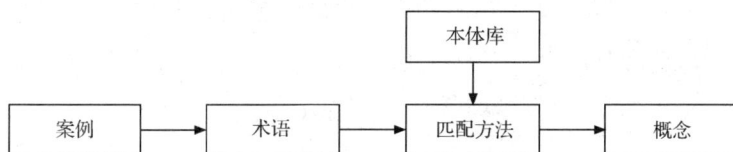

图 18.2　基于本体的术语概念化

映射步骤如下:将预处理后不为空的案例特征向量 $\mathbf{Case} = (w_1, w_2, \cdots, w_n)$ 中的第 $i$ 个词 $w_i$ 送入到领域本体中,将其与本体中的概念术语的同义词属性和实例集进行匹配。因为本体中的概念是通过属性集合和实例进行定义的,而这些属性和实例反映了概念的内涵与外延,因此,可以通过同义词和实例概念化来约减向量模型中的术语,使术语向量模型映射为概念向量模型 $\mathbf{Case} = (t_1, t_2, \cdots, t_m)$。映射函数 $f_c$ 定义为

$$f_c(w_i, t) = \begin{cases} 1, & w_i = t \\ 0, & w_i \neq t \end{cases}$$

(1)若能够匹配,即 $w_i = t$,此时将分为两种情况:一是本体中概念术语 $t$ 的同义词属性 $a$ 与 $w_i$ 相同,则用概念术语 $t$ 来代替词条 $w_i$;二是如果 $w_i$ 与本体中的

概念术语 $t$ 实例相同,则用概念术语 $t$ 来代替 $w_i$。因为不同的词条可能映射为同一个概念,这样,特征向量中很可能包含一些相同的概念,所以,我们应该将相同的概念进行合并,获得约减的概念向量。

**约减规则**:在特征向量中,如果两个概念 $t$ 和 $t'$ 有偏预关系 $t \leqslant t'$,则特征向量中保留概念 $t$,而删除概念 $t'$。

可见,利用概念向量代替关键词向量的方法可以有效降低特征向量维数,进而解决传统 VSM 中维数过大的缺陷。

(2) 若不能匹配,即 $w_i \neq t$,表示术语 $w_i$ 不满足本体中的任何概念术语,对于这样的词条称为未登录的词。具体处理方法是:在诊断案例特征向量中,如果 $w_i$ 是一个未登录词,则若该词条的出现频度大于设定的阈值,记录下该未登录词出现的频度 $\mathrm{fre}(w_i)$,并在诊断案例特征向量中保留 $w_i$,否则将该词删除。

这样得到由本体术语构成的案例特征向量,即 $\mathbf{Case} = (t_1, t_2, \cdots, t_m)$,$t_i$ 表示各个特征项,其中,$i = 1, 2, \cdots, n$。换句话说,特征项构成了案例特征向量空间,每个项表示一个纬度,因此,这个概念集合又可称之为语义向量。

通过上述方法,可以得到用本体概念术语刻画的诊断案例语义特征向量,即

$$\mathbf{Case} = (t_1, t_2, \cdots, t_m), m \leqslant n$$

### 2. 概念权值的计算

基于上述概念向量的建立,完成对所有待分词语进行概念归类合并后,得到一个概念集合 $\mathbf{Case} = (t_1, t_2, \cdots, t_m), m \leqslant n$。现在,我们对概念向量中的每个概念进行权值的计算,计算公式如下:

$$w_i = \log \sum_{i=1}^{m} \mathrm{fre}(t_i) \tag{18.2}$$

式中,$\mathrm{fre}(t_i)$ 将分为两个方面进行确定。

(1) 如果 $t_i \in \mathbf{Case}$,并且 $t_i \in O$($t_i$ 是本体中的概念术语),$t_i$ 是通过 $p$ 个词条映射得到的,即 $(w_j | j = 1, 2, \cdots, p, p \leqslant n) \rightarrow t_i$,则有

$$\mathrm{fre}(t_i) = \sum_{j=1}^{p} \mathrm{fre}(w_i) \tag{18.3}$$

(2) 如果 $t_i$ 是一个未登录词 $w_i$,则

$$\mathrm{fre}(t_i) = \mathrm{fre}(w_i) \tag{18.4}$$

上面的 $\mathrm{fre}(w_i)$ 是词条 $w_i$ 在案例中出现的频度,词条的频度是用来表示词条权重最简便的方法,它可以通过传统的 TFIDF(Salton et al., 1988)方法来计算得到。

这样,通过对语义向量中的每一个概念的赋权值操作,案例就可以表示成由概念和相应的权值所构成的一个向量,也就是特征空间中的一个点,而一个案例集就表示成了一个矩阵,也就是特征空间中的一些点的集合。那么,这些就形成了语义

VSM(邓爽,2007)。

## 18.3　结构化案例知识的语义 VSM 构建

结构化复杂案例知识本身可以很容易得到其语义 VSM,但传统的 VSM 的主要缺陷(程勇,2005)就是特征项相互独立的要求与自然语言多样性的矛盾。针对这一问题,本书将从以下三个方面来改进:一是关键词的长度和出现在文档中的位置对权重的影响;二是考虑关键词的语义环境的影响,主要是采用自己改进的扩展潜在语义索引;三是在实现算法中引入目前比较流行的阈值技术,以充分利用目前已有的事实经验,争取达到较好的效果。

传统 VSM 认为,特征项的重要性正比于特征项的文档频数,反比于训练文档内出现此特征项的文档频数,计算公式为

$$W_i = f_i \times \log \left| \frac{N}{n_i} \right|$$

现在考虑位置权重的不同,调整为

$$W_i = \lambda \times f_i \times \log \left| \frac{N}{n_i} + 0.5 \right|$$

式中,$\lambda$ 为位置加权系数。视特征项在案例中的不同位置,分别赋予不同的权系数,如表 18.1 所示。

表 18.1　权重分配表

| 疾病 | 症状 | 病因 |
| --- | --- | --- |
| 1 | 0.8 | 0.4 |

## 18.4　诊断案例知识库结构与案例知识组织

### 18.4.1　诊断案例知识结构

诊断知识库结构分为结构化案例库、待学习非结构化源案例库、已学习非结构化源案例库、案例特征向量索引库,如图 18.3 所示。

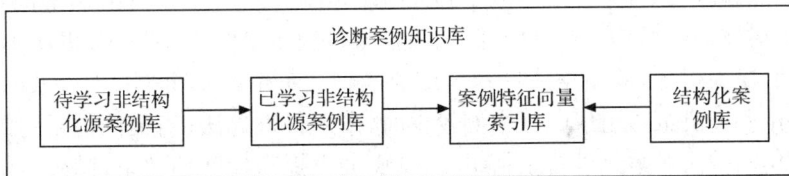

图 18.3　诊断案例知识库组织结构

索引库保存结构化案例库的特征向量和已学习源案例的特征向量。

## 18.4.2 诊断案例知识库的组织

案例组织(沈亚诚等,2007)是基于 CBR 系统效率的关键。目前,案例的组织方法主要有知识导引法、最近邻法和归纳索引法。知识导引法是一种启发式的案例组织方法。在案例库中,系统按目前已知的索引知识判断案例特征的重要性,并按案例特征的重要性组织案例库。最近邻法的基本思想是根据案例之间的某种"距离"值的大小作为组织案例的标准,将表征案例的 $n$ 维特征向量看成 $n$ 维空间的点,然后对所有点按 $n$ 维空间距离从小到大的顺序排列,或是按表征案例各部分的权值求其权和,然后根据其权的大小组织相应的案例,这样,在恰当地给定一个问题的描述时,能够迅速找到与之取得最佳匹配的"点",即与之取得最佳匹配的案例。一种有效的归纳索引法是根据案例特征矢量在不同维上所提供信息的差异,将案例组织成一棵决策树的形式。

根据诊断案例面向对象的表示定义,诊断案例可表示为案例对象及其子对象的集合,其中,案例对象代表案例的各个组成部分,诊断案例对象的下层对象反映案例的主要特性,由文本、图形、表格等组成。每个下层对象可看成是组成案例的一个特征矢量,鱼病诊断案例之间的"距离"可参照 ICD10 疾病分类法来设定,以疾病分类名为基点(即始起点),案例编码与基点编码的差作为距离的大小值,如肿瘤类的编码定为 C00.00,参照 ICD10 疾病分类编码,结肠癌的编码为 C18.00,则结肠癌与肿瘤分类标准的距离为 C18.00-C00.00,即 18.00。为便于计算,我们约定,字母运算的差值大小用其 ASCII 码值(十进制)进行计算,如 D18.00-C12.1,D 的 ASCII 码(十进制)分别为 68 和 67,则差值为 105.9。

诊断案例具体可由如下多元式表示:案例= $<N,T,D,O,R>$。$N$ 为案例名,用于标识每个案例的名称,为字符型;$T$ 为案例所属的系统类型,$T = \{TCODE, TNAME\}$,分别代表类型代码及名称;$D$ 表示与基类的距离;类型代码 $O = \{(O_1,W_1),(O_2,W_2),\cdots,(O_n,W_n)\}$ 是一个有限集合,表示组成案例的对象 $O_i$ 及其权重因子 $W_i$;$O_i = \{(f_{i1},d_{i1}),(f_{i2},d_{i2}),\cdots,(f_{im},d_{im})\}$ 表示对象 $O_i$ 的属性 $f_{ij}$ 及该属性的权重因子 $d_{ij}$;$R$ 为案例备注文本,记录专家的处理意见。

诊断案例的组织采用归纳索引法与最近邻法相结合,以疾病分类为基点,案例编码与基点编码的差作为距离,从小到大组织,并作为树干;同一距离,案例的匹配度值作为树枝,从小到大,左右排列,病历框架按权重系统大小组织,也从小到大,左右排列,成为树叶,从而生成一棵大的决策树。整个诊断案例库按 ICD10 疾病分类法,由九大决策树组成。当案例较少时,采用最近邻法;当案例数量达到一定程度,采用归纳法对案例进行重新组织,从而大大提高检索的效率,同时案例库的索引随新案例的增加而变化频繁(如图 18.4 所示)。

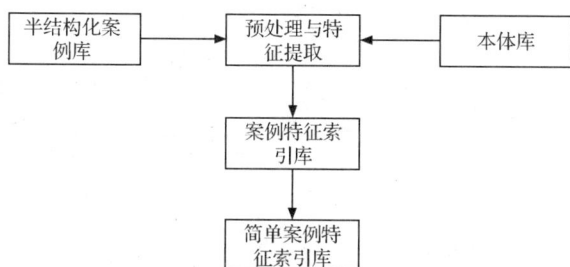

图 18.4　建立诊断案例知识的症状语义向量空间/疾病索引

## 18.5　基于语义特征向量模型的诊断案例检索策略

### 18.5.1　基于语义特征向量模型的诊断案例知识检索思想

为加速案例匹配过程,避免全库案例相似度实时计算所带来的高性能、大内存要求,本书提出采用基于本体的短文本 VSM 检索产生候选案例集,再对候选案例进行相似度计算的策略。基于本体的短文本 VSM 检索候选案例与以往基于关键词的检索不同,它利用特定领域应用本体和全文搜索技术(自然语言处理)建立案例特征 VSM,通过与预计算的已有案例特征向量的相似性比较,并按预设相似度域值过滤后,产生检索结果——候选案例。对在案例库中的案例事先通过预计算得到其特征向量,并建立多维案例特征向量索引表,以加快检索速度。从语义匹配角度产生候选案例,实现比关键词检索更准确的检索结果,另一方面也为同义词检索、自然语言检索提供了接口。

另外,与基于关键词的信息检索由用户提供描述检索目标特征的关键词不同,案例检索具有特殊性。案例匹配中,所提供的待匹配样本是案例对象,不是描述案例的特征词,被检索对象是案例库中的案例对象,而案例库中的案例对象往往是多层次、结构化对象,还是文本、图形、图像等媒体的混合体;而关键词检索是由用户提供单词或多词的待检索对象特征描述,直接用于案例检索,还需要对案例对象建立必要的特征描述和相应索引结构,并且仅凭关键词(单一或复合关键词)很难准确描述案例的完整语义特征。因此,采用关键词检索难以保证较满意的检索准确率。

具体来讲,诊断案例中,文本是其表达现实世界知识、刻画案例语义内容的最重要手段,也是确定其所属类别最直接和最主要的证据。因此,通过刻画诊断案例中短文本的特征,可以在极大程度上代表案例的特征,进而通过案例中短文本的特征比较,较准确地捕获相似的案例。

正如本书前面所述,诊断案例表示的是结构化、层次化的案例对象。从案例对象的二级对象中提取出发病症状、诊断结论(所患疾病)、病因等短文本,经过特征化处理形成短文本特征向量,将该短文本特征向量作为案例的特征向量,分别存入症状特征索引表、疾病索引表、病因索引表中,以备检索和匹配,如图 18.5 所示。

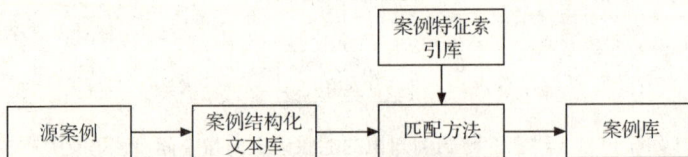

图 18.5　案例匹配

### 18.5.2　基于中心向量距离的非结构化、半结构化新案例知识学习算法

CBR 学习是从案例库中不断获得新知识和改进旧知识的过程。CBR 的学习分为成功学习和失败学习两种。成功学习包括推理成功和案例库学习两层意思,推理成功是指相似案例的解经过调整和修正,能作为问题案例的解决方案;案例库学习是指如果案例库中存在相似度大于预先设定的阈值的旧案例,则问题案例不加入到案例库中去,否则问题案例作为新案例加入到案例库中,如图 18.6 所示。对失败学习的案例处理将在下节中阐述。

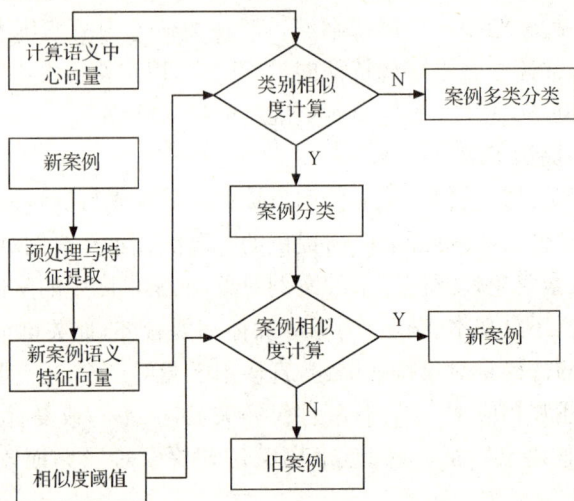

图 18.6　中心向量距离算法

获取算法步骤如下:

步骤 1　在鱼病诊断领域本体上计算每类案例文本集的语义中心向量,计算

方法为所患疾病标记相同的所有案例语义特征向量的算术平均。

步骤 2 新案例到来后,预处理,将案例表示为语义特征向量。

步骤 3 计算新案例语义特征向量和每类语义中心向量间的相似度。

步骤 4 比较每类语义中心向量与新案例的相似度,将文本分到语义相似度最大的那个类别中。

步骤 5 计算新案例语义特征向量和所属类别中每个案例特征向量间的相似度,如果相似度全部小于预先设定的阈值,则认为该案例为该类别中的一个新案例;否则,认为是已有案例。

# 18.6 基于语义向量模型的非结构化诊断案例多类分类

对于学习失败的案例,以往的系统已没有能力加以处理,只有借助领域专家解决该案例的分类。针对这种情况,考虑到鱼病发病的并发特点,我们设计的案例学习系统借助标准案例库进行自动案例多类分类的尝试,提出一种多类诊断建议,这种多类诊断建议有可能是一种新的案例。如果领域专家能确认该建议或给出该问题案例的解,则问题案例作为新案例入库;否则进入问题案例库暂存,等待领域专家解决或丢弃。

## 18.6.1 分类模型

整个分类模型总体上可以划分为训练、测试和分类三个部分。其中,测试和分类的过程有很多重叠。训练的目的是训练分类器使其可用于分类,主要包含两个过程。首先要建立特征集,基本流程为:预处理训练案例、关键词与领域本体中概念的匹配、概念特征的选取、概念特征集的建立。之后则是训练分类器,分类是分类器依据训练结果对未知文本进行分类并给出类别标识的过程,基本流程为:预处理未知文本、依据特征集取得文本的特征向量表示、分类器分类、给出分类结果。测试的前半部分与分类相同,只是在得到测试例的分类结果之后会送到评测器来得出该分类器的评测结果。

### 1. 预处理

训练集和测试集是一些已经被"专家"预分好类的文本的集合,在训练或测试之前,文本都需要经过预处理。预处理其实是一种过滤的过程,它的任务是去除掉文本中与分类没有关系的部分。在预处理模块中,需要被"过滤"的部分包括:①非文本信息,包括图形、图像、声音、动画、脚本语言等,这是因为我们的分类系统是基于纯文本的。②标点、不可识别的字符及所有与文本分析无关的内容。去除标点符号是因为它们对于文本内容没有任何实际的含义,所以,它们无法对分类起到帮助作用。其他无关内容包括控制符、标识符等。

### 2. 匹配模块

匹配模块是将领域本体应用到文本分类中的关键部分。文本在通过了预处理之后,得到一个词汇集合,该集合包括了所在训练集中出现过的词汇。

我们将利用匹配算法将这些词汇与领域本体中的概念、属性进行匹配,获取概念,形成概念特征集合。具体的实现过程已经在本节中说明。

### 3. 概念特征选取

概念特征选取是对概念特征集的冗余处理过程。因为在概念获取的过程中会出现许多冗余概念,如相同的概念或者不满足设定阈值的词等。我们通过合并或删除冗余的概念,建立概念特征集合。

### 4. 文本的特征向量表示

在文本经过了预处理,概念特征集也建立起来之后,我们就可以对文本进行转化。只有得到文本的向量表示,分类器才可以完成对文本的识别和处理过程。本书以概念作为特征,依据概念来计算其对应的权值,最终建立了一种新的文本表示模型——语义 VSM。

### 5. 分类器

分类器的实现原理因采用的分类算法而异。在对文本进行分类之前必须进行训练。训练的过程为:对训练集进行预处理,根据特征集得到每个文本的特征表示,送交分类器完成训练过程。分类器一般会在训练的过程中完成相关数据的计算与保存。分类则是分类器对未知文本进行类别标定的过程。分类的过程为:对文本进行预处理,根据特征集得到该文本的特征表示,送交分类器得到分类结果。对于分类器的选取,我们将在本章进行讨论。

### 6. 评测器

评测器主要用来评价一个分类器在分类准确度上的表现。测试集与训练集相似,是一些已经做好类标注的文本。将测试例送往分类器得到分类结果、将其与正确分类作比对,就可以对分类器的准确度做出评价。

## 18.6.2 案例相似度计算

### 1. 概念间的相似度计算

本书是以本体知识库作为提取词语语义的基础,故计算概念的相似度时,主要是通过知识本体中的语义距离来计算的,它更多地体现了领域专家对概念类别的划分,而不是单纯的依赖概念结构图形式上的相似性。由于专家所划分的领域概念体系所具有的权威性,所以,依赖领域知识本体所计算的概念(包括作为实例的资源)相似度也就相应地更加合理(Lodhi et al.,2002)。

**定义 18.1**　设 $c_j^{k_j}$ 和 $c_j^{k_{j'}}$ 是式(18.1)领域本体中的两个概念,则这两个概念之间的相似度计算公式如下:

$$\mathrm{SIM}(c_j^{k_j},c_j^{k_{j'}})=\sum \mu_i(c_j^{k_j},c_j^{k_{j'}})\sigma_i \tag{18.5}$$

式中,$n$ 是概念 $c_j^{k_j}$ 和 $c_j^{k_{j'}}$ 在本体的概念模型中所具有的最大深度;$\sigma_i$ 是权重,可简单地取 $\sigma_i=\dfrac{1}{n}$;$\mu_i(c_j^{k_j},c_j^{k_{j'}})$ 取值定义如下:

$$\mu_i(c_j^{k_j},c_j^{k_{j'}})=\begin{cases}1,&\text{当 }c_j^{k_j}\text{、}c_j^{k_{j'}}\text{ 前 }i\text{ 个父类相同时}\\0,&\text{当 }c_j^{k_j}\text{、}c_j^{k_{j'}}\text{ 前 }i\text{ 个父类不相同时}\end{cases}$$

### 2. 文本间的相似度计算

对于两个文本间的相似度计算,我们将分为两个部分进行分析。对于文本 $d$ 的概念向量 $\mathbf{CM}_d'$,我们将其表示成 $\mathbf{CM}_{d1}'\bigcup \mathbf{CM}_{d2}'$,这里,$\mathbf{CM}_{d1}'$ 是概念集合,而 $\mathbf{CM}_{d2}'$ 是未登录词的集合。相应的权重向量也将分为两部分进行表示:$W_d=W_{d1}\bigcup W_{d2}$。我们设 $d_l$ 和 $d_{l'}$ 是文本集 $D$ 中的任意两个文本,文本集中文本的总数为 $N$,则文本间 $d_l$ 和 $d_{l'}$ 间的相似度计算如下:

(1) 对于第一种情况,$\mathbf{CM}_1'=\mathbf{CM}_{d_l1}'\bigcup \mathbf{CM}_{d_{l'}1}'$,有

$$\mathrm{SIM}^{\mathbf{CM}_1'}(d_l,d_{l'})=\sum\sum \mathrm{SIM}(c,c')(1-|w_{d_l}(c)-w_{d_{l'}}(c')|) \tag{18.6}$$

式中,$w_{d_l}(c)$ 是文本 $d_l$ 中概念 $c$ 的权重;$w_{d_{l'}}(c')$ 是文本 $d_{l'}$ 中概念 $c'$ 的权重。

(2) 对于第二种情况,$\mathbf{CM}_2'=\mathbf{CM}_{d_l2}'\bigcup \mathbf{CM}_{d_{l'}2}'$,根据庞剑锋等(2001)的研究,有

$$\mathrm{SIM}^{\mathbf{CM}_2'}(d_l,d_{l'})=\frac{\langle d_l,d_{l'}\rangle^{\mathbf{CM}_2'}}{\sqrt{\langle d_l,d_l\rangle^{\mathbf{CM}_2'}\langle d_{l'},d_{l'}\rangle^{\mathbf{CM}_2'}}} \tag{18.7}$$

$$\langle d_l,d_{l'}\rangle^{\mathbf{CM}_2'}=\sum_{k'\in \mathbf{CM}_2'}\gamma_{k'}^2\tau(k',d_l)\tau(k',d_{l'}) \tag{18.8}$$

对于一个包含有词条 $k'$ 的文本 $d_l$,我们用 $d_l^{k'}$ 来表示,且 $d_l^{k'}=(k',\tau_{k',d_l})_{k'\in \mathbf{CM}_2'}$,这里的 $(\tau_{k',d_l})$ 是词条 $k'$ 在文本 $d_l$ 中的词频,则我们可以应用等式(18.4),通过计算两个文本向量的余弦函数得到基于关键词文本向量的相似度。两个文本的内积可通过等式计算得到,其中,$\gamma_{k'}$ 是词条 $k'$ 的反文本频度,它是由 $N$ 和 $n_s$(文本集中所有包含词条 $k'$ 的文本数量)决定的。

(3) 根据上面的分析,可以得到基于语义概念向量的两个文本间的相似度的计算公式,如下:

$$\mathrm{SIM}(d_l,d_{l'}) = \frac{\mathrm{SIM}^{CM_l}(d_l,d_{l'}) + \mathrm{SIM}^{CM_2}(d_l,d_{l'})}{2} \tag{18.9}$$

也可以采用加权的方法来进行计算,即

$$\mathrm{SIM}(d_l,d_{l'}) = \alpha\mathrm{SIM}^{CM_1}(d_l,d_{l'}) + (1-\alpha)\mathrm{SIM}^{CM_2}(d_l,d_{l'}) \tag{18.10}$$

通过式(18.6)或式(18.7)来计算两个文本间的相似度,不仅可以充分考虑概念间的相似性对文本分类的影响,同时也考虑了不同未登录词之间的相似性对文本分类的影响。通过这个方法,文本可以真正实现从关键词空间到概念空间的映射,从而挖掘出更多的语义信息,有效提高文本分类的效果。式(18.10)中的参数 $\alpha$,其作用是调节概念和未登录词对文本间相似度的计算所产生的不同影响。例如,当文本间的向量表示是以概念为主时,则相似度的计算将侧重于式(18.10)的前半部分,即主要考虑基于概念的文本间的相似性。

### 18.6.3　K-近邻算法文本分类器

K-近邻算法中的决策规则可写为

$$y(x,C_j) = \sum_{d_i \in \mathrm{KNN}} \mathrm{SIM}(x,d_i) y(d_i,C_j) - b_j \tag{18.11}$$

式中, $y(d_i,C_j) \in \{0,1\}$ 表示文档 $d_i$ 是否属于类 $C_j$ ( $y=1$ 时代表是, $y=0$ 时代表否); $\mathrm{SIM}(x,d_i)$ 表示测试文档 $x$ 和训练文档 $d_i$ 相似度; $b_j$ 则是决策的阈值。

K-近邻算法中,常用的相似性方法是基于距离的相似度方法,其主要思想是:定义数据对象对之间的距离或者相似度函数,来衡量数据对象对之间的距离。K-近邻算法中,经常采用 VSM,并且用基于距离的相似度方法来衡量数据对象之间的相似性。常用的距离函数有欧几里得距离、马氏距离(Mahalanobis distance)、余弦函数和相关系数。

(1) 欧几里得距离为

$$D(\pmb{X},\pmb{Y}) = \sqrt{\sum_i |X_i - Y_i|^2} \tag{18.12}$$

式中, $\pmb{X},\pmb{Y}$ 为数据对象对; $X_i$ 和 $Y_i$ 分别表示 $\pmb{X},\pmb{Y}$ 中的特征项。

(2) 两个向量间的夹角余弦为

$$\mathrm{SIM}(\pmb{x},\pmb{d}_i) = \frac{\sum_{k=1}^{m} w_k \times w_{ik}}{\sqrt{\left(\sum_{k=1}^{m} w_k^2\right)\left(\sum_{k=1}^{m} w_{ik}^2\right)}} \tag{18.13}$$

式中, $\pmb{x}$ 为新文本的特征向量; $\pmb{d}_i$ 为训练集中文本的向量; $m$ 为向量的维数; $w_k$ 为特征向量的第 $k$ 维。

K-近邻算法的优点是:它是一种非参数化方法,适合于概率密度函数的参数形式未知的场合。

$K$-近邻算法的缺点有如下两点：①计算时间长。对一个线性分类器来说，只需要计算一个点积就可以对测试实例进行分类了，而 $K$-近邻算法则需要把整个训练集按与测试实例的相似度排序，这个代价是非常大的。这也是所有"懒惰"学习方法的特征，因为它们没有一个真正的学习过程，把所有的计算都推迟到了分类的时候。②很难找到一个最优的 $K$ 值，即取多少个相似度最大的训练实例来进行分类。通常，$K$ 值是通过在确认集合上的试验时选取的，如发现当 $30 \leqslant K \leqslant 45$ 时系统的效果最好。一般认为，随着 $K$ 值的增加，系统对噪声的抵抗力也会增强，但试验表明，当 $K$ 值再大的时候，不会对分类效果有明显的影响。

本书中，我们采用概念 VSM 来表示文本，由第 15 章的方法可以得到文本的概念表示：$\mathbf{CM}'_d = \{c_1^{k_1}, c_2^{k_2}, \cdots, c_m^{k_m}\}$。也就是说，我们将文本中的词归结为本体中的一个概念，把它看成为向量空间中的一维，再给每一个概念赋予权值，则文本就表示成为一个权重向量，它是向量空间中的一个点。

令 $\mathbf{X} = \{\mathbf{x}_1, \mathbf{x}_2, \cdots, \mathbf{x}_n\} \subset R^d$ 为向量空间中的一个有限数据集，其中，第 $i$ 个文本 $\mathbf{x}_i = \{x_{i1}, x_{i2}, \cdots, x_{nd}\}$ 为一维向量，$\mathbf{X}$ 可以用一个 $n \times d$ 矩阵表示。对数据集 $\mathbf{X}$ 进行分类，是指通过评价其与训练文本之间的相似度，为每一个 $\mathbf{x}_i$ 分配一个类别标识。分类的目标是使同一聚类模式之间的相似度大于它与其他聚类中模式的相似度。具体的算法步骤如下：①根据基于本体的概念特征获取算法，得到文本的特征项集合。②根据文本的概念特征集合重新描述训练文档向量。③在新文档到达后，根据概念向量模型的生成算法处理新文档，确定新文档的向量表示。

（3）在训练文档集中选出与新文档最相似的 $K$ 个文档。文本间的相似度计算按式（18.7），对于文本 $d$ 的概念向量 $\mathbf{CM}'_d$，我们将其表示成 $\mathbf{CM}'_d = \mathbf{CM}'_{d1} \bigcup \mathbf{CM}'_{d2}$，这里，$\mathbf{CM}'_{d1}$ 是概念集合，而 $\mathbf{CM}'_{d2}$ 是未登录词的集合，则公式如式（18.12）所示，即

$$\mathrm{SIM}(d_l, d_{l'}) = \sum \left[\alpha \cdot \mathrm{SIM}^{\mathrm{CM}_{l1}}(d_{lk}, d_{l'k}) + (1-\alpha)\mathrm{SIM}^{\mathrm{CM}_{l2}}(d_{lk}, d_{l'k})\right]$$

$$(18.14)$$

式中，参数 $\alpha$ 的作用是调节概念和未登录词对文本间相似度的计算所产生的不同影响。$K$ 值的确定目前没有很好的方法，一般采用先定一个初始值，然后根据实验测试的结果调整 $K$ 值。

在实际应用中，这种方法有较好的效果，Cover 和 Hart（1967）证明了当样本数 $N$ 和邻近数 $k$ 以 $\frac{k}{N} \to 0$ 的方式同时趋于无穷时，它的误分率接近最优贝叶斯误分类率。但是，当样本数量有限时，这条规则就未必是利用近邻信息的最好方式。

（4）在新文档的 $K$ 个邻居中，依次计算每类的权重，计算公式如（18.15）所示，即

$$p(\mathbf{x}^o, C_j) = \sum_{\mathbf{d}_i^u \in \mathrm{KNN}} \mathrm{SIM}(\mathbf{x}^o, \mathbf{d}_i^u) y(\mathbf{d}_i^u, C_j)$$

$$(18.15)$$

式中，$x^\rho$ 为新文本的概念特征向量；SIM($x^\rho$,$d_i^q$) 为相似度计算公式，与上一步骤的计算公式相同，而 $y(d_i^q,C_j)$ 为类别属性函数，即表示文档 $d$ 是否属于类 $C_j$（$y=1$ 时代表是，$y=0$ 时代表否）。

（5）比较类的权重，将文本分到权重最大的那几个类别中。

### 18.6.4　实验结果与分析

文本分类器性能的好坏需要评价指标和准则作为指导，它们在文本分类中有非常重要的作用。本书采用查准率和查全率两个指标来衡量分类系统的性能。

我们从 306 个案例中随意选取了 30 个诊断案例进行测试，另从网络下载了不相关文档 30 篇，文章大小从 1~12KB。按照学习方法，先将 Web 文档转化为普通的文本格式，进行分词，从分词结果中找匹配特征词，再计算其权值，最后计算与简单类的相似度，得到文档类别归属。

评价分类算法性能指标为分类准确率。分类准确率是指分类正确的案例与分类的全部案例的比率；本实验以此作为评测指标，进行测试后，证实系统的可行性，但分类准确率有待提高。从表 18.2 可以看出，基于 VSM 的案例获取是可行的，之所以准确率不高，这主要是因为改进的 VSM 只对文档进行预处理时，得到的特征向量对案例的刻画不能足够清晰地对其进行分类。

**表 18.2　案例学习结果**

| 正确分类 | 可分类 | 未分类 | 误分类 |
| --- | --- | --- | --- |
| 26.6% | 60% | 40% | 0% |
| 13.3% | 40% | 70% | 0% |

## 18.7　本章小结

本章提出了基于语义 VSM 的诊断案例知识学习框架，给出了针对非结构化、半结构化和结构化知识进行预处理的方法及诊断案例知识特征向量构建方法，建立了诊断案例知识语义向量模型，并对中心向量距离和 K-近邻算法的机器学习方法求解案例知识分类问题进行了研究。

## 参 考 文 献

曹泽文,张维明,邓苏,等.2007.一种从关系数据库向 Flogic 本体转换的方法.计算机科学,(04).

常春.2004.Ontology 在农业信息管理中的构建和转化[博士学位论文].北京:中国农业科学院.

陈国权.1999.供应链管理.中国软科学:101—104.

陈军.2002.Voronoi 动态空间数据模型.北京:测绘出版社.

陈焱,姜慧敏.2006.医学领域本体研究现状.情报科学,24(10):1587—1590.

陈艳红.2004.基于构件的软件复用技术的研究与应用[硕士学位论文].武汉:武汉理工大学.

陈禹六.1999.IDEF 建模分析和设计方法.北京:清华大学出版社.

程勇.2005.基于本体的不确定性知识管理研究[博士学位论文].北京:中国科学院研究生院.

邓爽.2007.基于本体的文本分类模型研究[硕士学位论文].成都:西华大学.

邓志鸿,唐世渭,等.2002.Ontology 研究综述.北京大学学报:自然科学版,38(5):730—738.

丁国栋.2006.基于统计语言建模的信息检索及相关研究[博士学位论文].北京:中国科学院研究生院.

丁文,牛艳刚.2003.鱼病诊断与鱼病诊断专家系统设计.北京水产,(05).

杜卫锋.2006.粗糙集理论在中文文本分类中的应用[博士学位论文].成都:西南交通大学.

杜文华.2005.本体的构建及其在数字图书馆中的应用研究[博士学位论文].武汉:武汉大学.

方卫东,袁华,刘卫红.2005.基于 Web 挖掘的领域本体自动学习.清华大学学报(自然科学版),(S1).

冯志伟.1997.现代术语学引论.北京:语文出版社.

高济.2000.基于知识的软件智能化技术.杭州:浙江大学出版社.

郭永洪,傅泽田,田东.2004.基于知识的鱼病诊断推理.计算机工程,(04).

郭云升.2007.降低我国农产品交易成本对策.合作经济与科技,3:13—14.

韩民春,陈小珞.2001.网络商品价格搜寻与实证分析.当代经济科学,23(2):43—47.

何新贵.1998.模糊知识处理的理论与技术.北京:国防工业出版社.

黄昌宁.2002.中文信息处理的主流技术是什么?计算机世界报,24.

贾秀玲,文敦伟.2007.面向文本的本体学习研究概述.计算机科学,(02).

姜韶华,党延忠.2006.基于长度递减与串频统计的文本切分算法.情报学报,(01).

孔敬.2006.本体学习:原理、方法与相关进展.情报学报,(06).

蓝伯雄,郑小娜,徐心.2000.电子商务时代的供应链管理.中国管理科学,8(3):1—7.

李成名.1998.基于 Voronoi 图的空间关系描述,表达与推断[博士学位论文].武汉:武汉测绘科学大学.

李海颖.2004.基于案例的推理综述.邢台学院学报,(02).

李景.2005.本体理论在文献检索系统中的应用研究[博士学位论文].北京:中国科学院.

李明,赵丽.2006.基于 Ontology 的建模方法.计算机工程与设计,(09).

李晓,郑业鲁.2001.农业电子商务的理性思考——现实与前景.农业图书情报学刊,1:12　15.

梁健,王惠临.2007.基于文本的本体学习方法研究.情报理论与实践,(01).

梁健,吴丹.2006.种子概念方法及其在基于文本的本体学习中的应用.图书情报工作,(09).

廖威真,朱丽娜.2005.农产品 B2B 电子商务交易模式初探.特区经济,11.

刘柏嵩.2006.面向数字图书馆的本体学习研究.大学图书馆学报,(06).

刘柏嵩,高济.2005.面向知识网格的本体学习研究.计算机工程与应用,(20).

刘杰,李丽.2007.面向 B2B 电子商务销售方解决方案的交易成本优化分析.物流技术,26(11):
　　103—113.

刘伟,符红光,佘莉.2007.基于语义的几何知识库搜索引擎的设计与实现.计算机应用,(S1).

刘晓艳.2000.回顾与展望—专家系统在我国农业应用情况概述.计算机与农业,(1):1—3.

刘耀,穗志方,胡永伟,等.2006.领域 Ontology 自动构建研究.北京邮电大学学报,29:65—69.

罗盛芬,孙茂松.2003.基于字串内部结合紧密度的汉语自动抽词实验研究.中文信息学报,
　　(03).

马峻.2004.一种从线性概念图中自动抽取本体概念的算法.计算机工程与应用,(23).

潘明,陈艺,刘海峰,等.2007.农业机械垂直搜索引擎的设计与实现.现代农业装备,(4):
　　44—47.

庞剑锋,卜东波,白硕.2001.基于向量空间模型的文本自动分类系统的研究与实现.计算机应
　　用研究,(09).

彭波.2006.大规模搜索引擎检索系统框架与实现要点.计算机工程与科学,28(3):1—4.

彭波,闫宏飞.2005.搜索引擎检索系统质量评估.计算机研究与发展,42 (10):1706—1711.

钱平,郑业鲁.2006.农业本体论研究与应用.北京:中国农业科学技术出版社.

屈小博,霍学喜.2007.交易成本对农户农产品销售行为的影响——基于陕西省 6 个县 27 个村
　　果农调查数据的分析.农业经济导刊,(12):147—147.

任克强,张国萍,赵光甫.2007.基于向量空间模型的特征抽取技术分析.科技广场,(09).

沈亚诚,舒忠梅.2007.基于案例推理的病历表示与系统架构研究.南方医科大学学报,(07).

陶志荣.2002.N-gram 语言模型的 katz 平滑技术.电子计算机,(2).

王洪伟,伊磊,王洪滨.2007.面向关系模式的领域本体获取.计算机工程,(03).

王进.2006.基于本体的语义信息检索研究[博士学位论文].合肥:中国科学技术大学.

王敏,杨炳儒.2005.基于主题的个性化元搜索引擎的设计与实现.情报杂志,7:57—58.

王平华,孙道德.2003.基于粗糙集理论的模糊信息分类方法.阜阳师范学院学报(自然科学
　　版),(01).

王万森.2000.人工智能原理及其应用.北京:电子工业出版社:142—161.

王永庆.1998.人工智能原理与方法.西安:西安交通大学出版社:170.

温继文.2003.基于知识的鱼病诊断推理系统研究[博士学位论文].北京:中国农业大学.

许勇,荀恩东,贾爱平,等.2004.基于互联网的术语定义获取系统.中文信息学报,(04).

许卓明,苏文辉.2005.关系数据库模式信息的提取.河海大学学报(自然科学版),(02).

许卓明,王琦.2006.一种从关系数据库学习 OWL 本体的方法.河海大学学报(自然科学版),
　　34(02):208—211.

杨健,赵秦怡.2008.基于案例的推理技术研究进展及应用.计算机工程与设计,(03).

杨立.2005.基于领域知识的知识发现研究[博士学位论文].北京:中国科学院研究生院.

杨柳.2006.基于文本的中文本体知识获取的研究[博士学位论文].北京:中国科学院研究生院.

于长锐,王洪伟,蒋馥.2006.基于逆向工程的领域本体开发方法.计算机应用研究,(11).

余传明.2005.基于本体的语义信息系统研究——理论分析与系统实现[博士学位论文].武汉:武汉大学.

张春霞.2005.领域文本知识获取方法研究及其在考古领域中的应用[博士学位论文].北京:中国科学院研究生院.

张红梅,王永成.2000.一个仿人疾病诊断专家系统模型.计算机应用研究,(01).

张联超,黄志球,沈国华,等.2007.基于逆向工程的本体构建方法研究.计算机工程与设计,(24).

张龙斌,王春峰,房振明.2007.交易活跃性与交易成本动态关系研究.北京理工大学学报(社会科学版),9(6):62—66.

章宁,甘仞初.2002.基于智能聚类的复杂案例匹配研究.计算机科学,(04).

张榕.2006.术语定义抽取、聚类与术语识别研究[博士学位论文].北京:北京语言大学.

张新,党延忠.2007.基于规则与统计的本体概念自动获取方法研究.情报学报,(06).

赵国涛.2004.基于本体的异构文本分类系统.计算机工程,(21).

赵荣娟,王丹.2006.一种从关系数据库提取本体的方法.微电子学与计算机,(S1).

赵施,郭建生.2001.一种有效的用于数据挖掘的动态概念聚类算法.软件学报,(04).

赵卫东,盛昭瀚.2000.基于形象思维的医疗诊断系统研究.系统工程理论与实践,(10):108—113.

郑育红.2000.网络化鱼病诊断专家系统[博士学位论文].北京:中国农业大学.

中国水产科学研究院.1998.21世纪初我国渔业科技重点领域发展战略研究.北京:中国农业科技出版社.

周竞涛,王明微.2003.XML+RDF——实现Web数据基于语义的描述.http://www-qoo.ibm.com/developerWorks/cn/xml/xmlrdf/index.shtml.

周云,傅泽田,张小栓.2004.基于案例推理的鱼病诊断专家系统及其数据库设计.计算机工程与应用,(34).

朱欣娟.2003.应用领域知识系统建模研究[博士学位论文].西安:西北工业大学.

邹海山,吴勇.2000.中文搜索引擎中的中文信息处理技术.计算机应用研究,17(012):21—24.

Agichtein E,Eskin E,Gravano L.2000.Combining strategies for extracting relations from text collections.New York:Columbia University Computer Science Department Technical Report.

Agirre E,Ansa O,Hovy E,et al.2000.Enriching very large ontologies using the WWW//Proceedings of the First ECAI Workshop on Ontology Learning,Berlin.

Antoniou G,van Harmelen F.2004.Web ontology language:OWL.Handbook on Ontologies:67—92.

Appelt D E,Hobbs J R,Bear J,et al.1993.FASTUS:A finite-state processor for information extraction from real-world text//IJCAI-93,Chambery.

Aspirez J, Gomez Perez A, Lozano A, et al. 1998. 2Agent: An ontology-based www broker to select ontologies//Proceedings of the Workshop on Applications of Ontologies and Problem-Solving Methods, ECAI'98, Brighton: 16—24.

Athanasis N, Christophides V, Kotzinos D. 2004. Generating on the fly-queries for the semantic Web: The ICS-FORTH graphical RQL interface(GRQL). International Semantic Web Conference 2004: 486—501.

Berland M,Charniak E. 1999. Finding parts in very large corpora. Proceedings of the 37th Annual Meeting of the Association for Computational Linguistics on Computational Linguistics:57—64.

Bernstein S,Bernstein R. 2002.统计学原理(下册)－推断性统计学. 史道济译. 北京：科学出版社.

Birman K P,Joseph T A. 1987. Reliable communication in the presence of failures. ACM Transactions on Information Systems，1:47—76.

Bisson G, Nedellec C,Canamero L. 2000. Designing clustering methods for ontology building-The Mo'K workbench. Proceedings of the ECAI Ontology Learning Workshop: 13—19.

Borst W N. 1997. Construction of engineering ontologies for knowledge sharing and reuse[PhD Dissertation]. Enschede:University of Twente.

Brewster C,Ciravegna F,Wilks Y. 2002. User-centred ontology learning for knowledge management. Natural Language Processing and Information Systems，6th International Conference on Applications of Natural Language to Information Systems (NLDB 2002)，2553: 203—207.

Brin S, Page L. 1998. The anatomy of a large-scale hypertextual Web search engine. Networks and ISDN System,30(1—7):107—117.

Broekstra J, Fluit C, et al. 2004. The drug ontology project for elsevier//Proceedings of the WWW'04 Workshop on Application Design, Development and Implementation Issues in the Semantic Web,New York.

Buitelaar P,Cimiano P,Magnini B. 2005. Ontology learning from text: An overview. Ontology Learning from Text: Methods, Evaluation And Applications.

Buitelaar P, Olejnik D,Sintek M. 2003. OntoLT: A Protégé plug-in for ontology extraction from text//Proceedings of the Demo Session of the International Semantic Web Conference ISWC-2003, Sanibel Island.

Buitelaar P, Olejnik D,Sintek M. 2004b. A Protege plug-in for ontology extraction from text based on linguistic analysis. Proceedings of the 1st European Semantic Web Symposium (ESWS).

Buitelaar P, Sintek M. 2004a. OntoLT version 1. 0: Middleware for ontology extraction from text. Proc. Demo Session at the International Semantic Web Conference.

Ceccaroni C,Sànchez-Marrè M. 2004. OntoWEDSS: Augmenting environmental decision-support systems with ontologies. Environmental Modelling and Software,19(9):785—797.

Ceusters W,Smith B,Flanagan J. 2003. Ontology and medical terminology: Why description logics are not enough. Proceedings of TEPR: 10—14.

Chen G, Lu R Q, Jin Z. 2003. Constructing virtual domain ontologies based on domain knowl-edge reuse. Journal of Software,14(3).

Chen J. 2003. Voronoi Dynamic Spatial Data Model. Beijing: Publishing House of Surveying and Mapping:53—61.

Chiang R H L, Barron T M, Storey V C. 1994. Reverse engineering of relational databases: Extraction of an EER model from a relational database. Data & Knowledge Engineering, 12(2): 107—142.

Cho J,Garcia-Molina H. 2000. The evolution of the Web and implications for an incremental crawler. Proceedings of 26th Intenational Conference On Very Large Databases(VLDB).

Cho J,Garcia-Molina H,Page L. 1998. Efficient crawling through URL ordering. Proceedings of the Seventh International World Wide Web Conference:161—172.

Christopher M. 1992. Logistics and Supply Chain Management: Strategies for Deducing Costs and Improving Services. London: Pitman.

Cimiano P, Hotho A,Staab S. 2004. Comparing conceptual, divisive and agglomerative clustering for learning taxonomies from text. Proceedings of the European Conference on Artificial Intel-ligence (ECAI): 435—439.

Cimiano P,Volker J. 2005. A framework for ontology learning and data-driven change discover-y//Natural Language Processing and Information Systems: 10th International Conference on Applications of Natural Language to Information Systems, NLDB 2005, Alicante.

Ciravegna F, Cancedda N. 1995. Integrating shallow and linguistic techniques for information extraction from text//Proceedings of the 4th Congress of the Italian Association for Artificial Intelligence on Topics in Artificial Intelligence, Florence:127—138.

Cover T,Hart P. 1967. Nearest neighbor pattern classification. Information Theory,13(1): 21—27.

da Silva J F,Lopes J G P. 1999. Extracting multiword terms from document collections. Proceed-ings of the VExTAL: Venezia Peril Trattamento Automatico Delle Lingue: 22—24.

Delteil A, Faron-Zucker C,Dieng R. 2001. Learning ontologies from RDF annotations. Proceed-ings of the IJCAI Workshop on Ontology Learning.

Doan A, Domingos P,Levy A. 2000. Learning source descriptions for data integration. WebDB (Informal Proceedings): 81—86.

Dolan W,Richardson S D, Vanderwende L. 1993. Automatically deriving structured knowledge bases from on-line dictionaries//Proceedings of the Pacific Association for Computational Lin-guistics, Vancouver:5—14.

Fan X Z, Li H Q, Li L F,et al. 2004. A study on a bank-domain automatic chinese question-answering system BAQS. Transactions of Beijing Institute of Technology,24(6).

Faure D,Nedellec C. 1998. A corpus-based conceptual clustering method for verb frames and ontology acquisition. LREC Workshop on Adapting Lexical and Corpus Resources to Sublanguages and Applications: 707—728.

Feldman R,Libetzon Y,et al. 2001. A domain independent environment for creating information extraction modules//Proceedings of the 2001 ACM CIKM International Conference on Information and Knowledge Management, Atlanta:586—588.

Finkelstein-Landau M,Morin E. 1999. Extracting semantic relationships between terms: Supervised & unsupervised methods//Proceedings of International Workshop on Ontological Engineering on the Global Information Infrastructure,Dagstuhl Castle: 71-80.

Frank E,Paynter G W,Witten I H,et al. 1999. Domain-specific keyphrase extraction. IJCAI: 668—673.

Frantzi K, Ananiadou S,Mima H. 2000. Automatic recognition of multi-word terms:The C-value/NC-value method. International Journal on Digital Libraries,3(2): 115—130.

Georgieva R. 2005. Ontology-based information representation. Joint Advanced Student School (JASS),6.

Godoy D,Amandi A. 2006. Modeling user interests by conceptual clustering. Information Systems, 31(4—5): 247—265.

Gold C M. 1992. The meaning of "neighbor"//Frank A U,Campari I,Formentini U. Theoried and Methods of Spatio-Temporal Reasoning in Geographic Space Lecture Notes in Computer Science. Pisa:Springer:220—235.

Gomez F,Hull R,Segami C. 1994. Acquiring knowledge from encyclopedia texts//Proceedings of the Fourth ACL Conference on Applied Natural Language Processing,Stuttgart:84—90.

Gomez-Perez A,Manzano-Macho D. 2003. A survey of ontology learning methods and techniques. OntoWeb Deliverable, 1.

Gruber T R. 1992. Ontolingua: A mechanism to support portable ontologies. Technical Report KSL 91—66, Stanford University, Knowledge Systems Laboratory Revision.

Gruber T R. 1993. A translation approach to portable ontology specifications. Knowledge Acquisition,5(2): 199—220.

Gruber T R. 1995. Towards principles for the design of ontologies used for knowledge sharing. International Journal of Human-Computer Studies, 43:907—928.

Guizzardi G, Herre H,Wagner G. 2002. On the general ontological foundations of conceptual modeling. Proceedings of 21th International Conference on Conceptual Modeling (ER 2002).

Hawking D, Craswell N, Bailey P, et al. 2001. Measuring search engine quality. Information Retrieval,4:33—59.

Hearst M A. 1992. Automatic acquisition of hyponyms from large text corpora. Proceedings of the 14th Conference on Computational Linguistics: 539—545.

Hiemstra D,Kraaij W. 1999. Twenty-one at TREC-7: Ad-hoc and cross-language track//Proc. of the Seventh Text Retrieval Conference,Gaithersburg:227—238.

Hotho A, Maedche A,Staab S. 2002. Ontology-based text document clustering. KI, 16(4): 48—54.

http://ling. cuc. edu. cn/Staff/fengzhiwei/papers/2005_ontology_WordNet. pdf.

http://www. wiki. cn/w/index. php? title＝％E6％A8％A1％E7％B3％8A％E6％8E％A8％E7％90％86&redirect＝no.

Jannink J,Wiederhold G. 1999. Thesaurus entry extraction from an on-line dictionary. Proceedings of Fusion, 99.

Jin Z. 2001. The Research of Ontology in Knowledge Engineering, Knowledge Engineering and Knowledge Scienc e at Turn of the Century. Beijing:Tsinghua Publishing Company:477－468.

Johannesson P. 1994. A method for transforming relational schemas into conceptualschemas. Data Engineering:190—201.

Kang D,Xu B, Lu J, et al. 2004. Extracting sub-ontology from multiple ontologies. Proceedings of the OTM Workshops:731—740.

Kashyap V. 1999. Design and creation of ontologies for environmental information retrieval. Proceedings of the 12th Workshop on Knowledge Acquisition, Modeling and Management.

Kietz J U,Maedche A,Volz R. 2000a. A method for semi-automatic ontology acquisition from a corporate intranet//EKAW'2000 Workshop "Ontologies and Text"12th International Workshop on Knowledge Engineering and Knowledge Management (EKAW'2000),Juan les Pins.

Kietz J U, Maedche A,Volz R. 2000b. Domain-specific ontology learning from a corporate intranet//Second "Learning Language In Logic" LLL Workshop &. International Conference in Grammere Inference (ICGI'2000) and Conference on Natural Language Learning (CoNLL' 2000), Lisbon:167—175.

Kraaij W,Westerveld T,Hiemstra D. 2002. The importance of prior probabilities for entry page search//Proceedings of the 25nd Annual International ACM SIGIR Conference on Research and Development in Information Retrieval,Tempare:27—34.

Lafferty J,Zhai C. 2001. Risk minimization and language modeling in information retrieval. 24th ACM SIGIR Conference on Research and Development in Information Retrieval(SIGIR'01).

Lai Y S,Wang R J. 2003. Towards automatic knowledge acquisition from text based on ontology-centric knowledge representation and acquisition. Proc. of SemAnnot 2003 Workshop.

Lancioni R A,Smith M F,Oliva T A. 2000. The role of the Internet in supply chain management. Industrial Marketing Management, 29:45—56.

Lecoeuche R. 2000. Finding comparatively important concepts between texts//The Fifteenth IEEE International Conference on Automated Software Engineering (ASE'00), Grenoble: 55—60.

Lee C H, Na J C,Khoo C. 2003. Ontology learning for medical digital libraries. Proceedings of ICADL (International Conference on Asian Digital Libraries): 302—305.

Lee H L, Billington C. 1993. Material management in decentralized supply chains. Operations Research,41(5):835—847.

Lee H L, Billington C. 1995. The evolution of supply chain management models and practice at hewlett packard. Interface,25(5):42—63.

Lee L. 1999. Measures of distributional similarity. Proceedings of the 37th Conference on Association for Computational Linguistics: 25—32.

Li M, Du X Y, Wang S. 2005. Learning ontology from relational database. Proceedings of 2005 International Conference on Machine Learning and Cybernetics, 6.

Li S L, et al. 2003a. Ontology learning for chinese documents based on SVD and concept clustering. Journal of Beijing Institute of Technology.

Li X, Croft W B. 2003b. Time-based language models//Proc. of the 12th International Conference on Information and Knowledge Management, New Orleans:469—475.

Lin D K, Pant P, et al. 2002. Concept discovery from Text//The 19th International Conference on Computational Linguistics, Taibei:577—583.

Lin F R, Shaw M J. 1998. Reengineering the order fulfillment process in supply chain network. Int. J. of FMS, 10(2):197—239.

Litkowski K. 1978. Models of the semantic structure of dictionaries. Journal of Computational Liguistics, 15(81):25—74.

Lloréns J, Astudillo H. 2002. Automatic generation of hierarchical taxonomies from free text using linguistic algorithms//Advances in Object-Oriented Information Systems, OOIS 2002 Workshops, Montpellier:74—83.

Lodhi H, Saunders C, Shawe-Taylor J, et al. 2002. Text classification using string kernels. Journal of Machine Learning Research, 2(3): 419—444.

Maedche A. 2002. Ontology Learning for the Semantic Web. New York:Kluwer Academic Publishers.

Maedche A, Staab S. 2000a. Discovering conceptual relations from texts. Proceedings of 14th European Conference on Artificial Intelligence:321—325.

Maedche A, Staab S. 2000b. The TEXT-TO-ONTO ontology learning environment//The TEXT-TO-ONTO Software Demonstration at ICCS-2000-Eight International Conferences on Conceptual Structures, Darmstadt.

Maedche A, Staab S. 2004. Ontology learning. Handbook on Ontologies:173—189.

Manning C D, Schuetze H. 1999. Foundations of Statistical Natural Language Processing. New York:MIT Press.

Markatos E P. 2001. On caching search engine query results. Computer Communications, 24: 137—143.

Mikheev A, Finch S. 1997. A workbench for finding structure in texts. Proceedings of the Fifth Conference on Applied Natural Language Processing: 372—379.

Miller D R, Leek T, Schwartz R M. 1999. A hidden Markov model information retrieval system// Proceedings of the 22nd Annual International ACM SIGIR Conference on Research and Development in Information Retrieval, Berkeley:214—221.

Missikoff M, Navigli R, Velardi P. 2002. The usable ontology: An environment for building and assessing a domain ontology. Proceedings of the International Semantic Web Conference

(ISWC): 39—53.

Modica G,Gal A,Jamil H M. 2001. The use of machine-generated ontologies in dynamic informa-
tion seeking. Proceedings of the Ninth International Conference on Cooperative Information
Systems (CoopIS 2001).

Moffat A,Zobel J. 1996. Self-indexing inverted files for fast text retrieval. ACM Transactions on
Information Systems,14:349—379.

Moldovan D,Girju R. 2001. An interactive tool for the rapid development of knowledge bases.
International Journal on Artificial Intelligence Tools (IJAIT),10(1—2):65—86.

Moldovan D,Girju R,Rus V. 2000. Domain-specific knowledge acquisition from text//Proceed-
ings of the Sixth Conference on Applied Natural Language Processing,Washington:268—275.

Nalanishi H,Turksen I B,Sugeno M. 1993. A review and comparison of six reasoning methods.
Fuzzy Sets and System,57:257—294.

Natalya F N, Deborah L M. 2002. Ontology development 101:A guide to creatins your first on-
tology. McGuinnes:Stanford University.

Neches R, Fikes R E, Gruber T R, et al. 1991. Enabling technology for knowledge sharing. AI
Magazine,12(3):36—56.

Nedellec C. 2000. Corpus-based learning of semantic relations by the ILP system, asium. Learn-
ing Language in Logic.

Omelayenko B. 2001. Learning of ontologies for the Web: The analysis of existent approaches//
Proceedings of the International Workshop on Web Dynamics,The 8th International Confer-
ence on DatabaseTheory (ICDT'01),London.

Page L,Brin S, Motwani R,et al. 1998. The pagerank citation ranking: Bring order to the Web.
Stanford University Technical Report.

Papatheodorou C, Vassiliou A, Simon B. 2002. Discovery of ontologies for learning resources
using word-based clustering. Proceedings of the 14th World Conference on Educational Multi-
media, Hypermedia &. Telecommunications.

Perez A G, Benjamins V R. 1999. Overview of knowledge sharing and reuse components: Ontol-
ogies and problem-solving methods. Proceedings of the UCAI-99 Workshop on Ontologies and
Problem-Solving Methods (KRRS):1—15.

Perrin P,Petry F. 1998. Contextual text representation for unsupervised knowledge discovery//
Research and Development in Knowledge Discovery and Data Mining, Second Pacific-Asia
Conference, PAKDD-98, Melbourne:246—257.

Persin M,Zobel J,Sacks-Davis R. 1996. Filtered document retrieval with frequency-sorted inde-
xes. Journal of the American Society for Information Science,47:749—764.

Ponte J M,Croft W B. 1998. A language modeling approach to information retrieval//Proceedings
of the 21st Annual International ACM SIGIR Conference on Research and Development in
Information Retrieval, Melbourne:275—281.

Proux D,Rechenmann F,Julliard L. 2000. Muninn:A pragmatic information extraction system//

Proceedings of the Seventh International Symposium on String Processing Information Retrieval (SPIRE00),Coruña:236—241.

Quan T T,Hui S C, Fong A C M, et al. 2004. Automatic generation of ontology for scholarly semantic Web. Proceedings of The Semantic Web-ISWC:726—740.

Reinberger M L, Spyns P, Daelemans W, et al. 2003. Mining for lexons:Applying unsupervised learning methods to create ontology bases. On the Move to Meaningful Internet Systems: 803—819.

Reinberger M L, Spyns P, Pretorius A J, et al. 2004. Automatic initiation of an ontology. On the Move to Meaningful Internet Systems:600—617.

Rigau G, Rodrigues H, Agirre E. 1998. Building accurate semantic taxonomies from monolingual MRDs//Proceedings of the COLING—ACL. San Francisco:Morgan Kaufmann Publishers:1103—1109.

Riloff E. 1993. Automatically constructing a dictionary for information extraction tasks. Proceedings of the 11th National Conference on Artificial Intelligence:811—816.

Riloff E. 1996. An empirical study of automated dictionary construction for information extraction in three domains. AI Magazine,85:101—134.

Riloff E,Jones R. 1999. Learning dictionaries for information extraction by multi-level bootstrapping//Proceedings of 16th National Conference on Artificial Intelligence(AAAI-99), Orlando.

Roweis S T,Saul L. 2000. Nonlinear dimensionality reduction by locally linear embedding. Science, 290(5500):2323—2326.

Rubin D L, Hewett M, Oliver D E, et al. 2002. Automating data acquisition into ontologies from pharmacogenetics relational data sources using declarative object definitions and XML. Pac. Symp. Biocomput. ,7:88—99.

Sabou M. 2004. Extracting ontologies from software documentation:A semi-automatic method and its evaluation. Proceedings of the ECAI-2004 Workshop on Ontology Learning and Population (ECAI-OLP).

Sadakane K,Imai H. 2001. Fast algorithms for k-word proximity search. IEICE Transactions on Fundamentals of Electronics, Communications and Computer Sciences, E84-A:2311—2318.

Salton G,Buckley C. 1988. Term-weighting approaches in automatic text retrieval. Information Processing and Management:An International Journal,24(5):513—523.

Salton G,Wong A, Yang C S. 1975. A vector space model for automatic indexing. Communications of the ACM,18(11):613—620.

Seung H S,Lee D D. 2000. The manifold ways of perception. Science, 290(5500):2268—2269.

Shih-Hung W U,Hsu W L. 2002. SOAT:A semi-automatic domain ontology acquisition tool from chinese corpus. Proceedings of the 19th International Conference on Computational Linguistics:1—5.

Singh L,Scheuetmann P,Chen B. 1995. Generating association rules from semi-structured documents using an extended concept hierarchy//Proceedings of the Sixth International Conference on Information and Knowledge Management,Maryland:193—200.

Singhal A,Kaszkiel M. 2001. A case study in Web search using TREC algorithms//Proceedings of the Tenth International Conference on World Wide Web, Hong Kong:708—716.

Smith B. 2004. Beyond concepts: Ontology as reality representation. Proceedings of FOIS: 73—84.

Solso R L. 1979. Cognitive Psychology. New York: Har Court Brace Jovanovich Inc.

Song F,Croft W B. 1999. A general language model for information retrieval//Proceedings of 8th International Conference on Information and Knowledge Management (CIKM'99), Kansas City:316—321.

Spink A,Wolfram D,Jansen B J,et al. 2001. Searching the Web: The public and their queries. Journal of the American Society for Information Science,53:226—234.

Staab S, Maedche A. 2001. Knowledge portals-ontologies at work. AI Magazine,21(2).

Stephens M,Palakal M J,Mukhopadhyays S,et al. 2001. Detecting gene relations from MED-LINE abstracts//Pacific Symposium on Biocomputing,Hawaii:483—496.

Stevens G C. 1993. Successful supply chain management. Management Decision, 28(8).

Studer R,Benjamins V R,Fensel D. 1998. Knowledge engineering,principles and methods. Data & Knowledge Engineering,25(122):161—197.

Sundblad H. 2002. Automatic acquisition of hyponyms and meronyms from question corpora// Proceedings from the Workshopon Natural Language Processing and Machine Learning for Ontology Engineering at ECAI2002,Lyon.

Suryanto H,Compton P. 2001. Discovery of ontologies from knowledge bases. Proceedings of the 1st International Conference on Knowledge Capture: 171—178.

Tanaka M,Ishida T. 2006. Ontology extraction from tables on the Web. IEEE/IPSJ Symposium on Applications and the Internet (SAINT-2006).

Thompson C A, Mooney R J. 1997. Semantic lexicon acquisition for learning parsers. http: // www. cs. utexas. edu/~ml/papers/wolfie-note-97. pdf.

Turksen B, Zhao Z. 1989. An approximate analogical reasoning approach based on similarity measures. IEEE Transactions on Systems Man and Cybernetics,18:1049—1056.

Uschold M. 1996a. Converting an informal ontology into ontolingua: Some experiences//Proceedings of the Workshop on Ontological Engineering Held in Conjunction with ECAI 96, Budapest.

Uschold M. 1996b. Building ontologies: Towards a unified methodology. Expert Systems, 96.

Uschold M, Gruninger M. 1996. Ontologies:Principle, methods, and applications. The Knowledge Engineering Review,11(2):93.

Velardi P, Fabriani P, Missikoff M. 2001. Using text processing techniques to automatically enrich a domain ontology. Proceedings of the International Conference on Formal Ontology in Information Systems: 270—284.

Velardi P, Navigli R, Cucchiarelli A, et al. 2005. Evaluation of ontolearn: A methodology for automatic learning of domain ontologies. Ontology Learning from Text: Methods, Evaluation And Applications.

Volz R, et al. 2004. Unveiling the hidden bride: Deep annotation for mapping and migrating legacy data to the Semantic Web. Web Semantics:Science,Services and Agents on the World Wide Web, 1(2):187—206.

Volz R, Oberle D, Staab S, et al. 2003. OntoLi FT prototype. IST Project 2001—33052 Wonder Web Deliverable.

Woods W A. 1997. Conceptual indexing: A better way to organize knowledge. Technical Report SMLI TR-97-61, Sun microsystems Laboratories, Mountain View.

Wouters C, Dillon T S, Rahayu J W, et al. 2004. A practical approach to the derivation of a materialized ontology view. Web Information Systems.

Wu Q Y. 2004. Logistics System Engineering. Beijing:China Materials Publishing Company.

www-sop. inria. fr/acacia/WORKSHOPS/ECAI2002-OLT/Proceedin gs/Sundblad. pdf.

Xu Z, Cao X, Dong Y, et al. 2004. Formal approach and automated tool for translating er schemata into owl ontologies. PAKDD, 3056: 464—475.

Yamaguchi T. 1999. Constructing domain ontologies based on concept drift analysis. IJCAI Workshop on Ontologies and Problem-Solving Methods: Lessons Learned and Future Trends.

Yeung D S,Tsang E C C. 1995. A weighted fuzzy prochuction rule evaluation methods. Processdings of Fourth IEEE International Conference on Fuzzy System:461—468.

Yeung D S,Tsang E C C. 1997a. Weighted fuzzy production rules. Fuzzy Sets Systems,88(3): 298—313.

Yeung D S,Tsang E C C. 1997b. A comparative study on similarity-based fuzzy reasoning methods. IEEE Transactions on Systems Man and Cybernetics,27(2):216—227.

Yeung D S,Tsang E C C. 1998. A comparative study on similarity-based fuzzy reasoning methods. IEEE Transactions on Systems Man and Cybernetics,28(2):149—158.

Zadeh L A. 1973. Outline of a new approach to the analysis of complex systems and decision processes. IEEE Transactions on Systems Man and Cybernetics, 3:28—44.

Zhang J,Honavar V. 2004. AVT-NBL:An algorithm for learning compact and accurate naive Bayes classifiers from attribute value taxonomies and data. Data Mining:289—296.

Zhang J, Silvescu A,Honavar V. 2002. Ontology-driven induction of decision trees at multiple levels of abstraction. Proceedings of Symposium on Abstraction, Reformulation, and Approximation:2371.

Zhao R L, Chen J,Li Z L. 1998. Voronoi-based generalized spatial,adjacency//Li D R, et al. The Proceeding of RS. GPS. GIS: Their Integration and Applications. Wuhan:Wuhan Technical University of Surveying and Mapping Press:605—614.

Zipf G K. 1949. Human Behavior and the Principle of Least Effort. New York:Addison Wesley Press.

# 附　　录

## 附录 A　互联网在中国蔬菜供应链中应用情况调查问卷

第一部分　贵公司的基本情况

1.1　请选择贵公司的主要经营业务

| | | |
|---|---|---|
| □ 蔬菜生产 | □ 超市蔬菜零售 | □ 代理/运输 |
| □ 蔬菜加工 | □ 农贸市场蔬菜零售 | □ 餐饮业 |
| □ 蔬菜批发 | □ 机关/学校食堂 | □ 其他 |

1.2　作为生产者,贵公司蔬菜的主要去向是

| | |
|---|---|
| □ 蔬菜加工企业 | □ 机关/学校食堂 |
| □ 蔬菜批发商 | □ 代理/运输 |
| □ 超市 | □ 餐饮业 |
| □ 农贸市场 | □ 其他 |

1.3　作为蔬菜批发商,贵公司蔬菜的主要来源是

| | |
|---|---|
| □ 菜农 | □ 中间商(收购/运输) |
| □ 蔬菜生产企业 | □ 其他 |

贵公司蔬菜的主要去向是

| | | |
|---|---|---|
| □ 蔬菜加工企业 | □ 机关/学校食堂 | □ 其他 |
| □ 超市 | □ 代理/运输 | |
| □ 农贸市场 | □ 餐饮业 | |

1.4　请选择贵公司的职工人数

□1-10　　□11-50　　□51-100　　□101-250　　□250-500　　□>500

1.5　贵公司的年营业额是

□<2 000 元　□2 000~5 000 元　□5 000~8 000 元　□8 000~10 000　□>10 000 元

1.6　贵公司与合作伙伴的关系如何

| | 1 | 2 | 3 | 4 | 5 |
|---|---|---|---|---|---|
| 贵公司对合作伙伴的信任程度(1-完全不信任,5-完全信任) | | | | | |
| 供应商 | | | | | |
| 顾客 | | | | | |
| 贵公司对合作伙伴的满意程度(1-非常不满意 5-非常满意) | | | | | |
| 供应商 | | | | | |
| | | | | | |

第二部分　目前互联网在蔬菜供应链管理中的应用情况

2.1　总体情况

① 贵公司是通过何种方式上网？

　　□　电话拨号　　□　宽带　　□　其他方式　　□　不能上网

② 贵公司是否有自己的网站？

　　□　有　　　　　　□　没有

　　如果有，请写出网址＿＿＿＿＿＿＿＿＿＿＿＿＿＿＿＿＿＿＿＿＿＿＿

③ 贵公司是否有内部网？

　　□　有　　　　　　□　没有

④ 贵公司是否有广域网(仅限与供应商/顾客共享的网络系统)？

　　□　有　　　　　　□　没有

⑤ 请根据贵公司在以下领域应用互联网技术的情况

　　(从 1-5 中选择相应的数字，其中，1-没有使用，5-广泛使用)

| 领域 | 1 | 2 | 3 | 4 | 5 | 不知道 |
|---|---|---|---|---|---|---|
| 采购 | | | | | | |
| 库存管理 | | | | | | |
| 运输 | | | | | | |
| 顾客订单/付款 | | | | | | |
| 顾客服务 | | | | | | |
| 市场营销 | | | | | | |
| 生产/加工计划 | | | | | | |
| 沟通及信息共享 | | | | | | |
| 其他,请说明＿＿＿＿＿＿＿ | | | | | | |

2.2　生产计划 (从 1-5 中选择相应的数字，其中，1-没有使用，5-广泛使用)

| 获取生产和加工信息的渠道主要有哪些？ | 1 | 2 | 3 | 4 | 5 | 不清楚 |
|---|---|---|---|---|---|---|
| 政府 | | | | | | |
| 媒体 (新闻,电视,广播等) | | | | | | |
| 网上新闻 | | | | | | |
| 在线订货 | | | | | | |
| 电话或者传真订货 | | | | | | |
| 电子邮件订货 | | | | | | |
| 经验数据 | | | | | | |
| 其他,请说明＿＿＿＿＿＿＿ | | | | | | |

2.3 采购（从 1-5 中选择相应的数字，其中，1-没有使用，5-广泛使用）

| 贵公司如何进行采购？ | 1 | 2 | 3 | 4 | 5 | 不清楚 |
|---|---|---|---|---|---|---|
| 传统方式（如人员沟通，传真，电话或者以纸张文件形式等） | | | | | | |
| EDI（电子数据交换系统） | | | | | | |
| 电子邮件采购 | | | | | | |
| 网上采购 | | | | | | |
| 其他，请说明_____ | | | | | | |

2.4 库存管理（从 1-5 中选择相应的数字，其中，1-没有使用，5-广泛使用）

| 贵公司应用何种技术或软件来管理库存？ | 1 | 2 | 3 | 4 | 5 | 不清楚 |
|---|---|---|---|---|---|---|
| 不应用任何的信息或者互联网技术 | | | | | | |
| 在线软件，请写出软件的名字_____ | | | | | | |
| 单机软件（非在线），请写出软件名字_____ | | | | | | |
| EDI 电子数据交换系统 | | | | | | |
| JIT（及时供货系统） | | | | | | |
| 其他，请说明_____ | | | | | | |
| 不知道 | | | | | | |

2.5 运输/物流（从 1-5 中选择相应的数字，其中，1-没有使用，5-广泛使用）

| 贵公司在运输/物流管理方面应用什么技术或软件？ | 1 | 2 | 3 | 4 | 5 | 不清楚 |
|---|---|---|---|---|---|---|
| 不用任何的信息或互联网技术 | | | | | | |
| 在线软件，请写出软件的名字_____ | | | | | | |
| 单机软件（非在线），请写出软件名字_____ | | | | | | |
| EDI 电子数据交换系统 | | | | | | |
| GIS 地理信息系统 | | | | | | |
| STS 卫星跟踪系统 | | | | | | |
| 其他，请说明_____ | | | | | | |

2.6　市场营销（从 1-5 中选择相应的数字，其中，1-没有使用，5-广泛使用）

| 贵公司如何推销自己的产品？ | 1 | 2 | 3 | 4 | 5 | 不清楚 |
|---|---|---|---|---|---|---|
| 市场营销人员 | | | | | | |
| 通过传统传媒（电视，报纸，海报广告，展览，展会，贸易联盟等） | | | | | | |
| 通过公司网站 | | | | | | |
| 通过其他网站 | | | | | | |
| 其他，请说明_____ | | | | | | |

2.7　顾客订货/付款（从 1-5 中选择相应的数字，其中，1-没有使用，5-广泛使用）

| 贵公司如何处理顾客的订货/付款？ | 1 | 2 | 3 | 4 | 5 | 不清楚 |
|---|---|---|---|---|---|---|
| 传统方式，（如人员沟通，传真，电话，以及以纸张文件等方式） | | | | | | |
| 电子邮件 | | | | | | |
| 使用电子数据交换系统 | | | | | | |
| 在线订货（电子商务） | | | | | | |
| 其他，请说明 | | | | | | |
| 付款过程通过：<br>通过传统方式（现金，支票，银行转账等）<br>通过互联网电子付款<br>其他，请说明_____ | | | | | | |

2.8　与供应链伙伴的信息共享（从 1-5 中选择相应的数字，其中，1-没有使用，5-广泛使用）

| 请选择与供应链伙伴们进行信息传递的途径 | 1 | 2 | 3 | 4 | 5 | 不清楚 |
|---|---|---|---|---|---|---|
| 传统方式，如人员沟通，传真，电话，以及纸张文件等方式 | | | | | | |
| 电子邮件 | | | | | | |
| EDI 电子数据交换系统 | | | | | | |
| 互联网支持的信息搜集工具 | | | | | | |
| 广域网 | | | | | | |
| 其他，请说明_____ | | | | | | |

第三部分　贵公司未来应用互联网的计划

3.1　贵公司是否有计划在以下领域使用互联网?

| 领域 | 已经使用 | 未来6个月 | 未来1~2年 | 不确定 | 没有相关计划 |
|---|---|---|---|---|---|
| 采购 | | | | | |
| 库存管理 | | | | | |
| 运输 | | | | | |
| 订货/付款系统 | | | | | |
| 顾客服务 | | | | | |
| 市场营销 | | | | | |
| 生产/加工计划 | | | | | |
| 沟通及信息共享 | | | | | |
| 其他,请说明_____ | | | | | |

3.2　您认为,以下因素在贵公司制定应用互联网决策中的影响程度如何?

　　　(1-影响很大,5-影响很小)

| 主要制约因素 | 1 | 2 | 3 | 4 | 5 | 不清楚 |
|---|---|---|---|---|---|---|
| 缺乏互联网知识和技术 | | | | | | |
| 合作伙伴能力不均衡 | | | | | | |
| 不愿改变现状 | | | | | | |
| 低水平的供应链整合 | | | | | | |
| 安全方面的考虑 | | | | | | |
| 合作伙伴之间缺乏相互信任 | | | | | | |
| 信息系统可靠性 | | | | | | |
| 管理方面不重视 | | | | | | |
| 缺乏资金 | | | | | | |
| 信息技术的基础建设条件 | | | | | | |
| 其他,请说明 | | | | | | |
| 不知道 | | | | | | |

# 附录B　中华人民共和国国家标准物流术语

1. 范围

2. 引用标准

3. 基本概念术语

4. 物流作业术语

5. 物流技术装备与设施术语

6. 物流管理术语

前言

　　物流是个传统行业,但随着经济的迅速发展,高新技术的不断涌现,已赋予它更新、更深的内涵和全新的概念,使物流业已进入了一个蓬勃发展的全新阶段。

　　本标准是在广泛调查研究,吸收并借鉴国内外有关资料的基础上,收入并确定了物流领域当前已基本成熟的145条术语及其定义,旨在规范我国当前物流业发展中的基本概念,以适应物流业迅速发展和与国际接轨的需要。

　　本标准由国家国内贸易局提出并归档。

　　本标准起草单位:中国物资流通协会物流技术经济委员会、中国物资流通技术开发协会、北京工商大学、北京物资学院、北方交通大学、华中科技大学、国内贸易局物资流通技术研究所、海福发展(深圳)有限公司、中国物资储运总公司、中国对外贸易运输(集团)总公司、中国集装箱控股公司。

　　本标准主要起草人:何明珂 邹跃 牟惟仲 何铁夫 王耀球 吴润涛 张明 刘志学 李继东 刘建新

1. 范围

　　本标准确定了物流活动中的基本概念术语、物流作业术语、物流技术装备与设施术语、物流管理术语及其定义。

　　本标准适用于物流及相关领域的信息处理和信息交换,亦适用于相关的法规、文件。

2. 引用标准

　　下列标准所包含的条文,通过在本标准中引用而构成本标准的条文。本标准出版时,所示版本均为有效。所有标准都会被修订,使用本标准的各方应探讨使用下列标准最新版本的可能性。

3. 基本概念术语

　　3.1　物品 Article

　　经济活动中涉及实体流动的物质资料。

　　3.2　物流 Logistics

　　物品从供应地向接收地的实体流动过程。根据实际需要,将运输、储存、装卸、搬运、包装、流通加工、配送、信息处理等基本功能实施有机结合。

　　3.3　物流活动 Logistics activity

　　物流诸功能的实施与管理过程。

　　3.4　物流作业 Logistics operation

　　实现物流功能时所进行的具体操作活动。

　　3.5　物流模数 Logistics modulus

　　物流设施与设备的尺寸基准。

　　3.6　物流技术 Logistlcs technology

　　物流活动中所采用的自然科学与社会科学方面的理论、方法,以及设施、设备、装置与工艺的总称。

3.7　物流成本 Logistics cost

物流活动中所消耗的物化劳动和活劳动的货币表现。

3.8　物流管理 Logistics management

为了以最低的物流成本达到用户所满意的服务水平,对物流活动进行的计划、组织、协调与控制。

3.9　物流中心 Logistics center

从事物流活动的场所或组织。应基本符合下列要求:

(1) 主要面向社会服务;

(2) 物流功能健全;

(3) 完善的信息网络;

(4) 辐射范围大;

(5) 少品种、大批量;

(6) 存储、吞吐能力强;

(7) 物流业务统一经营、管理。

3.10　物流网络 Logistics network

物流过程中相互联系的组织与设施的集合。

3.11　物流信息 Logistics information

反映物流各种活动内容的知识、资料、图像、数据、文件的总称。

3.12　物流企业 Logistics enterprise

从事物流活动的经济组织。

3.13　物流单证 Logistics documents

物流过程中使用的所有单据、票据、凭证的总称。

3.14　物流联盟 Logistics alliance

两个或两个以上的经济组织为实现特定的物流目标而采取的长期联合与合作。

3.15　供应物流 Supply logistics

为生产企业提供原材料、零部件或其他物品时,物品在提供者与需求者之间的实体流动。

3.16　生产物流 Production logistics

生产过程中、原材料、在制品、半成品、产成品等,在企业内部的实体流动。

3.17　销售物流 Distribution logistics

生产企业、流通企业出售商品时,物品在供方与需方之间的实体流动。

3.18　回收物流 Returned logistics

不合格物品的返修、退货以及周转使用的包装容器从需方返回到供方所形成的物品实体流动。

3.19　废弃物物流 Waste material logistics

将经济活动中失去原有使用价值的物品,根据实际需要进行收集、分类、加工、包装、搬运、储存等,并分送到专门处理场所时所形成的物品实体流动。

3.20　绿色物流 Environmental logistics

在物流过程中抑制物流对环境造成危害的同时,实现对物流环境的净化,使物流资源得到最充分利用。

3.21　企业物流 Internal logistics

企业内部的物品实体流动。

3.22　社会物流 External logistics

企业外部的物流活动的总称。

3.23　军事物流 Military logistics

用于满足军队平时与战时需要的物流活动。

3.24 国际物流 International logistics

不同国家(地区)之间的物流。

3.25 第三方物流 Third-part logistics（TPL）

由供方与需方以外的物流企业提供物流服务的业务模式。

3.26 定制物流 Customized logistics

根据用户的特定要求而为其专门设计的物流服务模式。

3.27 虚拟物流 Virtual logistics

以计算机网络技术进行物流运作与管理,实现企业间物流资源共享和优化配置的物流方式。

3.28 增值物流服务 Value-added logistics service

在完成物流基本功能基础上,根据客户需求提供的各种延伸业务活动。

3.29 供应链 Supply chain

生产及流通过程中,涉及将产品或服务提供给最终用户活动的上游与下游企业,所形成的网链结构。

3.30 条码 Bar code

由一组规则排列的条、空及字符组成的、用以表示一定信息的代码。

同义词：条码符号 Bar code symbol

3.31 电子数据交换 Electronic data interchange(EDI)

通过电子方式,采用标准化的格式,利用计算机网络进行结构化数据的传输和交换。

3.32 有形损耗 Tangible loss

可见或可测量出来的物理性损失、消耗。

3.33 无形损耗 Intangible loss

由于科学技术进步而引起的物品贬值。

4. 物流作业术语

4.1 运输 Transportation

用设备和工具,将物品从一地点向另一地点运送的物流活动。其中包括集货、分配、搬运、中转、装入、卸下、分散等一系列操作。

4.2 联合运输 Combined transport

一次委托,由两家以上运输企业或用两种以上运输方式共同将某一批物品运送到目的地的运输方式。

4.3 直达运输 Through transport

物品由发运地到接收地,中途不需要换装和在储存场所停滞的一种运输方式。

4.4 中转运输 Transfer transport

物品由生产地运达最终使用地,中途经过一次以上落地并换装的一种运输方式。

4.5 甩挂运输 Drop and pull transport

用牵引车拖带挂车至目的地,将挂车甩下后,换上新的挂车运往另一个目的地的运输方式。

4.6 集装运输 Containerized transport

使用集装器具或利用捆扎方法,把裸装物品、散粒物品、体积较小的成件物品,组合成为一定规格的集装单元进行的运输。

4.7 集装箱运输 Container transport

以集装箱为单元进行货物运输的一种货运方式。

4.8 门到门 Door-to-door

承运人在托运人的工厂或仓库整箱接货,负责运抵收货人的工厂或仓库整箱交货。

4.9　整箱货 Full container load(FCL)

一个集装箱装满一个托运人同时也是一个收货人的货物。

4.10　拼箱货 Less than container load(LCL)

一个集装箱装入多个托运人或多个收货人的货物。

4.11　储存 Storing

保护、管理、贮藏物品。

4.12　保管 Storage

对物品进行保存和数量、质量管理控制的活动。

4.13　物品储备 Article reserves

储存起来以备需的物品。有当年储备、长期储备、战略储备之分。

4.14　库存 Inventory

处于储存状态的物品。广义的库存还包括处于制造加工状态和运输状态的物品。

4.15　经常库存 Cycle stock

在正常的经营环境下,企业为满足日常需要而建立的库存。

4.16　安全库存 Safety stock

为了防止由于不确定性因素(如大量突发性订货、交货期突然延期等)而准备的缓冲库存。

4.17　库存周期 Inventory cycle time

在一定范围内,库存物品从入库到出库的平均时间。

4.18　前置期(或提前期)Lead time

从发出订货单到收到货物的时间间隔。

4.19　订货处理周期 Order cycle time

从收到订货单到将所订货物发运出去的时间间隔。

4.20　货垛 Goods stack

为了便于保管和装卸、运输,按一定要求分门别类堆放在一起的一批物品。

4.21　堆码 Stacking

将物品整齐、规则地摆放成货垛的作业。

4.22　搬运 Handling/carrying

在同一场所内,对物品进行水平移动为主的物流作业。

4.23　装卸 Loading and unloading

指物品在指定地点以人力或机械装入运输设备或卸下。

4.24　单元装卸 Unit loading and unloading

用托盘、容器或包装物将小件或散装物品集成一定重量或体积的组合件,以便利用机械进行作业的装卸方式。

4.25　包装 Package/packaging

为在流通过程中保护产品、方便储运、促进销售,按一定技术方法而采用的容器、材料及辅助物等的总体名称。也指为了达到上述目的而采用容器、材料和辅助物的过程中施加一定技术方法等的操作活动。

4.26　销售包装 Sales package

又称内包装,是直接接触商品并随商品进入零售网点和消费者或用户直接见面的包装。

4.27　定牌包装 Packing of nominated brand

买方要求卖方在出口商品/包装上使用买方指定的牌名或商标的做法。

4.28　中性包装 Neutral packing

在出口商品及其内外包装上都不注明生产国别的包装。

4.29　运输包装 Transport package

以满足运输贮存要求为主要目的的包装。它具有保障产品的安全,方便储运装卸,加速交接、点验等作用。

4.30　托盘包装 Palletizing

以托盘为承载物,将包装件或产品堆码在托盘上,通过捆扎、裹包或胶粘等方法加以固定,形成一个搬运单元,以便用机械设备搬运。

4.31　集装化 Containerization

用集装器具或采用捆扎方法,把物品组成标准规格的单元货件,以加快装卸、搬运、储存,运输等物流活动。

4.32　散装化 In bulk

用专门机械、器具进行运输、装卸的散状物品在某个物流范围内,不用任何包装,长期固定采用吸扬、抓斗等机械、器具进行装卸、运输、储存的作业方式。

4.33　直接换装 Cross docking

物品在物流环节中,不经过中间仓库或站点,直接从一个运输工具换载到另一个运输工具的物流衔接方式。

4.34　配送 Distribution

在经济合理区域范围内,根据用户要求,对物品进行拣选、加工、包装、分割、组配等作业,并按时送达指定地点的物流活动。

4.35　共同配送 Joint distribution

由多个企业联合组织实施的配送活动。

4.36　配送中心 Distribution center

从事配送业务的物流场所或组织。应基本符合下列要求:

(1) 主要为特定的用户服务;

(2) 配送功能健全;

(3) 完善的信息网络;

(4) 辐射范围小;

(5) 多品种、小批量;

(6) 以配送为主,储存为辅。

4.37　分拣 Sorting

将物品按品种、出入库先后顺序进行分门别类堆放的作业。

4.38　拣选 Order picking

订单或出库单的要求,从储存场所选出物品,并放置在指定地点的作业。

4.39　集货 Goods collection

将分散的或小批量的物品集中起来,以便进行运输、配送的作业。

4.40　组配 Assembly

配送前,根据物品的流量、流向及运输工具的载重量和容积,组织安排物品装载的作业。

4.41　流通加工 Distribution processing

物品在从生产地到使用地的过程中,根据需要施加包装、分割、计量、分拣、刷标志、拴标签、组装等简单作业的总称。

4.42　冷链 Cold chain

为保持新鲜食品及冷冻食品等的品质,使其在从生产到消费的过程中,始终处于低温状态的配有专门设备的物流网络。

4.43　检验 Inspection

根据合同或标准,对标的物品的品质、数量、包装等进行检查、验收的总称。

5. 物流技术装备与设施术语

5.1　仓库 Warehouse

保管、储存物品的建筑物和场所的总称。

5.2　库房 Storehouse

有屋顶和围护结构,供储存各种物品的封闭式建筑物。

5.3　自动化仓库 Automatic warehouse

由电子计算机进行管理和的控制,不需人工搬运作业,而实现收发作业的仓库。

5.4　立体仓库 Stereoscopic warehouse

采用高层货架配以货箱或托盘储存货物,用巷道堆垛起重机及其他机械进行作业的仓库。

5.5　虚拟仓库 Virtual warehouse

建立在计算机和网络通讯技术基础上,进行物品储存、保管和远程控制的物流设施。可实现不同状态、空间、时间、货主的有效调度和统一管理。

5.6　保税仓库 Boned warehouse

经海关批准,在海关监管下,专供存放未办理关税手续而入境或过境货物的场所。

5.7　出口监管仓库 Export supervised warehouse

经海关批准,在海关监管下,存放已按规定领取了出口货物许可证或批件,已对外买断结汇并向海关办完全部出口海关手续的货物的专用仓库。

5.8　海关监管货物 Cargo under custom's supervision

在海关批准范围内接受海关查验的进出口、过境、转运、通运货物,以及保税货物和其他尚未办结海关手续的进出境货物。

5.9　冷藏区 Chill space

仓库的一个区域,其温度保持在 0℃～10℃范围内。

5.10　冷冻区 Freeze space

仓库的一个区域,其温度保持在 0℃以下。

5.11　控湿储存区 Humldity controlled space

仓库内配有湿度调制设备,使内部湿度可调的库房区域。

5.12　温度可控区 Temperature controlled space

温度可根据需要调整在一定范围内的库房区域。

5.13　收货区 Receiving space

到库物品入库前核对检查及进库准备的地区。

5.14　发货区 Shipping space

物品集中待运地区。

5.15　料棚 Goods shed

供储存某些物品的简易建筑物,一般没有或只有部分围壁。

5.16　货场 Goods yard

用于存放某些物品的露大场地。

5.17　货架 Goods shelf

用支架、隔板或托架组成的立体储存货物的设施。

5.18　托盘 Pallet

用于集装、堆放、搬运和运输的放置作为单元负荷的货物和制品的水平平台装置。

5.19　叉车 Fork lift truck

具有各种叉具，能够对货物进行升降和移动以及装卸作业的搬运车辆。

5.20　输送机 Conveyor

对物品进行连续运送的机械。

5.21　自动导引车 Automatic guided vehicle(AGV)

能够自动行驶到指定地点的无轨搬运车辆。

5.22　箱式车 Box car

除具备普通车的一切机械性能外，还必须具备全封闭的箱式车身，便于装卸作业的车门。

5.23　集装箱 Container

集装箱是一种运输设备。应满足下列要求：

a. 具有足够的强度，可长期反复使用；

b. 适于一种或多种运输方式运送，途中转运时，箱内货物不需换装；

c. 具有快速装卸和搬运的装置，特别便于从一种运输方式转移到另一种运输方式；

d. 便于货物装满和卸空；

e. 具有 1 立方米及以上的容积。

集装箱这一术语不包括车辆和一般包装。

5.24　换算箱 Twenty-feet equivalent unit(TEU)

又称标准箱。Twenty-feet equivalent unit(TEU)以 20 英尺集装箱作为换算单位。

5.25　特种货物集装箱 Specific cargo container

用以装运特种物品用的集装箱总称。

5.26　全集装箱船 Full container ship

舱内设有固定式或活动式的格栅结构，舱盖上和甲板上设置固定集装箱的系紧装置，便于集装箱作业及定位的船舶。

5.27　铁路集装箱场 Railway container yard

进行集装箱承运、交付、装卸、堆存、装拆箱、门到门作业，组织集装箱专列等作业的场所。

5.28　公路集装箱中转站 Inland container depot

具有集装箱中转运输与门到门运输和集装箱货物的拆箱、装箱、仓储和接取、送达、装卸、堆存的场所。

5.29　集装箱货运站 Container freight station(CFS)

拼箱货物拆箱、装箱、办理交接的场所。

5.30　集装箱码头 Container terminal

专供停靠集装箱船、装卸集装箱用的码头。

5.31　国际铁路联运 International through railway transport

使用一份统一的国际铁路联运票据，由跨国铁路承运人办理两国或两国以上铁路的全程运输，并承担运输责任的一种连贯运输方式。

5.32　国际多式联运 International multimodal transport

按照多式联运合同，以至少两种不同的运输方式，由多式联运经营人将货物从一国境内的接管地点运至另一国境内指定交付地点的货物运输。

5.33　大陆桥运输 Land bridge transport

用横贯大陆的铁路或公路作为中间桥梁,将大陆两端的海洋运输连接起来的连贯运输方式。

5.34　班轮运输 Liner transport

在固定的航线上,以既定的港口顺序,按照事先公布的船期表航行的水上运输方式。

5.35　租船运输 Shipping by chartering

根据协议,租船人向船舶所有人租赁船舶用于货物运输,并按商定运价,向船舶所有人支付运费或租金的运输方式。

5.36　船务代理 Shipping agency

根据承运人的委托,代办与船舶进出港有关的业务活动。

5.37　国际货运代理 International freight forwarding agent

接受进出口货物收货人、发货人的委托,以委托人或自己的名义,为委托人办理国际货物运输及相关业务,并收取劳务报酬的经济组织。

5.38　理货 Tally

货物装卸中,对照货物运输票据进行的理(点)数、计量、检查残缺、指导装舱积载、核对标记、检查包装、分票、分标志和现场签证等工作。

5.39　国际货物运输保险 International transportation cargo insurance

在国际贸易中,以国际运输中的货物为保险标的的保险,以对自然灾害和意外事故所造成的财产损失获得补偿。

5.40　报关 Customs declaration

由进出口货物的收发货人或其代理人向海关办理进出境手续的全过程。

5.41　报关行 Customs broker

专门代办进出境报关业务的企业。

5.42　进出口商品检验 Commodity inspection

简称"商检"。确定进出口商品的品质、规格、重量、数量、包装、安全性能、卫生方面的指标及装运技术和装运条件等项目实施检验和鉴定,以确定其是否与贸易合同、有关标准规定一致,是否符合进出口国有关法律和行政法规的规定。

6.　物流管理术语

6.1　物流战略 Logistics strategy

为寻求物流的可持续发展,就物流发展目标以及达成目标的途径与手段而制定的长远性、全局性的规划与谋略。

6.2　物流战略管理 Logistics strategy management

物流组织根据已制定的物流战略,付诸实施和控制的过程。

6.3　仓库管理 Warehouse management

对库存物品和仓库设施及其布局等进行规划、控制的活动。

6.4　仓库布局 Warehouse layout

在一定区域或库区内,对仓库的数量、规模、地理位置和仓库设施、道路等各要素进行科学规划和总体设计。

6.5　库存控制 Inventory control

在保障供应的前提下,使库存物品的数量最少所进行的有效管理的技术经济措施。

6.6　经济订货批量 Economic order quantity (EOQ)

通过平衡采购进货成本和保管仓储成本核算,以实现总库存成本最低的最佳订货量。

6.7　定量订货方式 Fixed-quantity system(FQS)

当库存量下降到预定的最低的库存数量(订货点)时,按规定数量(一般以经济订货批量为标准)进行订货补充的一种库存管理方式。

6.8　定期订货方式 Fixed-interval system(FIS)

按预先确定的订货间隔期间进行订货补充的一种库存管理方式。

6.9　ABC 分类管理 ABC classification

将库存物品按品种和占用资金的多少分为特别重要的库存(A 类)、一般重要的库存(B 类)和不重要的库存(C 类)三个等级,然后针对不同等级分别进行管理与控制。

6.10　电子订货系统 Electronic order system(EOS)

不同组织间利用通讯网络和终端设备以在线联结方式进行订货作业与订货信息交换的体系。

6.11　准时制 Just in time(JIT)

在精确测定生产各工艺环节作业效率的前提下按订单准确的计划,消除一切无效作业与消费为目标的一种管理模式。

6.12　准时制物流 Just-in-time logistics

一种建立在准时制(JIT)管理理念基础上的现代物流方式。

6.13　零库存技术 Zero-inventory technology

在生产与流通领域按照 JIT 组织物资供应,使整个过程库存最小化的技术的总称。

6.14　物流成本管理 Logistics cost control

对物流相关费用进行的计划、协调与控制。

6.15　物料需求计划 Material requirements planning (MRP)

一种工业制造企业内物资计划管理模式。根据产品结构各层次物品的从属和数量关系,以每个物品为计划对象,以完工日期为时间基准倒排计划,按提前期长短区别各个物品下达计划时间的先后顺序。

6.16　制造资源计划 Manufacturing resource planning (MRPⅡ)

从整体最优的角度出发,运用科学的方法,对企业的各种制造资源和企业生产经营各环节实行合理有效地计划、组织、控制和协调,达到既能连续均衡生产,又能最大限度地降低各种物品的库存量,进而提高企业经济效益的管理方法。

6.17　配送需求计划 Distribution requirements planning (DRP)

一种既保证有效地满足市场需要又使得物流资源配置费用最省的计划方法,是 MRP 原理与方法在物品配送中的运用。

6.18　配送资源计划 Distribution resource planning (DRPⅡ)

一种企业内物品配送计划系统管理模式。是在 DRP 的基础上提高各环节的物流能力,达到系统优化运行的目的。

6.19　物流资源计划 Logistics resource planning (LRP)

以物流为基本手段,打破生产与流通界限,集成制造资源计划、能力资源计划、分销需求计划以及功能计划而形成的物资资源优化配置方法。

6.20　企业资源计划 Enterprise resource planning (ERP)

在 MRPⅡ的基础上,通过前馈的物流和反馈的信息流、资金流,把客户需求和企业内部的生产经营活动以及供应商的资源整合在一起,体现完全按用户需求进行经营管理的一种全新的管理方法。

6.21　供应链管理 Supply chain management (SCM)

利用计算机网络技术全面规划供应链中的商流、物流、信息流、资金流等并进行计划、组织、协调与控制。

6.22　快速反应 Quick response (QR)

物流企业面对多品种、小批量的买方市场,不是储备了"产品";而是准备了各种"要素",在用户提出要求时,能以最快速度抽取"要素",及时"组装",提供所需服务或产品。

6.23　有效客户反应 Efficient customer response（ECR）

以满足顾客要求和最大限度降低物流过程费用为原则,能及时做出准确反应,使提供的物品供应或服务流程最佳化的一种供应链管理战略。

6.24　连续库存补充计划 Continuous replenishment program（CRP）

利用及时准确的销售时点信息确定已销售的商品数量,根据零售商或批发商的库存信息和预先规定的库存补充程序确定发货补充数量和配送时间的计划方法。

6.25　计算机辅助订货系统 Computer assisted ordering（CA0）

基于库存和客户需求信息,利用计算机进行自动订货管理的系统。

6.26　供应商管理库存 Vendor managed inventory（VMI）

供应商等上游企业基于其下游客户的生产经营、库存信息,对下游客户的库存进行管理与控制。

6.27　业务外包 Outsourcing

企业为了获得比单纯利用内部资源更多的竞争优势,将其非核心业务交由合作企业完成。